KB038822

# 장애아동 미술재활

Art Therapy for Children with Disabilities

이근매 · 조용태 공저

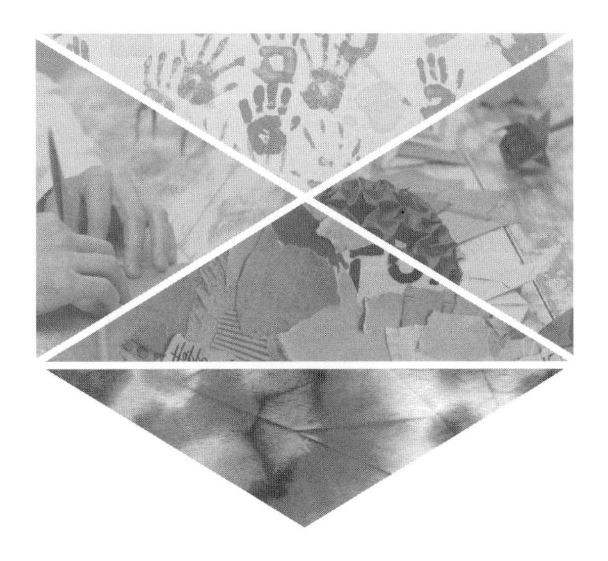

학지사

# • 머리말 •

「장애아동복지지원법」에 의해서 장애아동의 인지, 의사소통, 적응행동 감각 운동 등의 기능향상과 행동발달을 위한 적절한 발달재활서비스를 지원할 수 있도록 규정하면서 관련 전문가를 본격적으로 양성하기 시작하였다. 자격 인정을 위한 교수요목이 결정되고, 그것에 따라 자격 인정을 위한 교육을 실시하여 인정서를 교부한 지 5년여가 경과되었다.

미술치료 또는 미술심리재활 서비스 자격 인정과 관련된 교수요목에서 전공필수로서 미술치료학개론, 장애아동미술재활, 미술재활현장실습이 지정되었다. 이 가운데 장애아동미술재활과 관련하여 교수요목에 제시된 내용을 중심으로 구성된 적절한 도서가 부족한 것이 현실이다.

이 책은 장애아동에 대한 특성과 미술치료의 특성을 동시에 이해할 수 있도록 내용을 구성하였다. 미술치료의 내용만으로는 장애아동이 가진 독특성을 충분히 고려하여 보다 적절한 발달재활서비스를 제공하는 것이 어려울 수 있기 때문이다.

장애아동의 심리와 행동문제를 동시에 다루는 것은 매우 중요하다. 그럼에도 장애아동의 심리와 행동문제를 다루는 데 있어서 일반적인 심리상담 또는 치료 방법만으로는 한계가 있을 수 있다. 따라서 장애아동의 다양한 심리적 또는 행동적 특성을 반영하여 보다 적절하게 전문적 재활서비스를 제공하는 데 도움이 되는 구체적인 매체를 활용하는 것이 더 효과적일 수 있다. 현재 임상장면에서 구체적인 매체를 활용하는 영역으로 놀이치료, 음악치료, 미술치료 등이 있지만, 이러한 영역에서 충분한 자료를 얻는 것은 현실적으로 어려움이 있다. 특히 미술치료를 활용하여 장애아동의 심리문제뿐만 아니라 행동문제를 다룰 수 있는 자료는 더욱 부족하다. 이에 저자들은 다년간의 미술치료 임상 경험을 바탕으로, 미술재활서비스 제공인력 자격 기준의 미술재활 교수요목을 중심으로 실제 중심의 미술치료 안내서를 집필하였다.

일차적으로 이 책은 발달재활서비스 제공인력 자격 가운데 미술심리재활 제공인력을 위한 것이다. 동시에 장애아동과 활동하는 특수교육교사뿐만 아니라 미술치료사나 장애아동의 부모도 활용할 수 있도록 내용을 구성하였다. 제1장에서는 발달과 장애에 대한 기본적인 개념을 이해하도록 발달과 장애에 대한 내용을 제시하였다. 제2장에서는 아동의 장애의 정도와 유형을 확인하고 각 아동의 문제를 진단하는 데 필요한 진단 및 평가를 제시하였다. 제3장과 제4장에서는 장애아동과 함께할 수 있는 미술치료 접근 방법을 제시하였다. 장애아동에게 활용할 수 있는 미술치료 매체와 관련된 기초적인 내용을 제시하였다. 제5장부터 제12장까지는 각 장애의 기초 정보를 제시하였다. 제5장에서는 감각통합과 미술치료, 제6장에서는 정서행동장애와 미술치료, 제7장에서는 학습장애와 미술치료, 제8장에서는 지적장애와 미술치료, 제9장에서는 자폐스펙트럼장애와 미술치료, 제10장에서는 건강장애 및 지체장애와 미술치료, 제11장에서는 시각장애와 미술치료, 제12장에서는 청각장애와 미술치료를 제시하였다. 각 장은 각 장애의 정의와 특성, 장애의 원인, 미술치료 방법으로 구성하였다. 제13장에서는 장애아동 가족 및 부모와 미술치료로, 장애아동 부모의 특성, 상담 방법과 치료사의 태도를 제시하고, 장애아동 부모상담에 대한 구체적인 프로그램을 예시로 제시하였다. 제14장에서는 장애아동 미술치료 기법 및 프로그램으로, 장애아동 미술치료 기법과 미술치료 프로그램, 장애아동 미술치료에서의 고려점이 제시되었다.

물론 이 책에서 제시된 내용이 모든 장애아동에게 활용될 수 있는 미술치료의 규범적 성격을 지니는 것은 아니다. 다만 이 책이 장애아동 미술치료를 위한 입문서로서의 역할은 충분히 할 수 있을 것으로 기대한다. 이 책은 아직도 미진한 부분과 내용이 있을 것으로 생각되기 때문에 계속하여 보완하고 수정할 것이다. 이 책이 장애아동 미술심리재활서비스 현장에서 여러 전문가와 치료사에게 미약하게나마 도움이 될 수 있기를 기대한다.

2023년 3월

저자 일동

# • 차례 •

제1장

# 발달과 장애에 대한 이해

모든 생명체의 가장 중요한 특징 중 하나는 변화이다. 임신에서 죽음까지 인간 삶의 전환에서 가장 두드러진 것이 변화이다. 태아에서 성인으로, 그리고 노인으로 가는 여정은 매우 매혹적이다. 우리 삶의 일부 변화는 눈에 띄지만 일부는 즉시 또는 명확하게 관찰할 수 없다. 이러한 변화 중 일부는 유전적 또는 선천적 요인에 의해 결정되는 반면, 일부는 환경 및 문화적 요인에 더 의존한다. 문화마다 발달 목표가 다르고 아동을 양육하기 위해 다른 전략을 사용한다. 개인이 가능한 최선의 방법으로 발달하도록 돕기 위해서는 전 생애 동안의 발달 특성과 과정을 이해하는 것이 중요하다.

## 1. 발달의 특성

여기서는 '발달'이라는 용어의 의미를 이해하고, 다른 관련 개념과 구별하고, 주요 특성을 설명한다.

### 1) 발달의 개념

'발달'이라는 용어는 일반적으로 개인의 전 생애에 걸쳐 성장하고 변화하는 역동적인 과정을 지칭하는 데 사용된다. 발달은 임신에서 죽음에 이르는 질적 변화의 과정으로 생각된다. 이런 측면에서 발달은 광범위한 용어이며 신체, 운동, 인지, 생리, 사회, 정서, 성격을 포함한 모든 영역을 다룬다. 이러한 모든 영역에서의 발달은 서로 관련되어 있다. 예를 들어, 13세 소녀는 몸에서 신체적 변화와 생물학적 변화를 겪으며, 그러한 변화는 정신적, 사회적, 정서적 발달과 관련이 있다.

정자와 난자가 수정되고 새로운 생명체가 만들어지면서부터 삶은 시작된다. 수정되는 순간부터 죽음에 이를 때까지 개인은 계속 변화한다. 이러한 변화는 무작위가 아니라 질서적이고 일반적으로 패턴을 따른다. 발달적 변화는 항상 점진적 또는 진화적이 아니라는 점에 주목해야 한다. 여기에는 '퇴화(involution)'라는 기능의 저하도 포함된다. 아동은 발달 과정에서 유치가 빠지는 반면 노인은 기억력과 신체 기능이 저하된다. 따라서 발달은 새롭고 다양한 종류의 변화가 일어나는 획득-손실의 관계로 볼 수 있다. 노인의 행동 패턴은 새로운 기능이 나타날 수 있는 반면, 더 잘 작동하지 않을 수 있다.

발달은 문화적 맥락에서 자연과 양육의 공동 영향에 의해 형성된다. 자연은 임신 당시 아이가 부모로부터 받는 유전적 기여를 말한다. 유전학은 사람의 신체적 구조와 기능의 여러 측면과 심리적 특성을 어느 정도 결정한다. 양육은 우리가 발달하고 성장하는 복잡한 물리적 및 사회적 생태의 영향을 말한다. 아동 생태의 다양한 측면(예: 물리적 시설, 사회 기관 및 의식, 학교)은 중요한 방식으로 발달 결과에 영향을 미친다.

'발달'이라는 용어는 종종 '성장' 및 '성숙'과 상호교환적으로 사용되지만, 이 용어들은 신중하게 구별해야 한다. '성장(growth)'은 일반적으로 신체 구조의 양적 첨가 또는 변화를 지칭한다. 예를 들어, 나이가 들어감에 따라 몸의 크기, 키, 몸무게, 신체 부위의 비율이 측정 가능한 방식으로 변화된다. 또한 어휘도 증가한다.

'성숙(maturation)'은 연령이 증가함에 따라 자연스럽게 변화가 전개되는 것을 의미하는 용어이다. 예를 들어, 한 사람이 사춘기에 이르면 호르몬 변화가 일어나는 것과 같은 것이다. 청소년이 사춘기에 이르면 여자 아이는 에스트로겐의 영향, 남자 아이는 테스토스테론의 영향으로 이차 성징이 나타나는 현상이다. 성숙은 본질적으로 생물학적이며 유전자 프로그램으로 인해 발생하는 변화를 말한다. 우리의 생물학적 구조는 시간이 지남에 따라 미리 정해진 변화 과정을 따르게 된다. 이것은 어린 시절의 치아 발달에서 볼 수 있다. 연령에 따른 신체 비율의 변화는 이러한 미리 결정된 보편적 경향의 예를 제공한다. 머리의 크기는 출생 시 몸 전체의 약 절반이지만, 몸 전체의 1/4보다 적을 때까지 성인이 될 때까지 비율이 계속 감소한다. 따라서 우리 몸의 성숙 변화는 주로 학습이나 질병이나 부상과 같은 다른 요인이 아니라 노화 과정 때문이다.

행동의 변화는 '학습'으로 인해 발생한다. 학습은 사람과 환경의 상호작용의 결과로 발생한다. 성숙은 원료를 제공하고 학습이 발생하는 단계를 설정한다. 읽기 학습의 경우, 아동은 생물학적으로 준비되어 있어야 한다. 아동은 읽기를 배우기 전에 눈에 적절한 집중력이 있어야 한다. 따라서 성숙과 학습은 공동으로 사람의 행동에 변화를 가져온다. 반면에, '발달'은 종종 성장을 포함하는 넓은 용어지만, 인지 능력, 지각 능력, 성격 및 정서 발달 등의 기능적 및 질적 변화를 나타내는 데 더 많이 사용된다. 또 다른 측면에서 보면 발달은 성장, 성숙의 결과로 나타나는 양적 변화와 질적 변화 모두를 의미하는 것이다.

'진화(evolution)'는 새로운 종의 탄생을 형성하는 특유 변화(species-specific changes)를 나타내는 용어이다. 진화론적 변화는 매우 점진적으로 일어나며, 생존을 위해 잘 준비되도록 한 세대에서 다른 세대로 넘어간다. 유인원에서 인간으로의 진화는 약 1400만 년 동안 일어났다. 종의 수준에서 발생하는 변화를 계통 발생(phylogenetic)이라 하며, 개인의 수준에서 발생하는 변화를 개체 발생(ontogenetic)이라 한다. 진화라는 용어는 발달 과정에서 발생하는 점진적인 변화를 설명하는 데에도 사용된다.

## 2) 발달의 원리

사람의 성장과 성숙에 적용되는 일반적인 원리 또는 원칙이 있는데, 이것을 발달의 원리라 한다. 발달의 원리는 사람이 임신에서 죽음까지의 신체적 변화와 심리적 변화를 설명하는 데 사용된다.

첫째, 발달은 연속적이다. 수정되는 순간부터 일생 동안 신체적 특성과 정신적 특성의 변화는 계속된다.

둘째, 발달은 점진적이다. 변화는 어느 순간 갑자기 나타나는 것이 아니라, 누적적으로 발생된다.

셋째, 발달은 계열적이다. 발달은 계열적 또는 순서적으로 나타난다. 동물이든 사람이든 모든 종은 고유의 발달 패턴을 따른다. 이러한 패턴은 모든 개인에게 동일하게 나타난다.

넷째, 발달은 개인마다 속도가 다르다. 발달의 속도는 통일되어 있지 않다. 성장과 성숙의 속도는 개인마다 차이가 있다. 또한 남자와 여자도 발달 속도에서 차이가 있다. 신체 각 부위도 그 자체의 특정 성장 속도가 있다. 변화의 강렬함과 균형의 기간도 있지만 불균형의 기간도 있다.

다섯째, 발달은 일반적인 것에서 구체적인 것으로 진행된다. 모든 발달 영역에서 일반적 활동이 구체적 활동보다 선행된다. 예를 들어, 태아는 몸 전체를 움직이고 특정 반응은 할 수 없다. 유아의 정서적 행동에서 일반적인 공포 반응으로 낯선 사람과 대상에 접근한다. 나중에 보다 구체적이 되고, 울음과 외면과 숨는 것과 같은 다른 유형의 행동을 나타낸다.

여섯째, 대부분의 특성은 발달 과정에서 서로 관련되어 상호작용한다. 한 영역에서의 발달은 다른 영역의 발달과 밀접하게 관련되어 있다. 일반적으로 정신 발달이 평균 이상인 아동은 건강, 사교성 및 특별한 적성과 같은 다른 많은 측면에서도 우수하다는 것을 알 수 있다. 또한 건강이 좋은 아동은 사회적으로 또는 지적으로 활동적일 수 있다.

일곱째, 발달은 유전과 환경의 상호작용의 결과이다. 발달은 유전과 환경의 영향을 받는다. 유전과 환경은 인간 발달의 원인이다.

여덟째, 발달은 예측가능하다. 생리적 잠재력과 심리적 잠재력의 차이는 관찰과 심리검사에 의해 예측할 수 있다.

아홉째, 발달은 구조적 변화와 기능적 변화를 동시에 나타낸다.

### 3) 발달 영역

발달은 여러 영역의 변화를 통합하는 포괄적 용어이다. 발달 영역에는 일반적으로 신체 및 운동 발달, 인지 발달, 사회－정서 발달 등 세 가지 범주로 구분한다.

- 신체 및 운동 발달: 신체 크기 및 구조의 변화, 다양한 신체 시스템의 기능, 뇌 발달, 지각 및 운동 발달을 말한다.
- 인지 발달: 기억, 주의집중, 지능, 학업 지식, 문제 해결, 상상력, 창의성을 포함한 인지 과정과 지적 과정의 발달을 말한다. 언어 발달도 포함된다.
- 사회－정서 발달: 다른 사람들과의 관계를 발달시키는 방법과 나이가 들어감에 따라 우리의 정서가 어떻게 나타나고 변화하는지를 말하는 것이다. 정서적 의사소통과 자기 통제, 자기와 타인에 대한 이해, 대인 관계 기술, 성격, 우정과

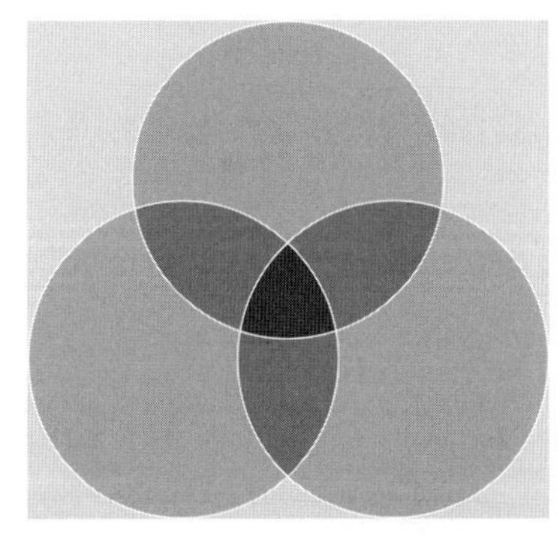


[그림 1-1] 발달 영역의 상호 관련성

도덕적 추론의 출현이 포함된다.

이 세 영역은 상호 관련이 있으며, 총체적인 방식으로 결합하여 개인의 발달 패턴을 독특하게 만든다. 각 영역은 다른 영역에 영향을 미치고 또 영향을 받는다. 신생아는 신체적으로 발달함에 따라 몇 가지 운동 기술이 습득된다. 신생아가 쥐기, 다가가기, 앉기, 기기, 서기, 걷기를 할 수있게 됨에 따라 환경을 더 잘 탐색할 수 있어 인지 능력이 향상된다. 향상된 사고와 이해는 정서적 표현과 이해뿐만 아니라 더 나은 사회적 관계 형성을 돕는다. 전체적으로, 각 영역은 아동이 풍부한 경험, 학습 및 전반적인 발달로 나아가도록 돕는다.

### 4) 발달 단계

비록 발달이 연속적인 과정이기는 하지만, 일부 이론가들은 주요 변화를 찾고 발달 과제를 결정하기 위해 다양한 단계를 확인할 수 있다고 생각한다. 이를 통해 발달적 변화의 속도를 점검할 수 있다. 물론 발달 단계의 정확한 구분이 어렵다는 것은 지적되어야 한다. 각 단계에는 특정 특징이 있으며, 다음 단계를 위한 토대를 마련한다. 일부 이론가들은 특정 발달 영역에서 단계를 제안했다. 예를 들어, Piaget는 인지 발달 단계를 확인하였고, Freud는 심리-성적 발달 단계를 확인하였다. 대부분의 심리학자들이 다음과 같은 발달 단계(생애 관점)를 확인하였다.

- 태아기(임신에서 출산까지): 이 시기에 단세포 유기체는 자궁 내에서 아기로 변화한다.
- 신생아기(출생~2세): 신체와 뇌의 급격한 변화는 여러 감각, 운동, 사회적 및 인지 능력이 나타나도록 도와준다.
- 초기 아동기(2~6세): 운동 능력이 향상되고, 언어가 발달하며, 또래와 유대가 형성되며, 놀이를 통해 학습한다.
- 중기 아동기(6~11세): 아동은 문해력을 습득하고, 사고 과정이 개선되고, 우정

이 생겨나고, 자아 개념이 형성되는 학령기이다.

• 청소년기(11~20세): 이 시기는 빠른 신체적 및 호르몬 변화, 추상적 사고의 출현, 성적인 성숙, 보다 강해진 또래 관계, 자아감과 부모의 통제로부터의 자율성을 나타내는 사춘기이다.
• 초기 성인기(20~40세): 교육을 위해 집을 떠나거나, 직업을 찾거나, 결혼과 자녀를 갖는 친밀한 관계를 형성하는 삶의 단계이다.
• 중기 성인기(40~60세): 이 단계에서 사람은 자신의 경력이 절정에 달한다. 자녀가 독립적인 삶을 시작하고 나이 드는 부모를 돌볼 필요가 있다.
• 후기 성인기(60세~사망): 이 기간은 퇴직, 체력 및 신체 건강 감소, 손자와의 유대감, 임박한 노년과 자기와 배우자의 사망을 겪게 된다.

발달 단계는 보편적으로 인정되지만 정확한 연령 범위는 임의적이며, 문화적 요인에 따라 달라진다. 예를 들어, 일부 문화권에서는 초기 아동기와 중기 아동기, 초기 성인기와 중기 성인기, 후기 성인기를 구분하지 않기도 한다. 어떤 경우에는 신생아기, 유아기, 아동기, 청년기, 성인기, 노인기 등으로 구분하고, 청소년기를 구분하지 않기도 한다. 보다 단순하게 아동기, 성인기, 노인기 등으로 단계를 구분하기도 한다. 특히 노인기의 개념은 향상된 의료, 건강 및 미용 시설로 변화되고 있다. 2003년 세계보건기구의 발표에 의하면 우리나라의 경우 평균 수명은 75세이며, 2018년 통계청 발표에 의하면 우리나라의 평균 기대 수명은 남자가 79.7세, 여자가 85.7세로 나타났다.

## 5) 발달 과제

'발달 과제(developmental tasks)'라는 용어는 1950년대 Robert Havighurst에 의해 소개되었다. Havighurst에 따르면, 이 용어는 개인의 생애 동안 사회적 맥락에서 발생하는 과제를 말한다. 1950년대 이래로 발달 과제의 개념은 성장과 발달 이론에서 중요한 이론적 접근법이 되었다.

Havighurst의 주요 주장은 개인의 전 생애에 걸쳐 단계적으로 발달이 지속된다는 것이다. 개인은 문제의 성공적인 해결 또는 특정 발달 과제의 수행을 통해 한 단계에서 다음 단계로 이동한다. 이러한 과제는 일반적으로 개인이 속한 문화권의 대부분의 사람들이 직면하는 것이다. Havighurst의 이론에 따르면 사람들이 한 단계에서 발달 과제를 성공적으로 수행하면 자부심과 만족감을 느낀다. 또한 이들은 지역사회 또는 사회의 인정을 받게 된다. 이러한 성공은 다음 발달 단계에서 직면하게 되는 발달 과제를 성취하는 토대가 된다. 반대로, 사람들이 발달 과제를 성취하지 못하면 불행하고 사회의 인정을 받지 못한다. 이로 인해 다음 발달 단계에서의 발달 과제에 직면할 때 어려움이 계속된다. Havighurst는 생물-심리사회적 발달 모델(bio-psychosocial model of development)을 제안했다. 이 모델에 따르면, 각 단계에서의 발달 과제는 개인의 생물학(생리적 성숙과 유전자 구성), 심리학(개인적 가치와 목표), 사회학(개인이 속한 특정 문화)의 영향을 받는다.

Havighurst는 여섯 가지 발달 단계로 분류된 보편적인 중요한 발달 과제 목록은 〈표 1-1〉과 같다.

**표 1-1** Havighurst의 발달 과제의 예

| 연령 범위 | 발달 과제 |
|---|---|
| 신생아기와 초기 아동기 (0~5세) | • 걷는 것을 학습한다.<br>• 화장실 사용을 학습한다.<br>• 말하는 것을 학습한다.<br>• 타인과의 관계 형성을 학습한다. |
| 중기 아동기 (6~12세) | • 읽기와 같은 학교 관련 기술을 학습한다.<br>• 양심과 가치에 관해 학습한다.<br>• 독립성을 학습한다. |
| 청소년기 (13~27세) | • 정서적 독립성을 확립한다.<br>• 생산적인 직업에 필요한 기술을 학습한다.<br>• 성적인 사회적 역할을 성취한다.<br>• 또래와의 성숙한 관계를 형성한다. |

| | |
|---|---|
| 초기 성인기 (18~35세) | • 삶의 동반자를 선택한다.<br>• 가족을 구성한다.<br>• 가정을 돌본다.<br>• 경력을 쌓는다. |
| 성인기 (35~60세) | • 생활 수준을 유지한다.<br>• 시민 책임과 사회적 책임을 수행한다.<br>• 배우자와의 관계를 유지한다.<br>• 생리적 변화에 적응한다. |
| 노인기 (60세 이상) | • 건강 악화에 적응한다.<br>• 퇴직에 적응한다.<br>• 사회적 및 시민의 의무를 다한다.<br>• 배우자의 상실에 대해 적응한다. |

출처: https://www.psychologynoteshq.com/development-tasks/

## 2. 발달에 대한 영향

우리 각자는 유전적 요인과 환경적 영향의 결과이다. 발달에 있어 성숙과 학습의 역할은 이미 앞에서 간략하게 설명하였다. 여기서는 유전과 환경의 기여에 대해 살펴본다.

### 1) 유전적 영향

임신에서 난자와 정자가 결합하여 새로운 세포를 형성한다. 세포핵의 작은 입자를 염색체라고 한다. 염색체는 쌍으로 존재하며, 인간 세포는 23쌍으로 배열된 46개의 염색체를 가지고 있다. 각 쌍에서 한 염색체는 어머니에게서, 다른 한 염색체는 아버지로부터 받은 것이다. 염색체는 유전자 정보를 저장하고 전달한다. 실제 형질 운반체인 유전자는 각 염색체에서 매우 많이 발견된다.

수정 난세포는 다양한 염색체 조합을 제공한다. 이런 식으로, 동일한 부모의 각 아동부터 다른 유전자가 전송된다. 이러한 이유로 각 아동은 다른 사람보다 혈족과 더 유사하다. 동시에 혈족 사이에도 많은 차이가 있다.

### 2) 유전형과 표현형

유전자 전달은 복잡한 과정이다. 우리가 인간에서 관찰하는 대부분의 특성은 많은 유전자의 조합이다. 수많은 순열과 유전자 조합이 신체적 특성과 심리적 특성에서 큰 차이를 유발한다.

일란성 쌍둥이만이 단일 집합체의 복제에 의해 형성됨으로서 동일한 염색체와 유전자를 가진다. 대부분의 쌍둥이는 2개의 별도 접합체에 의해 발생하는 이란성이다. 이란성 쌍둥이는 서로 닮을 수도 있지만 여러 면에서 서로 다를 수도 있다.

유전자는 우성일 수도 있고 열성일 수도 있다. 특정 색깔에 대한 민감도의 부족 또는 색맹은 여성보다 남성에게 더 많다. 할머니와 어머니는 색맹이 아닌 남자아이에게 색맹을 전달할 수 있다. 남성에서는 이 장애가 우성이고 여성에서는 열성이기 때문이다. 유전자는 쌍을 형성하는데, 한 쌍의 유전자 둘 다가 우성인 경우 개인은 색맹과 같은 특정 특성을 나타낸다. 만약 한 유전자가 우성이고 다른 유전자가 열성이라면 우성 유전자가 지배하게 된다. 열성 유전자는 후대에 나타날 수 있다.

따라서 우성 유전자는 특정 형질이 나타나게 하는 유전자이다. 눈동자 색깔과 같은 보여지고 표시되는 특성을 표현형(phenotypes)이라 한다. 열성 유전자는 다른 유전자와 짝을 이루지 않는 한 특성으로 드러나지 않는다. 열성 유전자로 전달되지만 드러나지 않은 특성을 유전형(genotypes)이라 한다.

따라서 유전형은 실제 유전 물질 또는 사람의 유전적 유산을 말하는 것이고, 표현형은 유전적 요인과 환경적 요인에 의해 결정되는 개인의 신체적 및 행동적 특성을 말하는 것이다.

### 3) 환경적 영향

본성(nature)은 아동이 부모로부터 유전적으로 물려받은 것을 말하며, 아동의 발달에 대한 환경의 영향을 양육(nurture)이라 한다. 사람의 발달을 이해하려면 본성과 양육 또는 유전과 환경 사이의 복잡한 상호작용을 공부해야 한다. 환경적 영향은 인간 발달의 출생 전 단계와 출생 후 단계 모두에 중요하다. 태아가 산모의 자궁에 있을 때인 출생 전 단계에서 특정 법적 또는 불법 약물, 알코올, 납 및 오염 물질과 같은 내적 또는 외적 유해 물질이 태아의 발달에 해를 끼칠 수 있다. 어머니의 영양, 질병 및 정서적 스트레스도 태아 발달에 영향을 줄 수 있다.

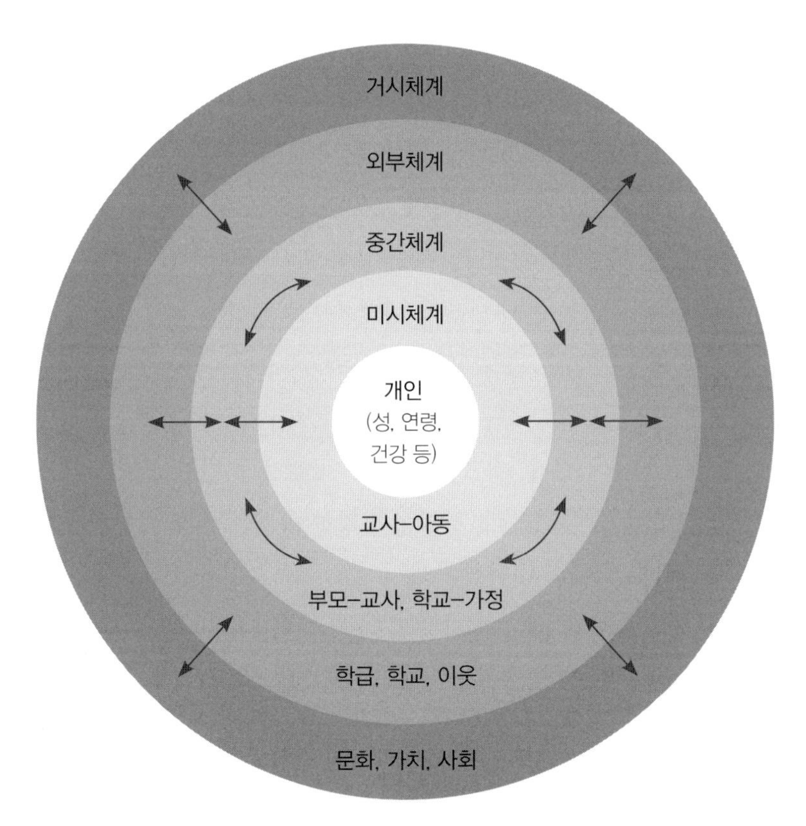


[그림 1-2] Bronfenbrenner의 생태적 체계 이론

출처: 안병환, 조용태(1999), p. 25.

출생 후 여러 유형의 환경 요인이 아동의 발달에 영향을 미친다. 발달의 생태적 체계 이론은 동심원 시스템으로 구성된 환경 요인을 고려한다. Bronfenbrenner가 제시한 생태적 체계 이론에 따른 환경의 영향을 요인을 살펴보면 [그림 1-2]와 같다.

개인(또는 존재론적 체계)(individual or ontological system)은 개인의 특성을 포함하는 것이다. 여기에는 개인의 성, 연령, 건강뿐만 아니라 개인이 처해 있는 상황에 대한 인지적, 의사소통적, 사회적, 신체적 능력이 포함된다.

미시체계(micro system)는 개인이 기능하고 있는 상황 속에서 개인이 발달함으로써 경험한 활동, 역할, 대인관계 유형이다. 가정에서는 부모와 자녀 간, 자녀와 자녀들 간의 관계, 여러 가족 구성원 간의 관계가 포함된다. 학교에서는 교사와 아동 간의 관계뿐만 아니라 또래 간의 관계가 포함된다.

중간체계(meso system)는 개인이 능동적으로 기능하는 둘 이상의 상황(미시체계) 간의 상호관계를 의미한다. 이것은 가정과 학교, 가정과 이웃, 학교와 또래 집단 간의 상호관계 등을 포함한다.

외부체계(exo system)는 개인을 직접적으로 포함하지 않는 상황을 말한다. 여기에는 부모의 직장, 형제자매들의 학급, 학교 등이 포함된다.

거시체계(macro system)는 문화적 신념 체계를 포함한다.

현재의 발달에 대한 관점은 본성과 양육 모두가 중요하다는 것이다. 유전과 환경은 불가분의 관계에 있어 서로에게 영향을 미친다. 따라서 발달에는 특정 보편적 특성과 개인 고유의 특성이 있다. 유전의 역할을 이해하는 것도 중요하지만, 환경을 어떻게 개선할 수 있는지 이해하여, 유전이 설정한 한계 내에서 가능한 최선의 방식으로 사람이 발달하도록 도와야 한다.

발달 원리와 결정 요인의 이해는 다음과 같이 여러 가지 방법으로 도움을 줄 수 있다.

- 특정 연령에서 개인의 능력에 대해 무엇을 기대해야 하는지 아는 데 도움이 된다.
- 최적 발달을 위한 기회와 자극을 제공할 시기에 대한 정보를 얻을 수 있다.

• 아동과 함께 활동하는 부모, 교사 및 다른 사람들이 신체적 변화와 심리적 변화에 대비할 수 있도록 도움을 줄 수 있다.
• 나이가 들어감에 따라 우리 몸과 성격의 변화에 대비하는 데 도움이 된다.
• 풍부한 환경을 제공함으로써 발달 과정을 촉진할 수 있음을 이해하는 데 도움이 된다.

## 3. 정상발달과 이상발달

이상발달을 설명하기 전에 발달이 무엇을 의미하며, 정상발달을 설명하는 원리가 무엇인지를 먼저 알아야 한다. 정상적으로 발달하는 것이 어떤 현상인지를 알면 그에 대비되는 것이 이상발달일 수 있기 때문이다. 이상 또는 비정상과 정상의 차이점은 무엇인가? 이상은 일반적으로 받아들여지는 행동, 정서, 사고 패턴에서 크게 벗어나는 것이며, 정상은 질병이 없고 정상 상태라고 하는 웰빙 상태에 있는 것이다. 사람이 성취하기를 원하는 것을 방해하는 무엇인가 있을 때 그것을 이상 또는 비정상이라 한다.

### 1) 이상발달의 개념

인간의 이상발달을 지칭하는 용어는 학문 분야에 따라 다르며, 그 의미도 다르다. 따라서 우리가 어떤 학문적 배경을 가지고 이상발달을 이해하고 처치하는가에 따라 아동의 이상발달을 지칭하는 용어가 달라질 것이다. 다음에서 의학, 심리학, 사회학, 교육학에서 사용하는 용어에 대해 간단하게 살펴보고자 한다.

의학에서는 정상(normal)과 병리(pathological)라는 두 차원으로 구분한다. 정상은 생물학적 문제가 없는 상태를 말하며, 병리는 질병으로 인해 유기체에 어떤 변질이 있는 상태를 말한다. 의학에서의 강조점은 질병의 특성을 규정하고, 인간에 대한 병리적 영향에 있다.

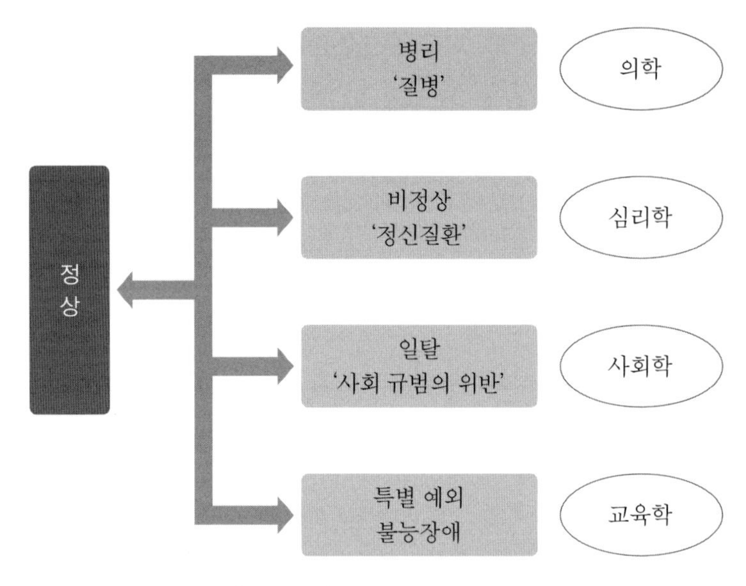


[그림 1-3] 정상과 병리의 구분

의학에서는 일차적으로 생물학적 문제에 초점을 두고, 상대적으로 문화적 가치는 고려하지 않는다. 즉, 살고 있는 문화에 관계없이 건강한 상태는 병이 있는 상태보다 더 낫다는 것을 전제로 한다. 심리학과 사회학은 인간 행동을 연구하는 데는 비슷하다. 사회학은 인간의 사회적 행동에 관한 과학이지만, 심리학은 사회와 분리하여 인간의 행동을 연구하는 과학이다. 심리학은 개인의 관찰할 수 있고 측정할 수 있는 행동에 초점을 두고, 개인의 행동이 정상적 규준에 부합되지 않으면 이상(abnormal)으로 명명한다. 그러나 현재의 많은 심리학자는 이상행동을 이해하는 가장 논리적이고 과학적인 방법을 의학적 모델로 생각하고 있다. 생태심리학에서는 이상행동을 개인의 질병보다 환경과의 상호작용 결과로 본다. 사회적 스트레스와 환경적 스트레스가 대처에 대한 무능력과 결합하여 혼란(disturbances)이 유발된 행동을 이상이라 보는 것이다.

사회학은 문화, 집단행동, 사회적 관습, 집단 간 관계에 일차적으로 관심을 가진다. 그래서 물리적 환경과 사회적 환경과의 관계 속에서 인간의 행동을 살핀다. 한 개인이 집단의 사회적 규준에 부합하면 정상이고, 사회적 역할이나 적절한 대인관계를 형성할 수 없으면 일탈(deviant)로 명명한다. 따라서 일탈은 문화적 맥락을 고려하여 규정한다. 사회적으로 일탈된 아동을 결정하는 지침으로서 네 가지 원리가 있다.

첫째, 정상행동은 사회적, 문화적, 집단적 기대에 부합되어야 한다. 일탈은 사회적 규범의 위반으로 규정된다.

둘째, 사회적 일탈은 반드시 질병은 아니다. 즉, 병리적 또는 생물학적 결함을 가진 아동을 말하는 것이 아니라 사회적 규범을 준수하는 데 실패하는 것이다.

셋째, 각 문화는 정상 또는 일탈로 규정된 행동의 범위를 결정하고, 이때 규범을 지킬 것을 강요한다. 문화 내에서 강력한 권력을 가진 사람들은 그렇지 못한 사람들에게 자신들의 정상 준거를 강요할 수 있다.

넷째, 사회적 일탈은 유전적 기질과 사회적 환경에 대한 개인 경험을 포함하는 몇 가지 요인의 상호작용에 의해 영향을 받는다.

교육학은 교수와 학습 과정의 수정 여부와 정도에 따라 특별한(special), 예외적인(exceptional), 장애(disorder), 불능(disability), 불리(handicapped) 등으로 명명한다. 즉, 대다수 아동이 수행할 수 있는 내용, 환경, 방법, 자료에서는 적절하게 수행할 수 없는 아동들을 이상으로 보는 것이다. 이러한 아동들을 대상으로 수행하는 교육체제를 특수교육(special education)이라 한다.

이와 같이, 이상발달의 여부와 정도, 명칭부여는 학문적 배경에 따라 다르다. 그럼에도 불구하고 여기서는 인간의 이상발달을 어떤 상태를 말하는지를 종합하여 제시하면 다음과 같다.

> 이상발달(abnormal development)은 정상(normal)에서 아주 벗어나는 것, 규범적이고, 건강하거나 심리적으로 바람직한 것으로부터 아주 벗어난 행동을 말한다. 이 용어는 불건전성(undesirability) 또는 병리학(pathology)의 의미를 강하게 포함하지만, 경우에 따라서는 극단적인 우수성(superiority) 또는 비범성(supernomality)을 설명하는 데도 사용한다. 통계적 분포에서 정상적 또는 기대된 점수 범위를 벗어나거나 비정형적인 점수의 분포에 포함되는 것을 말한다. 또 어떤 학자들은 정상과 이

상을 문화적 기준의 측면에서 정의하는데, 그래서 어느 정도의 문화적 상대성이 허용되는 것이다.

또 다른 관점에서 정상발달과 이상발달의 차이를 행동, 정서, 사고 패턴을 모두 포함하는 것으로 정상행동과 이상행동이라는 측면에서 설명한다. 정상행동과 이상행동을 구성하는 개념 간에는 특정 차이점을 확인할 수 있다. 그러나 주목해야 할 흥미로운 점은 한 문화에서는 정상으로 간주되는 특정 행동이 다른 문화에서는 이상으로 간주될 수 있다는 사실이다. 이것은 문화가 행동을 정상 또는 이상으로 이해하는 데 중요한 역할을 한다는 것을 강조하는 것이다. 그러나 때때로 이러한 이해는 문화적 기대를 넘어서 개인과 사회에 해로운 의학적 상태가 된다. 이때 그러한 행동은 보편적으로 이상 또는 비정상적인 것으로 간주된다.

① 정상행동

정상행동은 개인에게 기대되는 행동을 의미한다. 사람들이 다른 사람들과 상호작용하고 그들의 삶을 영위하는 방식은 일반적으로 사회적 기대에 따른다. 이러한 사회적 기대와 개인의 행동이 일치되면 그 행동은 정상적인 것으로 간주된다. 모든 사회에는 개인의 행동 규범을 지시하는 사회적 기대, 규범, 가치, 관습 등이 있다. 사람들이 이것을 준수하는 한 그들의 행동은 정상적인 것으로 간주된다. 그러나 괴팍한 인성을 가진 예외적인 것도 있을 수 있다. 그러나 이러한 사람들은 개인의 인성과 성격이 매우 다양하기 때문에 비정상 또는 이상으로 간주하지 않는다.

② 이상행동

사회에서 정상적인 것으로 간주되는 행동 패턴에 어긋나는 경우 이를 비정상적 또는 이상행동으로 정의할 수 있다. 『정신질환의 진단 및 통계 편람(DSM)』에 따르면 비정상 또는 이상이란 문화적 맥락에서 예상치 못하고, 개인적 고통과 기능에 있어서 실질적 손상과 관련된 행동적, 정서적, 인지적 기능장애를 설명한다. 이 정의는 사람들이 비정상적인 것으로 간주되는 개인에 대해 가지고 있는 일반적인 신화

가 정확하지 않음을 시사한다. 일부 신화는 개인의 비정상적인 행동은 치유될 수 없고, 유전적 요인으로 인해 의지가 약하고 위험하며, 사회에 기여하지 않으며, 정도를 벗어난 것이다. 고대에는 비정상적인 행동을 하는 사람이 발견되면 요술을 하거나 귀신이 들린 것으로 간주하여 잔혹하게 취급했다. 이들에게 엑소시즘, 천공(trepanation), 충격 요법이 주어졌다. 현재는 이상을 정신질환으로 본다. 심리학에서는 임상 장애, 성격 장애, 일반적인 의학적 상태 같은 다양한 주제로 구분한다.

정상행동과 이상행동을 요약 · 정리하면 다음과 같다.

- 정상행동은 개인에게 기대되는 행동을 말하며, 이상행동은 사회적 기대에 반하는 행동 패턴을 의미한다.
- 개인의 문화적 맥락에 따라 행동이 정상 또는 이상이 된다. 한 사회에서는 이상으로 간주되는 특정 행동이 다른 사회에서는 그렇지 않을 수 있다.
- 이상행동의 개념은 정상행동의 경우와 달리 수년에 걸쳐 다르게 해석되었다. 과거에는 이상을 요술과 마귀의 산물로 여겼지만, 오늘날 그것은 질병으로 간주된다.
- 정상과 이상을 사회적으로 다루는 방식도 상당히 차이가 있다. 사람들은 이상행동에 두려움을 나타내고 심지어 조롱하는 경향이 있다.

## 2) 구분하는 방법

정상과 이상을 구분하는 대표적인 몇 가지 방법을 제시한다.

### (1) 질적 개념

질적 개념에 따르면 정상과 이상은 양이 아니라 질에서 차이가 있다. 이 두 개념은 이 오래된 개념에 의해 빈틈없는 구획으로 서로 분리된다. 얼마 전까지만 해도 정신이상자, 범죄자, 지적장애인은 정상집단 아래에 특수집단을 형성하는 것으로 간주되었으며, 영재는 정상집단 위의 특별한 집단으로 간주되었다.

그러나 두 집단의 유일한 차이점은 적응 능력에 있다. 정상은 이상보다 주변 환경에 더 잘 적응한다고 본다. 비정상적 사람의 부적응 행동은 정상보다 약간 과장되어 있다. 사실 모든 사람은 일생 동안 어느 시점에서 부적응 행동을 보인다. 따라서 정상, 이상, 영재를 구분하는 잘못된 범주이다. 사실 대부분의 사람은 적당히 잘 적응한다. 우리는 이들을 정상이라 한다. 소수의 사람들은 전혀 적응할 수 없어서 부적응 행동을 보인다. 반대로, 다른 극단의 사람들은 매우 잘 적응하고, 매우 행복하여, 효율적이고, 유용한 삶을 영위한다. 우리는 이들을 우월한 사람이라 한다.

결과적으로, 적응의 성공은 정상의 가장 중요한 기준이며, 적응의 정도는 환경과 상황에 따라 달라진다.

(2) 자극에 대한 부적당한 반응

이것 또한 받아들일 수 없는 이상성의 또 다른 개념이다. 이것은 자극에 대한 부적당한 반응이다. 이 개념에 따르면 사람이 적절하지 않은 자극에 대한 반응을 보일 때 그는 정신이상자라 하는데, 예를 들어 대낮에 밧줄을 뱀으로 간주하여 소리를 지르면 미친 사람이라고 하며, 이러한 행동은 이상행동이다. 누군가 검사 결과에 극도로 불안해하고, 잠을 자지 않고, 며칠 동안 식사를 하지 않고, 사회환경에서 완전히 위축되고, 방에 틀어박혀 있을 때, 그는 비정상이라고 한다. 따라서 자극에 부적당한 행동 유형의 목록을 작성하고 특정 목록에 해당하는 경우 이상 또는 비정상이라고 한다.

그러나 이러한 이상 또는 비정상 기준이 받아들여지면 사회의 모든 개인은 일생 동안 누구나 우연히 그런 행동을 보이기 때문에 이상 또는 비정상으로 낙인찍힐 것이다. 실제로 모든 사람은 상황이 발생하면 미안해하고, 화나고, 변덕스러워지고, 우울해지며 비정상적인 행동을 보인다. 따라서 이러한 이상 또는 비정상 개념은 완전히 조잡하고 비과학적인 것이다.

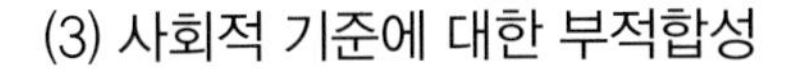

### (3) 사회적 기준에 대한 부적합성

자신의 행동이 규범과 사회적 기준에 맞지 않으면 비정상이라고 하는 이상 또는 비정상 개념이다. 그러나 이러한 개념은 잘못된 것일 수 있으며 많은 혼란을 야기한다. 정상과 이상은 상대적이므로 사회적 적합성을 이상 또는 비정상 기준으로 삼으면 누가 정상이고 누가 비정상인지 판단하는 것이 어려울 수 있다. 사람들의 문화, 전통, 생활 방식은 사회마다 다르기 때문이다. 특정 사회에서 한 사람의 반응은 다른 사회에서의 반응과 차이가 있다. 부적합성의 기준은 사회마다 다르기 때문에 사회적 기준에 대한 부적합성이라는 보편적 기준을 가질 수는 없다.

만약 정상적인 행동에서 벗어나는 것이 비정상으로 간주되면, 천재와 지적장애도 비정상 및 부적응이라고 할 수 있다. 그러나 이 개념은 다른 문화와 사회에 적용될 수 있는 비정상적인 행동의 정의를 제공하는 것을 목표로 하기 때문에 올바르지 않다. 따라서 그러한 기준은 바람직한 편차와 바람직하지 않은 편차를 구별하는 기준을 개발하고 받아들여야 한다.

### (4) 통계적 기준

여기서 이상 또는 비정상은 주로 모집단에서 행동의 빈도가 낮은 것과 동일시된다. 통계적 기준에 따르면 정상과 이상은 정도의 차이이다. 따라서 비정상 및 우월함은 정상 또는 평균에서 양적 편차를 나타낼 뿐이다. 평균 정도의 지능, 성격 안정성 및 사회적 적응력을 가진 개인은 정상으로 간주된다. 이보다 훨씬 적게 소유한 사람은 이상 또는 비정상이고 훨씬 많이 소유한 사람은 우월한 것이다. 따라서 이 기준에 따르면 대부분의 사람은 정상이다. 우월한 사람은 정상보다 약간 지능이 높고, 비정상은 정상보다 약간 더 부적응적인 행동을 보인다.

따라서 통계적 기준에 따르면 정상과 이상 사이에는 엄격한 구획이 없다, 정상, 이상, 우월성의 차이는 정도의 차이일 뿐 종류의 차이는 아니다. 이상 또는 비정상에 대한 통계적 기준은 연속 곡선을 나타낸다. 인구 100명 중 80%는 정상 범주에 속하고, 10%는 우월한 범주에, 10%는 이상 또는 비정상 범주에 속하지만, 이 세 범주 사이에는 큰 차이가 없다.

이상 또는 비정상이라는 통계적 개념은 모든 비정상이 정상에서 벗어나 있고, 그 차이는 종류가 아니라 정도에 불과하고, 정상과 이상은 상대적이라는 것을 보여 주기 때문에 다른 기준보다 우선한다.

### (5) 병리적 기준

일부 심리학자들은 병리학적 기준에 따라 정상과 이상을 구별하려고 시도했다. 영향을 받은 것과 영향을 받지 않은 것의 차이가 양적이라기보다는 질적이라는 견해는 병리학적 기준에 의해 뒷받침된다.

이상성에 대한 병리학적 기준은 특정 형태의 정신장애를 뒷받침한다. 정상적인 사람은 일부 정신병 환자에게서 관찰되는 것과 같은 정서와 사고 장애를 가지고 있지 않은 것으로 보인다. Page는 "병리학적 기준은 정상 집단과 우월한 집단을 구별하지 않지만, 이 두 집단 사이에 질적 차이도 존재할 가능성이 없다."라고 하였다.

이 경우 통계적 기준과 병리학적 기준을 결합하고자 하였다. 병리학적 기준은 통계적 기준과 병적 기준을 결합하는 방식으로 비정상, 정상 및 상위 집단을 상호 연관시키려는 시도를 하는 것이다.

### (6) 성격 적응

Meyer에 따르면 환경에 대한 적응은 정상과 이상의 차이를 측정하는 막대로 간주된다. 따라서 정상과 이상의 차이는 오직 성격 적응에 있다. 이 개념은 적응할 수 있는 것이 적을수록 덜 정상적이라고 주장한다. 이상 또는 비정상은 환경에 대한 불완전한 적응이다. 이 이론에 따르면 천재는 지능이 높고 완고하기 때문에 때때로 사회에 적응할 수 없게 되기 때문에 비정상적인 것으로 간주된다.

삶은 적응의 과정을 따라 진행되며 끊임없는 적응을 통해서만 삶의 요구를 충족시키려고 한다. 자신과 사회에 성공적으로 적응하는 사람은 잘 적응하여 정상적이라고 한다. 반대로 한 사람이 문제가 많고 성공적으로 해결하지 못했을 때 과도한 걱정, 우울, 불안, 불행과 같은 심각한 정신적 문제를 가진다. 그는 자신의 이드와 초자아 사이의 균형을 유지하지 못하게 되어 그는 적응하지 못한다고 한다.

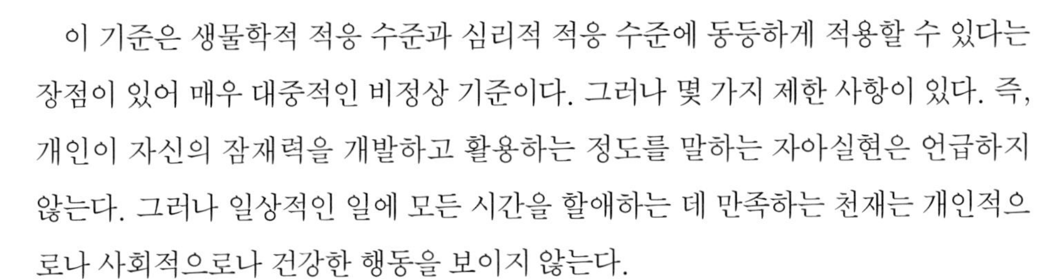

이 기준은 생물학적 적응 수준과 심리적 적응 수준에 동등하게 적용할 수 있다는 장점이 있어 매우 대중적인 비정상 기준이다. 그러나 몇 가지 제한 사항이 있다. 즉, 개인이 자신의 잠재력을 개발하고 활용하는 정도를 말하는 자아실현은 언급하지 않는다. 그러나 일상적인 일에 모든 시간을 할애하는 데 만족하는 천재는 개인적으로나 사회적으로나 건강한 행동을 보이지 않는다.

또한 개인적 조정은 집단에서 개인의 역할을 언급하지 않는다. 한 사람이 잘 적응하고 사회에서 성공하며 행복할 수 있다. 그러나 집단이나 사회에서 자신의 역할과 관련하여 적응하지 못할 수도 있다. 따라서 개인의 복지뿐 아니라 집단의 복지도 고려해야 한다.

## 4. 장애와 문제행동의 개념

### 1) 장애의 개념

일반적으로 우리나라에서 '장애'라고 번역하여 사용하는 용어의 영어는 'impairment' 'disability' 'handicap' 등이 해당된다. 따라서 각각을 살펴보고, 우리는 어떤 개념적 인식을 해야 되는지 알아볼 필요가 있다.

세계보건기구는 1980년에 ICIDH(international classification of impairments, disability, and handicaps)를 발표하였고, 여기서 disability, impairment, handicap을 구분하는 분류법을 만들었다. disability는 기능(function)의 상실, impairment는 조직 손상이나 질병, handicap은 신체적 역기능이나 impairment 때문에 환경에서 개인에게 주어지는 해결할 수 없는 강요된 짐으로 간주하였다. 동작(motion), 감각, 지능, 정서, 생리적 과정에 있어서 기능 제약이 이동성, 의사소통, 건강한 자아개념, 사회적 상호작용 기술이 요구되는 상황에서 반드시 특정 handicap으로 전환되지 않는다는 것이다.

그래서 손상(impairment)은 조직 수준에서 발생하는 병리학적 상태의 외형이며,

기능 제약 또는 능력 장애(disability)는 한 개인의 수준에서 나타나는 보편적으로 기대된 활동, 수행, 행동보다 과도하거나 결함을 가진 것이며, 사회적 불리(handicap)는 손상과 기능 제약 때문에 개인의 문화적, 사회적, 경제적, 환경적 제약을 유발하는 것이다.

1997년 WHO에서는 장애의 개념, 범주 등에 대하여 ICIDH-2(International Classification of Impairments, Disabilities, and Handicaps-2)에서 장애인과 비장애인에게 함께 적용 가능한 손상(impairment), 활동(activity), 참여(participation), 상황 요인(contextual factors)라는 세 가지 축을 소개하여 장애의 개념을 크게 확장시켰다. 2001년 확정된 ICF(international classification of functioning, disability and health)분류는 ICIDH-2에 대한 세계 각국의 의견을 종합 정리한 것으로, 상황적 요인이 각 구성요소의 관계뿐 아니라 각각의 구성요소에도 영향을 미치는 것으로 보고 있다. 또한 더 적극적이고 긍정적인 용어를 사용하고 있다.

그렇다면 우리가 장애라고 하는 용어에는 어떤 의미를 부여할 것인가? 어쩌면 손상이나 기능 제약에 강조점을 두기보다는 사회적 환경의 변화만 주어지면 크게 문제가 되지 않는 불리라는 측면에 강조를 두는 것이 더 바람직할 것이다. 그렇다고 손상이나 기능 제약을 완전히 배제하거나 무시하자는 것이 아니다. 다만 이러한 유형의 장애 개념은 손상이나 기능 제약에 따른 불리함을 제거하기 위한 진단적 의미로 보는 것이 바람직할 것이다. 즉, 어디에 어느 정도로 손상이나 기능 제약이 있는지를 정확하게 파악하지 못하면 불리한 환경을 제거하는 적절한 방법을 찾을 수 없기 때문이다.

장애에 대한 개념을 정의하거나 기술한 내용을 구체적으로 살펴보면 다음과 같다.

먼저, 1975년 UN 총회에서 결의한 '장애인의 권리선언'에서 제시한 장애인의 개념은 다음과 같다.

> 장애인은 선천적이든 후천적이든 신체적, 정신적 능력의 결함으로 인하여 일상의 개인적 또는 사회적 생활에서 필요한 것을 확보하는 데 스스로는 완전히 또는 부분적으로 행할 수 없는 사람을 의미한다.

우리나라의 「장애인복지법」에서 제시한 장애인의 정의는 다음과 같다.

> "장애인"이란 신체적 · 정신적 장애로 오랫동안 일상생활이나 사회생활에서 상당한 제약을 받는 자를 말한다.
>
> 이 법을 적용받는 장애인은 제1항에 따른 장애인 중 다음 각 호의 어느 하나에 해당하는 장애가 있는 자로서 대통령령으로 정하는 장애의 종류 및 기준에 해당하는 자를 말한다.
>
> 1. "신체적 장애"란 주요 외부 신체 기능의 장애, 내부기관의 장애 등을 말한다.
> 2. "정신적 장애"란 발달장애 또는 정신 질환으로 발생하는 장애를 말한다.

「장애인 등에 대한 특수교육법」에서는 장애인이라는 용어 대신 특수교육대상자란 용어를 사용하며, 다음과 같이 정의하고 있다.

> "특수교육대상자"란 제15조에 따라 특수교육이 필요한 사람으로 선정된 사람을 말한다.

「장애인 등에 대한 특수교육법」 제15조에 규정된 특수교육대상자는 시각장애, 청각장애, 지적장애, 지체장애, 정서 · 행동장애, 자폐성장애(이와 관련된 장애를 포함한다), 의사소통장애, 학습장애, 건강장애, 발달지체, 그 밖에 대통령령으로 정하는 장애 등 11개의 유형으로 분류하고 있다.

### 2) 문제행동의 개념

장애가 존재한다고 해서 문제행동을 나타내는 것도 아니고, 문제행동이 있다고 해서 장애가 있는 것도 아니다. 즉, 장애는 있지만 문제행동을 나타내지 않을 수도 있고, 문제행동은 있지만 장애는 아닐 수 있다는 의미이다.

행동은 관찰, 측정, 반복될 수 있는 한 사람이 하게 되는 무엇으로 정의할 수 있다. 문제행동은 심각한 문제를 유발하는 패턴화된 행동으로 정의할 수 있다. 문제행동은 일반적으로 수용될 수 없는 것으로 간주한다. 또한 문제행동은 개인적, 학문적, 사회적 기술을 포함한 다양한 환경에서 적절한 연령, 문화, 인종적 규준에 부적합한 행동 반응과 정서 반응을 수반하는 것으로 정의되기도 한다. 즉, 관찰과 측정에 의해 일정한 규범 또는 기준에서 벗어나는 행동이라고 주관적으로 판단을 내리는 행동을 문제행동이라 할 수 있으며, 다음의 내용을 포함한다.

- 자신과 타인의 재산, 심리, 신체, 건강에 현저한 위험을 주는 행동
- 학습이나 활동, 놀이 등 가정, 학교, 직장 생활을 현서하게 방해하는 행동

문제행동을 분류하는 것은 다양할 수 있는데, Kaufman과 Landrum은 공격적이고 반사회적 행동, 부적절하고 미성숙한 행동, 인격장애적 행동 등 세 가지 유형으로 분류하였고, Bambara와 Kern은 문제행동을 자신이나 타인의 신체에 상처를 내는 파괴적 행동, 학습과 긍정적 상호작용에 악영향을 주는 방해 행동, 사회적 수용을 어렵게 하거나 자신의 이미지에 부정적 영향을 주는 가벼운 방해 행동 등의 세 가지로 분류하였고, Quay와 Werry는 성격적으로 유사한 행동들로 묶어서 품행장애(신체 및 언어적 공격성, 분열행동, 적대반응), 불안위축 행동(두려움, 고립, 회피), 미성숙한 행동(협응조절 미숙, 주의력결핍), 사회화된 공격행동(훔치기, 무단결석, 비행)으로 구분하였다.

문제행동의 유형을 어떻게 분류하던 이러한 문제행동이 가진 기능적 특성이 있다. 즉, 왜 문제행동을 하게 되는가 하는 이유와 관련된 것이다(https://jesusguy.tistory.com/196).

- 회피: 특성 시간, 활동, 상황, 또는 특정 개인이나 집단 등의 불쾌하게 느끼는 상황으로부터 벗어나기 위해 문제행동을 한다.
- 복수: 실제, 또는 상상 등에 의해 무시를 당한다는 생각이나 느낌으로 인해 개인이나 집단을 향해 앙갚음을 하기 위해 문제행동을 한다.

- 수용: 집단에 대한 소속감이나 승인을 얻기 위해 문제행동을 한다.
- 자기표현: 독립성과 개성을 알려 자기 이미지를 표현하기 위한 수단으로 문제행동을 한다.
- 통제: 환경을 지배하고 통제하고 싶어 하는 욕구로 인해 규칙이나 지침을 따르기 거부하는 목적으로 문제행동을 한다.
- 보상: 특정 물건, 간식, 돈, 특혜와 같은 강화를 얻기 위한 것이나 또는 좋은 기분이나 만족을 얻기 위한 목적으로 문제행동을 한다.
- 감각적 자극 및 통제: 환경에 감각적 입력의 수준이나 형태를 증가, 감소시키려 하거나, 또는 외부자극에 대처하여 자기 자신을 안정시키기 위한 자기조절 행동의 일환으로 문제행동을 한다.
- 놀이: 주어진 과제 대신 놀이 활동을 즐기려 하거나, 회피와 자극의 결합으로 다른 사람과 또는 혼자 되풀이하는 행동으로 나타나는 것이거나 무료함을 느껴 습관적으로 문제행동을 한다.
- 관심: 또래나 동료, 부모나 교사로부터 긍정적 또는 부정적인 관심을 받기 위한 목적으로 문제행동을 한다.

### 3) 문제행동 정의의 목적

문제행동을 정확하게 정의할 수 있어야 문제행동을 관찰 또는 측정할 수 있고, 그에 따른 적절한 서비스를 제공할 수 있다. 따라서 문제행동을 정의하는 것은 다음과 같은 구체적인 목적을 위한 것이다.

- 대상자를 관찰하거나 대상자에 대해 다른 사람에게 질문을 하여 행동에 대한 자료를 수집한다.
- 행동이 발생하는 시점에 대한 정확한 정보를 수집한다.
- 자료 수집에 사용할 수 있는 서비스 또는 지원을 최적화할 수 있다.
- 선천적인 문제가 행동의 근원이라고 가정하는 대신 환경과의 상호작용에 초점

을 맞춘다.

- 다른 사람들이 그들의 노력을 도울 수 있도록 대상자가 무엇을 하기를 원하는지 실수 없이 설명한다.
- 적절한 치료 또는 상담을 설계하는 데 필요한 정보를 얻는다.
- 치료 또는 상담을 수행한 후 행동의 변화 여부를 확인한다.
- 학교의 경우 개별화 교육 프로그램(IEP)의 행동 목표를 작성하고, 기능적 행동 평가를 수행하고, 다른 사람(예: 부모, 다른 교사, 지도 상담사)과 의사소통한다.

## 5. 장애와 가족

장애가 있는 가족 구성원이 있으면 부모와 형제자매, 기타 구성원 등 가족 전체에 영향을 미칠 수 있다. 이것은 가족들의 독특한 공유 경험이며, 가족 기능의 모든 측면에 영향을 미칠 수 있다.

장애 가족이 존재하는 것의 긍정적인 측면은 지평을 넓히고, 가족 구성원의 내면의 힘에 대한 인식을 높이고, 가족 결속을 강화하고, 지역사회와의 연결을 촉진할 수 있다. 반면에, 장애 가족을 돌보는 것과 관련된 시간 및 재정적 비용, 신체적 요구와 정서적 요구는 광범위한 영향을 미칠 수 있다. 영향은 가족의 신체적, 정서적, 재정적 자산과 사용 가능한 자원뿐만 아니라 상태와 심각도의 유형에 따라 달라질 수 있다.

가족의 경우 장애 가족 구성원을 돌보는 것은 스트레스를 증가시키고, 정신적, 육체적 건강에 피해를 줄 수 있으며, 적절하고 저렴한 돌봄 시설을 찾기 어렵게 만들고, 직장, 교육/훈련, 추가 자녀 출산과 공적 지원에 대한 결정에 영향을 미칠 수 있다. 또한 죄책감, 비난 또는 자존감 감소와 관련될 수 있다. 가족 기능의 다른 측면에서 주의를 돌릴 수 있다. 의료 및 기타 서비스의 실제 지출 비용은 엄청날 수 있다. 이러한 모든 잠재적 영향은 가족 구성원 간의 관계, 생활 방식, 미래의 관계 및 가족 구조의 질에 영향을 미칠 수 있다.

가족들은 집에서 가족을 계속 돌볼 수 있도록 하는 데 필요할 수 있는 지원 중 하

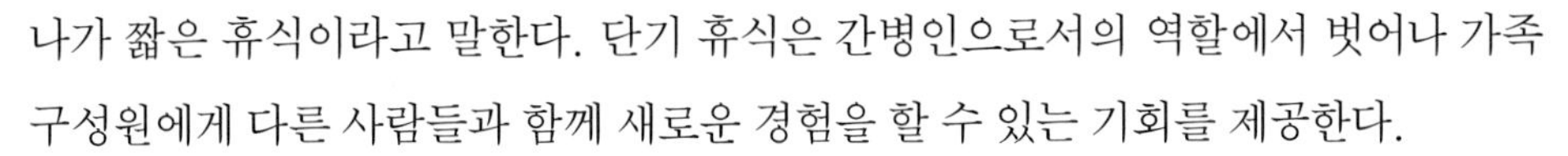

나가 짧은 휴식이라고 말한다. 단기 휴식은 간병인으로서의 역할에서 벗어나 가족 구성원에게 다른 사람들과 함께 새로운 경험을 할 수 있는 기회를 제공한다.

장애는 사회를 부정적인 시선으로 보게 할 수 있다. 친구들과 이웃들은 무엇을 해야 할지 모르거나 그것이 도움이 될 것이라고 말하기 때문에 가족으로부터 한 걸음 물러설 수도 있다. 병원 예약, 치료, 가정에서의 새로운 의무로 인해 사회 활동에서 밀려날 수 있다. 공공장소에서 가족의 장애를 관리하는 것보다 집에만 있는 것이 더 쉬워 보이는 등 고립이 일반적이다. 재정, 의료, 교육, 일상적 일정과 같은 스트레스 요인이 가족을 공격한다. 의사, 처치 방법, 치료에 대한 끝없는 의문을 가지게 된다. 의학 분야는 혼란스러울 수 있고 때로는 가혹하고 불분명해 보일 수 있다. 적절한 교육 서비스는 얻기가 매우 어렵고 비용이 많을 수도 있다.

장애와 가족에 대한 패러다임은 1950년대 이후 심리치료적 모델에서 1970년대의 부모교육 모델을 거쳐 1980년대 이후 삶의 질과 권한 부여 모델로 진화되었다. 1980년대 이후 기간은 가족들은 필요한 지원을 받을 때 장애를 다룰 수 있다는 기본적인 생각을 신뢰하는 것이 특징이다.

심리치료 모델을 통해 전문가들은 부모들을 돌봄과 교육에서 해방시키고, 장애인들을 병원, 학교, 정신병원 등에 격리시켰다. 전문가들은 통제권을 쥐고 부모들의 반응, 교육 방식, 의견에 대한 의견을 발표했다. 전문가들은 부모가 아이들의 한계, 발달의 장애물, 치료 과정과는 무관하다고 여겼다. 부모는 애도 상황에서 취약한 환자로 간주되었고, 자녀들이 받는 치료를 보완할 필요가 있었고, 일반적으로 전문가들보다 덜 지능적이고, 덜 유능하며, 덜 객관적이라고 여겨졌다.

연합주의(associationism) 운동의 출현과 함께 장애인의 권리, 탈제도화, 정상화, 역량강화 등을 옹호하면서는 '전문성(professionalism)'의 무대는 뒤로 물러났다. 그것은 많은 사람에 의해 진정한 용기 행위로 묘사된 아동의 삶의 질 향상에 부모의 역할을 강조했다. 이 새로운 단계에서, 가족들은 장애에 대한 죄책감에서 전문가들과 특정 서비스의 수혜자들과 협력자로 이동했다. 부모가 조직의 설립자 및 구성원, 서비스의 추진자, 전문가 결정의 수혜자, 자녀에 대한 교사 및 치료사, 중재에 대한 결정을 내릴 책임이 있다는 것을 인식해야 한다(Lara & de los Pinos, 2017).

제2장

# 장애아동 진단 및 평가

진단 및 평가를 포괄하는 용어가 사정(assessment)이다. 사정은 발굴에서 평가까지의 과정을 총칭하는 용어이다. 따라서 여기서는 진단 및 평가라는 용어 대신에 사정이라는 용어로 기술한다. 장애아동의 치료에서는 정확한 사정을 통해 아동을 이해하고 개입하는 것이 중요하다. 이에 이 장에서는 사정의 개념을 통해 사정을 해야 하는 목적과 지침에 대해서 알아보고, 치료사의 태도 및 알아야 하는 내용, 유의사항에 대해 살펴보고자 한다.

## 1. 사정의 개념

치료에서는 사정의 내용을 알아보기 전에 그것의 정확한 의미를 논의하는 것이 중요하다. 사정과 밀접하게 관련된 용어는 심리검사(psychological test)로서, Anastasi와 Urbina(1997)는 심리검사를 행동표본의 객관적인 표준화된 측정으로 정의하였다. Cronbach(1990)도 비슷하게 정의했는데, 숫자의 척도나 고정된 범주를 가지고 행동을 관찰·기술하는 체계적인 절차를 가진 검사라고 했다.

사정과 관련하여 알아야 할 또 다른 용어들, 즉 발굴, 선별, 진단, 평가, 측정, 검사의 내용을 살펴보겠다. 이 용어들은 때로는 같은 의미로, 때로는 비슷하게 사용되지만 각각은 약간의 차이가 있다.

발굴(locating)은 사정 체계의 첫 번째 단계이다. 일반적으로 특별한 서비스가 요구되는 아동을 찾기 위한 집중적 노력을 말하는 것으로 표적집단 규정하기, 서비스의 공적 인식 증가시키기, 의뢰 촉진하기, 서비스가 필요한 아동을 위해 지역사회 계몽하기 등을 포함한다. 선별(screening)은 사정 체계의 두 번째 단계다. 선별은 일반 아동 집단에서 서비스가 필요한 아동을 구분하는 효과적인 방법을 제공하는 것으로, 추후 심도 있는 조사가 필요한 아동을 결정하는 과정이다. 진단(diagnosis)은 사정 체계의 세 번째 단계로서, 선별 과정을 통해 발견된 아동에 대한 심도 있는 평가를 말한다. 진단에서는 아동이 서비스의 근거가 되는 문제를 가졌는지 결정하기 위해 주의 깊게 조사해야 한다. 사정 체계의 네 번째 단계인 평가(evaluation)는 아동의 진전과 성취, 프로그램이 잘 수행되는지의 여부를 결정하는 과정이다. 평가는 아동의 앞으로의 배치와 프로그램의 성공 및 효율성을 결정하기 위한 자료를 제공한다. 평가 과정은 도입기준과 종결기준의 형성, 아동의 재평가, 프로그램의 효율성 평가와 같은 활동의 전부 또는 일부를 포함한다. 측정(measurement)은 아동의 심리적 속성을 숫자로 표현하는 과정을 말한다. 검사(testing)는 형식적·비형식적 방법을 통하여 아동의 심리적 속성을 측정하기 위해 수행하는 행위를 말한다. 도구(instrument)는 검사에서 사용되는 모든 형식적·비형식적 검사를 말하는 것으로 검목표, 평정척도, 표준화 검사 등을 포함한다(안병환, 조용태, 한현민, 1995).

### 1) 사정의 유형

사정 또는 심리검사의 유형은 그 구분 기준에 따라 다양하게 나누어진다. 검사의 사정은 그 목적과 방법 그리고 절차 및 내용에 따라 형식적 측정과 비형식적 측정,

개별검사와 집단검사, 규준지향검사와 준거지향검사 등으로 다양하게 분류할 수 있지만(Ysseldyke & Algozzine, 2006), 여기서는 임창재(2000)가 구분한 것을 중심으로 소개한다.

### (1) 측정 내용과 검사 제작 방법에 따른 구분

#### ① 투사검사

투사검사(projective tests)는 개인의 독특한 특성을 측정하기 위해 비구조적인 검사과제를 제공하는 것으로, 면담이나 행동관찰, 객관적 검사 반응과는 다른 독특한 반응을 제시하며, 이 반응은 개인을 이해하는 데 매우 유용하다. 또한 이 검사는 반응이 다양하게 표현되기 때문에 독특한 심리적 특성을 반영할 수 있으며, 무의식적인 심리적 특성을 잘 반영한다.

#### ② 객관적 검사

객관적 검사(objective tests)는 검사가 구조화되어 있고, 평가내용이 검사 목적에 따라 준비되어 있으며, 일정한 형식에 따라 반응한다. 개인의 독특성보다는 개인마다 공통적으로 지니고 있는 특성이나 차원을 기준으로 상대적 비교를 하려는 목적을 지닌다. 이러한 검사는 실시가 간편하고, 검사의 신뢰도와 타당도가 높으며, 치료사 변인이나 검사 상황의 변인에 따른 영향을 적게 받아 개인 간 비교가 객관적으로 가능하다.

### (2) 검사 실시에 따른 구분

#### ① 개별검사와 집단검사

개별검사는 한 번에 한 사람을 대상으로 실시하는 것으로, 시간과 비용이 많이 소요된다. 반면에, 집단검사는 한꺼번에 많은 사람을 대상으로 실시하기 때문에 시간과 비용이 절감된다.

② 속도검사와 난이도검사

속도검사는 제한된 시간 내에만 문제를 해결하도록 하는 것이고, 난이도검사는 시간이 제한되지 않고 피치료사가 그 검사를 마치고 싶을 때까지 시간이 제공된다.

③ 지필검사와 동작검사

지필검사는 과제가 종이에 인쇄되어 있고 답지에 답을 기록하게 하는 것으로, 표준화된 지능 · 흥미 · 성격 검사에 적용된다. 한편, 동작검사는 행동이나 특성을 지필에 의하지 않고 평가하는 것으로 주로 개인검사로 실시된다. 무용동작 치료에서 사용하는 동작분석이 여기에 해당한다.

(3) 특정 행동에 따른 구분

① 정신능력검사

일반적으로 지능검사를 말하는 것으로, 검사 소요 시간이 짧고 집단 대상 실시가 가능하다. 잠재적 능력 측면을 측정한다.

② 흥미검사

직업 상담, 학업 상담 및 지도에 유용하다. 특정한 방향으로 향하는 개인의 일반화된 행동 경향을 측정하는 것으로, 흥미를 전혀 갖지 않으면 그 분야에서 성공할 가능성이 제한된다는 것을 시사한다.

③ 적성검사

특수 분야에 적절한 대상을 선발하는 것을 목적으로 실시되며, 특수능력검사라고도 한다. 사무 능력, 기계 조작 능력, 음악, 미술 등의 특수능력을 측정하는 독립된 검사도 있고 종합적성검사도 있다.

④ 운동능력검사

근육 협응, 손가락의 정교성, 눈과 손의 협응 능력 등 운동 기능의 수준을 측정한다.

⑤ 성격검사

개인의 행동 유형이나 정서 상태와 같은 기질 및 적응성, 개인의 동기, 이상, 욕구, 가치, 도덕성, 품성 등을 측정할 수 있다. 자기보고식 검사, 작업검사, 투사검사 등이 있다.

## 2) 사정의 목적

사정은 다음과 같은 다섯 가지 목적을 가지고 있다.

- 선별과 판별: 아동을 선별하고 문제를 가진 아동을 확인한다.
- 평가: 아동의 강점, 약점, 전반적인 진전의 정도를 평가한다.
- 적격성과 진단: 문제를 가진 아동이 프로그램에 적격한지의 여부를 결정하고, 아동의 문제나 장애의 구체적인 특성을 진단한다.
- 프로그램 개발과 배치: 프로그램을 개발하고, 아동의 치료적 배치를 위해 적절한 결정이 이루어지도록 상세한 정보를 제공한다.
- 치료계획: 아동의 특별한 사회적 · 학문적 · 신체적 관리 요구에 적절한 치료를 개발하고 계획한다.

이와 같은 목적을 달성하기 위해 치료사에게는 사정에 대한 전문적인 훈련과 교육이 필요하다. 그럼에도 치료사가 사정에 대한 철저하고 심도 있는 훈련이 필요하다는 것에 대해 당황스러워하거나 의구심을 갖는 경우가 있다. 치료 과정과 치료에 포함된 필수적인 사정 단계를 잠시 생각해 보자. 비록 치료 과정이 아주 복잡하기는 하지만 일반적으로 다음과 같은 네 가지 단계를 포함한다(Whiston, 2005).

- 아동의 문제를 사정한다.
- 아동의 문제를 개념화하고 정의한다.
- 효과적인 처치를 선택하고 수행한다.
- 치료를 평가한다.

치료의 첫 번째 단계에서 치료사는 아동의 문제를 평가해야 하는데, 치료 과정에서 만병통치약은 없기 때문이다. 또한 치료사는 아동의 문제를 능숙하게 사정해야 하며, 만약 사정 과정이 불완전하거나 부정확하면 전체 치료 과정은 부정적인 영향을 받을 것이다. 게다가 치료사가 제한된 사정 기술을 가지고 있다면 아동의 중요한 문제를 빠뜨리거나 과소평가할 수 있다. 그러나 사정 기술은 치료의 첫 번째 단계에서만 필요한 것이 아니라 전체 치료 과정에서 중요하다.

치료사는 문제를 개념화하는 데 대단히 능숙해야 하지만 만약 제한된 정보를 사용하게 되면 치료 과정이 적절하게 수행되기가 어려울 것이다. 치료 과정의 두 번째 단계인 문제의 개념화에서 치료사는 아동의 문제를 명확하게 이해하고 정의할 수 있을 때까지 아동을 계속 사정할 필요가 있다. 간단한 문제와 복잡한 문제를 구분하는 것은 처치의 선택과 치료의 효과에 결정적이다. Mohr(1995)는 심리치료에 있어서 부정적 결과를 보여 주는 징후 가운데 하나는 임상가가 아동이 가진 문제의 정도를 과소평가하는 것이라 하였다. 다시 말해서 사정 기술은 아동의 문제를 적당하게 개념화하고, 문제의 원인이 되는 맥락적 요인을 확인하며, 치료의 처치 단계에서 유용한 요인을 조사하는 데 필수적이라고 할 수 있다.

치료의 세 번째 단계는 이전의 사정에 근거하며, 처치가 시작되어도 사정은 중단하지 않는다. 오히려 사정 과정은 치료 과정 전 단계에서 계속된다. 치료사는 자신이 아동과 아동의 상황을 완전하게 이해하고 있는지의 여부를 계속 점검해야 한다. 게다가 치료사는 아동이 진전이 있는지, 만약 아동이 치료목적에 도달하지 못하면 치료 과정을 수정해야 하는지의 여부를 자세하게 조사해야 한다. 특정 아동에게 효과적인 처치를 연결하는 것이 항상 쉬운 것은 아니기 때문에 치료사는 치료서비스의 효과와 아동을 계속 재평가해야 한다.

처치가 제공되었을 때 치료사는 그것의 효과 여부를 사정하거나 평가할 필요가 있다. 다시 말해, 치료사는 아동을 돕는 효과적인 의사소통 기술을 가져야 하고, 효과적인 사정과 감정 기술을 지녀야 한다. 아동을 사정하는 것은 치료 과정의 일부로 통합되어야 하며, 이것은 단순히 치료사가 심리치료사가 되어서는 안 된다는 의미이다.

### 3) 사정 지침

아동을 평가할 때는 아동의 검사 점수를 배타적으로 취급하지 말고 아동의 능력에 관해 제시하는 것이 어떤 의미를 지니는지 스스로에게 물어서 점수를 해석해야 한다. 각 아동은 양적 수단과 질적 수단으로 평가할 수 있는 능력과 한계의 범위를 가지고 있다. 그러므로 능력과 한계를 모두 사정해야 하고 문제에만 초점을 두어서는 안 된다.

다음의 지침은 사정 과정과 검사의 임상적 사용 및 심리교육적 사용을 위한 중요한 기초를 형성한다.

- 사정 기법은 아동에게 이익이 되도록 사용해야 한다.
- 사정은 아동을 이해하기 위한 체계적인 과정이다.
- 검사는 표준적인 조건에 따라 실시해야 한다.
- 검사 결과는 잘 규정된 규칙에 따라 채점해야 한다.
- 검사 점수는 이해력, 피로, 불안, 스트레스, 비협력적 행동, 부족한 동기, 성격 문제, 신체적 질병과 같은 많은 요인에 의해 부정적인 영향을 받는다.
- 검사는 적당한 신뢰도와 타당도를 가지고 있다는 것이 증명되어야 한다.
- 유용한 사정 전략은 아동의 수행과 다른 아동의 수행을 비교하고, 아동의 독특한 점수 프로파일을 평가하는 것을 포함한다.
- 사정 결과는 연역적 방법(아동의 행동에 관한 가설을 제안하고 가설과 관련된 정보를 수집하는 것)뿐만 아니라 귀납적 방법(아동에 관한 정보를 수집하고 결론을 도출

하는 것)을 통해서도 해석한다.

- 사정 결과와 권고는 단편적인 정보가 아닌 아동에 관해 획득된 모든 정보에 근거해야 한다.
- 검사는 행동 표본이다.
- 검사는 직접적으로 특성이나 능력을 나타내지 않지만, 그 결과를 통해 이러한 영역에 대한 추론은 할 수 있다.
- 검사는 특정 시간과 장소에서 실시된 일련의 검사 문항의 답에 근거한 아동의 수행을 측정한다. 일반적인 인지 능력이나 특정 기능을 측정하는 검사를 '학력검사(achicvcmcnt tcsts)' '능력검사(ability tcsts)' '적성검사(aptitude tests)' '준비도 검사(readiness tests)'로 언급한다. 이러한 검사들은 검사에 있어서 문항 내용의 다른 강조를 반영한다. 그러나 네 가지 형태의 검사는 모두 학력을 측정하는 것이어야 한다.
- 검사 결과는 단독이 아닌 다른 행동 자료 및 사례사 정보(아동의 문화적 정보와 일차언어 등)와 관련하여 해석해야 한다.
- 검사는 아동이 일정 기간 특정 프로그램에 참여한 후에 다시 실시해야 한다.
- 검사는 다른 점수를 산출하는 동일한 영역을 측정하려는 것이다.

검사와 다른 사정 방법은 강력한 도구이기는 하지만 그 효과는 각자의 지식과 기능에 따라 달라질 것이다. 현명하고 주의 깊게 사용했을 때 사정 절차는 아동, 부모, 치료사, 기타 전문가가 가치 있는 통찰을 획득하는 데 도움이 될 것이다. 부적절하게 사용하면 중요한 생활 결정을 해야 하는 사람들을 잘못 안내할 수 있기 때문에 해악과 슬픔의 원인이 된다.

# 2. 사정에 대한 치료사의 태도

## 1) 사정에 유능한 치료사의 특징

### (1) 치료사는 전문적 자질을 가졌을 것이라는 기대에 부합해야 한다

이제는 더 이상 치료와 사정을 동의어로 보지 않지만, 치료사도 사정에 유능해야 한다고 기대하고 있다. 거의 모든 나라의 상담 및 심리치료 관련 단체가 윤리강령이나 자격 기준에 사정에 대한 영역을 언급하고 있다. 따라서 모든 치료사가 사정에 대해 훈련을 받고 지식을 가져야 하며, 사정 도구와 기법의 적절한 사용을 위한 지식을 지니고 훈련을 받아야 한다는 전문적 기대가 있다. 또한 사람들은 치료사는 사정을 이해하고, 사정 결과를 해석할 수 있다고 생각한다. 따라서 심리치료사가 아동의 성취검사 결과를 해석할 수 없으면 아동의 부모는 치료사를 무시하게 될 것이다. 게다가 다학문적 평가팀에서 다른 전문가들과 활동할 때 심리측정적 원리와 공통적인 사정 도구에 대한 지식이 없으면 존경을 받을 수 없게 된다.

### (2) 치료사는 아동이 가진 문제를 확인해야 한다

치료사가 적절한 검사를 사용하면 보다 빨리 아동에 대해 파악할 수 있다. 만약 치료사가 문제를 효율적인 방법으로 설명한다면 처치를 곧바로 시작할 수 있다. 의사가 치료 과정에 도움이 되도록 의학적 검사를 통합하는 것과 비슷하게, 사정은 많은 방법으로 심리치료 과정을 풍부하게 한다. 만약 치료사가 설명한 아동의 문제 특성이 실제 아동이 지닌 문제와 특성에 대해 일치하면 아동은 계속 치료를 받을 가능성이 높아진다(Duckworth, 1990).

### (3) 치료사는 다양한 아동의 정보에 접근해야 한다

아동은 형식적·비형식적 사정을 통해 이익을 얻을 수 있는데, 그러한 사정이 아동에게 적용할 수 있는 다양한 수단을 치료사에게 제공하기 때문이다. 치료사는 치료 과정에서 청각적 · 시각적 · 운동적 · 촉각적 차원을 이용한 방법을 동원하여 사정을 해야 한다. 가능한 한 완전한 아동의 정보를 얻기 위해 다양한 경로를 통해 사정을 하는 것은 임상적 결정에 유용하게 적용될 수 있다(Fredman & Sherman, 1987). 치료 과정에서 검사는 새로운 정보를 제공해야 하고, 치료사는 사정 결과를 아동이 학습하고 그들 스스로를 통찰하도록 하는 데 사용해야 한다. 사정의 결과는 아동이 치료 과정에서 다른 방법으로 논의할 수 있는 주제를 제공하기도 한다.

### (4) 치료사는 아동의 의사결정을 돕는다

아동은 의사결정에서 도움을 얻기 위해 치료를 받기도 한다. 아동은 "나는 학교를 그만두어야 하는가?"와 같은 문제로 괴로워한다. 아동이 의사결정에서 사용할 수 있는 정보의 양이 증가하면 그들의 의사결정 과정의 질도 향상된다. 직업 선택, 직무 흥미, 가족 역동성에 관한 정보를 생성하는 도구를 선택하는 것은 아동의 주요한 의사결정에 도움을 줄 수 있다. 그러나 아동의 의사결정을 돕는 데 사정 정보를 사용하는 것이 항상 검사의 실시를 전제로 하는 것은 아니다. 치료사는 아동의 이전 교육 경험이나 다른 상황에서 아동이 취한 사정 도구의 정보를 사용할 수 있다.

### (5) 치료사는 아동의 강점과 한계를 명확하게 할 수 있어야 한다

치료는 그 자체의 초점이 발달적인 것이지 단순히 교정이 필요한 영역과 정신병리을 확인하는 데 집중하는 것은 아니다. 따라서 치료사는 변경할 수 없는 성격 요인을 진단하는 데 검사를 사용하기보다 가족 역동성, 변경할 수 있는 성격 요인, 환경 스트레스, 대처 전략, 학습 양식과 같은 수정할 수 있는 요인을 확인하는 데 도구를 사용해야 한다. 치료사는 아동의 한계를 확인하는 것뿐만 아니라 변화 과정을 촉진시키는 강점을 드러내는 데도 도구를 사용할 수 있다.

또한 치료사는 아동의 긍정적 심리를 지원해야 한다. 심리사정이 아동의 현재 상황이나 문제, 한계를 확인하는 경향이 있지만, 그보다는 긍정적인 과정 · 결과 · 환경을 형성해야 한다. 따라서 희망, 즐거움, 낙관, 용기와 같은 긍정적 요인을 나타내는 정보를 사정할 수 있어야 한다(Lopez, Snyder, & Rasmussen, 2003). 긍정적인 심리

사정은, 첫째, 아동의 능력을 손상시키는 특성, 둘째, 아동의 강점과 자질, 셋째, 아동이 겪은 환경의 상실과 파괴적인 측면, 넷째, 아동의 환경 내에 있는 자원과 기회의 확인 등의 요소를 포함한다(Wright & Lopez, 2002). 이처럼 치료사는 아동의 강점 발달을 측정하기 위해 긍정적인 심리적 사정을 사용하고, 치료 과정에 있어서의 변화를 차트화해야 한다.

#### (6) 치료사의 사정은 그에 대한 아동의 신뢰성에 영향을 줄 수 있어야 한다

아동이 치료사는 전문가이고, 매력적이고, 믿을 수 있다고 생각하면 그들의 피드백을 수용할 가능성이 높아진다. 이것은 사회적 영향력 이론(theory of social influence)으로 설명할 수 있다. 치료사가 전문가로 지각되는 데 영향을 미치는 몇 가지 특성이 있는데, 아동에게 심리사정을 수행하는 것 역시 치료사의 전문성 지각에 긍정적으로 영향을 줄 것이다(Heppner & Claiborn, 1989). 그러나 전문성은 권위주의, 우월성, 자기과시 행동과 같은 것이 아님을 인지하고 있어야 한다.

### 2) 치료사가 사정에 대해 알아야 하는 내용

사정은 치료의 통합적 과정이기 때문에 치료사는 검사를 적절하게 사용하기 위해 〈표 2-1〉에서 언급한 것과 같은 최소한의 능력을 지녀야 한다(Moreland, Eyde, Robertson, Primoff, & Most, 1995). 이러한 능력은, 첫째, 검사와 검사의 한계에 대한 지식, 둘째, 유능한 검사 사용을 위한 책임 수용이라는 두 가지 주요한 주제로 통합할 수 있다.

미국심리학회 치료사 자격위원회에서는 2001년에 심리검사의 유능하고 책임 있는 사용에 대한 상세한 지침을 출판하였다. 이 지침서는 두 가지 유형의 치료사 자격을 포함하고 있다. 첫째, 대다수 검사의 기초가 되는 일반적인 심리측정적 지식과 기술, 둘째, 특정 장면이나 특정 목적에 기반을 두고 실시된 검사의 응답 사용에 대한 구체적인 자격이다. 이에 대한 핵심적 내용은 〈표 2-1〉과 같다(Turner, DeMers, Fox, & Reed, 2001).

표 2-1 적절한 검사를 사용하는 데 필요한 최소한의 능력

1. 채점과 기록에 있어서 각종 오류를 피해야 한다.
2. 완전한 타당성이 부족한 검사 점수에 기초하여 '부정직한'과 같은 주관적이며 경멸적인 용어를 사용함으로써 명칭을 부여하는 것을 억제해야 한다.
3. 채점 해답과 검사 자료를 안전하게 유지해야 한다.
4. 검사 점수가 정확할 수 있도록 모든 아동이 지시를 따르는지 봐야 한다.
5. 아동이 최적의 수행을 할 수 있는 검사 장면을 사용한다.
6. 아동의 능력을 허위 진술하는 결과를 유발할 수 있는 검사 문항에 대한 지도나 훈련을 억제해야 한다.
7. 치료 장면에서 아동에게 해석과 지침을 주려는 의지가 필요하다.
8. 검사 자료를 불법 복제하지 않아야 한다.
9. 채점용 해답을 적절하게 정렬하지 못하는 가정에서는 제작된 해답지의 사용을 자제해야 한다.
10. 정확한 채점을 하기 위해 아동과 친밀한 관계를 형성해야 한다.
11. 아동에게 검사 지침서에서 허용하는 것보다 더 상세하게 답을 제시해서는 안 된다.
12. 한 집단에 대한 규준을 다른 집단에도 자동적으로 적용하려고 하지 않아야 한다.

표 2-2 치료사 자격의 핵심 내용

1. 심리측정적 지식과 측정 지식
   - 기술통계
   - 신뢰도와 측정오차
   - 타당도와 검사 점수의 의미
   - 검사 점수의 규준 해석
   - 적절한 검사의 선택
   - 검사 실시 절차
2. 민족 · 인종 · 문화 · 성 · 연령 · 언어 변인에 대한 이해
3. 장애인 검사에 대한 경험
4. 슈퍼바이저의 감독하에 훈련한 경험

### 3) 장애아동 사정 시 유의사항

첫째, 아동의 장애 유형별 행동 특성을 고려해야 한다. 예를 들어, 청각장애아동의 가장 큰 특징인 듣는 데 어려움을 지니는 것, 행동장애아동의 가장 큰 특징인 행동 통제 결함 등을 고려해야 한다.

둘째, 검사가 수행되는 환경을 고려해야 한다. 예를 들어, 비행아동의 경우 대부분이 공공기관에서 검사를 수행하는데, 그 기관 자체가 가진 부정적인 측면을 충분히 고려해야 한다.

셋째, 검사의 목적을 분명히 해야 한다. 단순히 장애의 유무만을 확인하기 위한 검사는 피하는 것이 좋다. 가장 적절한 처치나 교육을 전제로 하여 그러한 처치나 교육을 계획하는 데 도움이 되어야 한다.

넷째, 가능하면 개인검사를 실시하는 것이 바람직하다. 장애아동이 가진 심리적 · 행동적 특성을 고려할 때 집단검사에서는 정확한 정보를 얻기가 쉽지 않기 때문이다.

다섯째, 대상 장애아동을 검사해 본 적이 있는 전문적이고 풍부한 경험이 있는 전문가가 아동을 사정해야 한다. 대부분의 검사 훈련은 일반 아동을 대상으로 실시되기 때문에 검사 결과의 오류가 발생하지 않도록 해야 한다.

여섯째, 친밀한 관계를 형성하기 위해서 인내할 수 있어야 한다. 치료사와 아동이 충분히 친밀한 관계를 형성하지 못해서 해석 결과가 의문스러운 경우가 종종 있다.

일곱째, 장애아동의 심리검사는 다학문적 평가팀이 수행해야 한다. 특정 장애 유형과 관련된 의학, 심리학, 사회학, 교육학, 정신보건학, 사회복지학 분야의 전문가를 비롯하여 부모도 참여하는 팀이 심리검사를 수행해야 한다.

여덟째, 단 한 번에 실시하기보다 비교적 긴 기간에 걸쳐 검사를 수행해야 한다. 이것은 광범위하고 심층적인 범위의 행동을 관찰할 수 있도록 한다.

아홉째, 가능한 한 다양한 정보원으로부터 정보를 얻어야 한다.

## 3. 투사검사와 사정

장애아동의 사정에서는 객관적인 검사와 투사검사를 활용하여 아동의 문제를 심층적으로 파악하는 것이 중요하다. 다음에서는 심리검사 중 미술치료에서 자주 활용되고 있는 투사적 기법에 대해 알아보고, 투사검사 중 다양한 투사그림검사에 대해 구체적으로 살펴보고자 한다.

### 1) 투사검사의 개념 및 유형

미술치료에 빈번하게 사용하는 사정 기법이 투사적 기법인데, 우리나라 치료사들은 이것이 미술치료이기 때문에 당연히 그림에 의한 사정을 해야 한다고 생각한다. 그러나 투사적 기법은 표준화된 사정 기법이나 도구를 보완하기 위한 방법으로 사용하는 것이 더 적절할 수 있다. 특히 검사로서보다는 임상적 도구로 사용하는 것이 더 적절하다고 권고하는데, 진단적 목적으로 사용하기보다 치료 과정에서 보조적 도구로 사용하는 것이 좋다는 것이다. 다음에서 투사적 기법의 개념, 유형, 장점과 단점 등을 간단하게 살펴본다.

투사검사는 막연하고 애매한 비구조화된 자극을 사용하여 아동의 성격, 태도, 의견, 자아개념을 투사하도록 하는 것이다(Webb, 1992). 투사검사는 아동에게는 특별한, 즉 본질적으로 개별성을 가진 아동의 보다 심층에 있는 생각과 느낌을 드러내도록 하는 것이다(Kline, 1983). 또한 투사검사는 아동이 세상을 지각하고 행동하기 위한 특징적인 양식을 찾는 데 사용된다(Sampson, 1986).

투사검사는 투사라는 자아방어기제를 사용하는 애매한 상황을 아동에 제시하여 무의식적 욕망과 감정을 추론하는 원리에 근거한다. 즉, 아동은 자신의 특정 준거틀로 자유롭게 애매한 자극에 반응하고 해석하는 것이다(Churchill, 1991; Kassarjian, 1974; Loudon & Della Bitta, 1993; Solomon, 1994). 정답은 없으며, 아동은 그저 자신의 무의식적 감정을 투사하면 되는 것이다(Solomon, 1994). 즉, 투사검사는 아동이 자

극에 반응하는 데 있어서 자신의 성격, 동기, 태도를 드러낸다고 보고, 아동이 자신의 반응을 지각하고 구성하고 조직하며 이에 대해 설명하는데, 이때의 설명이 그 개인의 심리적 특성과 관련된다고 본다. 따라서 치료사는 투사검사의 반응이 현재의 기능 수준을 보여 주는 표상으로서 심리적 특성과 상태, 욕구, 태도, 관계, 대인지각 등 정신구조와 정신역동을 파악할 수 있게 한다고 본다.

투사검사는 크게 다섯 가지 범주로 구분할 수 있는데, 연상기법(association techniques), 구성기법(construction techniques), 완성기법(completion techniques), 선택기법(selection techniques), 표현기법(expression techniques)이다.

### (1) 연상기법

연상기법은 두 가지 형태로 구분할 수 있는데, 그림연상기법과 단어연상기법이다. 그림연상기법은 아동들에게 자극그림을 제시한 후 그 자극을 보고 떠오르는 이미지, 생각, 단어를 표현하게 함으로써 반응을 확인하는 방법이다. 대표적인 검사는 임상적으로 가장 널리 사용하는 성격검사인 Rorschach 잉크반점검사다. 단어연상기법은 아동들에게 일련의 단어를 읽게 하고 마음에 떠오르는 첫 번째 단어를 말하도록 하는 방법이다.

### (2) 구성기법

구성기법은 아동에게 자극 개념으로부터 이야기나 그림을 구성하도록 요구하는 것이다. 구성 절차는 보다 복잡하고 통제된 지적 활동을 필요로 한다. 아동들은 주요한 주제를 지닌 사람이나 물건이 있는 일련의 그림을 받게 된다. 그 후 1명 이상의 사람들에게 애매한 상황에서 묘사를 하게 하고 그림 속 사람들이 무엇을 생각하고 말하고 행동하는지 말하게 한다. 즉, 아동에게 각 그림에 있는 이야기를 구성하도록 하고, 이것이 무엇을 유도하였는지, 앞으로 무엇이 발생할 것인지를 말하게 하는 것이다. 대표적인 검사는 주제통각검사(Thematic Apperception Test: TAT)다. 그리고 이야기그림검사(Draw a Story: DAS)와 자극그림검사(Stimulus Drawing: SD)도 이 기법의 일종이다.

### (3) 완성기법

완성되지 않은 문장, 이야기, 대화를 아동에게 제시하고 그것을 끝내도록 한다. 문장 완성은 시간이 제한될 때 가장 유용하지만 이때의 감정의 깊이는 가볍게 다룬다. 문장완성검사가 여기에 해당한다.

### (4) 선택기법

순서를 선택하는 것으로, 양적 연구에서 자주 사용하는 것이다. 이것은 아동에게 특정한 일에 대해 그것이 왜 '가장 중요한지' 또는 '가장 중요하지 않은지' 등을 설명하게 하는 양직 연구에서 자주 사용하는 것이다.

### (5) 표현기법

표현기법은 구체적인 개념이나 상황을 그리고 행위하도록 하며, 역할극을 하도록 아동에게 요구하는 방법이다. 표현기법은 무엇인가를 표상하도록 하는 것이 아니라 구성하도록 하는 방법으로서, 미술치료에서 사용하는 집-나무-사람검사(HTP), 인물화검사(DAP), 동적 가족화검사(KFD) 등 대부분의 그림검사가 여기에 해당한다.

미국의 미술치료 연구에서 자주 사용하는 검사를 순서대로 제시하면 다음과 같다.

- 주제통각검사(Thematic Apperception Test: TAT)
- Bene-Anthony 가족관계검사(Bene-Anthony Family Relations Test)
- 아동통각검사(Child Apperception Test: CAT)
- Rorschach 잉크반점검사(Rorschach Inkblot Test)
- 문장완성검사(Sentence Completion Test)
- 자유화검사(Free Drawing)
- 면접(Interviews)
- 집-나무-사람검사(House-Tree-Person: HTP)
- 인물화검사(Drawing A Person: DAP)

• 동적가족화검사(Kinetic Family Drawing: KFD)

우리나라 미술치료 연구에서 빈번하게 사용되는 그림투사검사는 K-HTP가 가장 많이 사용되었고, 그다음으로 KFD, HTP, KSD의 순으로 사용 빈도가 높았다. 이 네 가지 그림투사검사도구가 65%로 주를 이루고 있는 것으로 나타났다(황명희, 2014).

## 2) 투사검사의 장점과 단점

### (1) 투사검사의 장점

- 투사검사는 비위협적이고, 정답의 여부를 걱정하지 않아도 되기 때문에 평가나 치료를 시작할 때 분위기를 좋게 하고 라포(친밀감, rapport)를 형성하는 데 도움이 된다.
- 아동은 그들이 할 수 있는 반응의 수나 유형에 제한이 없다. 이것은 자극에 대해 그들 자신의 내적 욕구와 동기를 투사하는 데 무의식적 과정을 극대화할 수 있다.
- 아동은 투사검사의 채점과 해석 방법에 친숙하지 않기 때문에 투사검사가 구조화된 검사보다 위조하는 것이 더 어렵다고 믿고 있다.
- 투사검사는 문화가 달라도 적용할 수 있는데, 특히 자극이 잉크반점이나 그림일 경우는 더욱 그렇다.
- 대다수 투사검사는 읽기 능력이 요구되지 않거나 최소한으로 요구된다. 그래서 빈약한 학습 능력을 가진 아동과 유아에게 유용한 사정이다. 또한 투사검사는 최소한의 언어적 투입과 산출이 요구되기 때문에 유아, 다양한 문화적 배경을 가진 아동, 언어장애아동에게 유용한 기법이다.
- 투사검사는 정신분석 이론에 근거하기 때문에 복잡하고 다차원적인 주제가 나타나며, 아동의 성격에 대한 가치 있는 통찰을 제공한다.

### (2) 투사검사의 단점

- 투사검사는 아주 많은 교육과 훈련을 받은 전문가가 개별적으로 실시해야 하기 때문에 실시, 채점, 해석이 경제적이지 못하다.
- 주관적 채점과 해석 절차로 인해 반복하는 것이 어렵다. 해석은 가장 주관적인 과정의 일부다. 사실 많은 투사검사 도구가 아동의 결과를 채점하고 해석할 때 치료사에게 넓은 범위의 판단을 허용한다.
- 채점과 해석에 있어서의 주관성은 불가피하게 점수의 신뢰도와 타당도를 위협한다. 투사검사는 빈약한 심리측정적 속성을 보이는데, 채점자 신뢰도, 재검사 신뢰도, 내적 일관성 지수가 수용할 수 없을 정도로 낮게 나온다. 낮은 신뢰도는 낮은 점수 타당도를 유도하며, 투사점수 타당도에 대한 연구는 아직도 미결이다.
- 대다수의 투사검사는 규준이 없거나 부적당하다. 규준이 제시될 때조차 표본을 애매한 용어로 설명한다. 또한 비교집단은 정상표본이 아니라 임상적 집단이기 때문에 잠재적 병리를 결정하기 위한 유용한 비교집단이 없다. 만약 아동의 반응으로 임상적 환자와 비정상적인 사람을 비교한다면, 치료사는 아동의 반응이 정상인지 여부를 어떻게 결정할 것인가?
- 투사검사는 치료사의 특성, 피치료사의 편견, 실시 지시의 변화와 같은 외부요인에 오도된다. 또한 '투사 가설(projective hypothesis)'의 타당성은 반응이 영속적인 성격 특성보다 오히려 상태 의존 특성을 보이기 때문에 그 자체가 의문이다.
- 투사검사는 위조의 여지가 많다. 특히 정신분열증, 우울증, 외상 후 스트레스 장애는 Rorschach 검사에 의해 위조될 수 있으며(Perry & Kinser, 1990; Schretlen, 1997), 그러한 위조는 기존의 Rorschach 지표를 사용하여 파악할 수 없다. 만약 법정에서 투사검사를 증거로 제시한다면 이처럼 반응을 파악할 수 있는 연구 증거의 부재뿐만 아니라 인상 관리와 과장에 대한 잠재적 영향까지도 솔직하게 보고해야 한다.
- 투사검사는 무의식적 심리 과정을 강조하는 Freud의 정신분석 발달이론을 과

학적으로 연구하는 것이 어렵다. 정신분석 이론이 투사검사의 기초를 형성하기 때문에 이러한 약점은 아주 큰 타격이 될 수 있다.

따라서 투사검사를 사용할 때는 검사로서보다는 임상적 도구로 사용하는 것이 더 적절하다. 투사검사는 가설을 생성하고, 아동의 무의식적 욕구와 동기에 대한 통찰을 주며, 질적 면접에 대한 도움을 얻기 위해 사용할 때 아주 유용하지만 진단을 목적으로 사용하는 것은 적절하지 않다.

## 4. 그림검사

아동은 말이 발달하기 이전부터 난화 형태의 그림으로 의사를 표현해 왔다. 그리하여 그림검사는 말이 충분히 발달하지 않은 아동을 파악하는 데 주로 이용되어 왔다.

장애아동에게는 Goodenough(1926)가 아동의 지능 정도를 알아보기 위하여 인물화검사(Drawing A Person: DAP)를 활용한 것을 시초로 DAP가 지능검사로서 세계적으로 널리 이용되어 왔다.

인물화검사 이후에는 그림을 심리학적 평가도구로서 내적 심리 상태에 대한 시각적 표상으로 사용한 투사그림검사를 많이 사용하였는데(장선철, 이경순, 2011), 미술치료에서 투사그림검사는 아동의 변화를 사정하기 위하여 대부분 사전과 사후에 이루어지거나 치료의 시작, 중기, 말기에 이루어지며 아동의 변화를 도모하기 위하여 비교된다(Gantt & Tabone, 2001).

미술치료 연구 중 사례 연구뿐만 아니라 실험 연구 등 모든 연구에서 투사그림검사는 대표적 사정 방법으로 그 활용도가 매우 높다. 이러한 상황에 대해 미술치료이기 때문에 투사그림검사 도구를 이용하여 평가하는 것이 좋을 것이라는 생각과 대표 학회인 한국미술치료학회에서 서양의 투사그림검사 도구를 활발하게 소개한 것을 이유로 설명하고 있다(안이환, 2012).

투사그림검사에는 인물화검사(Drawing A Person: DAP), 집-나무-사람검사

(House-Tree-Person: HTP), 동적 가족화검사(Kinetic Family Drawing: KFD), 풍경구성법(Landscape Montage Technique: LMT), 빗속의 사람 그림검사(Person In The Rain: PITR), 사과나무에서 사과를 따는 사람 그림검사(Person Picking an Apple from Tree: PPAT), 모자화 등 다양한 종류의 그림검사가 개발되어 활용되고 있다.

구체적인 그림검사를 살펴보면 다음과 같다.

### 1) 인물화검사

인물화검사(Drawing A Person: DAP)는 Goodenough(1926)의 인물화에 의한 지능검사를 토대로 아동의 성격검사를 위한 투사적 기법으로 발전하였다. 이것은 다른 여러 가지 투사검사 중 더 깊이 있는 무의식적 심리현상을 표현할 수 있어 아동이 자신과 타인에 대해 어떻게 지각하고 있는가를 알아보는 데 도움을 준다. Machover는 1949년에 인물화에 반대의 성을 그리는 방법을 창안했다. 이 방법은 성격검사로 널리 사용되고 있다.

아동은 물론 성인에 이르기까지 사용 가능하며 그려진 그림을 직접 해석하게 할 수 있다. 인물화 분석은 HTP검사나 가족화의 기초가 되므로 깊이 이해할 필요가 있다. 예컨대, 남성이 여성상을 먼저 그리면 성에 혼란이 있거나 이성의 부모에 대한 의존 혹은 집착이 있다고 해석하며, 눈동자가 생략되면 무엇인가에 대한 죄책감을 나타내는 것으로 보고, 이것을 감추어진 팔이나 손의 모습과도 관련지어 해석한다. 코와 입은 성과 관계하며, 큰 입은 성적인 이상을 나타낸다. 길이가 다른 다리와 발의 그림은 충동과 자기통제에 갈등이 있는 것이라고 본다.

인물상은 자기의 현실상이나 이상상을 나타내며, 자신에게 의미 있는 사람, 자신의 성적 역할, 일반적 인간을 어떻게 인지하고 있는가를 나타낸다. 인물화는 자기상뿐만 아니라 의미 있는 특정한 사람을 표현하는 경우가 많으며, 특히 아동은 부모의 상을 의미 있는 사람으로 그리는 경향이 있다.

묘사된 인물의 부분적인 특징과 각 신체 부분의 관계를 있는 그대로 살펴보는 것이 중요하다. 각 신체부분의 비율이 정확하게 조화되어 있는가에 대한 사실적 자료와 아동이 처한 상황, 증상, 각 신체부분의 상징을 포함하여 사람에 대한 심리적 특성을 파악한다. 단, 아동의 경우에는 발달 단계를 고려해야 한다. 예를 들면, 5세 아동의 경우에 인물상에서 다리를 생략하는 것은 자주 있는 일로, 발달적으로든 성격적으로든 큰 문제가 없는 것으로 해석한다. 그러나 10세 아동이라면 다리를 그리는 것이 당연한 일이며 다리를 그리지 않았다는 것은 미성숙하거나 정서적 문제가 있는 것이라는 사실을 시사한다.

- **준비물**: A4 용지 2장, 2B~4B 연필, 지우개
- **교시 사항**: 다음의 교시 사항에 따라 그림을 그리게 한다. 교시문은 "사람을 그려 주세요. 머리부터 발끝까지 사람의 전체를 그려 주세요. 단, 만화나 막대인물상으로 그리지 말고 그릴 수 있는 한 잘 그려 주세요."라고 지시한다. 종이에 아동이 인물상을 다 그리고 나면 다시 A4 용지를 세로로 제시하면서 "반대되는 성의 사람을 그려 주세요. 머리에서 발끝까지 사람의 전체를 그려 주세요. 역시 만화나 막대인물상으로 그리지 말고 그릴 수 있는 한 정성들여서 잘 그려 주세요."라고 지시한다. 그림을 다 그리고 나면 처음 그린 인물상을 제시하면서 그 인물상의 성별과 나이, 인물상에 대한 이야기를 해 달라고 부탁한 후 아동의 반응을 잘 기록한다. 두 번째로 그린 인물상 또한 같은 방법으로 실시한다.
- **유의점**: 아동에게 인물상을 그려 달라고 지시한 후 아동이 그림을 그리기 시작할 때까지 소요된 시간과 그림을 그리는 데 소요된 시간을 측정하고 그림을 그리면서 아동이 보이는 정서적 반응, 태도, 그림을 그리는 방법, 순서 등을 잘 관찰하여 기록해 두어야 한다. 그림을 그리는 데 소요되는 시간은 대체로 각 인물상당 10분 정도이나 시간제한은 없으므로 아동이 편안하게 그릴 수 있도록 배려하면 된다.

## 2) 집-나무-사람검사

정신분석가인 Buck(1948)은 Freud의 정신분석학을 바탕으로 하여 집-나무-사람검사(House-Tree-Person: HTP)를 개발했으며 Buck과 Hammer(1969)는 집-나무-사람 그림을 발달적이며 투사적인 측면에서 더욱 발달시켰다. 그들은 단일과제의 그림보다는 집-나무-사람을 그리게 하는 것이 피험자의 성격 이해에 보다 효과적이라고 생각하였다.

초기의 HTP검사는 진단을 목적으로 연필과 종이만을 사용하여 그렸는데, 1948년에 Payne이 채색하는 방법을 시도했다. 나아가서 Burns는 한 장의 종이에 HTP를 그리게 하고 거기에 KFD와 같이 사람의 움직임을 교시하는 K-HTP(Kinetic House-Tree-Person Drawing)를 고안했다. 高橋雅春(1967, 1974)는 Buck의 HTP법에 처음에 그린 사람과 반대되는 성의 사람을 그리게 하는 HTPP법을 개발했다. 이것은 HTP법에 Machover의 인물화를 조합한 방법이다.

Buck이 집, 나무, 사람 세 가지 과제를 사용한 이유는, 첫째, 집, 나무, 사람은 유아뿐만 아니라 누구에게나 친밀감을 주는 것이기 때문이며, 둘째, 모든 연령의 피험자가 그림 대상으로 편안하게 받아들이는 것이기 때문이며, 셋째, 다른 과제보다는 솔직하고 자유로운 언어 표현을 하게 할 수 있는 자극으로 이용할 수 있기 때문이라고 하였다.

이 검사에 대한 해석은 HTP검사와 함께 실시한 다른 심리검사들의 결과 및 그림을 그린 후의 질문 등을 참작하는 동시에 아동과의 면접 외에 행동관찰과 검사 시의 태도를 고려하여 실시한다. 즉, 그림만 가지고 성격의 단면을 추론하는 맹목적인 분석(blind analysis)에 의한 해석만을 해서는 안 된다는 것이다. HTP검사의 그림을 해석할 때는 다음의 세 가지 측면을 종합하여야 한다.

### (1) 전체적 평가

전체적 평가는 그림의 전체적 인상을 중시하고 조화를 이루었는가, 구조는 잘 이루었는가, 이상한 곳은 없는가에 주목하여 그림 전체를 보고 판단한다. 전체적 평가에서 밝혀야 할 것은 아동의 적응 수준, 성숙도, 신체상의 혼란 정도, 자신과 외계에 대한 인지 방법 등이다. 전체적 평가를 통한 아동의 적응심리를 포착하기 위해서는 그림을 직관적으로 해석하는 능력이 필요하다.

### (2) 형식 분석

구조적 분석이라고도 하며, HTP검사의 모든 그림에 공통적으로 실시하는데 집, 나무, 사람 등을 어떻게 그렸는지 분석하는 것이다. 예를 들면, 그린 시간, 그리는 순서, 위치, 크기, 절단, 필압 등을 살펴보며, 이러한 것들을 통해서 성격의 단면을 읽어 나가는 방법이다.

### (3) 내용 분석

내용 분석은 무엇을 그렸는지 다루는 것으로 집, 나무, 사람에 있어서 이상한 부분, 형식 분석의 사인 등을 참고로 하여 그림 가운데 강조되어 있는 부분을 다루며, 그림의 특징적 사인이 무엇을 상징하는지 살펴보는 것이다. 내용 분석에 있어서는 명백하고 큰 특징을 먼저 다루되, 그림을 그린 후 그것에 대해 아동에게 질문하고, 아동이 질문에 따라 연상하는 것을 묻는 것이 중요하다. 이때 질문을 함으로써 아동의 성격을 이해하게 될 수 있다. 또한 내용 분석에 있어서는 상징의 보편적 의미와 특징적 의미를 함께 고찰하는 것이 중요하다.

**실시방법**

- **준비물**: A4 용지 4장, 2B~4B 연필, 지우개 등
- **교시 사항**: 다음의 교시 사항에 따라 그림을 그리게 한다. 교시문은 용지 하나를 가로로 제시하면서 "집을 그려 주세요."라고 지시하고, 집을 다 그리고 나면 다른 용지 하나를 세로로 제시하면서 "나무를 그려 주세요."라고 한다. 나무를 다 그리고 나면 용지 하나를 세로로 제시하면서 "사람을 그리세요. 단, 사람을 그릴 때 막대인물상이나 만화처럼 그리지 말고 사람의 전체를 그리세

요."라고 한다. 그다음엔 다시 용지를 세로로 제시하며, "그 사람과 반대되는 성을 그리세요."라고 지시한다. 다 그리고 나면 각각의 그림에 대해 주어진 스무 가지의 질문을 한다.

- **유의점**: 그림을 그릴 때 소요되는 시간을 측정해 둔다.

## 3) 통합 집-나무-사람검사

Maruno와 Tokuda는 나카이 등의 방법과 Diamond(1954)의 기법을 도입해 통합 집-나무-사람검사(Synthetic House-Tree-Person: S-HTP)를 도입했다. Diamond는 HTP를 그린 다음 각 요소에 대해 이야기하게 하여 언어화에 대한 연상을 실시한다.

HTP와 비교하여 S-HTP의 장점은 하나의 종이에 그리므로 아동이 겪는 부담이 적다. 집, 나무, 사람을 어떻게 그렸는지에 따라 얻을 수 있는 정보 외에 집, 나무, 사람을 어떻게 관련지어 그렸는지 살펴봄으로써 새로운 정보를 얻을 수 있다. 또한 자유롭게 조합하여 그릴 수 있기 때문에 아동의 심적 상태를 표현하기도 쉽다.

S-HTP는 풍경 구성법과 비교할 때 보다 사정적인 측면이 강하다. 묘화 전체에 대한 해석은 아직 확립되어 있다고 말하기 어렵기 때문에 항상 검사 배터리를 짜는 것이 필요하다.

**실시방법**

- **준비물**: A4 용지 1장, 2B~4B 연필, 지우개 등
- **교시 사항**: "집과 나무와 사람을 넣어 뭐든지 좋아하는 그림을 그려 주세요."라고 교시한다. 아동의 질문에 대해서는 "3개의 과제가 들어가 있으면 다음은 좋아하는 대로 그려 주세요."라고 대답한다. 다 그렸으면 자유롭게 질문할 수 있게 한다. 사람은 누구를 그렸는지, 몇 살인지, 무엇을 하는 곳(중)인지 물어본다.

## 4) 동적 가족화검사

1951년 Hulse는 1명의 인물을 그리게 하는 대신에 가족을 그리게 하는 것이 유익한 정보를 얻을 수 있다고 했는데, 이것이 가족화의 시작이다. 가족 그림을 통해서 아동의 심리적 상태와 가족의 역동성을 진단하는 데 도움을 주는 기법으로는 가족화와 동적 가족화, 동그라미중심가족화, 구분할통합가족화, 동물가족화, 물고기가족화, 자동차가족화 등이 있다. 일반적으로 가족화 진단기법으로 가장 많이 활용하고 있는 것이 동적 가족화(Kinetic Family Drawing: KFD)이다.

동적 가족화는 가족화에 움직임을 첨가한 일종의 투사화로, Burns와 Kaufman(1970)이 개발한 것이다. 동적 가족화는 가족화가 가지는 상동적 표현을 배제하고 움직임을 더함으로써 자기개념만이 아닌 가족 관계에 따른 감정과 역동성 등을 파악하는 데 더욱 용이하다.

**실시방법**

- **준비물**: A4 용지, 2B~4B 연필, 지우개 등
- **교시 사항**: "자신을 포함해서 자신의 가족 모두에 대해 무엇인가를 하고 있는 그림을 그려 보세요. 만화나 막대기 같은 사람이 아니고 완전한 사람을 그려 주세요. 무엇이든지 어떠한 행위를 하고 있는 그림을 그려야 합니다. 자기 자신도 그리는 것을 잊어서는 안 됩니다."라고 안내한다. 아동이 "가족 전원이 무엇인가 하나의 일을 하고 있는 것인가요?"라고 물어볼 수 있다. 이때 치료사는 "완전히 자유입니다."라고 대답하면 된다. 치료사가 무엇인가를 암시하는 듯한 응답을 해서는 절대 안 되고, 완전히 비지시적 · 수용적 태도를 취해야 한다. 검사 상황은 아동이 말이나 동작으로 끝났음을 표시할 때 마치게 되며 제한시간은 없다.
- **유의점**: 그림을 완성한 후 묘사된 각 인물상에 대해서 묘사의 순위, 관계, 연령, 행위의 종류, 가족 중 생략된 사람이 있는지, 가족 외 첨가된 사람이 있는지를 확인하고 용지의 여백에 기입해 둔다.

동적 가족화는 정신분석학과 장(場)이론, 지각의 선택성과 같은 이론 등을 기초로 하고 있다. 특히 아동 자신의 눈에 비친 가족의 일상생활 태도나 감정을 그림으로 나타내게 함으로써 아동의 주관적 판단에 의존한다. 이러한 판단은 아동 자신의 과거 경험이나 현재 상태에 의존하고 있으므로 객관적 · 물리적 환경으로서의 가족에 대한 인지라기보다는 자신이 주체적 · 선택적으로 지각하는 주관적 · 심리적 환경으로서의 가족에 대한 인지가 적용된다.

동적 가족화를 해석하고자 할 때는 '단순히' 그려진 그림의 형태만을 보고 해석해서는 안 된다. 즉, 동적 가족화의 해석은 전체적인 인상, 인물상, 행위의 종류, 묘화의 양식, 상징을 포함하여 총체적으로 한다.

### 5) 동적 학교화검사

동적 학교화검사(Kinetic School Drawing: KSD)는 Prout와 Phillips(1974)가 KFD를 보충하기 위해 처음으로 소개하였다. 일반적으로는 KFD를 실시한 후 이어서 KSD를 실시한다. KSD는 학교의 친구와 치료사를 포함해서 그림을 그리게 하여 아동의 학교에 대한 태도를 알아본다. 즉, 학교에 관한 학업 인식이나 그 밖의 자기인식, 아동의 치료사상, 친구상과 친구관계를 파악하는 데 유용하다. KFD의 경우와 마찬가

**실시방법**

- **준비물**: A4 용지, 2B~4B 연필, 지우개 등
- **교시 사항**: KFD와 동일하며 지시어는 다음과 같다. "학교 그림을 그려 주세요. 자신과 자신의 선생님, 아동 2명을 포함해서 그려 주세요. 막대인물상이나 만화말고 가능한 한 인물 전체를 그려 주세요. 자기 자신, 치료사, 2명의 아동이 뭔가를 하고 있는 것을 생각하여 그려 주세요."라고 지시하는 것이 원칙이나 아동의 상태에 맞추어서 융통성 있게 지시해도 무방하다. 그림이 완성된 후 다른 투사검사와 마찬가지로 질문을 하는 것이 원칙이나 아동의 상태를 고려하여 진행한다.

지로 학교화에도 비동적 학교화가 있다.

그림이 완성된 후 다른 투사검사와 마찬가지로 질문을 하는 것이 원칙이지만, 이것은 아동의 상태를 고려하여 진행한다. KSD의 해석도 KFD와 마찬가지로 다섯 가지 영역으로 나누어 해석하며 KFD의 해석에 준한다.

## 6) 풍경구성법

풍경구성법(Landscape Montage Technique: LMT)은 미술치료 혹은 그림검사법의 하나로 1969년에 中井久夫 교수가 창안하였다. 이 풍경구성법은 원래는 정신분열증 환자를 주 대상으로 하여 모래상자 요법의 적용 가능성을 결정하는 예비검사로 고안되었으나 독자적인 가치가 인정되어 이론적으로 분석한 후 치료 용도로도 많이 활용하는 기법이다. 또 독일어권에서 표현병리 및 표현요법 학회에 발표된 이후 독일, 미국, 인도네시아에서도 시행되고 있으며, 진단도구로서뿐만 아니라 치료 과정에서도 활용되어 많은 효과를 인정받고 있다. 즉, 아동 내면의 이해나 치료를 위해서 널리 사용되고 있다.

中井이 제시한 이 풍경구성법은 Rorschach 검사와 같이 앞에 있는 패턴을 읽고 선택 · 해석하게 하는 투영적 표상과는 대조적인 접근 방법으로서 네 면이 테두리로 그어져 있는 구조화된 공간에 통합적 지향성을 지닌 하나의 전체를 구성하는 구성적 표상을 기초로 하는 방법이라고 말할 수 있다.

풍경구성법의 해석도 HTP 등 다른 그림검사와 마찬가지로 첫인상을 포함한 전체적인 평가가 아주 중요하다. 즉, 형식 분석, 묘선의 움직임이나 힘, 채색의 진함 등을 분석하는 동태 분석, 내용 분석, 공간 분석, 계열 분석, 질문 분석 등을 조합하여 아동의 심리상태를 파악한다.

**실시방법**

- **준비물**: A4 용지 1장, 사인펜(보통 검은색 사인펜을 사용한다), 크레파스 혹은 색연필 등
- **교시 사항**: 먼저 치료사가 네 면의 테두리를 그린 A4 용지와 사인펜을 아동에게 건네 준다. 그다음에 치료사가 말하는 사물, 강, 산, 밭, 길, 집, 나무, 사람, 꽃, 동물, 돌 등의 열 가지 요소를 차례대로 그려 넣어서 풍경이 될 수 있게 한다. 그리고 마지막에 그려 넣고 싶은 사물이 있으면 그려 넣게 한다. 모두 다 그린 다음에 색칠하도록 한다.
- **유의점**: 검사 시 사용하는 언어나 행동은 치료의 흐름을 파괴하지 않도록 배려한다.

### 7) 가족체계진단법

가족체계 이론은 개인의 역동이나 행동보다 가족 간의 관계에 주안점을 두고 있기 때문에 가족 구성원 각각의 특성을 단독으로 연구하기보다는 오히려 가족 구성원 간의 상호작용을 연구한다. 가족체계진단에서는 가족 미술과제를 치료사와 아동에게 필수적이고 효과적인 탐색도구로 이용한다.

평가 단계에서 미술과제는 가족에게 상호작용을 경험하게 해 준다. 이 기법은 의사소통의 형태를 묘사하는 것으로, 일차적으로는 이 과정을 통해, 이차적으로는 내용을 통해 고찰할 수 있다. 치료사는 이 과제를 수행하는 동안 가족체계를 형성하는 일련의 사건을 관찰하게 되는데, 가족이 하나의 작품을 창조하는 일에 개입하는 순간부터 각 가족 구성원의 행동을 구체적으로 기록한다. 그리하여 치료사는 가족 구성원 개개인을 평가할 수 있다(Landgarten, 1987).

미술치료에 있어서 가족체계를 진단하는 절차는 다음과 같다. 치료사는 면접에서 가족 전원이 하나의 미술 작업에 참여하게 될 것이라는 것을 알려 준다.

아동이 미술 활동에 대해 저항하면 미술 활동이 가족집단을 검사하기 위해 표준화된 방법이라는 것을 알려 주어 저항을 감소시킨다. 그리고 미술 작업을 통해 각 가족 구성원은 독특한 자기표현의 고유한 방식을 발견할 수 있다는 것을 알려 주어

아동에게 미술 작업에 대한 확신을 주고 작업을 촉진시킨다.

(1) 첫 번째 과정: 비언어적 공동 미술과제

가족을 두 집단으로 나누도록 요구한다. 각 집단의 구성은 가족동맹을 나타낸다. 집단이 형성되면 모든 구성원은 상대방과는 다른 색의 용구를 선택해서 활동이 끝날 때까지 사용한다. 서로 말하거나 글을 쓰거나 신호를 보내지 않고 하나의 종이에 함께 그림을 그린다. 작업이 끝난 후 서로 이야기를 나누면서 제목을 정하여 그림 위에 제목을 쓴다. 즉, 두 집단으로 나누기, 양 집단의 구성원들이 서로 다른 색의 용구 선택하기, 작업, 의사소통 금지하기, 제목 쓰기의 순서로 진행한다.

(2) 두 번째 과정: 비언어적 가족 미술과제

두 번째 진단적 기법은 모든 가족이 한 종이에 함께 작업할 것을 요구한다. 첫 번째 과정과 마찬가지로 그들은 서로 언어적 혹은 비언어적으로 의사소통하는 것이 금지되며, 완성된 작품에 제목을 붙이는 동안만 이야기할 수 있다.

(3) 세 번째 과정: 언어적 가족 미술과제

세 번째 진단적 기법은 의사소통이 허용된 상태에서 한 종이 위에 가족이 함께 그림을 그리게 한다.

표 2-3 가족체계진단기록표(예시)

| 이름 | | 일시 | |
|---|---|---|---|

| 관찰 항목 | 기록 | |
|---|---|---|
| | 과정 ① | 과정 ② |
| • 누가 처음 그림을 그리기 시작했으며, 그 사람이 처음 시작하도록 이끈 과정은 어떠한가?<br>• 구성원 가운데 나머지 사람들은 어떤 순서로 참가했는가?<br>• 어느 구성원의 제안이 채택되었으며, 어느 구성원의 제안이 무시되었는가?<br>• 각자의 개입 정도는 어떠했는가?<br>• 전혀 미술 과업에 참여하지 않은 사람은 누구였는가? | | |

| | |
|---|---|
| • 누군가의 그림 위에 다시 그림을 첨가함으로써 첫 사람이 한 것을 '지워 버린' 사람은 누구였는가?<br>• 어떤 형태의 상징적 접촉이 이루어졌으며, 누가 이것을 시도했는가?<br>• 구성원들은 교대로 했는가, 집단으로 했는가, 혹은 두 가지를 동시에 했는가?<br>• 각자의 위치(중앙, 끝, 구석)는 어떠했는가?<br>• 만일 방법에 있어서 변화가 있었다면 무엇이 변화를 촉진했는가?<br>• 각자가 얼마나 많은 공간을 차지했는가?<br>• 각자의 분담이 상징적으로 의미하는 것은 무엇인가?<br>• 어느 구성원이 독자적으로 행동했는가?<br>• 누가 처음으로 행동했는가?<br>• 누가 추종자 혹은 반응자였는가?<br>• 정서적 반응이 있었는가?<br>• 가족의 작업 형태는 협동적이었는가, 개별적이었는가, 혹은 비협조적이었는가? | |

### 8) 자유화법

주제나 방법을 아동 스스로 결정하여 그리게 한다. 색채, 선, 공간, 내용(예: 부모, 형제, 자신, 산, 태양, 기차 등)을 분석한다. 이와 같은 분석 방법은 아직 신뢰도나 타당도에서 동의를 얻지 못한 부분이 있으므로 제한성에 유의해야 한다.

### 9) 과제화법

인물, 가족, 친구, 집, 나무, 산, 동물, 길 등의 과제를 미리 주고 아동이 상상화를 그리게 한다. 이를 통해 이상행동에 대한 내면의 욕구와 그 욕구를 저지하는 압력을 잘 알 수 있다. 인물화, 묘화완성법, 나무그림검사, 집그림검사, 산과 해의 묘화법, 풍경구성법 등이 여기에 속하며, 산, 길, 집과 같은 특정의 과제를 부여할 수도 있다.

## 10) 발테그 그림검사

발테그 그림검사(Wartegg Drawing Completion Test)는 독일의 심리학자 Ehring Wartegg가 개발한 그림검사다. 제2차 세계대전 이후 Wartegg의 동료인 August Vetter가 발테그 그림검사와 필적을 결합시켜 분석하는 시도를 하였고, 후에

- **준비물**: 8개의 사각형이 그려진 발테그 용지, 연필
- **교시 사항**: "이 8개의 칸 안에 무언가를 그려 주세요."라고 지시한다. 각각의 테두리 안에는 자극도가 그려져 있지만, 치료사는 아동이 이 자극도를 사용하여 그림을 그리도록 지시해서는 안 된다.
- **유의점**: 순서대로 그리도록 하지만 아동이 그리기 힘든 영역은 나중에 그려도 무방하다. 또한 제일 마지막에 그린 것은 기록해 둔다.

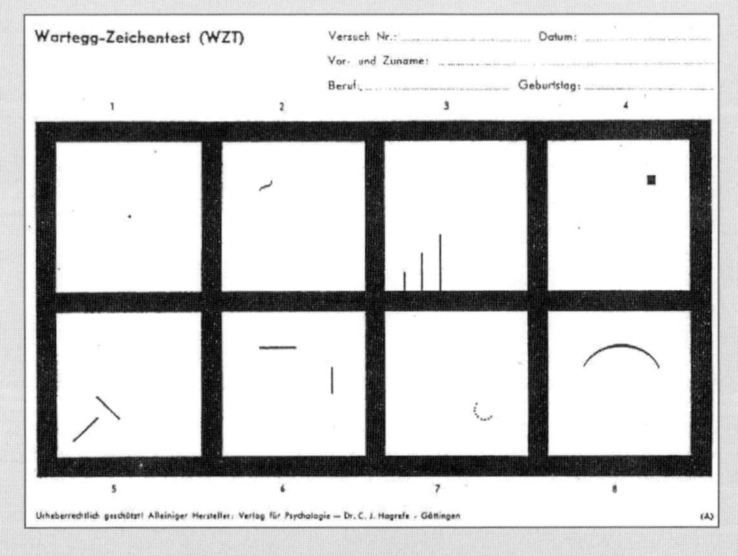

Wartegg-Zeichentest (WZT)

Versuch Nr.: Datum:

Vor- und Zuname:

Beruf: Geburtstag:

1 2 3 4

5 6 7 8

Urheberrechtlich geschützt! Alleiniger Hersteller: Verlag für Psychologie — Dr. C. J. Hogrefe · Göttingen (A)

[그림 2-1] 발테그 그림검사

Wartegg에 의해 계승되고 개발, 연구되었다. 8칸의 자극도에 그림을 그리게 하는 방법으로 각 칸의 주제에 맞게 그림을 그리는지 여부에 따라 환경에의 적응도를 살펴보는 검사다.

### 11) 별-파도 그림검사

별-파도 그림검사(Star-Wave-Test: SWT)는 1970년대 독일 심리학자 Ursula Avé-Lallemant에 의해 창안·개발되었다. 또한 Lallemant는 발테그 그림검사, 나무(Baum)검사와 함께 사용하면 보다 효과적이다(이근매, 2019). 3세부터 고령자까지 적용할 수 있으며 3세 무렵부터 취학 전 유아의 경우는 발달기능검사로도 사용할 수 있다.

- **준비물**: 성별, 그린 연월일, 생일, 연령을 기입하는 칸이 있는 별도의 검사 용지, HB나 2B 연필, 지우개
- **교시 사항**: "바다의 파도 위에 별이 있는 하늘을 그리세요."라고 지시한다. 별과 파도 이외의 사물을 그려도 좋은지 묻는 질문에는 자유롭게 그리라고 대답한다. 단, 유아의 경우에는 다른 사물을 그려서는 안 된다고 대답한다. 이미 그려 버린 아이들에게는 그대로 두게 한다. 시간은 5분에서 10분 정도 소요된다. 완성된 SWT를 가지고 아동과 대화한다.
- **유의점**: 치료사는 SWT의 결과를 가능한 한 상세히 해석한다. 그렇게 함으로써 매우 빨리 문제의 초점을 파악할 수 있다.

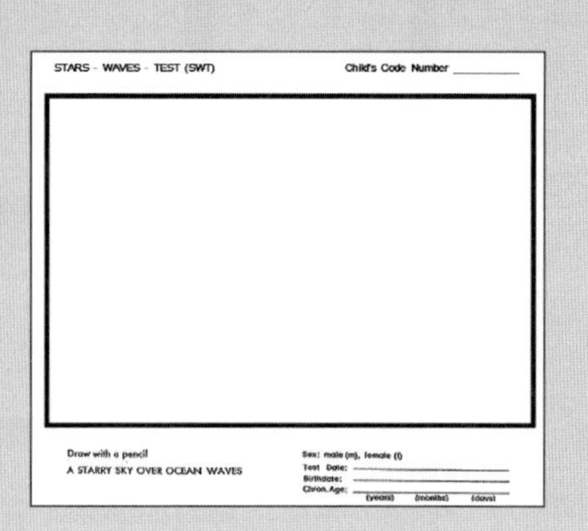


[그림 2-2] 별-파도 그림검사

## 12) 빗속의 사람 그림검사

빗속의 사람 그림검사(Person In The Rain: PITR)는 Arnold Abrams와 Abraham Amchin이 개발한 것으로 인물화검사를 변형한 검사다(Hammer, 1967). 이 검사는 인물화검사를 기본으로 하여 비가 내리는 장면을 첨부한 것으로 독특하고 풍부한 정보를 제공한다. 이 검사를 통하여 현재 겪고 있는 스트레스의 정도와 대처 능력을 파악할 수 있다. 그림 속에 그려진 사람은 자화상과도 같은 역할을 하며, 구름, 웅덩이, 번개, 비는 특정한 외부적 곤경이나 스트레스 환경을 상징한다. 비의 질은 그 사람이 느끼는 스트레스의 양으로 해석할 수 있다. 스트레스에 대한 대처 자원은 우산, 우비, 보호물, 장화, 표정, 인물의 크기, 인물의 위치, 나무로 상징되어 나타난다. 따라서 인물상이 우비를 입거나 장화를 신고 있고, 우산을 쓰고 있거나 건물이나 나무 밑 등 보호물이 인물상을 가리고 있는 경우, 인물상의 크기가 크고 인물을 가리지 않고 드러내고 있으면서 인물의 표정이 밝고 미소를 띠고 있는 경우, 인물상의 위치가 중앙에 위치하고 있는 경우는 대처 자원이 있는 것으로 생각할 수 있다(이미옥, 2008).

**실시방법**

- **준비물**: A4 용지, 2B~4B 연필, 지우개
- **교시 사항**: 교시문은 "비가 내리고 있습니다. 빗속에 있는 사람을 그려 주세요. 만화나 막대기 같은 사람이 아닌 완전한 사람을 그리세요."라고 지시한다. 아동의 질문에는 "자유입니다. 그리고 싶은 대로 그리면 됩니다."라고 말하고 그림 모양이나 크기, 위치, 방법에 대해 어떠한 단서도 주어서는 안 된다.
- **유의점**: 그림을 그린 후 치료사는 그린 순서와 그림 속의 인물이 누구이며 그 사람이 무엇을 하고 있는지에 대해 질문한 후 대답을 기록한다. 그리고 그림에 대해 아동과 이야기를 나눈다. 질문 내용은 정해진 내용이나 원칙이 있는 것이 아니라 인물화의 내용을 참고하여 아동의 수준에 맞추어 적절하게 하는 것이 좋다.

## 13) 사과나무에서 사과를 따는 사람 그림검사

사과나무에서 사과를 따는 사람 그림검사(Person Picking an Apple from Tree: PPAT)는 Gantt와 Tabone(1979)이 고안한 검사로서 사람과 사과나무를 주제로 하여 아동의 문제해결 방식을 살펴볼 수 있는 검사다. 12색의 마커를 이용함으로써 색채로 표현되는 개인의 다양한 성향, 기질, 정서적인 면까지 투사하는 특징이 있다. 통제성이 높고 복원 가능성이 낮은 마커를 이용하여 통제에 대한 욕구, 조심성과 억제적 경향 등을 확인할 수 있다.

그림 속의 사람은 자신인 경우가 많으며, 자신이 현재 당면한 문제와 관련이 있고 그 사람의 삶의 양식을 볼 수 있다. 사과는 손을 뻗어서 따거나 나무를 흔들어서 따는 등 어떤 방법으로 얻는지가 중요하다. 만일 손이 비정상적으로 늘어나 사과를 얻었다면 사과를 따지는 못했지만 도구를 들고 사과를 따려고 하는 사람보다 문제해결 능력이 낮게 평가된다. 유용한 도구를 사용하여 사과를 손에 얻었다면 특정한 현실적 지지 기반을 가지고 있고, 문제해결 능력이 높은 것으로 볼 수 있다.

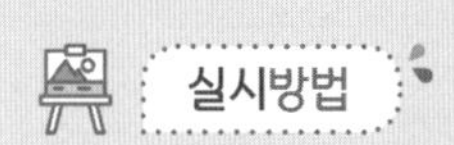


- 준비물: 8절 흰 도화지, 12색 마커
- **교시 사항**: "나무에서 사과를 따는 사람을 그리세요."라고 지시한다.
- **유의점**: 지우개로 지울 수 없다.

## 14) 콜라주 미술치료

콜라주 미술치료(Collage Art Therapy)는 일본에서 개발되어 최근 급속하게 보급되고 있는 미술치료 기법의 하나로 잡지 등 인쇄물에서 오려 낸 조각들을 도화지에 붙여서 완성하게 하는 것이다. 오늘날 미술치료 기법으로 활용되고 있는 잡지사진 콜라주 기법은 1972년 Buck과 Provancher가 미국 작업치료지에 평가 기법으로 게재한 것이 최초이며, 이후 일본의 杉浦京子(1994)가 치료 기법으로 연구・개발하며 활용되어 오고 있다. 아동에게 콜라주 미술치료를 도입함으로써 다음과 같은 효과를 얻을 수 있다.

**실시방법**

- **준비물**: 4절 흰 도화지, 가위, 풀, 다양한 종류의 잡지나 카탈로그(다양한 종류의 잡지나 카탈로그의 경우 아동의 연령이나 성별에 따라 선호하는 것을 준비하고, 직접 원하는 잡지를 가져오게 하는 것도 치료적인 효과를 높일 수 있는 방법 중 하나다), 콜라주 상자(미리 종류별로 자른 사진)
- **교시 사항**: 치료사가 아동에게 콜라주를 해 보자고 말한 후 준비한 재료를 주고 자신의 마음에 드는 사진이나 그림을 자유롭게 잘라 도화지 위에 붙이도록 한다. 이때 사진이나 그림은 원하는 위치에 풀을 이용하여 붙이도록 하고 제한 없이 자유롭게 활동할 수 있도록 한다(자르는 방법은 아동에 따라 가위를 이용할 수도 있고 손으로 찢을 수도 있으며, 연령이나 증상을 고려하여 실시하도록 한다. 자르기에 어려움이 있거나 위험한 경우 콜라주 상자를 사용한다). 아동이 작품을 다 완성하면 작품에 제목을 붙이도록 하고 관련 내용을 함께 나눈다(만약 아동이 제목이 생각나지 않는다거나 제목이 없다고 말할 경우 그대로 수용한다). 잡지그림 콜라주법은 약 30분에서 1시간 정도 소요된다.
- **유의점**: 치료사는 작품에 대해 해석하지 않도록 하고, 아동이 말하고 싶어 하지 않을 경우 치료사가 느낀 점을 말하고 종료한다.

첫째, 콜라주 미술 활동은 동심으로 돌아간 것 같이 시간 가는 줄 모르게 작업에 몰두하도록 함으로써 카타르시스와 해방감을 느끼게 해 준다. 둘째, 콜라주 미술 활동은 자신을 있는 그대로 표현하게 하여 아동과 치료사 간의 깊은 상호관계를 형성하게 해 준다. 셋째, 콜라주 미술 활동은 자신의 완성된 작품을 보면서 만족감과 성취감을 느끼게 해 준다. 넷째, 그림을 그리기 힘들어하는 아동이나 언어를 통한 감정 표현이 어려운 아동에게 편안한 심리상태를 유지할 수 있게 해 준다.

## 15) 실버 그림검사

실버 그림검사(Silver Drawing Test: SDT)는 예언화, 관찰화, 상상화의 세 가지 하위검사를 포함하는 정서적 요소와 인지적 요소로 구성된다. 각 하위검사는 산수와 읽기의 기초가 되는 세 가지 개념 가운데 하나를 평가하도록 설계되어 있다. Piaget(1970)에 의하면 세 가지 기본 개념은 모든 지식 분야에서 생성될 수 있다. 첫 번째는 집단 개념에 근거하고 있으며, 분류와 수세기에 적용된다. 두 번째는 계열적 순서 개념에 근거하고 있으며, 관계에 적용된다. 세 번째는 공간 개념에 근거하고 이웃, 관점, 준거 틀에 적용된다.

실시 방법은 자극 그림을 사용하여 반응 그림을 살펴보며, 이야기 내용에 초점을 맞추어 과거 경험과 연결된 것들을 촉발시킨다. 또한 실버 그림검사는 아동의 인지와 정서 수준을 진단하는 데 유용한 검사다.

다음은 예언화, 관찰화, 상상화에 따른 실시 방법이다.

### (1) 예언화

예언화 과제는 [그림 2-3]과 같다. 만약 응답자가 지시를 잘 읽지 못하면 몸짓(pantomime)이나 수화를 사용한다. 예를 들어, 책자에 나온 왼쪽 첫 번째 컵을 지적하면서 "이것은 주스입니다. 자신이 몇 모금 마셨다고 생각해 보세요."라고 말한다. 그리고 두 번째 컵의 꼭대기 부분에 수평선을 그리면서 "컵이 빌 때까지 계속 마시면서 주스가 줄어드는 모습을 컵에 선으로 그릴 수 있나요?"라고 묻는다.

"자신이 컵이 빌 때까지 몇 모금씩 계속 주스를 마셨다고 생각해 보세요. 주스가 줄어드는 모습을 컵에 선으로 그릴 수 있나요?"

"물이 반 정도 담겨 있는 병을 기울였다고 생각해 보세요. 물이 어떻게 되었는지 병에 선으로 그릴 수 있나요?"

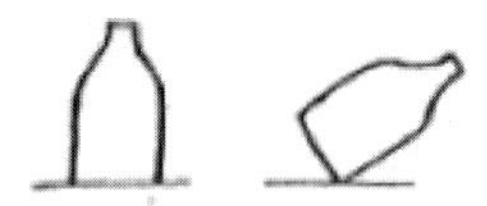

"여러분이 ×표시가 된 지점에 집을 그린다고 생각해 보세요. 그것이 어떻게 되는지 그려 볼 수 있나요?"

[그림 2-3] SDT 예언화 과제

또 당신은 음료용 빨대를 가지고 몸짓(pantomime)을 할 수도 있는데, 일련의 제스처를 하거나 그려야 되는 선의 위치를 지적할 필요는 없다. 만약 아동이 수화를 사용하면 지시를 수정하는 것이 필요하다. 반응을 채점하는 지침은 〈표 2-4〉에 제시되어 있다.

표 2-4 SDT의 예언화 하위검사 채점 지침

| 계열 예언 | |
|---|---|
| 0점 | 컵 안쪽에 주스를 나타내는 계열이 없다. |
| 1점 | 불완전한 계열 |
| 2점 | 2개 이상의 계열 |
| 3점 | 수정(시행착오)은 했지만 감소되는 일련의 선 |
| 4점 | 수정이 없이 균일하지 않게 공간이 늘어나는 계열 |
| 5점 | 수정 없이 균일하게 공간이 늘어나는(체계적인) 계열이 컵의 바닥까지 연속되지 않는다. |
| **수평 예언** | |
| 0점 | 기울어진 병 안쪽에 물 표면을 나타내는 선이 없다. |
| 1점 | 기울어진 병 바닥이나 옆면과 평행이 되는 선(준거는 병의 안쪽) |
| 2점 | 기울어진 병 바닥이나 옆면과 거의 평행이 되는 선 |
| 3점 | 기울어진 선(준거는 표면이지만 탁자 표면과는 관계없는) |
| 4점 | 탁자 표면과 관계는 있지만 평행이 아닌 선 |
| 5점 | 5도 이내로 탁자 표면과 평행을 이루는 선 |
| **수직 예언** | |
| 0점 | 집의 표현이 없거나, 만약 5세 미만이라면 산 안쪽에 있는 집 |
| 1점 | 산의 경사와 거의 직각을 이루는 집 |
| 2점 | 산의 경사와 직각이나 수직은 아니지만 기울어지거나 거꾸로 된 집 |
| 3점 | 수직이지만 지지가 없는 집(만약 5세 이상이라면 완전히 산 내부에 있는 집) |
| 4점 | 수직이지만 일부가 산 내부에 있는 것과 같은 부적당한 지지가 있는 집 |
| 5점 | 수직이면서 기둥, 간판, 다른 구조물에 의해 지지된 집 |

(2) 관찰화

사전에 배열하여 선보다 면으로 나타나도록 하기 위해 눈높이 아래의 탁자에 배치 용지를 놓는다(눈높이 위에 놓으면 선으로 나타나게 되고, 그것은 깊이 있는 지각을 방해한다). 그리고 배치 용지에 윤곽을 그리도록 원통과 커다란 조약돌이나 돌을 배치한다. 배열은 채점 지침이 제시된 〈표 2-5〉에 스케치한 것처럼 나타내고, 가장 넓은 원통이 왼쪽, 가장 긴 원통은 오른쪽, 가장 작은 원통은 돌의 왼쪽에 놓는다.

만약 과제를 집단으로 실시하면 길고 좁은 식당용 탁자가 유용하다. 배열은 양쪽

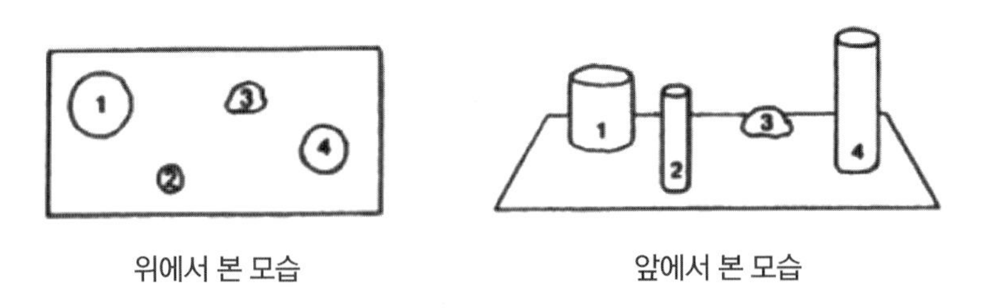


표 2-5 SDT 관찰화 하위검사의 채점 지침

| 수평(좌우) 관계 | |
|---|---|
| 0점 | 수평 관계가 혼란스럽다. 정확한 좌우 순서로 된 물체가 하나도 없다. |
| 1점 | 단 1개의 물체만이 정확한 좌우 순서로 되어 있다. |
| 2점 | 2개의 물체가 정확한 좌우 순서로 되어 있다. |
| 3점 | 3개의 근접 또는 2쌍이 정확한 좌우 순서로 되어 있다. |
| 4점 | 4개 모두가 대략 정확한 순서로 되어 있지만 주의 깊게 관찰해 보면 정확하지 않다. |
| 5점 | 모든 물체가 정확한 좌우 순서로 되어 있다. |
| **수직(상하) 관계** | |
| 0점 | 모든 물체가 평평하다. 높이를 나타내지 않았다. |
| 1점 | 모든 물체가 거의 같은 높이다. |
| 2점 | 2개의 물체(반드시 근접한 것은 아니다)가 대략 정확한 높이로 되어 있다. |
| 3점 | 3개의 물체(반드시 근접한 것은 아니다)가 대략 정확한 높이로 되어 있다. |
| 4점 | 4개의 물체가 대략 정확한 높이지만 주의 깊게 관찰해 보면 정확하지 않다. |
| 5점 | 모든 수직 관계가 정확하게 표시되어 있다. |

| 전후(깊이) 관계 | |
|---|---|
| 0점 | 배열이 눈높이보다 아래에 제시되어 있어도 모든 물체가 수평적으로 일렬이거나 근접한 물체들의 깊이가 정확하게 관련되지 않고 있다. |
| 1점 | 1개의 물체가 기초선 위나 아래에 있고, 그 외의 것은 전후 관계가 부정확하다. |
| 2점 | 2개의 물체(반드시 근접한 것은 아니다)가 전후 관계에서 대략 정확하다. |
| 3점 | 3개의 근접한 물체 또는 두 쌍이 전후 관계가 대략 정확하다. |
| 4점 | 4개의 물체 모두가 전후 관계가 대략 정확하지만 자세히 관찰하면 아니다. |
| 5점 | 모든 전후 관계가 정확하게 나타나 있고, 배치 용지가 그림에 포함되어 있다. |

끝에 하고, 탁자 양쪽 옆에 의자를 배치한다. 배열의 왼쪽이나 오른쪽에서 너무 멀리 앉지 않도록 하기 위해 가장 멀리 있는 의자에서 관찰 지점을 점검한다. 다음의 지시를 큰 소리로 읽는다.

"자신이 무엇인가를 그려야 한다고 생각해 보세요. 여기에 그려야 하는 물건이 있습니다. 이것들을 주의 깊게 보고 아래의 공간에 그것을 그려 보세요."

배열의 스케치는 다음 장에 제시되어 있다. 정면 조망은 5점을 주는 준거가 될 수 있다. 채점을 할 때 원통 1번(왼쪽)은 가장 넓은 것이어야 하고, 4번(오른쪽)은 가장 긴 것이어야 한다. 원통 2번은 가장 앞면에 있어야 하고, 바위 3번은 2번과 4번 사이의 뒷면에 있어야 한다. 아동이 왼쪽을 향해 앉아 있으면 2번은 1번과 가장 멀어질 것이고 3번은 1번과 가장 가까워질 것이다. 아동이 오른쪽을 향해 앉아 있으면 2번은 3번과 가장 멀어질 것이고 1번과 가장 가까워질 것이다.

※ 자신이 무엇인가를 그려야 한다고 생각해 보세요. 여기에 그려야 하는 물건이 있습니다.
이것들을 주의 깊게 보고 아래의 공간에 그것을 그려 보세요.

[그림 2-4] SDT 관찰화 과제

(3) 상상화 과제

아동이 지시문을 잘 읽지 못한다고 판단되면 자극그림([그림 2-5], [그림 2-6])과 그리기 용지([그림 2-7])를 지적하면서 다음과 같이 교시한다.

> "2개의 그림을 선택하고, 그 그림을 가지고 어떤 일이 일어날 것인지 이야기를 상상해 보세요. 준비가 되었을 때 자신이 상상한 것을 그림으로 그려 보세요. 그것이 자기 자신의 그림으로 나타나게 됩니다. 이 그림을 그대로 베껴서는 안 됩니다. 바꾸거나 다른 것을 그려야 합니다. 그림을 다 그렸으면 제목이나 이야기를 쓰세요. 무슨 일이 일어나고 있는지, 나중에 무엇이 일어나는지를 이야기해 주세요."

만약 아동이 다른 주제를 그리거나 자극그림을 베끼는 경우, 지시를 잘못 이해한 것이 아니라면 중지하지 않는다. 그림을 다 그린 후 그림 아래에 제목이나 이야기를 기록하도록 요구한다. 쓰는 것을 어려워하는 아동이라면 단어를 사용하여 자신의 이야기를 쓰도록 한다.

상상화의 인지적 내용을 채점하기 위한 지침은 〈표 2-6〉에 제시된 것처럼 낮은 능력 수준부터 높은 능력 수준까지 1~5점으로 한다. 정서적 내용과 자아상 채점을 위한 지침은 〈표 2-7〉와 〈표 2-8〉에서 보는 것처럼 강한 부정부터 강한 긍정까지 1~5점으로 채점한다.

가능할 때 주요 인물을 확인하도록 하고, 아동이 자극그림으로 선택한 사람이 무엇을 제안하는지 생각하도록 하는 것이 중요하다. 그림이 화, 두려움, 갈등, 갈망, 사회적 해결을 반영하는지, 다른 인물은 적대적인지, 우호적인지 확인한다.

자극그림의 A형은 사전 검사와 사후 검사를 위해서만 사용해야 한다. 두 번째인 B형이 패턴을 나타내기 위한 부가적 반응을 획득하거나 인지적 기능을 개발시키는 것과 같이 다른 목적으로 사용할 수 있다.

2개의 그림을 선택하고, 그 그림으로 어떤 일이 일어날 것인지 이야기를 상상해 보세요. 여러분이 준비가 되었을 때 상상한 것을 그림으로 그려 보세요. 그것이 여러분의 그림으로 나타나게 됩니다.

이 그림을 그대로 베껴서는 안 됩니다. 바꾸거나 다른 것을 그려야 합니다.

그림을 다 그렸으면 제목이나 이야기를 쓰세요. 무슨 일이 일어나고 있는지 그리고 나중에 무엇이 일어나는지 이야기해 주세요.

[그림 2-5] A형 자극그림

이야기:

성명:

성별:

연령:

거주지:

일자:

나는 지금 매우 행복하다(　　　), 좋다(　　　), 화가 난다(　　　)

슬프다(　　　), 두렵다(　　　)

[그림 2-6] 상상화 그리기

표 2-6 상상화 하위검사 채점 지침

| 선택 능력(그림과 이야기의 내용 또는 메시지) | |
|---|---|
| 0점 | 선택한 증거가 없다. |
| 1점 | 지각적 수준-단일 인물, 또는 인물들이 크기나 배치와 관계가 없다. |
| 2점 | 인물들이 크기나 배치와 관계가 있지만 상호작용은 없다. |
| 3점 | 기능적 수준-인물들이 수행하는 내용이나 수행한 내용이 보이며 구체적이다. |
| 4점 | 추상적 또는 상상적이 아니라 설명적이다. |
| 5점 | 개념적 수준-상상적이고 아이디어가 잘 조직되어 있다. 암시하는 것보다 분명하고, 추상적 아이디어를 다루는 능력을 보인다. 여기서는 미술 기능이 중요하지 않다. |
| **결합 능력(그림의 형태)** | |
| 0점 | 단일 인물, 공간관계가 없다. |
| 1점 | 근접성(proximity)-인물들이 공간에 펼쳐져 있으며, 기초선보다 근접성에 관련된다. |
| 2점 | 화살표나 점선과 같은 것으로 관계를 보이려고 시도한다. |
| 3점 | 기초선(baseline)-인물들이 기초선을 따라 서로 관련되어 있다(실제든 암시든). |
| 4점 | 기초선 수준을 능가하지만 적어도 그림의 절반은 공백이다. |
| 5점 | 전반적인 협응-깊이를 묘사하거나 전체 그림 영역을 참작한다. 또는 2개 이상의 일련의 그림이 포함된다. |
| **표현 능력(형태, 내용, 제목, 이야기의 창조)** | |
| 0점 | 표현 증거가 없다. |
| 1점 | 모방(imitative)-자극그림을 베끼거나 막대기 그림 혹은 고정된 형태를 사용한다. |
| 2점 | 모방은 능가하지만 그림이나 아이디어가 평범하다. |
| 3점 | 재구성-자극그림 혹은 고정된 형태를 바꾸거나 정교화한다. |
| 4점 | 재구성을 능가하지만 중간 정도로 독창적이거나 표현적이다. |
| 5점 | 변형-아주 독창적이고, 표현적이며, 쾌활한 의미를 사용한다. 암시적이거나 은유, 익살, 농담, 풍자, 이중 의미를 사용한다. |

표 2-7 상상화 반응에서 정서적 내용의 채점 지침

| 점수 | 내용 |
| --- | --- |
| 1점 | • 대단히 부정적인 주제<br>• 단일 인물들이 슬픔, 고립, 무력, 자살, 죽음, 도덕적 위험으로 묘사되었다.<br>• 관계가 파괴적이고, 흉악하며, 삶을 위협하는 것이다. |
| 2점 | • 중간 정도로 부정적인 주제<br>• 단일 인물들이 두려워하고, 화가 나 있고, 불만족하며, 공격적이고, 파괴적이며, 불운한 것으로 묘사되었다.<br>• 관계가 긴장이 많고, 적대적이며, 불쾌하다. |
| 3점 | • 중성적인 주제<br>• 부정적이지도 긍정적이지도 않으며 비정서적이다.<br>• 애매하거나 불명확하다. |
| 4점 | • 중간 정도로 긍정적인 주제<br>• 단일 인물들이 운은 좋지만 수동적이고, 무언가 즐기고, 보호받는 존재로 묘사되었다.<br>• 관계가 우호적이거나 즐겁다. |
| 5점 | • 대단히 긍정적인 주제<br>• 단일 인물들이 서로 영향을 주고, 행복하며, 목적을 달성하는 것으로 묘사되었다.<br>• 관계는 서로 돌보거나 사랑하는 것이다. |

표 2-8 상상화 반응에서 자아상 채점 지침

| 점수 | 내용 |
| --- | --- |
| 1점 | • 병적 상상(morbid fantasy)으로 응답자가 슬픔, 무력, 고립, 자살, 죽음, 치명적 위험으로 묘사된 대상자를 확인하는 것이다. |
| 2점 | • 불쾌한 상상(unpleasant fantasy)으로 응답자가 두려움, 좌절, 불행으로 묘사된 대상자를 확인하는 것이다. |
| 3점 | • 애매한 또는 양면적 상상(ambiguous or ambivalent fantasy)으로 응답자가 자아상이 제3자처럼 분명하지 않거나 볼 수 없는, 또는 양면적이거나 비정서적으로 묘사된 대상자를 확인하는 것이다. |
| 4점 | • 유쾌한 상상(pleasant fantasy)으로 응답자가 보호된 것처럼 운은 좋지만 수동적인 것으로 묘사된 대상자를 확인하는 것이다. |
| 5점 | • 소망 성취 상상(wish-fulfilling fantasy)으로 응답자가 강력하고, 사랑하며, 공격적이고, 목적을 성취한 사람으로 대상자를 확인하는 것이다. |

제3장

# 장애아동 미술치료 접근방법

장애아동의 미술치료를 실시하는 목적은 발달을 촉진하기 위한 것과 다양한 문제행동을 소거시키기 위함이다. 이 장에서는 장애아동의 미술 활동을 촉진시키기 위한 지도 방법과 기법과 미술치료 시 발생되는 문제행동을 경감시키고 소거시키는 방법에 대해서 소개한다.

## 1. 미술 활동 촉진을 위한 기법

미술 활동은 많은 장애아동에게 귀중한 학습 경험이 될 수 있지만, 미술치료에서 제공되는 미술 활동은 모든 아동이 참여할 수 있도록 수정하거나 조정해야 할 수도 있다. 또한 미술치료사는 미술 활동을 도울 때 장애아동을 안내해야 할 수도 있음을 알고 있어야 한다. 다음은 장애아동을 위해 자료와 활동을 수정하거나 조정하여 장애아동이 미술치료 활동에 참여하는 것을 촉진하는 몇 가지 방법이다.

① 장애아동이 미술 활동에 참여하도록 북돋운다

아동에게 어떤 미술 재료를 사용할 수 있는지 알려주기 위해 적절한 방법을 사용해야 한다. 예를 들어, 청각장애아동을 위해 수화를 사용하고 자료를 시연해야 할 수도 있고, 시각장애아동에게 재료를 설명하는 동안 자료를 만지도록 권장할 수도 있다.

② 장애아동이 재료에 접근할 수 있는지 확인해야 한다

특히 운동장애가 있는 아동의 경우에는 재료가 보관된 위치와 재료에 접근할 수 있는지 수준을 파악해야 한다.

③ 장애아동의 능력에 맞게 미술 자료를 조정한다

예를 들어, 소근육 운동 장애가 있는 아동에게 잘 잡을 수 없는 가위를 사용하는 대신, 미리 자른 종이 조각을 제공한다. 쉽게 열리는 적응형 가위를 제공하거나 아동이 자신의 종이 조각을 찢을 수 있게 하는 것을 고려한다.

④ 장애아동의 예술적 노력에 격려와 칭찬을 한다

"20분 동안 그 그림을 그렸습니다!" 또는 "네가 만든 것을 자랑스럽게 생각합니다!"와 같은 치료사의 말은 자신감과 창의성을 키우는 데 도움이 될 것이다.

⑤ 창의력을 발휘한다

미리 만들어진 활동이나 구체적인 지시 사항이 있는 활동은 아동의 창의력에 도움이 되지 않으며, 장애아동에게는 너무 어려울 수 있다. 다양한 방법으로 사용할 수 있는 개방형 미술 재료를 제공하고 모든 아동이 자신의 능력을 사용하여 자신의 미술 작품을 만들도록 권장한다.

⑥ 장애아동이 스스로 주도적으로 활동하게 한다

특히 심한 운동 장애가 있는 아동은 미술 작품을 만드는 데 신체적 도움이 필요할

수 있다. 미술치료 활동에서 아동을 도울 때는 아동이 앞장서도록 해야 하고, 필요한 도움만 주어야 한다. 아동들이 먼저 스스로 해 보도록 격려한다. 아동에게 무엇을 하고 싶은지, 어떤 재료를 사용하고 싶은지, 어떤 도움이 필요한지 물어본다. 그리고 아동이 원하는 것을 만드는 데 도움이 되는지 확인한다.

⑦ 작은 단계로 구성된 미술치료 활동을 제시하고 설명한다

때로는 장애아동이 다른 방식으로 제시된 정보를 가지도록 하는 포괄적인 미술 활동 경험을 하는 것이 성공적이기도 하다. 장애아동들은 전체 속에서 부분을 파악하지 못할 수도 있고, 부분을 전체로 파악하지 못할 수도 있다. 그러나 그들이 따를 수 있도록 활동을 간단한 단계로 구성하여 시작할 장소를 찾도록 도와준다면, 성공적으로 참여할 수 있는 충분한 지원이 될 것이다. 그들은 다른 누군가를 위해 자신의 작품을 "창조"하는 관찰자가 아니다.

⑧ 장애아동에게는 미술치료 활동에 필요한 시간이 더 요구된다

많은 장애아동은 지침을 처리하고 완료하는 데 더 많은 시간이 필요할 수 있다. 이것은 특히 집단 활동 환경에 있는 경우 어려울 수 있다. 활동 가운데 몇 단계만 완료해도 괜찮다는 것을 알린다. 이를 통해 참여를 시도조차 하지 않을 수 있는 좌절감과 불안을 줄일 수 있다.

⑨ 정보를 시각적 형식으로 제시하도록 한다

만약 가능하고 적절하면 장애아동들이 개념과 지침을 강화하기 위해 미술치료 활동을 완료하기 위해 볼 수 있는 그림을 함께 사용하여 활동을 제시한다. 미술 재료의 그림, 최종 그림이 어떻게 생겼는지 등으로 단계를 작성한다. 서면 지침에 포함될 수 있는 모든 시각 자료에 대해 생각해 보자. 아동마다 다르기 때문에 다양한 시도를 해야 한다. 또한, 전체 단계 목록이 한 아동에게는 잘 작동할 수 있지만 다른 아동에게는 너무 많은 정보가 될 수 있다. 어떤 아동들은 한 번에 한 단계씩 볼 필요가 있다. 이것은 모두 실험하고 조정하는 것이다.

⑩ 장애아동이 하길 바라는 작업을 시연한다

행동하는 방법을 보여 준다. 그리고 장애아동이 시도하게 한다. 어떤 것이 어떻게 이루어지는지 보는 것은 장애아동이 미술치료 활동을 성공적으로 시작하고 완성할 수 있게 한다.

⑪ 활동하는 다른 대인적인 방법을 제공한다

아동이 그리기 활동을 위해 연필이나 크레용, 색연필 등을 잡기 힘들다면 다른 미술 재료로 전환할 수 있는 방법이 있는가? 아동이 그리는 대신 점토를 사용할 수 있는가? 운동 능력이 제한된 아동을 위한 미술 활동을 조정하는 방법을 찾는 것은 특히 어려울 수 있다. 인쇄 과정을 사용하여 활동을 전환하는 방법에 대해 생각해보자. 아동들은 스스로 또는 손을 통해 도움을 받아 손바닥으로 물건을 잡을 수 있다. 주위를 둘러보고 물감에 적셔서 종이에 누를 수 있는 물건을 찾는다. 이것은 장애아동이 관찰자가 아니라 능동적으로 참여할 수 있는 방법이 될 수 있다.

## 2. 문제행동의 지도

우리는 잠시도 의자에 앉아 있지 못하고 계속 주의를 돌아다니는 아동, 양손을 아래위로 반복해서 흔드는 아동, 손뼉을 반복해서 치는 아동, 자기 머리를 때리거나 손을 무는 아동, 사물을 집어던지는 아동, 우는 아동, 괴성을 지르는 아동 등을 흔히 만나게 되며, 어떻게 다루어야 할지 당황할 때가 많다. 장애아동의 경우 효과적인 미술치료를 실시하기 위해서는 먼저 부적절한 행동, 즉 문제행동이 수정되어야 한다.

문제행동의 지도는 일반적으로 교육 장면에서 교사들에 의해 수행되는 활동을 의미할 수 있다. 이러한 문제행동의 지도를 치료사가 수행하는 경우는 행동 관리(behavior managemen), 행동 수정(behavior modification), 응용행동분석(applied behavior analysis), 행동 중재(behavior intervention), 행동치료(behavioral therapy) 등의 용어로 대체할 수 있다.

여기서는 문제행동의 지도에 대한 일반적인 지침을 간단하게 제시하고 행동치료의 측면에서 장애아동의 문제행동 감소 절차의 원리를 설명한다.

### 1) 문제행동의 지도지침

장애아동은 때때로 행동 문제가 있을 수 있다. 그것은 반항, 붕괴, 신체적 공격으로 나타날 수 있다. 치료사는 치료실에서 활동에 참여하지 않고 비명을 지르는 것으로 끝나는 것에 지쳤을 수도 있고, 아동이 치료 활동에서 무엇을 해야 할지 모른다는 사실에 가슴이 아플 수도 있다. 하지만 모든 것이 항상 이런 식이어야만 하는 것은 아니다. 종종 아동이 이런 식으로 행동하는 간단한 이유가 있다. 행동은 의사소통의 한 형태이다.

행동 개선의 길은 현재 어떤 행동을 하고 있든 간에 올바른 지원과 지식이 있으면 변할 수 있다는 믿음에서 출발한다. 장애아동과 활동하는 치료사를 위한 중요한 첫 단계는 애초에 왜 행동 문제가 일어나는지 이해하는 것이다.

많은 장애아동의 짜증은 자신의 세상에 대한 좌절의 표시이기 때문에 이것을 고려하는 것이 유용하다. 그들이 원하는 방식으로 의사소통을 못하거나, 그들에게 오는 모든 정보를 처리하지 못할 수도 있다. 감각 문제가 있는 아동의 경우 일반적인 시각, 소리, 냄새, 미각 및 촉각이 거의 고통스러울 수 있으며 행동 반응을 유발할 수 있다.

반항은 다루기 매우 어려운 행동이다. 아동이 반항적일 때, 아동이 얼마나 어려운지에 초점을 맞추는 것은 매우 어렵다. 많은 경우 도전은 좌절을 의미한다. 따라서 때때로 멈추고 반응을 바꿀 수 있는 방법을 고려하는 것이 도움이 된다.

감각 문제는 낮 동안 많은 문제를 일으킬 수 있다. 아동을 화나게 하는 원인이 무엇인지 알아내려고 노력해야 한다. 옷이 너무 조이거나 너무 헐렁하거나 혹은 자극적이지는 않은가? 옷에 붙은 꼬리표는 매우 불편할 수 있다. 때로는 치료실의 조명만으로도 문제가 발생할 수 있다. 너무 밝거나 너무 어둡거나 불이 깜박이는가? 소음도 큰 유발 요인이 될 수 있다. 조용하고 차분하며 편안한 환경을 조성해야 한다.

장애아동에게 또 다른 힘든 시기는 전환기이다. 그것은 많은 행동 문제를 유발할 수 있다. 한 활동에서 다음 활동으로 이동하는 불안을 완화하기 위해 시도할 수 있는 몇 가지가 있다. 언어적 신호는 일부 아동에게 효과가 있다. 아동이 조정할 수 있도록 다음에 무엇이 올 것인지 알려 주어야 한다.

어떤 아동들은 활동이 끝났다는 것을 알려 주기 위해 타이머를 사용할 때 정말 잘한다. 예를 들어, 10분을 설정하고, 신호를 주고, 벨이 울리면 활동이 종료된다. 시도할 수 있는 또 다른 방법은 그림이나 단어 일정이다. 이러한 것들은 아동이 자신의 활동이 어떨지 그리고 다음에 일어날 일에 대한 아이디어를 갖는 데 도움이 될 수 있다.

항상 한 발 물러서서 생각을 바꾸고 바람직하지 않은 행동이 일어나는 이유를 파악해야 한다. 때로는 관점을 바꾸는 것만으로도 도움이 된다. 일반적으로 아동이 행동하는 데에는 이유가 있음을 기억해야 한다.

다음은 문제행동 변화 또는 문제행동 지도에 대한 몇 가지 아이디어와 전략이다.

① 활동을 구조화한다

미술치료 활동에 대해 아동이 기대할 수 있도록 일정을 사전에 구조화하여 계획한다. 다음에 무엇을 할지 안다면 한 활동에서 다른 활동으로 변경할 때 문제행동이 감소될 수 있다.

② 인정과 보상 체계를 마련한다

장애아동들도 그들의 행동에서 무엇이 잘못되었는지 또는 무엇이 잘되었는지 거의 항상 정확하게 알고 있다. 치료사는 그들에게 아무리 작은 것이라도 새로운 기술을 모두 알아차린다는 것을 보여주어야 하고, 좋은 행동에 대한 보상은 원치 않는 행동을 처벌하는 것보다 더 나은 결과를 가져다 줄 것이라는 것을 알아야 한다. 벌은 단지 문제행동이 주의를 끈다는 것을 가르칠 뿐이다. 성공과 작은 승리를 축하하는 데 창의력을 발휘할 필요가 있다. 장애아동의 경우 치료실에 행동 차트를 만들고, 치료사가 보기에 별것 아닌 아주 작은 아동의 성취에 보상으로 스티커를 붙이

고, 스티커가 일정 개수가 되면 상품을 제공하는 등의 방법을 계획한다.

③ 방향 전환을 계획한다

아동의 행동을 새로운 방향으로 안내할 수 있다. 예를 들어, 소리를 지르면 치료사는 그들이 다른 과제를 하거나 다른 일에 집중하도록 격려할 수 있다. 소리를 지르면 벌을 받는 대신 다른 선택을 할 수 있는 권한이 주어진다.

④ 형제자매에 대한 지도를 계획한다

형제자매들은 장애아동의 삶에서 결정적인 역할을 하므로, 형제자매가 일상적인 과제에 대해 다른 접근 방식이 필요한 이유를 형제자매가 알도록 지도하는 것이 중요하다.

이와 같은 행동 변화 전략은 장애아동의 정신 건강 문제에도 도움이 될 수 있다. 다른 정신 건강 치료와 함께 행동 중재는 아동이 자신의 행동과 반응을 통제할 수 있도록 도와준다.

## 2) 행동감소절차의 원리

행동을 감소시키기 위한 절차를 선택하는데 특정 원리가 적용되어야 한다. 첫째는 최소로 강압적인 대안의 원리이다. 이 원리는 중재를 결정할 때 중요하게 고려해야 하는 것이 중재의 강압성 수준을 고려하는 것이며, 치료사는 이용할 수 있는 선택의 긍정적 범위에서 최소로 강압적인 것에서 가장 강압적인 절차의 위계에 근거하여 결정해야 한다.

예를 들어, 〈표 3-1〉에서 보는 바와 같이 수준 I의 절차가 행동을 변화시킨다면 수준 IV의 절차는 사용할 필요가 없으며, 그것을 사용하는 것은 윤리적이지도 않다. 또한 Gast와 Wolery(1987)는 "만약 동일한 효과를 가진 절차 가운데 처치를 선택한다면, 최소로 혐오적인 것을 선택해야 한다. 만약 선택한 처치가 최소로 혐오적

**표 3-1** 행동감소를 위한 전략의 수준

|  |  |
|---|---|
| 수준 I | 강화에 근거한 전략 |
| | • 낮은 비율 행동의 차별강화(DRL) |
| | • 다른 행동의 차별강화(DRO) |
| | • 상반행동의 차별강화(DRI) |
| | • 대안행동의 차별강화(DRA) |
| | • 비유관 강화 |
| 수준 II | 소거 |
| 수준 III | 바람직한 자극의 제거 |
| | • 반응대가 |
| | • 타임아웃 |
| 수준 IV | 혐오자극의 제시 |
| | • 조건화되지 않은 혐오자극 |
| | • 조건화된 혐오자극 |
| | • 과잉교정 |

이지만 비효과적이고 가장 혐오적 방법이 가장 효과적이라면, 효과적인 방법을 선택해야 한다."라고 제안하였다.

둘째 원리는 중재의 선택은 변화되는 행동의 확인된 기능에 근거해야 한다는 것이다. 절차를 개발하기 전에 기능을 확인하게 되면 중재를 선택하는 것은 순전히 운이다. 하나의 중재가 많은 아동에게 효과적이지만 모든 아동에게 효과적인 것은 아니며, 몇몇 행동은 감소시키지만 모든 행동을 감소시키는 것은 아니다. 행동은 언젠가는 회복되거나 그 행동과 똑같이 나쁜 것으로 대체된다. 이러한 불규칙적 성공은 행동의 기능을 고려하지 않고 중재를 선택했기 때문에 발생되는 것이다(Carr, 1977). 또한 이 원리의 의미 있는 구성은 기능적으로 동등한 대안 행동에 대한 교수가 동시에 있어야 한다. 아동은 부적응 행동을 제거한 것과 같은 강화를 하는 적절한 대체 행동을 학습해야 한다.

행동을 감소시키기 위한 절차를 수행하는 데 있어서 몇 가지 조건이 부합되어야

한다. 첫째, 자료에 근거해서 위계를 이동해야 한다는 것이다. 현재 채택한 절차가 효과가 없다는 것을 결정하기 전에, 그리고 보다 강압적인 절차를 사용해야 한다고 결정하기 전에 중재 동안에 수집된 자료가 절차의 비효과성을 실증해야 한다. 둘째, 자문과 허용시점을 확립해야 한다는 것이다. 어떤 시점에 치료사는 현재 중재의 진전을 검토하고 앞으로의 수행계획을 동의하는 자신의 감독자, 아동의 부모, 행동관리위원에게 자문을 해야 한다. 그러한 계획에는 기능적 사정과 기능적 분석을 수행하고, 행동지원계획을 개발하는 것이 포함된다.

〈표 3-1〉에 제시된 위계는 부적응 행동을 감소시키기 위해 선택할 수 있는 네 가지 수준의 대안적 방법을 제시한 것이다. 수준 I이 선택에서 가장 먼저 고려되어야 하고, 수준 IV가 가장 나중에 선택할 수 있는 것이다.

수준 I에는 다섯 가지 차별강화방법을 제시하고 있다. 이것들을 가장 먼저 선택해야 하며 치료사는 행동을 감소시키기 위해 긍정적 접근(강화)을 사용해야 한다.

수준 II는 소거를 제시하고 있다. 소거를 사용하는 것은 행동을 유지하기 위해 강화자를 보류하거나 더 이상 제공하지 않는 것이다.

수준 III은 벌이 되는 어떤 자극을 사용하는 첫째 방법들을 제시하고 있다. 그러나 반응대가와 타임아웃은 혐오자극의 적용을 요구하지는 않는다. 이 방법의 실시는 부적 강화와 대칭되는 것으로 부적 강화에서 행동을 증가시키기 위해 혐오자극이 부수적으로 제거된다. 수준 III은 행동을 감소시키기 위해 바람직한 자극의 제거나 거부가 요구된다.

수준 IV는 앞의 세 가지 수준의 결과가 성공적이지 못하거나 행동이 계속되어 아동이 타인에게 즉각적 위험이 될 때 선택하는 것이다. 이 방법을 실시하는 것은 강화의 대칭되는 것으로 볼 수 있다. 즉, 정적 강화는 행동을 증가시키기 위해 자극이 우연히 제시된 것이고, 혐오자극의 제시는 행동을 감소시키기 위해 제시된 것이다.

## 3. 행동치료 기법

행동치료는 부적응 행동을 변화시키는 데 사용되는 광범위한 기법을 설명하는 용어이다. 목표는 바람직한 행동을 강화하고 원치 않는 행동을 제거하는 것이다. 행동치료는 모든 사람은 환경으로부터 학습을 한다는 생각에 초점을 맞춘 행동주의의 원칙에 뿌리를 두고 있다. 이 접근 방식은 20세기 초반에 등장했으며, 수년 동안 이 분야에서 지배적인 힘이 되었다. Edward Thorndike는 행동 수정이라는 개념을 최초로 언급한 사람 중 한 사람이다.

통찰력에 기반을 둔 정신분석치료와 인간주의치료와는 달리 행동치료는 행위 기반이다. 따라서 행동치료는 매우 초점적이다. 행동 자체가 문제이며, 목표는 사람들에게 문제를 최소화하거나 제거하기 위한 새로운 행동을 가르치는 것이다(Early & Grady, 2016).

결론적으로 행동치료는 오래된 학습이 문제의 발전으로 이어졌기 때문에 새로운 학습이 문제를 고칠 수 있다고 제안하고 있다. 행동치료 기법은 아동의 발달을 촉진하는 동시에 문제행동을 감소 또는 소거하는 데 효과적으로 활용되고 있다. 특히 장애아동 미술치료 시에는 치료사와 아동은 바람직한 인간관계, 적절한 교육관계, 신뢰감을 동반한 접근적인 관계, 즉 서로 상대의 행동에 대하여 강화인을 주고받는 관계가 되어야 함은 말할 것도 없다. 이러한 인간관계를 유지하면서 부적절한 행동을 수정하고 나아가서 효과적인 미술치료를 실시하기 위해서는 치료 기법의 적절한 선택이 필요하며 혐오자극이 동반되어서는 안 된다.

혐오자극의 사용은 그 행동 자체는 억제되지만 벌을 받는 행동 이외에의 행동까지도 위축되어 전체적으로 자발성이 저하될 뿐만 아니라 대인회피경향이 일어날 수 있다. 그러므로 아동의 생명에 관계되거나 큰 사고를 동반하는 경우 이외에는 기본적으로 벌의 사용을 피하고 가능한 적절 행동에 강화인을 주도록 해야 한다. 다음에 장애아동의 미술치료 시에 효과적으로 활용될 수 있는 주된 행동치료 기법을 소개한다.

## 1) 행동형성법

새로운 행동을 형성하는 절차를 행동형성(shaping)이라고 한다. 즉, 아동이 현재 할 수 있는 행동(행동목록) 속에 들어 있지 않은 행동을 강화를 통하여 점진적으로 목표행동에 접근시켜 가는 방법이다. 행동형성법은 행동이 형성될 때까지 표적행동과 단계적 유사행동에 대해 체계적이고 즉각적으로 강화를 하는 것이다. 이것은 개인의 행동 레퍼토리에서 이전에 분명하지 않았던 행동을 형성하는 데 우선적으로 사용된다. 또한 행동형성법은 가끔씩 나타나는 행동을 증가시키는 데 사용할 수 있으며, 행동 문제와 교과문제 모두에 적용할 수 있다.

행동형성은 다음과 같은 순서로 진행해 나간다.

- 형성해야 할 행동이 무엇인지 명확하게 한다(목표행동의 정의).
- 출발시점에서 행동수준을 선정한다(기초선의 선정).
- 기초선 행동패턴에서부터 목표행동 수준의 행동패턴을 작은 단계로 나눈다(소단계화). 그리고 각 단계를 점진적으로 접근해 나간다(점진적 접근의 절차). 이때 각 단계의 행동을 강화할 강력한 강화 인자도 아울러 선정한다.
- 기초선 행동의 반복을 통해 자발적으로 다음 단계의 행동이 출현하면 그 행동에만 강화자극을 제시하고 그때까지의 기준행동에는 강화 자극을 제시하지 않는다(분화강화의 절차).
- 앞 단계의 기준에 달하는 행동을 실행시키기 위해서는 어느 정도의 보조 또는 지도가 필요하게 된다. 이것을 촉구(prompt)라 한다. 과잉으로 촉구해 주면 자발성을 방해하므로 항상 최소한의 원조를 실시하도록 유의해야 한다.

## 행동형성법의 효과에 영향을 주는 요인

행동형성법의 효과를 극대화하기 위해 고려해야 하는 몇 가지 요인을 살펴보면 다음과 같다.

### ① 바람직한 최종 행동을 구체화해야 한다

행동형성법의 첫 번째 단계는 바람직한 최종 행동인 도달 행동(terminal behavior)을 분명하게 확인하는 것이다. 최종 행동의 정밀한 진술은 도달 행동에의 연속적 접근행동을 일관되게 강화할 수 있는 기회를 증가시킨다. 바람직한 최종 행동은 행동의 모든 특성(형태, 양, 강도)을 확인할 수 있는 방법으로 진술해야 한다.

### ② 출발 행동을 선택해야 한다

바람직한 최종 또는 도달 행동은 처음에는 발생하지 않으므로 그것에 어느 정도 근접한 행동을 강화하는 것이 필요하기 때문에 치료사는 출발점을 반드시 확인해야 한다. 이것은 허용된 회기 시간 내에 강화할 수 있을 정도로 충분히 발생하는 행동이어야 하며, 치료사가 목표한 행동(도달 행동)뿐만 아니라 아동의 현재 수행 수준까지도 아는 것이 결정적이다. 행동형성의 목적은 출발점은 도달 행동과 아주 다르지만 출발점에서 최종 행동으로 갈 수 있도록 강화하는 것, 그리고 연속적 근접행동을 강화하는 것의 두 가지를 함께하는 데 있다.

### ③ 행동형성 단계를 선택해야 한다

행동형성을 시작하기 전에 최종 행동에 근접하도록 이동하는 데 필요한 연속적 근접행동의 윤곽을 구성하는 것이 유용하다. 연속적 근접행동의 단계를 결정하기 위해서는 합리적 단계의 크기와 다음 단계로 넘어가기 전에 각 단계에서 강화받아야 하는 시행 횟수를 결정해야 한다.

### ④ 정확한 속도로 이동해야 한다

최종 행동의 연속적 근접행동을 강화하는 데 따라야 하는 경험적 규칙은 다음과 같다.

- 하나의 근접행동에서 다른 근접행동으로 곧바로 이동하지 않는다. 이전 근접행동이 잘 형성되기 전에 새로운 단계로 이동하려는 것은 새로운 근접행동을 성취하지 못하고 소거에 의해 이전 근접행동을 상실하는 결과를 가져올 수 있다.
- 충분히 작은 단계부터 진행한다. 그렇지 않으면 현재의 근접행동이 성취되기 전에 소거를 통해 이전 근접행동이 상실될 것이다. 그렇다고 불필요하게 작은 단계를 구성할 필요는 없다.

- 만약 단계가 너무 빠르거나 커서 행동을 상실한다면 다시 행동을 익힐 수 있도록 이전의 근접행동으로 되돌아가야 한다.
- 진행이 너무 느려서도 안 된다. 하나의 근접행동이 강력해질 때까지 강화하면 새로운 근접행동이 나타날 가능성이 줄어들기 때문이다.

* 첫째, 둘째 규칙은 빠른 진행에 대한 주의이고, 셋째 규칙은 빠른 진행에 따른 부정적 효과를 수정하는 방법이다.

## 2) 강화

바람직한 행동을 증가시키고 부적절한 행동을 감소시키는 후속자극을 강화(reinforcement)라고 한다. 그리고 행동이 일어난 후 그 행동의 강도나 그 행동이 일어날 가능성을 높이는 후속자극을 모두 강화 인자(reinforcer)라 부른다. 미술치료의 도입부에서 아동에게 적절한 강화 인자를 발견하는 것은 아주 중요하다. 아동에게 적절한 강화 인자를 활용하는 것은 치료사와의 친화관계 형성에 도움을 줄 뿐 아니라 학습효과를 촉진할 수도 있기 때문이다.

**정적 강화 실시 단계**

- 1단계: 표적행동을 주의 깊게 선택한다(정적 강화는 아동이 나타내는 모든 긍정적 행동을 강화하려고 시도하는 것이 아니다).
- 2단계: 아동이 표적행동에 관계되는 때를 조사하기 위해 아동의 행동을 관찰한다.
- 3단계: 초기 단계에서는 행동이 나타난 후 즉시 그 행동을 강화한다.
- 4단계: 강화되는 행동을 구체화한다('나는 ○○를 좋아한다').
- 5단계: 강화를 할 때는 아동의 행동에 흥미를 보여 주고 그것에 대해 열정적으로 말해 준다.
- 6단계: 치료사는 아동에게 도움을 주기 위해 적절할 때 아동의 행동에 참여해야 한다.
- 7단계: 강화 인자를 점차 바꾸어야 한다.

일반적인 강화 인자로 1차 강화 인자와 2차 강화 인자, 즉 음식물, 칭찬, 안아 주기, 스티커 붙이기 등을 활용하고 있는데 미술치료에서는 이처럼 아동이 좋아하는 사물이나 미술과제, 가령 한지 찢기, 핑거페인팅, 데칼코마니, 스티커 붙이기, 도장 찍기 등을 좋은 강화 인자로 활용할 수 있다.

앞서 제시한 강화의 원리를 바탕으로 정적 강화를 효과적으로 적용하기 위해서는 두 가지 필수 규칙을 따라야 한다. 첫째, 아동이 새롭고 적절한 행동을 나타낼 때마다 정적으로 강화해야 한다. 둘째, 표적행동이 만족스러운 비율로 나타나면 아동을 즉시 강화해 주어야 한다.

한편, 강화를 제공할 때 선택하는 강화계획(schedule of reinforcement)은 행동에 큰 영향을 미치는 것으로 계속강화계획(continuous reinforcement)과 간헐강화계획(intemittent reinforcement)이 있다. 우선, 적응행동을 할 때마다 강화를 주는 체제를 계속강화 혹은 연속강화라고 한다. 계속강화계획은 행동을 처음으로 강화하거나 새로운 행동을 습득시킬 때 가장 좋은 강화계획이다. 반면에 목표행동의 일부만을 해내었을 때, 즉 오직 정해진 특정 행동에만 강화를 주는 체제는 간헐강화 또는 부분강화계획이라고 한다.

간헐강화계획은 완전히 정착된 행동을 유지하는 데 가장 효과적인 강화계획이다. 강화계획을 명시하기 위해서는 특정 행동이 강화되어야 할 반응행동의 빈도나 시간의 양을 제시해야 한다. 이러한 간헐강화계획에는 간격강화와 비율강화가 있다. 계속강화계획보다는 간헐강화계획이 목표행동이나 적응행동을 유발하는 데 보다 바람직하다. 일단 행동이 일관성 있게 나타나면 행동은 간헐적인 강화계획 위에서 유지될 수 있다.

## 강화의 효과에 영향을 주는 요인

강화의 효과를 극대화하기 위해서는 몇 가지 요소를 고려해야 하는데, 그 영향 요인을 간략하게 살펴보면 다음과 같다.

① 강화를 해야 하는 행동을 선정한다

가장 먼저 강화가 되는 행동이 구체적으로 정의되어야 한다. 만약 행동치료사가 일반적 행동범주(예: 더 친절하게 하기)를 가지고 시작하면, 그 범주에 해당될 수 있는 구체적 행동(예: 미소 짓기)을 확인해야 한다. 행동을 구체화함으로써 치료사가 강화 인자의 효과를 판단하기 위한 준거로서 행동빈도의 변화와 행동사례를 파악하는 것의 신뢰도를 보장할 수 있고, 강화 프로그램을 일관되게 적용할 가능성을 증가시킬 수 있다.

② 강화 인자를 선택한다

어떤 자극은 모든 사람에게 긍정적 강화 인자가 된다. 음식은 거의 모든 사람들에게 정적 강화 인자가 되며, 사탕은 대다수 아동에게 강화 인자가 된다. 그렇지만 사람에 따라 강화가 되는 것이 다를 수 있다. 효과적 강화 인자를 선택하기 위해서는 다른 치료사들이 사용한 강화 인자 목록을 조사하거나 강화 인자 조사지를 사용하는 것, 아동이 자주 하게 되는 활동에 주목하고 일상 활동에서 아동을 관찰하는 것이 도움이 된다.

③ 박탈과 포만을 이용한다

대다수 강화 인자는 그것을 사용하기 전에 일정 기간 박탈을 하지 않으면 효과적이지 못하다. 일반적으로 박탈 기간이 길수록 보다 효과적인 강화 인자가 될 것이다. 단맛이 강한 과자는 이미 사탕을 많이 먹은 아동에게 강화가 되지 못한다. 따라서 훈련 회기 이전이나 훈련 동안에 강화 인자를 경험하지 못하도록 하는 것을 박탈(deprivation)이라 하고, 포만(satiation)은 더 이상 강화 인자가 되지 않을 정도로 그 강화 인자를 경험하도록 하는 상태를 말한다.

④ 즉시성을 이용한다

강화 인자는 효과를 극대화하기 위해서 바람직한 행동을 한 후에 즉시 주어져야 하며, 30분 이상 지연되면 직접적 효과를 가지기 어렵다. 이러한 사실을 아는 것이 행동변화의 원인을 잘못 해석하는 것을 예방하는 데 유용하다.

⑤ 지시규칙을 구성하여 사용한다

이는 몇 가지 측면에서 행동변화를 촉진할 수 있다. 첫째, 구체적 지시는 이미 그것을 알고 있는 아동에게 학습과정을 촉진할 수 있다. 둘째, 지시는 지연된 강화를 받게 되는 활동을 하는 아동에게 영향을 준다. 예를 들어, 아동이 하나의 율동을 배우고 나서 아동 스스로 율동을 했을 때 강화를 받게 한다고 정했다고 하자. 이때 그 내용을 "지금 배우는 율동을 여러 번 반복 연습한 후에 스스로 하게 되면 사탕(강화 인자)을 받을 것이다."라고 지시하는 것이 행동의 변화를 이끌어 낼 것이다. 셋째, 강화 프로그램에 지시를 덧붙이는 것은 특정 아동(영유아 또는 정신지체아동)에게 지시 따르기를 지도하는 데 유용하다.

⑥ 프로그램에서 아동을 분리하고 자연적 강화 인자로 변경한다

앞서 언급한 정적 강화의 효과에 영향을 주는 요인들은 프로그램에 적용되는 것이다. 그러나 강화 프로그램이 종결되고 아동이 일상 환경으로 되돌아왔을 때도 정적 강화를 적절하게 사용하여 그 행동이 유지될 수 있으려면 자연적 환경에서 강화 인자를 찾아야 한다. 따라서 치료사는 훈련 프로그램에서 형성된 행동이 자연적 환경에서 강화되고 유지되도록 해야 한다.

### 3) 촉구법

특정의 적절한 행동을 수행하도록 아동에게 실마리로 제시되는 보조변별자극을 촉구(prompt)라고 하며, 이 변별자극을 사용하는 것을 촉구법이라고 한다. 촉구의 중요성은 행동이 일어날 가능성을 크게 증대시킬 수 있다는 것이다. 따라서 훈련 프로그램에 사용함으로써 대상 아동의 적절한 행동과 복잡한 계열 행동을 증가시킬 수 있다.

촉구는 선행자극이 제시된 후와 행동이 출현하지 않은 시점에 주어진다. 즉, 아동이 선행자극에 반응하지 못할 때 촉구가 주어지는데, 이러한 촉구는 언어적・시각적・신체적으로 제시된다.

촉구는 언어적 힌트나 단서를 제공하는 언어적 촉구(verbal prompts), 치료사가 아동과 접촉을 하지 않고 동작을 보여 주는 제스처 촉구(gestural prompts), 바람직한 행동을 유발하도록 환경을 수정하는 환경적 촉구(environmental prompts), 아동을 돕기 위해 아동과 신체 접촉을 하는 신체적 촉구(physical prompts)로 구분된다.

촉구를 사용할 때 지켜야 할 규칙으로는 다음과 같은 것이 있다.

① 타이밍이 중요하다

촉구는 치료사가 원하는 행동이 발생하기 전 정확한 순간에 주어져야 한다. 특정 상황에서 다른 방법으로 반응하도록 지도하기 위해서는 현재 발생하고 있는 행동을 바람직한 행동으로 유도하는 상황에서 구체적인 자극을 고려해야 한다.

② 좋은 타이밍을 촉진시키는 장소를 선택한다

이것은 첫 번째 규칙의 당연한 결과로 여기서의 장소는 타이밍을 지시하게 된다. 예를 들어, 아침에 중요한 전화를 해야 하고, 아침에 처음 하는 일이 커피포트에 물을 끓이는 것이라면 전화해야 한다는 것을 잊지 않기 위해 커피포트 옆에 그것을 메모해 둘 것이다. 그리고 이렇게 커피포트 옆에 메모지를 두는 것은 행동하기 원하는 시간에 그 행동을 기억하도록 할 것이다.

③ 촉구는 구체적이어야 한다

촉구가 직접적이고 구체적이지 못하면 아동이 학습하고자 하는 행동을 추측하게 만든다. 따라서 일반적 규칙보다 구체적 촉구가 보다 효과적이다.

④ 촉구는 행동을 유도해야 한다

촉구 사용의 노력이 행동을 유도할 가능성이 있을 때 치료사는 그것을 설정하고 실시해야 하며, 이는 아동이 스스로 해야 할 것이 무엇인지를 보다 쉽게 알게 해 준다.

⑤ 촉구는 사람들에게 결과를 생각나게 해야 한다

촉구는 아동이 가장 잘 행동하도록 동기를 부여할 수 있을 때 보다 효과적일 수 있다. 일반적으로 촉구는 칭찬과 다른 강화 인자를 포함하여 정적 강화 프로그램의 일부로 사용된다.

⑥ 강화는 촉구에 대한 반응이다

아동이 치료사의 촉구에 반응할 때 칭찬과 다른 강화 인자를 제공하는 것이 매우 중요하다. 촉구의 목적은 강화를 받을 수 있도록 행동을 발생시키는 것이다. 만약 치료사가 행동을 강화하지 않으면 그 행동은 반복될 가능성이 없어진다.

촉구 사용에 대한 규칙과 함께 촉구를 사용하는 방법은 다음과 같다.

- 복잡한 행동 계열을 가르치는 경우나 기능 수준이 낮은 아동인 경우 많은 촉구의 사용이 필요하다.

## 촉구의 효과에 영향을 주는 요인

행동 증가를 위한 촉구의 효과를 극대화하기 위해 고려해야 할 몇 가지 요인을 살펴보면 다음과 같다.

**① 선행자극에 주의를 집중시키는 것이어야 한다**

자극과 관련이 없는 촉구의 사용은 시행착오학습이나 촉구가 없는 것보다 효과적이지 않다.

**② 촉구는 가능한 한 약해야 한다**

강한 촉구는 약한 촉구보다 비효율적이고, 자극통제의 발달을 지연시킨다. 강한 촉구는 오히려 방해가 된다.

**③ 촉구는 가능한 한 빨리 제거해야 한다**

필요 이상으로 오래 촉구를 하는 것은 선행자극이 행동을 통제하지 못하도록 한다. 유능한 치료사는 촉구를 필요한 기간만큼 사용하고 빨리 제거하는데, 이는 아동이 선행자극보다 촉구에 의존하는 것을 방지한다.

**④ 계획되지 않은 촉구는 피해야 한다**

치료사들은 자신의 표정이나 음성에 의해 아동이 촉구된다는 것을 잘 알지 못한다. 따라서 부적절한 촉구가 무의도적으로 사용되지 않도록 유의해야 한다.

**⑤ 필요하다면 촉구는 결합해야 한다**

필요할 때는 한 가지 촉구보다 여러 가지 촉구를 사용할 수 있다. 여러 유형의 촉구를 동시에 수행하는 것이 더 효과적일 때가 있다.

• 촉구가 분명할수록 아동은 치료사에게 의존하며, 촉구가 분명하지 않을수록 아동은 자신의 행동의 시작을 책임져야 한다.
• 촉구가 바람직한 행동을 증가시킬 것이라는 확신을 갖고 시작해야 한다.
• 초기 단계는 치료사의 적극적인 참여로 분명하게 제시하며 점차 촉구를 쇠퇴시켜 나아가야 한다.

### 4) 용암법

행동형성법은 아동이 현재 할 수 없거나 거의 하지 않는 어떤 행동을 새로 가르칠 때 사용하는 것이다. 그러나 아동이 특정 행동을 할 수는 있지만 해야 할 상황에서 하지 않을 경우에 용암법(fading)을 적용한다. 용암법이란 한 행동이 다른 상황에서도 발생할 수 있도록 그 조건을 점차적으로 바꾸어 주는 과정을 말한다. 다시 말하면, 촉구를 점차적으로 제거하는 것을 용암법이라고 한다. 즉, 아동에게 주어졌던 촉구를 감소시키거나 제거시켜서 스스로 바람직한 행동을 할 수 있게 하며 나아가서 독립심을 키우게 한다.

촉구를 제거시켜 나가는 방법에 관하여 살펴보면 다음과 같다.

① 언어적 촉구의 제거

지시하는 단어의 수를 감소시키거나 치료사의 말에 관심을 갖도록 부드럽게 말한다.

② 신체적 촉구의 제거

• 접촉 양을 점차적으로 줄여 나간다.
• 접촉의 압력을 줄여 나간다.
• 점진적으로 행동의 중심점에서 위치를 바꾼다.
• 훈련의 시초에는 촉구의 세 가지 종류를 모두 사용하지만 언어적 촉구는 그대로 유지하면서 신체적 촉구를 맨 먼저 쇠퇴시킨다.

• 몸짓과 언어적 촉구는 마지막에 쇠퇴시킨다.

지금까지 설명한 촉구법과 용암법을 바람직하게 사용하기 위해서는 많은 임상경험이 필요하며, 가능한 한 자주 사용하여 이 방법에 익숙해져야 한다. 이와 같이 학습된 행동을 다른 생활환경으로 일반화시켜 나가는 것이 행동치료에 있어서의 최종 목표라고 말할 수 있으며 미술치료에서도 마찬가지다. 그러기 위해서는 목표행동을 명백하게 정의해야 하며, 아동의 현재 수준과 목표행동을 객관적으로 사정해야 한다. 이처럼 바람직한 목표행동에 따라 시행되는 적절한 치료 기법들은 행동을 변화시킬 것이다.

### 5) 유관계약

ADHD나 학습장애, 학습부진, 교육가능급 정신지체아동 등의 경우에는 미술치료를 통해 정서가 안정된 후 학습이나 집단에 적응하기 위한 행동주의 중재 방법이 필요하다. 다음의 유관계약(contingency contract) 방법을 효과적으로 활용할 수 있다.

계약(contract)은 둘 이상의 모임이나 개인, 집단 간의 특정 문항 또는 활동에 관한 당사자들의 책임을 규정하는 언어적 · 문어적 동의다. 행동수정에서 유관계약은 Becker가 잘 정의하고 있는데, "당신이 원하는 아동의 행동과 아동이 원하는 특정한 조건을 조정하는 것이다."라고 하였다. 즉, 유관계약이란 치료사나 부모가 원하는 것을 아동이 완성한 다음에 아동이 원하는 것을 제공하기 위한 계약 과정을 말한다.

행동수정 기법으로서 우발계약의 사용은 Premack이 개발한 원리에 근거하고 있다. Premack의 원리는 "높은 발생률을 가진 행동은 낮은 발생률을 가진 행동을 증가시키는 데 사용될 수 있다."라는 것이다. Premack이 진술한 이 원리는 수세기에 걸쳐 아이를 깨우는 데, 아이를 가르치는 데, 피고용인을 감독하는 데 적용되어 왔다. 이 원리에 따르면, 당신은 X를 할 때 Y를 하거나 얻을 수 있다. 따라서 이 원리는 종종 '할머니 법칙(Grandma's law)'으로도 언급된다. 대부분의 사람은 아동기에 적용된 이 법칙의 힘을 기억하고 있다. 예를 들면 다음과 같다.

- "시금치를 먹으면 아이스크림을 먹을 수 있다."
- "네 방을 깨끗이 해라. 그러면 영화를 보러 갈 수 있다."
- "숙제를 해라. 그러면 컴퓨터 게임을 할 수 있다."

아동이 다음과 같은 유관계약을 적용하는 과정에 적극적으로 참여하면 그 효과는 증대된다. 유관계약을 적용하는 과정은 다음과 같다.

- 1단계: 표적행동을 선정한다.
- 2단계: 치료사와의 토의, 주어진 예와 설명, 행동의 정의에 의해 변화되는 구체적 행동이 무엇인지 이해한다.
- 3단계: 강화 인자를 선택한다.
- 4단계: 계약서를 작성하고 내용을 검토한다.
- 5단계: 아동의 관점에서 체제를 평가한다.

Homme 등은 계약을 작성하는 데 필요한 열 가지 기본규칙을 제안하였다. 이 규칙은 다음과 같다.

- 계약 지불(강화 인자)은 즉시 이루어져야 한다.
- 처음의 계약은 표적행동이 필요하고, 표적행동과 유사한 행동이 강화되어야 한다.
- 계약은 적은 양의 강화를 자주 제공해야 한다.
- 계약은 아동의 복종보다도 성취와 강화가 필요하다.
- 수행은 발생된 후 강화되어야 한다.
- 계약은 양 집단에 공평해야 한다(치료사나 부모, 아동).
- 계약에 사용되는 용어는 분명해야 한다.
- 계약은 정직해야 한다.
- 계약은 긍정적이어야 한다.

- 계약은 진행되는 학급활동의 일부로서 체계적으로 사용되어야 한다.

전술된 규칙에 덧붙여 행동수정가는 계약을 개발하고 이행할 때 다음의 요인을 고려해야 한다.

- 계약은 치료사와 아동이 자유롭게 동의하고 협력한 것이어야 한다.
- 계약은 표적의 성취 또는 산출수준을 포함해야 한다.
- 강화 인자는 계약된 내용에 따라 일관되게 전달되어야 한다.
- 계약은 검토와 재협상을 위한 날짜를 포함해야 한다.

유관계약의 중요한 기능 가운데 한 가지는 치료사의 제안을 기다리는 대신 아동이 계약을 주도하도록 하는 것이다. 성공적인 계약은, 첫째, 계약체제를 설명 및 토의하며, 둘째, 계약 내용을 쓰고, 셋째, 아동과 치료사가 계약을 승인하는 협상 과정이 핵심이다. 이때의 협상은 체계적이고 정확해야 한다. 관리자로서 치료사는 협상 과정이 생산적이 되도록 보장해야 할 의무가 있다.

#### 유관계약 협상 절차

① 치료사는 아동과 라포를 형성하고 유지한다.

② 치료사는 "나는 네가 학업(읽기, 받아쓰기, 수학)에서 어려움이 있다는 것을 안다. 그래서 나는 너를 돕고 싶다."와 같은 말을 해서 회합의 목적을 설명한다.

③ 치료사는 계약의 간단한 정의를 알고, 계약은 두 사람 간의 동의라고 설명한다.

㉠ 치료사는 "네 어머니가 텔레비전을 수리 센터에 맡겼을 때 점원은 어머니에게 보관증을 준다. 이 보관증은 어머니와 수리공 간의 계약이다. 그는 텔레비전을 수리해서 돌려줄 것이며, 그러면 네 어머니는 수리비를 지불할 것이다."라고 설명한다.

㉡ 아동에게 계약의 예를 들어 보라고 요청한다.

㉢ 아동이 반응이 없으면 치료사는 다른 예를 주고 ㉡을 반복한다.

④ 치료사는 계약을 쓸 예정이라는 것을 아동에게 설명한다.

⑤ 치료사와 아동은 과제를 토의한다.
  ㉠ 아동은 계약과제를 제시한다.
  ㉡ 치료사도 계약과제를 제시한다.
  ㉢ 아동과 치료사는 특정 과제에 대해 토의하고 동의한다.
⑥ 치료사와 아동은 강화 인자에 대해 토의한다.
  ㉠ 치료사는 아동이 좋아하는 물건이나 아동이 즐겁게 하는 활동을 아동에게 물어본다.
  ㉡ 치료사는 아동이 제안한 강화 인자의 강화 인자 메뉴를 쓴다.
  ㉢ 아동은 자신이 좋아하는 강화 인자를 선택한다.
  ㉣ 치료사와 아동은 아동의 선호 순서에 따라 강화 인자의 순위를 결정한다.
⑦ 치료사와 아동은 강화 인자에 대한 비율을 협상한다.
⑧ 치료사와 아동은 아동에게 과제를 수행하도록 할당된 시간에 대해 토의한다. 예를 들어, 아동은 15분 이내에 10개의 덧셈 문제를 하면 강화 인자를 받는다.
⑨ 치료사와 아동은 성취준거를 확인한다. 예를 들어, 아동은 15분 이내에 10개의 덧셈 문제를 80%의 비율로 정확하게 할 것이다.
⑩ 치료사와 아동은 평가 절차를 토의한다.
  ㉠ 치료사는 아동과 함께 다양한 유형의 평가를 토의한다.
  ㉡ 치료사와 아동은 한 가지 평가 방법에 동의한다.
  ㉢ 치료사는 평가 방법을 설명하도록 아동에게 요청한다. 만약 아동이 혼란을 보이면 치료사는 평가 절차를 명확하게 한다.
⑪ 치료사와 아동은 강화 인자의 전달을 협상한다.
⑫ 치료사와 아동은 계약 재협상 일자에 동의한다.
⑬ 치료사 또는 아동은 계약서를 쓴다. 만약 가능하면 아동이 그것을 쓸 수 있도록 한다. 치료사는 아동에게 계약서 사본을 준다.
⑭ 치료사는 아동과 함께 계약서를 읽는다.
⑮ 치료사는 계약에 대해 아동의 언어적 확인을 유도하고 확인해 준다.
⑯ 치료사와 아동은 계약에 서명한다.
⑰ 치료사는 계약을 맺은 것에 대해 축하하고, 아동이 성공하기를 기원한다.

### 6) 토큰강화

원래 강화하는 힘은 없지만 다른 강화물과 적절하게 짝이 되면 강화력을 얻는 자극을 조건강화자극이라고 한다. 칭찬과 같은 것이 그러한 예인데, 칭찬은 금방 사라지고 없지만 돈은 음식과 바꿀 수 있으므로 효과가 한동안 지속된다. 이러한 종류의 조건강화자극을 토큰이라고 한다. 또한 토큰을 사용하여 바람직한 행동을 증가시키는 방법을 토큰강화(token economy)라고 한다.

#### 토큰강화의 기본적 단계

① 표적행동을 선정한다

② 아동이나 집단에게 표적행동을 개념화하고 제시한다

"당신은 할 수 있다."라고 강조하는 것이 "당신은 할 수 없다."라고 강조하는 것보다 더 적절하다는 것은 잘 알려진 사실이다. 성공적이지 못한 많은 행동수정가들이 "지금 너는 여기서 소음과 어리석은 짓을 멈추어야 한다. 나는 지금부터 새로운 ……을 실시하겠다."라고 문제를 제시함으로써 아동에게 그들 자신의 실패를 결정하게 한다. 아동은 즉시 도전을 하게 되고 치료사를 쳐부수고 자신의 개인적 완전함을 방어하기 위해 준비한다.

③ 규칙을 자주 알리고 그것을 검토한다

④ 적당한 토큰을 선정한다

⑤ 토큰으로 교환할 수 있는 강화 인자를 확정한다

⑥ 보상 메뉴를 개발하고 그것을 학급에 알린다

아동이 메뉴에 있는 항목을 철저하게 고려하고 토의하도록 허용해야 한다. 아동이 가격을 확정한 후 다양한 보상의 비용(토큰의 수)을 토의하도록 허용해서는 안 된다.

⑦ 토큰강화를 수행한다

처음에는 제한된 기준을 기초로 하여 토큰강화를 시작한다. 이때 초기의 복잡하고 정교한 체제는 아동을 혼란하게 하고 좌절하게 한다. 따라서 치료사는 작게 출발하고 단단한 이해를 쌓으며, 체

제를 설명할 때는 아주 분명하고 정확하게 해야 한다. 아동의 모든 질문에 인내를 가지고 대답해야 한다. 토큰강화는 혼란과 좌절을 주어서는 안 되며, 수행을 지연하는 것이 더 좋다는 의의를 지녀야 한다.

⑧ 수용할 만한 행동에 대해서는 즉시 강화를 제공한다
만약 노력에 비해 보상이 작다면 아동은 프로그램에 흥미를 잃을 것이다. 따라서 체제에 대한 지나친 걱정과 좌절을 즉시 줄이도록 아동에게 보상해야 한다. 아동이 적절한 시기에 토큰을 받을 것으로 믿게 된다면 전달체제를 무시하고 자신의 작업이나 행동에 집중할 수 있을 것이다.

⑨ 일반적으로 연속강화계획에서 변동강화계획으로 변경한다

⑩ 아동이 토큰과 보상을 교환할 수 있는 시간을 준다
만약 토큰체제가 학급 프로그램을 정당화한다면 학교에서의 시간은 교환을 위해 이용할 수 있도록 구성되어야 한다. 시간이 아동의 휴식시간, 점심시간, 자유시간을 빼앗아서는 안 된다.

⑪ 보상 메뉴는 자주 바꾼다
아동은 성인과 마찬가지로 하루가 지나면 같은 것을 지겨워한다.

## 7) 모델링

인간의 공통적인 학습 형식 가운데 한 가지가 관찰과 모방의 과정을 통해 성취하는 것이다. Bandura가 주장한 것과 같이 인간은 학습자 자신에 의한 직접체험뿐만 아니라 다른 사람의 경험을 관찰하고 이야기를 듣고 글을 읽는 것 등을 통해서 새로운 행동 양식의 습득이나 반응패턴의 변용이 가능하다. 이러한 학습유형은 다양한 시점과 다양한 이론가 및 실천가에 의해 모델링(modeling), 관찰학습(observational learning), 동일시(identification), 대처(copying), 역할놀이(role playing) 등으로 명명되었다. 여기서 모델링이란 관찰과 모방에 의한 학습을 지칭하는 것이다.

모델링법(modeling therapy)에는 직접 관찰하는 경우뿐만 아니라 필름으로 보는 방법과 이미지로 실시하는 방법이 있다. 아울러 처음으로 완성된 행동 모델을 나타

내는 경우와 서서히 목표행동에 근접해 가는 경우도 있다.

모델링법은 기본적으로 학습자에게 구체적인 강화조작을 제시하지 않지만 모델에게 주어진 강화는 학습자의 동기유발에 효과가 있다고 일반적으로 알려져 있다.

## 모델의 효과

모델링에서 사용하는 모델은 다음의 세 가지 효과를 갖는다.

### ① 모델링 효과 또는 관찰학습이다

다른 사람의 행동을 관찰하여 그대로 따라서 학습하게 된다.

### ② 억제효과 또는 비억제효과다

아동은 행동을 나타낼 때 정적으로 강화된 또래를 관찰하고 모방하게 된다. 혹은 벌을 받거나 무시된 또래를 관찰하고 모방하지 않기도 한다. 이러한 상황에서 아동은 다른 아동의 행동을 경험하거나 대리로 그 결과를 경험할 수 있다.

### ③ 제거 또는 반응촉진효과다

아동은 간식시간에 과자를 받았을 때 "고맙습니다."라고 말하는 것이 적절하다는 것을 알고 있다. 그러나 장애아동은 일반적 실행의 문제로서 "고맙습니다."라고 말하지 않는다. 과자를 받은 모든 아동이 적절한 사회적 반응을 받으면 장애아동도 "고맙습니다."라고 말하는 것을 촉진한다.

## 모델링 중재 시 고려요소 및 사용지침

모델링 중재를 수행하기 전에 다음 요소를 고려해야 한다.

- 한 아동이 발달적·인지적으로 모델을 모방할 수 있는가? 행동수정가는 어떤 아동은 모델링을 사용할 준비가 되어 있지 않고 단순하다는 사실을 알고 있어야 한다.
- 아동이 모델을 모방함으로써 보상받을 것인가? 어떤 아동은 행동을 수행하는 것에 의해 본질적으로 보상받지 않고 단순하다.

- '좋은' 모델인가? 아동을 위해 모델을 선정할 때 주의해야 하는 점이다. 과학시간에 필요한 모델과 국어 시간, 운동장, 가정, 창고 뒤에서의 모델은 다르다.
- 모델이 아동에게 수용될 수 있는가? 불쾌한 모델은 아동이 거부할 것이다.

행동을 변화시키려는 전문가들이 이러한 요소들을 고려할 때 모델링 치료 기법은 효과적으로 적용될 수 있으며, 일반적으로 다른 행동치료법인 강화, 촉진, 행동형성법 등과 같은 방법과 함께 사용된다. 모델링을 효과적으로 사용하기 위한 다음과 같은 일반적인 지침이 있다(이임순, 이은영, 임선아 역, 2003).

- 가능하면 아동의 친구나 동료 중 능력 있는 아동을 모델로 선택하라.
- 가능하면 모델은 한 명보다 여러 명을 사용하라.
- 시범을 보이는 행동의 복잡성은 아동의 행동 수준에 맞게 하라.
- 모델링과 규칙을 결합하라.
- 아동에게 모델이 행동을 수행하고 강화받는 것을 보게 하라.
- 가능하다면 시범으로 보인 행동을 아동이 정확하게 모방할 경우 자연적 강화물을 주어라. 이것이 가능하지 않다면 강화를 제공하라.
- 행동이 아주 복잡한 경우에는 아동이 매우 쉬운 것부터 어려운 것으로 접근할 수 있도록 모델링 순서를 배열하라.
- 자극일반화를 높이기 위하여 모델링 장면을 되도록 현실적으로 구성하라.
- 모델을 사용하지 않고 다른 자극이 목표행동을 통제하도록 하려면 필요한 만큼 용암법을 사용하라.

## 8) 차별강화

정적 강화와 부적 강화는 바람직한 행동을 증가시키거나 유지하기 위한 방법이지만, 차별강화(differential reinforcement)는 바람직하지 않은 행동을 감소시키는 방법이다. 따라서 차별강화를 정적 강화와 부적 강화와는 구분하여 다르게 다루어야 한다.

차별강화는 아동이 바람직하지 않은 행동을 일정한 시간 동안 하지 않을 때 강화하는 방법을 말한다. 이러한 차별강화에는, 첫째, 낮은 비율 행동의 차별강화(Differential Reinforcement of Low rates: DRL), 둘째, 다른 행동의 차별강화(Differential Reinforcement of Other behavior: DRO), 셋째, 상반 행동의 차별강화(Differential Reinforcement of Incompatible behavior: DRI), 넷째, 대안행동의 차별강화(Differential Reinforcement of Appropriate behavior: DRA)가 있다.

#### (1) 낮은 비율 행동의 차별강화

차별강화의 또 다른 유형이 낮은 비율 행동의 차별강화(DRL)다. DRL은, 첫째, 습관, 둘째, 빠르게 감소될 필요가 없는 행동, 셋째, 0까지 감소될 필요가 없는 행동에 적용할 수 있다. DRL은 낮은 비율의 행동을 점진적으로 강화함으로써 행동을 서서히 감소시키고자 할 때 적용할 수 있다.

DRL이 성공적이려면 다음과 같은 것들을 고려해야 한다. 첫째, 교육적 또는 사회적 환경은 높은 비율의 부적절한 행동을 묵인할 수 있어야 한다. 둘째, 구체적 수행기준에 부합되도록 시간에 따라 점진적으로 적용해 가면서 DRL은 시간소모적일 수 있는데, 이처럼 목표비율을 달성하는 데 시간이 필요하다. 셋째, DRL에서 사용하는 강화 인자는 현재의 다른 강화자극에 대응할 정도로 충분히 강력해야 한다. 넷째, 감소되는 행동은 사회적 환경에 의해 수용할 수 있거나 묵인할 수 있는 형태 또는 상태를 가져야 한다.

DRL은 관심 찾기 행동(attention-seeking), 숙제 완성하기, 치료사나 부모의 질문에 응답하기, 손 들기와 같은 다양한 행동에 적용된다.

DRL의 적용 과정은 다음과 같다.

- 중재 장면을 확인한다.
- 표적행동을 정의한다.

- 표적 또는 목표비율을 결정한다.
- 첫 번째 준거비율을 구체화한다.
- 변화준거를 위한 자료결정 규칙을 구체화한다.
- 적합한 강화 인자와 강화계획을 확인한다.

#### (2) 다른 행동의 차별강화

다른 행동의 차별강화(DRO)는 미리 정해 놓은 잘못된 행위가 일정 기간 동안 일어나지 않으면 그 기간의 마지막에 강화 인자를 제공하는 강화절차다. 즉, 아동이 일정한 기간 동안 특정 행동을 하지 않는 것에 대하여 강화하는 방법이다. 예를 들면, 엄지손가락을 빠는 아동의 버릇을 없애려고 다른 행동의 차별강화와 10분 계획을 채택했을 경우, 아동이 10분 동안 손가락을 빨지 않으면 치료사가 강화를 주고, 다시 새로운 10분 주기가 시작되는 방법이다. 그런데 10분이 경과하기 전에 손가락을 빨면 강화제를 받을 수 없다.

##### ① DRO 적용 과정

DRO는 아동이 특정 기간 동안 표적행동을 하지 않게 하기 위해 강화하며, 표적행동의 발생은 무시한다. 물론 아동은 다른 상황에서는 적절한 행동을 하도록 강화된다. DRO의 적용은 정적 강화를 강조하는 것이다.

그러나 다음과 같은 조건 가운데 한 가지 이상을 가진 아동은 다른 방법이 필요하다. 첫째, 사회적 환경에 의해 무시되거나 용인될 수 없는 많은 부적절한 행동을 나타내는 아동, 둘째, 강화받을 수 있는 다른 부적절한 행동을 나타내는 아동, 셋째, 치료사가 통제하거나 제거할 수 없는 표적행동을 유지하는 강화 인자, 넷째, 치료사가 통제하는 강화 인자가 통제할 수 없는 강화 인자보다 강력하지 않을 때 등이다. 이러한 조건에서는 보다 강제적인 방법과 DRO를 결합하는 것이 권장된다.

DRO는 많은 이유로 유용한 행동감소 방법이다. 우선 DRO는 정적 강화의 사용을 강조하고 혐오자극은 사용하지 않는다. 따라서 많은 부적절한 영향을 줄일 수 있다. 또한 구체적인 교체반응이 강화된다면 표적행동을 신속하고 올바르게 감소시킬 수 있다. DRO가 효과적으로 적용되는 행동에는 싸우기, 욕설하기, 이름 부르기, 위협하기, 뒤에서 이야기하기, 소유물 파괴하기 등이다. 만약 행동이 자신과 타인에게 위험하고, 심각한 파괴의 원인이 되며, 교수-학습 과정을 지나치게 방해하는 행동인 경우에는 DRO보다도 다른 중재를 적용해야 한다. DRO의 적용 과정은 다음과 같다.

- 중재 장면을 확인한다.
- 표적행동을 정의한다.
- 기능적 분석을 수행한다.
- 기초선 자료를 수집한다.
- 반응 간 간격을 결정한다.
- 적합한 강화 인자와 강화계획을 결정한다.

② DRO의 사례

다음은 DRO 과정을 사용하여 부적절한 행동을 치료한 사례다.

- 사례 1
  - 대상 아동: 자해행동을 하는 10세 중도 정신지체아동
  - 목표행동: (기초선 기록을 통하여) 학교 공부 시간 내내 평균 30초마다 한 번씩 손목으로 자신의 머리를 때린다는 사실을 알게 되었다.
  - 치료 원칙: 치료 실시에 앞서 다음과 같은 원칙을 정하였다.
    - ○ 15초 간격의 DRO 사태를 설정한다.
    - ○ 매일 30분 동안만 DRO 절차를 사용한다.
    - ○ 1:1 개별 치료 기간을 구성한다.
    - ○ 치료 기간에는 다양한 장난감이나 놀이기구로 흥미를 끈다.
    - ○ 아동이 가장 좋아하는 과자를 때리지 않는 행동에 대한 강화 인자로 선택한다.

–치료 절차: 치료 기간에 치료사는 아동과 책상을 사이에 두고 마주 앉는다. 아동이 자신을 때리지 않는 15초가 경과할 때마다 치료사는 "네 자신을 치지 않았구나. 참 잘했다."라고 말하면서 과자를 한 조각 준다. DRO 15초 계획이 진행된 후 며칠(2~3일) 동안 아동이 자신을 때리지 않으면 치료사는 DRO 간격을 30초로 연장한다. 점차 간격을 1분으로 연장시킨 뒤 나아가서 자신을 15분간 때리지 않을 때까지 DRO 과정을 사용한다.

• 사례 2

–대상 아동: 우는 습관이 있는 5세 정신지체아동

–문제행동: 임신 중에는 별다른 이상이 없었으나(18개월에 걷기 시작하는 등) 전반적으로 신체발달이 늦었다. 자신의 의사를 말로 잘 표현하지 못하고 전부 울음으로 나타내었을 뿐 아니라 4세가 되어도 친구들과 잘 어울리지 못하여 유치원에 입학시켰다. 그런데 유치원에 다니는 동안에도 적응하지 못하고 계속 우는 바람에 3개월 만에 그만두게 되었다. 모자분리에는 큰 거부가 없었으나 치료실에 입실하면서 울었다. 2초 정도 멈추었다가 계속 우는 행동이 50분 동안 지속되었으나 처음 20분간이 심하며 점차 울음소리도 약하고 간격이 길어졌다.

–치료 원칙: 치료 실시에 앞서 다음과 같은 원칙을 정하였다.

○ 잠깐이라도 울음을 멈추는 시점부터 1초 간격의 DRO 사태를 설정한다.

○ 매회 20분 동안만 DRO 절차를 사용한다.

○ 1:1 개별치료 기간을 구성한다.

○ 치료 기간에 원기둥 끼우기, 퍼즐, 장난감 등으로 아동의 흥미를 이끈다.

○ 아동이 울음을 그쳤을 때는 스티커를 강화 인자로 선택한다.

–치료 절차: 아동은 울면서 입실하여 착석하였다. 치료사가 원기둥을 하나씩 빼 놓기 시작하자 아동은 처음 1분 정도는 그냥 울었으나 점차 울면서 치료사의 행동을 주시하였다. 치료사가 아동의 반응을 보면서 원기둥 하나를 끼우고 멈추자 아동이 다른 하나를 들고 원기둥에 끼웠다. 이 과제를 실시하는 중

아동이 잠시 울음을 멈추는 시점에 "안 우는구나. 참 착하다."라는 말과 함께 스티커를 제시하고 종이에 붙이게 했다(연속 5회). 이러한 과정이 되풀이되면서 3회기 때는 DRO 5분이 가능하게 되었으며 5분이 지나면서 울려고 하다가 치료사의 얼굴을 보고 멈출 수 있게 되었다. 5회기에는 50분간 2~3회 잠깐 울먹이다가 좋아하는 과제가 제시되면 멈추는 등 우는 행동이 소거되었다.

(3) 상반행동의 차별강화

상반행동의 차별강화(DRI)는 부적절한 표적행동과 신체적으로나 기능적으로 상반되는 미리 정해 둔 행동을 한 후 강화 인자를 주는 과정이다.

① DRI 적용 과정

DRI는 특정 행동과 반대되거나 상반되는 행동을 체계적으로 강화함으로써 행동을 감소시키는 방법이다. DRI 역시 DRO와 마찬가지로 매우 효과적인 방법이다. 그러나 적합한 대체행동이 있을 때만 효과적으로 적용할 수 있다. 적합하다는 것은 대체행동이 표적행동과 물리적으로 상반되거나 바람직하지 않은 행동에 대한 구체적 대안을 제시할 수 있는 것이어야 한다는 것을 말한다. 또한 표적행동과 대체행동을 동시에 관련짓는 것이 불가능해야 한다.

DRI가 성공적으로 적용되는 행동의 예는 지시 따르기 대 복종, 이름 부르기 대 적절하고 적당한 이름 사용하기, 부적당한 횟수로 말하기 대 적당한 횟수로 조용히 하기, 과제이탈 대 과제 집중, 착석 대 좌석이탈, 학급에서 잠자기 대 학급에서 잠자지 않기, 우물쭈물하기 대 계획대로 하기, 과제를 완성하지 않기 대 과제를 완성하기 등이다. DRI의 적용 과정은 다음과 같다.

- 중재 장면을 확인한다.
- 표적행동을 정의한다.
- 대안행동 또는 상반행동을 선택하고 정의한다.
- 적합한 강화 인자와 강화계획을 확인한다.

DRI 과정을 사용하여 부적절한 행동의 빈도가 줄어들게 하는 것은 상반되는 적절한 행동의 증가를 보장한다. 즉, 적절한 행동이 자주 일어나면 부적절한 행동이 일어날 기회가 없어진다는 것이다. 이는 DRI 과정의 주된 장점이라고 말할 수 있다.

또한 DRI 절차를 실시할 때 부적절한 행동을 통제할 가능성이 가장 큰 강화 인자를 제공해야만 부적절한 행동을 하고 싶은 동기유발이 거의 일어나지 않으므로 강화 인자 설정에 유의해야 한다. 아울러 부적절한 행동과 상반되는 행동뿐만 아니라 사회적 · 교육적으로 적당한 행동을 선정하는 것도 중요하다.

② DRI의 사례

- 사례 1
  - 대상 아동: 손뼉을 치는 상동행동이 있는 6세 자폐성장애아동
  - 문제행동: 상황에 상관없이 반복하여 지속적으로 손뼉을 치는 상동행동
  - 상반행동: 손을 책상 위에 두기
  - 치료 원칙
    - ○ 손은 의미 있게 사용하며, 쉴 때는 책상 위에 올려놓게 한다.
    - ○ 강화 인자로 손뼉치기를 활용한다.
  - 치료 절차: 아동의 흥미를 끌 수 있는 원기둥 끼우기, 사물 퍼즐, 구슬을 병에 넣기 등을 과제로 준비한다. 치료사는 아동과 책상을 가운데 두고 마주 앉는다. 치료사가 아동과 함께 손뼉치기를 하다가 "악수" 하고 말하면서 아동의 한 손을 잡고 흔든다. 다음에 "자, 손 책상 위에." 하고 말하면서 아동의 손을 잡고 책상 위에 놓게 한다. 1초라도 두게 되면 "참 잘했어요."라고 말하고, 박수를 쳐 준다. 재차 '악수, 손, 책상 위, 박수'를 반복하다가 점차 2~3초 라도 책상 위에 손을 두게 되면 원기둥 끼우기, 사물 퍼즐 등의 과제를 함께 실시하면서 손을 책상 위에 두고 활용하는 시간을 늘려 나간다. 이러한 치료절차를 통하여 적어도 치료 기간(40분) 중 과제가 제시되기까지 1~2분 정도는 책상 위에 손을 두고 기다릴 수 있었으며 사물을 조작하고 있는 동안에도 손뼉

을 치는 행동이 일어나지 않았다.

- 사례 2
  - 대상 아동: 공격행동이 있는 6세 아동
  - 문제행동: 친구를 때리거나 밀어서 넘어뜨린다. 동생을 이유 없이 때린다.
  - 상반행동: 친구나 동생에게 다가가면 뺨을 어루만지게 하고 악수를 시킨다.
  - 치료 원칙
    - ○ 친구나 동생을 때리거나 밀기 전에 아동의 손을 잡고 상반행동을 실시하게 한다.
    - ○ 치료사의 보조에 의해서라도 상반행동을 실시하게 되면 바로 강화 인자를 제시한다.
    - ○ 안아 주는 등 접촉성 강화 인자를 활용한다.
  - 치료 절차: 공격행동이 치료실보다 가정이나 일상생활 장면에서 많이 발생하였으므로 부모상담을 통하여 문제행동을 소거시켰다. 그 절차는 다음과 같다. 아동은 엄마가 조금이라도 떨어진 장소에 있으면 동생에게 다가가 예외 없이 때리거나 밀어서 넘어뜨렸으며 다른 아동에게도 다가가 느닷없이 밀거나 때린다. 따라서 아동이 동생이나 다른 아동에게 다가가면 엄마는 바로 아동의 양손을 두 손으로 잡고 "예쁘다." 하고 뺨을 어루만지게 하거나 악수를 시킨다. 그리고 비록 엄마의 보조에 의해서 이루어진 행위지만 이 행위에 대해 칭찬을 해 준다. 점차 아동이 스스로 할 수 있도록 지도해 나간다. 이러한 절차에 의해 2주 후부터는 다른 아동에게 다가가서 손을 먼저 내밀었다가 머뭇거리는 행동이 보였으며, 엄마가 "예쁘다 해야지." 하면 볼을 쓰다듬거나 악수를 하기도 하였다.

- 사례 3
  - 대상 아동: 과잉행동이 있는 3세 6개월 정신지체아동
  - 문제행동: 한자리에 잠시도 가만히 있지 못하고 돌아다닌다.

–상반행동: 착석행동

–치료 원칙

○ 착석 시 병에 구슬을 넣기, 고리 끼우기 등의 과제를 활용하여 아동의 흥미를 끈다.

○ 트램펄린을 강화 인자로 활용한다.

–치료 절차: 아동은 전혀 착석하지 못할 뿐만 아니라 사물에도 관심이 없었으며 트램펄린이나 타이어 뛰기 등만 좋아하였다. 따라서 트램펄린을 뛰게 하거나 "그만." 하는 말과 동시에 아동의 손을 잡고 의자에 유도하여 착석시킨다. 이와 동시에 아동의 손을 보조하여 병에 구슬 넣기 한 번을 실시한 다음 "○○야, 잘했다." 하면서 바로 트램펄린을 뛰게 한다. 점차 구슬 넣기 2회 실시, 3회 실시 뒤 강화를 제시하는 등의 방법으로 20회 쯤에는 20분 지속하여 착석하는 것이 가능하였다.

### (4) 대안행동의 차별강화

대안행동의 차별강화(DRA)는 적절한 표적행동의 성취에 뒤이어 강화 인자가 주어지는 과정이다. 부적절한 행동을 감소시키는 데 DRA 과정을 사용하는 이유는 적절한 행동이 증가되는 동시에 부적절한 행동이 감소되기 때문이다. DRO의 단점, 즉 적절한 행동이 증가하지 않을 가능성과 부적절한 행동이 증가할 가능성을 최소한으로 약화시킬 수 있다.

DRA는 부적절한 행동의 발생 여부에 관계없이 행동을 증가시키고 싶을 때 사용하는 과정이다. DRA 절차를 사용하는 동안에는 적절한 행동, 부적절한 행동에 관계없이 강화받은 행동의 빈도가 증가하기 때문에 상대적으로 다른 행동은 감소한다. 그러나 DRA 절차에는 부적절한 행동에 직접적인 영향을 주지 못한다는 점과 잘못된 행동이 여전히 발생할 수 있다는 점 등의 단점이 있다.

#### ① DRA의 사례

다음은 DRA 과정을 사용하여 문제행동을 치료한 예다.

- 사례 1
  - 대상 아동: 7세 자폐성장애아동
  - 문제행동: 틈만 나면 손을 위아래로 흔드는 상동행동
  - 적절한 행동: 치료사의 동작을 모방한다.
  - 강화: '만세' 상태에서 팔 흔들어 주기, 악수
  - 치료 절차: 치료사와 아동이 마주 앉는다. 치료사가 "만세."라는 말과 함께 팔을 들어 준다. 팔을 높이 든 상태로 "야, 잘했다." 하고 팔을 흔들어 준다. 점차 보조를 제거하면서 아동 스스로 동작을 모방하게 한다. 팔 옆으로, 북치기, 실로폰 치기 등 장난감의 동작모방을 실시하게 한다. 그 결과 치료 기간 중 아동의 팔을 옆으로 흔드는 행동이 감소하고 장난감을 가지고 노는 행동이나 동작 모방행동이 향상되면서 무의미하게 손을 흔드는 상동행동은 소거되었다.

### 차별강화의 적용 단계

차별강화 중재를 수행할 때 행동변화 과정에는 다음과 같은 단계가 필요하다.

- 1단계: 변화되어야 하는 표적행동을 선택한다.
- 2단계: 표적행동에 대한 긍정적 대안행동을 선택한다.
- 3단계: 적절한 차별강화전략(DRO, DRI, DRL)을 선택한다.
- 4단계: 중재에서 사용되는 강화 인자를 결정한다.
- 5단계: 성공 준거를 결정한다.
- 6단계: 중재를 수행한다.
- 7단계: 중재 결과를 평가한다.

**효과적 차별강화 사용지침**

표적행동을 감소시키는 데 사용할 수 있는 강화계획의 유형을 결정한다. 표적행동을 어느 정도 묵인할 수 있거나, 빨리 또는 자주 발생하지는 않지만 한번 발생하면 바람직한 행동인 경우 DRL을 사용한다. 행동이 제거되어야 하고, 바람직하지 않은 대안행동을 강화해도 위험하지 않다면 DRO를 사용할 수 있다. 행동이 제거되어야 하지만 DRO가 바람직하지 않은 행동을 강화할 위험이 있으면 DRI를 사용한다. 가능하면 치료사가 사용하게 될 방법을 아동에게 알리고 이해시킨다.

## 9) 소거

미술치료에서 부적절한 행동이 발생했을 때 그 행동에 초점을 맞추다 보면 관심끌기가 되어 부적절한 행동이 강화되는 경우가 있다. 이때는 전혀 반응하지 않는 소거법이 효과적이다.

이전에 강화되던 행동에 대해 강화 인자를 중지하거나 보류하는 것을 소거(extinction)라 한다. 이 과정은 체계적 무시로도 알려져 있다. 즉, 바람직하지 못한 행동의 발생률을 감소시키기 위해 사용할 수 있는 방법으로 그 행동이 더 이상 강화될 수 없도록 이제까지 주어지던 강화를 차단하는 것이다. 그 결과 그 행동의 발생률이 낮아지다가 결국 없어지는데, 이를 소거라 한다.

소거는 중재수행에서 치료사나 부모가 일관되고 지속적으로 그것을 사용할 때 효과적이다. 행동을 소거하는 데 가장 효과적인 접근은 이전에 강화된 행동을 무시하는 것이다. 이것은 말은 쉽지만 막상 수행하기는 어려운 것으로, 우리 대부분은 부적절한 행동을 무시하기가 어렵다. 그러나 행동을 정확하게 무시하는 방법은 표적행동을 일관되고 완전하게 무시하는 것이다. 우리는 무시할 수 없을 정도로 심각한 행동도 있다는 것을 알지만, 개인이 자신이나 타인에게 고통을 주지 않거나 학급 프로그램의 진행을 방해하지 않는 범위의 행동이라면 소거를 선택할 수 있다.

문제행동의 대처방안은 [그림 3-1]과 같으며 부적응 행동 소거를 위한 치료계획은 [그림 3-2]와 같다.

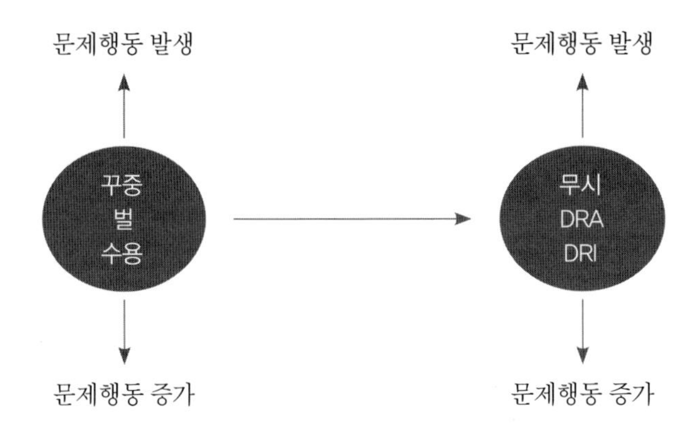


[그림 3-1] 문제행동 대처방안

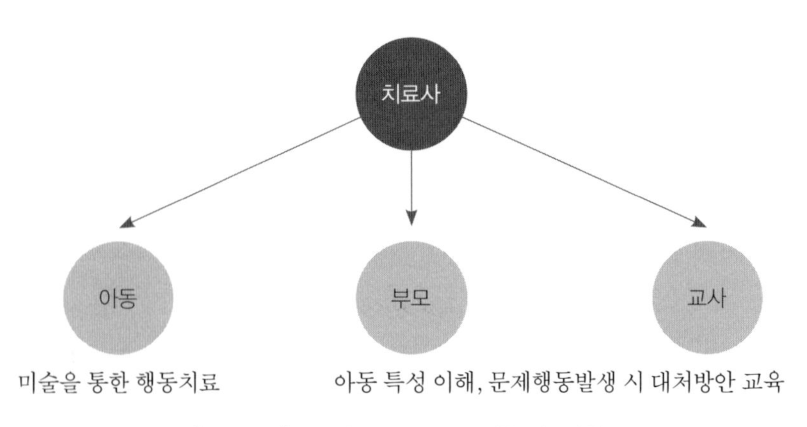


[그림 3-2] 부적응 행동 소거를 위한 치료계획

## 소거의 적용단계

치료사는 소거를 적용할 때 표적행동이 나타나도 무관심하게 태연함을 유지하고, 현재 수행하고 있는 활동을 계속하며, 행동이 지속될 경우 무시하고 떠나 버리는 등의 지침을 고려해야 한다. 이러한 지침에 근거하여 소거를 적용하는 단계를 살펴보면 다음과 같다.

- 1단계: 중재 장면을 확인한다.
- 2단계: 표적행동과 대체행동을 정의한다.
- 3단계: 행동의 기능적 분석을 수행한다.
- 4단계: 강화 인자를 확인한다.

## 소거의 효과에 영향을 주는 요인

① 정적 강화와 결합되어야 한다

소거는 정적 강화와 결합될 때 가장 효과적이다. 그래서 아동의 문제행동을 무시할 뿐만 아니라(소거), 바람직한 행동에 대한 정적 강화가 동시에 수행되어야 한다. 소거가 단독으로 적용될 때보다 소거와 정적 강화가 결합되어 적용될 때 바람직하지 않은 행동의 빈도를 가장 빨리 감소시킬 수 있다.

② 바람직하지 않은 행동을 유발하는 강화 인자를 통제해야 한다

타인이나 물리적 환경에 의해 제시되는 강화 인자는 소거의 효과를 없앨 수 있다. 소거를 적용할 때 바람직하지 않은 행동을 유지하는 강화 인자를 치료사가 압도해야 한다. 이것이 보장되지 않으면 소거 프로그램은 실패할 것이다.

③ 소거가 수행되는 장면을 변경해야 한다

소거가 수행되는 장면을 변경하면 치료사가 감소시키려는 행동을 다른 사람들이 강화할 가능성을 최소화시킬 수 있으며, 행동치료사들이 프로그램을 지속할 기회를 극대화할 수 있다.

④ 지시 규칙을 구성해야 한다

소거에 대해 말하거나 이해시킬 필요는 없지만, 시작할 때 "네가 X를 할 때는 더 이상 Y가 주어지지 않을 것이다."라고 말하는 것이 더 빨리 행동을 감소시키는 데 도움이 된다.

⑤ 소거는 연속강화 후에 빨라져야 한다

행동을 유지하기 위해 간헐강화를 하였다면 행동은 아주 느리게 소멸될 것이다. 이때 행동이 느리게 소멸된다는 것은 소거에 저항한다는 것을 의미한다.

## 4. 긍정적 행동 지원

### 1) 긍정적 행동 지원의 개념

긍정적 행동 지원(positive behavior support: PBS)은 긍정적 행동 중재와 지원(positive behavioral interventions and supports: PBIS)이라고 하는데, 이것은 문제행동을 유지하는 것이 무엇이며, 어떻게 변화시킬지를 이해하는 행동 관리 시스템을 사용하는 응용 행동 분석의 한 형태이다. 사람들의 문제행동은 그것들이 기능적이고 그것들은 그들에게 목적을 제공하기 때문에 변화하는 것이 어렵다. 이러한 행동은 환경에서 강화에 의해 뒷받침될 수 있다. 사람들은 행동 때문에 사물이나 관심을 제공함으로써 의도하지 않게 문제행동을 강화할 수 있다.

긍정적 행동 지원 과정에는 목표 확인을 포함하는데, 그것을 위해 기능적 행동 평가(functional behavior assessment: FBA)를 수행한다. 기능적 행동 평가는 행동을 명확하게 설명하고, 행동이 언제 일어날지와 일어나지 않을지를 예측하는 맥락(사건, 시간, 상황), 행동을 유지하는 결과를 확인하는 것을 포함한다. 기능적 행동 평가는 기초선 행동과 자료에 대한 가설을 포함한다. 이는 지원 계획 설계, 수행, 모니터링에 대한 정보를 제공한다.

긍정적인 행동 지원은 실현 가능하고, 바람직하며, 효과적인 전략으로 점점 더 인식되고 있다. 예를 들어, 교사와 학부모는 그들이 사용할 수 있고 사용하려는 의지가 있고, 아동의 지역사회와 학교 활동에 참여하는 능력에 영향을 미치는 전략이 필요하다.

환경의 자극과 강화를 바꾸고 부족한 기술 영역을 강화하도록 가르침으로써 그들의 행동은 바뀐다. 이것은 학교에서 아동들이 일반 교육 환경에 포함되도록 허용할 수 있다.

긍정적 행동 지원이 결함 기술의 세 가지 영역은 의사소통 기술, 사회적 기술, 자기 관리 기술이다. 긍정적 행동 지원으로서의 재지향적 치료(re-directive therapy)는

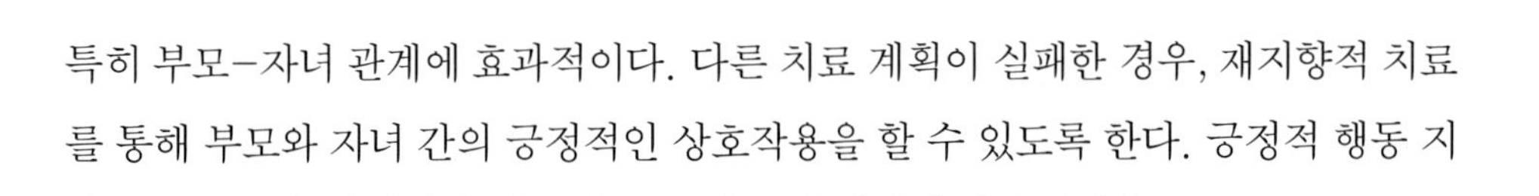

특히 부모-자녀 관계에 효과적이다. 다른 치료 계획이 실패한 경우, 재지향적 치료를 통해 부모와 자녀 간의 긍정적인 상호작용을 할 수 있도록 한다. 긍정적 행동 지원은 주로 교육 방법이기 때문에 주로 학교 환경에서 성공적이다.

긍정적 행동 지원의 개념을 정의하거나 설명하는 일반적인 방법은 다음과 같다.

- 행동 분석과 시스템의 적용은 자해 행동, 공격성, 재산 파괴, 이식증, 반항, 혼란과 같은 행동에 의해 야기되는 강렬한 사회적 문제에 대해 인간 중심 가치의 맥락 안에서 관점을 변화시킨다.
- 목표 확인, 정보 수집, 가설 개발, 지원 계획 설계, 수행, 모니터링을 포함하는 역동적 문제 해결 과정이다.
- 장애인의 권리에 대한 가치와 학습 및 행동 변화가 어떻게 발생하는지에 대한 실용적인 과학을 혼합하는 접근이다.

포괄적인 긍정적 행동 지원 계획에는 사회적으로 적절한 대안 행동을 가르치는 동안 문제행동을 예방하도록 설계된 다양한 중재 전략이 포함된다. 목표는 다양한 환경에서 관련된 개인과 지원 제공자의 삶의 질을 높이는 것이다. 이 분야의 개척자인 George Sugai가 밝힌 긍정적 행동 지원의 주요 특징은 다음과 같다.

- 예방에 중점을 둔 지원의 연속체이다.
- 사회적 행동을 가르치고 개선하기 위한 사전 교수적 접근이다(Proactive instructional approaches).
- 개념적으로 건전하고 경험적으로 검증된 실제이다.
- 효과적인 실제를 지원하기 위해 시스템 변화이다.
- 자료 기반 의사결정이다.

### 2) 긍정적 행동 지원 실제의 핵심 원리

- 긍정적 행동 지원과 전통적인 접근 방식의 차이는 긍정적 행동 지원은 환경 변화에 중점을 두는 반면, 전통적인 접근 방식은 주로 사람을 변화시키는 데 중점을 둔다.
- 긍정적 행동 지원의 핵심 구성요소는 기능적 행동 평가(FBA)이다. 기능적 행동 평가에는 문제행동을 보이는 사람과 가까운 사람들의 관찰과 의견이 포함된다. 이 평가 팀은 개인의 행동을 관찰하여 문제가 있는 행동, 행동에 선행하는 행동 또는 이벤트, 행동에 뒤따르는 행동, 행동이 발생하는 빈도, 행동에 선행하는 행동 또는 이벤트, 행동 이후에 발생하는 행동을 확인하고 정의한다. 기능적 행동 평가는 적절한 긍정적 행동 지원 계획을 결정하는 과정에서 중요한 역할을 한다.
- 긍정적 행동 지원 구성 요소는 학교, 가정, 지역사회에서 수행된다. 가족, 교육자 및 기타 전문가가 프로그램을 관리한다.
- 긍정적 행동 지원은 만성적 행동 문제를 가진 개별 아동과 학교 전체에 사용할 수 있다.
- 긍정적 행동 지원의 목표는 문제행동을 제거하고, 문제행동을 보다 적절한 행동으로 대체하며, 삶의 질 향상을 위한 개인의 기술과 기회를 높이는 것이다.

긍정적 행동 지원은 문제행동을 이해하고 해결하기 위해 1980년대에 등장했다. 정신 건강 상태의 치료에 대한 전체적인 접근 방식으로서 긍정적 행동 지원에는 다음과 같은 속성이 있다.

- 긍정적 행동 지원은 사람 중심이다. 사람 중심의 접근 방식을 사용하는 긍정적 행동 지원은 개인을 다루고 개인의 존엄성을 존중한다. 여기에는 개인의 말을 경청하고, 개인의 기술, 강점 및 목표를 인식하고, 개인이 자신의 목표를 달성할 수 있다는 믿음이 포함된다. 치료는 '요리책' 또는 패키지 접근 방식이 아닌

특정 개인에 맞게 개발된다.

- 긍정적 행동 지원은 긍정적인 변화를 일으키고 있다. 환경 변화와 적응 행동 강화를 통해 개인은 문제행동을 줄일 수 있다. 이완과 같은 대처 기제가 문제행동을 대신할 수 있다. 긍정적 행동 지원은 특권의 제지, 격리, 박탈과 같은 처벌이나 제한의 필요성을 최소화한다.
- 긍정적 행동 지원은 결과 중심적이다. 긍정적 행동 지원은 개인과 사회에 중요한 결과에 중점을 둔다. 공격적 사건 감소와 같은 행동 결과는 가정, 지역사회, 병원, 학교를 더 안전하게 만드는 능력이 있다.
- 긍정적 행동 지원은 협력적 지원을 제공한다. 긍정적 행동 지원은 간병인(caregiver), 지원 제공자, 의사, 간호사, 교사, 조력자, 사회 복지사, 팀 리더를 포함하여 개인을 지원하는 사람들과의 협력을 포함한다. 이 협력적 과정은 모든 사람이 개인의 치료에 참여하도록 하고, 모든 상황에서 새로운 행동과 기술이 지원되도록 한다.

### 3) 기능적 행동 평가

기능적 행동 평가(functional Behavior Assessment: FBA)는 응용 행동 분석에서 나왔다. 이것은 긍정적 행동 지원 계획의 초석이다. 평가는 효과적인 지원 계획의 개발을 안내하기 위해 행동 및 환경 요인을 설명하고, 행동을 예측하는 사건을 설정하려는 것이다. 평가는 긍정적 행동 지원의 기초가 되며, 평가에는 다음이 포함된다.

- 문제행동에 대한 설명과 문제행동 발생의 일반적 장면
- 문제행동을 예측하는 사건, 시간, 상황 확인
- 행동을 유지하는 결과 자극의 확인
- 행동의 동기 부여 기능 확인
- 직접 관찰 자료의 수집
- 개인의 문제행동을 대체할 수 있는 대체 행동의 확인(즉, 일반적인 아동 또는 성

인이 하는 것), 종종 이것은 직접 관찰 또는 표준화된 행동 평가 도구를 통해 측정된다.

평가 결과는 개별화된 행동 지원 계획을 개발하는 데 도움이 된다. 이것은 행동 문제에 대한 대안을 가르치는 절차와 문제행동을 부적절하고 비효율적이며 비효과적으로 만들기 위해 환경을 재설계하는 절차를 설명한다.

행동 연쇄 분석(behavior chain analysis)은 기능적 행동 평가의 또 다른 방법이다. 행동 연쇄 분석에서는 문제행동으로 이어지는 행동의 점진적인 변화를 살펴본 다음 이 순서를 붕괴시키려고 시도한다. 기능적 행동 평가가 주로 장면-선행 자극-행동-결과 자극 관계에 관심이 있는 반면, 행동 연쇄 분석은 행동의 진행 과정을 살펴본다. 예를 들어, 아동이 처음에는 안절부절못하고, 다른 사람을 놀리거나 물건을 던지기 시작하고, 다른 학생을 때릴 수도 있다.

### 4) 긍정적 행동 지원 적용 시기

긍정적 행동 지원은 보다 집중적인 중재와 모니터링을 하고, 아동에 대한 지원을 강화하고, 성공을 위한 개별화된 계획을 제공하고, 특정 방식으로 특정 문제를 다루고, 교사와 부모와 기타 관련 전문가를 적극적으로 참여시키고, 치료실과 치료 회기 활동 등에서 일관되게 행동과 문제를 다룰 수 있도록 치료사를 지원하려는 이유로 계획하고 적용한다. 따라서 긍정적 행동 지원을 계획하고 수행해야 하는 시기를 구체적으로 보면 다음과 같다.

- 아동이 교실에서 자신의 학습 및 다른 사람들을 방해하는 일관되고 심각한 행동 문제를 보일 때
- 아동이 좌절, 불안, 우울, 두려움 등을 포함하여 학습 및 다른 사람들을 방해하는 심각한 정서적 어려움을 보일 때
- 아동이 조직, 동기 부여, 작업 완료 등에 상당한 어려움을 보일 때

- 자녀를 지속적으로 늦게 하거나, 지체되게 하거나 또는 숙제를 돕거나 시행하지 않는 부모가 있는 경우
- 아동이 학교 경험과 학습에 영향을 미치는 기타 중요하고 일관된 문제를 보여 줄 때
- 아동의 부모가 학업 지원, 좋은 행동 강화 등과 같은 학교 또는 학교와 관련된 기타 중요하고 일관된 문제를 학생에게 야기한 경우

제4장

# 장애아동 미술 치료와 매체

## 1. 아동의 미술 발달 단계

아동의 미술표현에 학자들이 관심을 갖기 시작한 것은 오래전 일이다. 심리학자들은 아동을 이해하기 위한 방법으로 그림을 분석하기 시작하였고, 미술치료사들은 아동의 그림을 이해하여 좀 더 나은 교육을 하기 위한 방법을 찾으려고 애썼다. 그러한 노력의 결과로 현재는 아동의 그림을 단순한 표현으로만 인식하기보다 발달의 한 표상으로 여기고 있는 것이 사실이다.

아동의 미술표현의 발달 과정을 이해함으로써 그들의 표현이 어떠한 과정을 통해 변화하는지 판단할 수 있는데, 발달 단계는 개인에 따라 차이가 있으므로 일률적으로 규정하기는 어렵다. 그러나 미술표현의 발달 과정을 이해한다면 아동의 발달 단계에 맞게 지도하고, 그림을 이해하는 데 도움을 얻을 수 있다. 이는 미술표현이 한 아동의 전반적 발달을 보여 주는 한 예라는 것을 알게 해 준다. 물론 이러한 발달은 아동의 인지, 사회성, 언어, 신체 등 발달 전반과 밀접한 관계를 맺고 있으므로 이에 대한 이해를 기본으로 해야 한다.

지금부터는 Lowenfeld의 아동 미술 발달 단계를 중심으로 아동이 표현하는 미술의 특성을 살펴보고자 한다(이근매, 2008).

## 1) 난화기의 그림 특징

난화기(scribbling stage: 자아표현의 시작 2~4세)는 난화(scribble)의 단계로서 상하좌우로 자유로이 그리며 점차 원과 각이 나타난다. 어른이 보기에는 불규칙한 선이지만 아동은 '엄마' '아빠'라고 의미를 붙이기도 한다. 그리고자 하는 대상이 있어서 그리는 것이 아니라 그리는 행위 자체가 목적이고 즐거움이다. 아무런 뜻도 없는 것 같지만 그리는 과정에서 웃기도 하고 자신이 그린 것을 부모가 보도록 요구하며 동조를 구하기도 한다.

난화기는 무질서한 난화기, 조절하는 난화기, 명명하는 난화기의 3단계로 나눌 수 있는데, 다음에서 단계별 특성을 그림의 특징과 함께 살펴보고자 한다.

### (1) 무질서한 난화기

무질서한 난화의 상태는 1세부터 시작하여 대략 2세 6개월까지 지속되며, 끄적거림은 빠른 경우에는 1세 이전에 나타나는 경우도 있지만 보통 1세에서 2세 사이에 나타난다. 동작의 통제가 불가능하고 무의식적으로 표현한다. 끄적거림은 어깨를 왼쪽에서 오른쪽으로, 위쪽에서 아래쪽으로 움직이는 근육 운동의 결과로 볼 수 있으며, 이 시기에는 끄적이는 행위 자체에 재미를 느끼면서 무질서하게 그림을 그린다. 유아가 팔을 움직이다가 우연히 생긴 선을 통해 신체적으로 성장하는 자연스러운 과정이며, 이 시기의 유아는 힘을 들이지 않고도 다양한 흔적이 나타나는 연필이나 크레파스, 매직펜 등을 좋아한다.

### (2) 조절하는 난화기

마구 그린 무질서한 끄적거림이 일정한 흐름을 잡고 규칙적인 반복을 나타내며,

시각과 근육 간의 협응이 시작되는 시기다. 근육을 어느 정도 조절하고 통제함에 따라 자신의 근육 움직임과 표시되는 흔적들 사이에 특정한 관련이 있음을 발견하게 되는 중요한 시기이기도 하다. 이 시기에는 수평, 수직, 사선의 규칙적인 반복이 어느 정도 시간이 지남에 따라 동그란 선의 반복으로까지 발전된다.

이 시기 인물화의 특징으로는 원, 선, 고리, 소용돌이 모양 공간을 표현하면서 종이 안에만 그리고, 이미 그려진 것 주위에 그리거나 특정한 부분에 집중해서 그리는 것 등이 있다.

### (3) 명명하는 난화기

무의식적 접근이 점차 의식적 접근이 되어 자신이 그려 놓은 난화에 이름을 붙이는 시기다. 연속적으로 반복되어 그려지던 난화는 끊어지고 분산되며 곡선과 직선이 뒤섞여 나타난다. 아이들은 자신이 만들어 낸 형태와 주변 세계를 연결지으려고 하며, 이것은 점차 자신의 의사를 표현하려는 의도를 나타내게 된다. 이 시기의 아이들은 자신이 알고 있는 사물과 관련해서 특정한 표시를 하고, 그리는 도중 사물을 바꾸어 그리기도 하며 집중력을 증가시킨다.

이 시기 인물화의 특징으로는 움직임을 명명하는 표현(달리기, 뛰기, 흔들기 등)을 하고, 이미 그린 것을 활용하여 그리는 것 등이 있다.

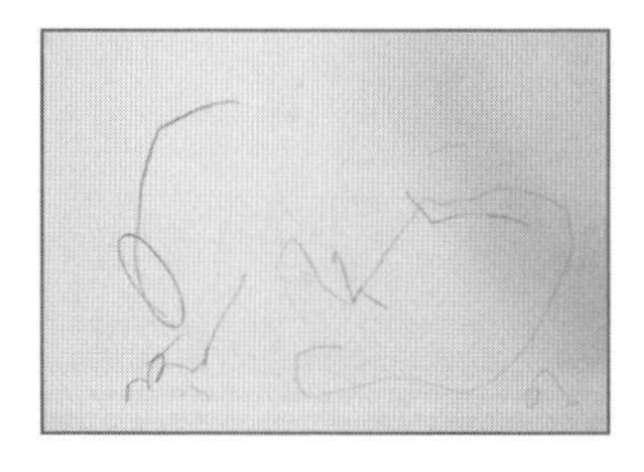

2세: 무질서한 난화기

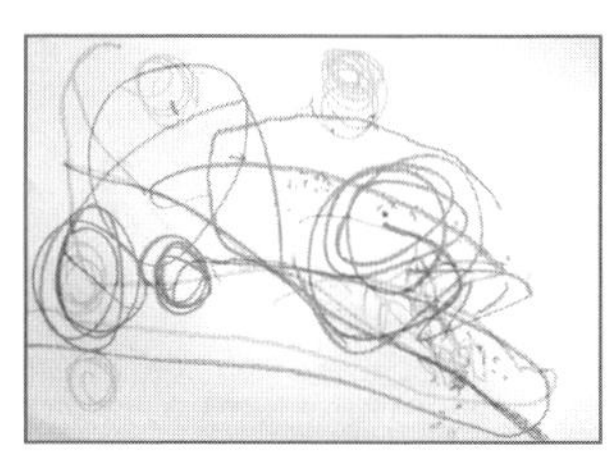

3세: 조절하는 난화기

4세: 명명하는 난화기

**[그림 4-1]** 난화기의 그림 특징

## 2) 전도식기의 그림 특징

전도식기(preschematic stage: 재현의 첫 시도 4~7세)는 무의미한 표현에서 의식적인 표현으로 옮겨 가는 상징적 도식의 기초 단계로 난화는 점점 사실적 표현 방법으로 바뀌게 된다. 보통 사실적 표현의 첫 상징은 '사람'으로서 머리를 나타내는 하나의 원과 주로 다리나 몸을 나타내는 2개의 세로 선으로 그려진다. 이러한 머리와 다리의 표현은 5세 아동에게서 흔히 발견될 수 있으며, 아동화와 외부 세계의 가장 중요한 부분과의 관계를 설정하는 첫 단계다.

이 발달 단계 동안 아동은 끊임없이 새로운 개념을 찾게 되고, 그에 따라 그 아동의 재현 상징도 계속 변하게 된다. 또한 감정적 기호에 따라 물체의 크기와 색채, 위치를 주관적으로 정하는데, 이때 그려진 물체들은 서로 관계가 없다. 그리고 표현된 것과 대상과의 관계를 발견하기 시작하며 본 것보다는 아는 것을 그린다.

그림의 특징은 알고 있는 물체는 카탈로그식으로 표현하거나 나열하고, 물, 나무, 해, 산 등을 주로 그리며 모든 것을 자기중심적으로 표현한다. 인물화에서 인물들은 보통 미소를 지으며 앞을 보고 있다. 전체적으로 인물의 팔, 몸, 손가락, 발가락 등 몇몇 부분은 없거나 왜곡되어 있으며, 옷이나 머리카락 등의 자세한 표현은 이 시기의 말에 나타난다.

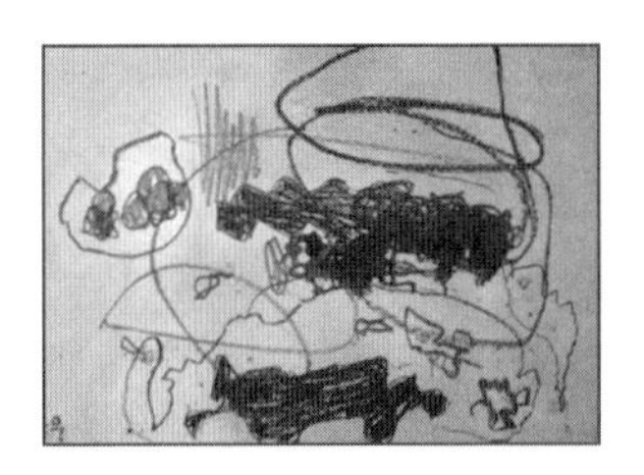
4세: 분리불안 아동 자유화

5세: 공격성 아동 자유화

6세: 유치원 부적응 아동 자유화

[그림 4-2] 전도식기의 그림 특징

## 3) 도식기의 그림 특징

도식기(schematic stage: 형태개념의 습득 7~9세)는 사물의 개념을 습득하는 시기로 객관적 표현이 드러나기 시작하며 인물을 중심으로 동물, 집, 차량, 나무, 꽃, 기물 등을 그린다. 자기의 생각을 나타내려는 상징적이며 개념적인 표현이 많고, 도식화된 그림을 그린다. 아동은 몇 번이고 반복한 결과 표준적이고 정형적인 그림을 그리게 된다.

이 시기에는 자기중심성을 드러내는 그림과 기저선이 나타나며, 공간(空間)관계에 일정한 질서가 있다는 것을 발견하게 된다. 이전 단계에서는 사물과 사물의 관계를 '나무가 있다.' '사람이 있다.' 정도로만 표현했으나 이 단계에서는 '나는 땅 위에 있다.' '풀이 땅 위에 나와 있다.' 등의 생각을 표현하기 위해 화면에 긴 가로선을 긋게 된다. 한편, 이렇게 공간과 시간 등을 표현할 때는 주관적으로 표현하여 자신에게 중요한 부분을 과장·생략한다. 색채 표현은 객관적 색채의 단계로 색과 사물의 관계를 발견함으로써 사실적인 색을 사용하게 된다.

7세: 틱장애아동 자유화

8세: 불안 아동 자유화

9세: 틱장애아동 자유화

[그림 4-3] 도식기의 그림 특징

## 4) 또래집단기의 그림 특징

또래집단기(gang age: 사실표현의 시작 9~12세)는 자신에 대해 자각하는 시기로 자신이 동료사회인 또래집단의 일원임을 알게 된다는 것이 큰 특징이다. 바로 이 시기의 생활에서 어른과 협력하고 다른 사람과 함께 일할 수 있는 능력을 기르게 된다. 서로 비슷한 관심을 가지고 같은 비밀을 공유하며 함께 일하는 즐거움을 발견하는 것 등은 이 시기 아동에게 중요한 것이다.

혼자보다는 무리지어 놀기를 좋아하고, 여자아이의 경우는 자기 옷에 더 관심을 갖게 되며, 아동끼리의 암호나 은어를 만듦으로써 어른의 욕구와 때때로 대립하기도 하는데 이러한 것이 창작 활동에도 반영된다. 또한 또래집단의 의사를 존중하고 도식에서 벗어나기 시작하여 점차 객관적이고 사실적인 표현 및 세부 표현이 나타난다. 더불어 중첩과 기저선 사이의 공간을 인식하기 시작하며 위에서 본 모습을 표현한다. 사실적 표현에 미숙한 아동들은 미술에 대한 대담성이나 자신감을 상실하게 되는 시기다.

11세: 위축 아동 자유화

12세: 불안 아동 자유화

[그림 4-4] 또래집단기의 그림 특징

## 5) 의사실기의 그림 특징

의사실기(pseudo-naturalistic stage: 합리적 표현 12~14세)는 초등학교 고학년과 중학교에 해당하며 많은 아동에게 그들이 받는 마지막 미술교육인 경우가 많기 때문에 미술교육에서는 가장 노력을 요하는 시기이자 중요한 단계다. 이 연령은 사춘기나 사춘기에 접어드는 시기로 성인의 간섭에서 벗어나고자 하고 유행을 따르며 개인차가 크게 나타난다. 개인차는 신체적 차이가 가장 두드러지지만 정신적 · 정서적 · 사회적 영역에서도 마찬가지다.

자기중심에서 외계 인식이나 미래에 대한 관심이 커지며 사실적 표현 경향이 증진되어 관찰 묘사에 의존하게 된다. 원근법을 습득하고 배경과 비례의 표현이 나타나며, 빛과 그림자가 환경의 변화에 따라 변화한다는 사실을 알게 된다. 삼차원적 공간을 표현하고 명암, 음영 등을 표현하며, 작품의 평가 기준을 사실적 표현에 두고 완성된 작품에 중요성을 부과한다.

아동의 창작 활동을 분석해 보면 시각 자극에 민감한 반응을 보이는 아동이 있는가 하면 주관적 경험에 관심을 두는 아동이 있다. 대부분의 아동은 이 양자의 특징을 뒤섞어 표현한다. 시각적 경향의 아동은 공간을 원근법적으로 나타내려는 데 관심을 가지며, 색채, 빛과 그림자 등 모든 변화에 관심을 갖는다. 주로 주위 환경이

13세: 일반 아동 자유화

13세: 학습무기력 아동 자유화

[그림 4-5] 의사실기의 그림 특징

주제가 되며, 실제와 일치하는 색을 사용한다. 주관적 경향의 아이는 자기와 외계와의 정서적 관계를 강조하며, 그림에 자신의 감정을 나타내고 자신이 좋아하는 색채를 사용한다.

## 6) 사춘기의 그림 특징

사춘기(adolescent art in the high school/period of decision: 창의적 활동의 시기 14~17세)는 창의력이 왕성하여 창의적인 그림을 그릴 수 있는 시기지만 대부분 그림에 대한 흥미를 잃어버리는 단계이다. 신체와 언어발달이 왕성해지지만 이에 따른 표현이 따라가지 못하는 데 갈등을 느껴 미술표현이 침체되는 시기다. 환경을 창의적으로 받아들여 표현 유형을 세 가지로 나타내는데, 시각형은 환경과 자신의 눈을 통해 알고 느낀 것을 표현하며, 객관적인 표현으로 비례, 명암, 배경, 원근을 중시한다. 또한 촉각형은 신체 감각이나 내면의 정서, 주관적인 경험을 감정적으로 표현하며 색채나 공간 표현이 주관적이다. 중간형은 두 가지 표현 양식이 복합적으로 나타난다.

미술치료사는 아동의 발달 단계에 따른 그림 표현 양상을 아동의 내면 심리를 상징하는 것으로 잘못 받아들여 문제시하는 오류를 범할 수 있기 때문에 아동의 발달 단계에 따른 표현 특징을 알고 있는 것은 매우 중요하다. 아동에게 미술 활동은 학습이나 놀이 이상으로 인격을 기르는 바탕이 된다. 아동은 그림을 그리고 특정한 사물의 모양을 만듦으로써 욕구를 만족시키고 지적 · 정서적 · 사회적 · 신체적으로 원만한 인격을 형성하는 것이다.

그러므로 아동에게 미술을 지도할 때는 아동 스스로 자발적으로 미술 활동에 참여하여 즐거운 마음으로 느낀 대로 표현할 수 있게 하려는 목표를 가지고 지도하는 것이 필요하다. 그들의 내적 세계를 억압하거나 지나치게 성인의 의지대로 그리기를 강요해서는 안 된다. 억압은 정신적으로나 신체적으로 운동신경의 조정을 불가능하게 하므로 정서적으로 조절 욕구를 상실하게 하고 심리적으로는 표현력을 결여시키며, 신체적으로는 운동신경을 지배할 수 있는 능력이 저하되므로 결과적으

16세: 일반 아동 자유화

17세: 학교 부적응 아동 자유화

[그림 4-6] 사춘기의 그림 특징

로 아동의 전인적 발달에 방해 요인이 된다.

Lowenfeld는 발달장애아동의 미술표현 특성을 다음과 같이 제시하였다.

- 성장 발달 단계의 속도는 느리지만 일반 아동과 같은 성장 패턴을 보여 준다.
- 단조롭고 원시적인 형태지만 손의 운동기능은 뒤지지 않는다.
- 촉각적 형태의 경험에 치우치는 경향이 있다.
- 형태나 주제를 반복적으로 표현하며 실험적 태도를 보여 주지 못한다.
- 지각 활동의 연상 영역에까지 확대된 에너지의 결여를 보여 주는 빈약한 공간적 형태를 보인다.

또한 정신지체아동은 인지 능력의 미흡함으로 인해 화면 구성이 변칙적이다. 더구나 공간과 위치의 개념 등이 잘 발달되지 못한 특징과 신체 각 부위에 대한 인지 · 개념 형성이 부족한 특징을 지니므로 인물화 표현에 있어 과대 · 과소 탈락 표현이 많이 나타나고 있다. 그러므로 대상을 관찰하고 개념화시키는 학습이 이루어지는 인지적 또는 발달적 접근을 도입하는 것이 좋다. 아울러 여러 가지 미술 재료를 이용하여 촉각 훈련과 소근육 운동을 유도하고, 여러 사물을 보고 그리면서 대상에 대한 지각 능력을 기를 수 있도록 도와주어야 한다.

## 2. 장애아동의 미술 활동

인간은 태어나면서부터 다양한 감각기능을 통해 끊임없이 자기를 표현한다. 이러한 본능적인 욕구 때문에 언어적 표현이 미숙한 아동들은 미술 활동을 통해 자신의 생각을 자유롭게 표현한다. 아동들의 미술표현은 그림을 그리고 사물의 모양을 만드는 등의 활동을 함으로써 욕구를 만족시키고 인지적 · 정서적 · 사회적 능력, 추리력, 문제해결 능력, 창의성 등을 발달시킬 뿐만 아니라 사회성 발달에도 도움을 준다. 또한 아동은 자신의 힘으로 작품을 만든 것이기 때문에 만족감, 성취감, 자신감을 갖게 된다(이근매, 2008).

미술 활동은 이러한 특성을 바탕으로 자기표현에 어려움이 있는 아동의 심리치료에 활용되기도 하고, 자기창조 표현을 통한 창의성 교육에 활용되기도 한다. 아동이 미술 활동을 통해 표현하는 것은 각자가 독특한 방법으로 지각하고 느끼고 생각한 것을 분명하게 드러내는 활동이다(Herberholz & Hanson, 1995). 따라서 미술 활동은 발달적인 접근뿐만 아니라 부적응 행동 등의 정서 발달에도 많은 도움을 준다. 미술 활동은 단순한 신체적 · 지적 · 정서적 활동을 넘어선 창조적 에너지의 발산을 위한 활동이다. 인간의 의사소통방법이 체계화된 언어 이전에 자유로운 이미지가 먼저였던 것처럼, 아동에게도 미술 활동을 통한 표현 수단이 독창적이고 풍부한 자기표현의 기본이 되며 창조적 에너지를 발산하게 한다. 나아가서 자기표현이 미숙하고 심리적 어려움을 지닌 유아에게는 미술이 매개체로, 미술 자체의 창작 활동을 통한 심리치료의 효과를 준다.

미술 활동이 갖는 창의적이고 표현적인 측면 때문에 미술 활동에 참여하는 많은 장애아동에게 치료적인 효과를 가져올 수 있다는 것이다. 이에 따라 많은 연구자는 일반 아동뿐만 아니라 장애아동을 대상으로 한 미술 활동의 중요성과 그 효과에 대해 연구하여 그 활용 가치를 보고하고 있다. 이렇게 일반 아동에게 미술 활동이 중요한 의미를 갖듯, 장애아동에게도 미술 활동은 중요한 의의를 갖는다. 미술 활동은 다른 교과목에 비해 주의집중력이나 언어능력이 부족해도 잘할 수 있는 교과목이고 하나의 답이 아닌 다양한 답을 추구할 수 있기 때문에, 장애아동은 편하고 자연스럽게 미술 활동을 즐길 수 있다. 따라서 치료사가 장애아동에 맞게 미술 활동을 잘 계획하고 실행한다면 그 교육의 효과는 일반 아동에게 시행하는 것보다 극대화될 수 있다.

지금까지 살펴본 장애아동의 미술 활동이 지니는 중요한 의미는 다음과 같다.

첫째, 미술 활동은 장애아동의 신체 발달을 촉진한다. 즉, 아동이 크레파스나 연필 등의 도구 사용 능력을 갖게 하고 찰흙 등의 다양한 매체를 조작함으로써 지체된 소근육 운동 능력을 촉진하고 증진시킬 수 있게 한다. 또한 그리기와 만들기를 통해 눈-손 협응력을 향상시켜 신체적 발달을 도모하는 데 미술 활동은 참으로 중요한 도구가 된다.

둘째, 미술 활동은 심리적 욕구를 해소시켜 정서적 안정감을 준다. 발달이 지체되거나 신체적 장애가 있는 아동은 어린 시기부터 잦은 실패와 좌절을 경험하게 된다. 또한 많은 통제를 받게 되어 위축되거나 불안이 지속되는 경우가 허다하다. 아울러 다양한 미술 활동의 작업 과정과 완성된 작품은 장애아동이 자신감과 성취감을 갖게 하는 데 도움을 준다.

셋째, 미술 활동은 장애아동의 인지 발달에 도움을 준다. 아동은 다양한 매체를 스스로 만지고 표현하면서 형태 변화를 경험하게 된다. 또한 물감의 혼합과 물의 농도에 따라 색의 변화를 경험하면서 아동의 인지 발달은 촉진된다.

넷째, 미술 활동은 아동의 언어 발달을 촉진함은 물론 의사소통 능력을 향상시켜 자발적으로 자기표현을 하도록 돕는다. 대부분의 장애아동은 언어 발달이 지연됨과 동시에 부족한 언어 능력을 지닌다. 따라서 장애아동은 미술 작업을 통해서 자신의 욕구를 해소하고, 자발성을 향상시키면서 자발적인 언어 표현도 촉구할 수 있다. 매체의 느낌에 대한 설명과 작품에 대한 설명을 통해 자연스럽게 치료사와 의사소통한다면 아동의 표현력은 점차 증진될 수 있다.

다섯째, 미술 활동은 장애아동의 사회성 발달에 도움을 준다. 장애아동은 앞서 말한 것과 같이 언어 능력의 지연은 물론 사회성 지체나 결함이 있는 경우가 많다. 따라서 다양한 미술 활동의 협동 작업을 통해 또래와의 관계를 증진시킬 수 있다.

여섯째, 미술 활동은 장애아동의 창의성 발달을 돕는다. 다양한 미술매체의 조작은 아동의 창의성 발달에 도움을 주게 되며, 장애아동의 고착되거나 융통성 없는 사고 체계를 유연하게 해 준다. 또한 아동의 상상력을 자극시킴으로써 도움을 주기도 한다. 따라서 장애아동 미술 활동은 자연스러운 방법으로 근육 발달, 공간 지각 발달, 개념 발달, 자아 발달을 이루는 데 매우 유용하다(이근매, 김향지, 조진식, 2003).

장애아동 미술 활동의 역할을 살펴보면, 첫째, 미술 활동의 표현적 기능은 언어장애에 의한 외부 세계와의 단절을 회복시켜 자유로운 자기표현의 기회를 갖게 한다. 둘째, 미술 활동을 통해 근육 조절을 배우고, 소근육 운동을 활성화시키며, 사물을 지각하고 지각한 사물의 유사성과 차이점을 변별하여 일반화하게 함으로써 인지과정의 발달에 도움을 준다. 셋째, 미술 활동을 통해 눈과 손의 협응력을 발달시킬 수 있다. 넷째, 새로운 재료 탐색과 기법을 통해 새로운 변화에 대한 저항감을 줄일 수 있고, 미술 활동을 통해 다른 사람과의 신뢰감을 형성하는 기회를 제공하여 긍정적인 대인관계 형성 및 사회성 향상에 도움을 준다(김소정, 2003).

특히 미술 활동이 정신지체아동에게 좋은 이유는 이러한 창조적 조형 활동이 아동의 약점보다는 장점에 근거하기 때문에 좌절감을 감소시키는 동시에 감소된 잠재력을 최대로 개발할 수 있게 한다는 것이다(Burton, Hains, Mclean, & McCormick, 1992, 이근매, 김소영, 2004 재인용).

미술 활동은 아동이 가위로 자르고 풀로 붙이고 무엇을 만들고 주무르고 그리는 등의 소근육을 활성화시키는 행위를 통하여 신체 발달뿐만 아니라 사고력, 추리력, 문제해결 능력, 창의력 등을 발달하게 한다. 나아가서 사회성 발달은 물론 비록 보잘것없더라도 자기 힘으로 만든 것이기 때문에 만족감, 성취감, 자신감을 갖게 한다(이근매, 최외선, 2003).

이는 미술이 가르치는 교과가 아니라 아동 각 개인이 자신의 개성 및 능력에 맞도록 성장할 수 있는 상황을 제공하는 교과이므로 그들의 전 인격적인 성장을 촉진시키기 때문이다(한기정, 1997). 그래서 많은 연구자는 장애아동 미술 활동의 중요성을 고찰하면서 미술치료의 효과성을 보고하고 있다. 즉, 이근매, 이선임, 정옥남(2005)은 자폐성장애아동의 부적응 행동을 개선시킨 소조 활동의 효과성에 대해 점토를 뜯고 뭉개고 두드리는 행동을 통하여 반사회적이고 반항적인 행동을 표현하게 하고 점토의 부드러운 감촉을 통하여 정서적 안정에 도움을 준 것으로 보고하였다. 또한 미술 활동은 다운증후군 유아의 표현 활동을 향상시킬 뿐 아니라 부적응 행동을 감소시켜서 대인관계 개선에도 도움을 준다(한기정, 1997).

이상과 같이 미술 활동은 일반 아동뿐만 아니라 장애아동의 정서적 · 신체적 · 인지적 발달에도 도움을 준다. 자기표현에 어려움이 있는 아동은 다른 발달 영역에도 영향을 미쳐 불균형을 이루게 되므로 이것을 개선하는 데 도움을 줄 수 있는 미술 활동은 아동에게 중요한 가치가 있다. 그리하여 오늘날에는 아동의 미술 활동이 단지 교육으로서의 입장에서 벗어나 치료적인 활용의 가치로서 그 중요성이 인식되고 있다.

자폐성장애아동을 포함한 장애아동의 미술치료는 주로 미술 활동 중심으로 이루어지고 있으므로 이 장에서는 미술 활동에 내재된 발달과 정서적 영역을 중심으로 살펴보고자 한다. 미술 활동은 아동의 발달 과정에서 특히 정서적 · 사회적 발달에 빼놓을 수 없는 역할을 함으로써 그 중요성이 인식되고 있다. 미술 활동은 장애아동에게 가능한 독립적인 활동을 할 수 있는 기회를 제공하는데, 자신의 독립적인 선택과 결정을 통하여 개인적 취향과 스타일을 개발하도록 돕는다. 배우거나 표현하는 수단은 다소 제한적일 수 있으나 연습을 통하여 도구, 재료와 과정을 습득하는 능력을 개발할 수 있다. 이는 기쁨과 즐거움, 기술 개발의 자부심, 스스로 물건을 완성했다는 것에 대한 자부심을 배우게 한다(Rubin, 2009).

이근매와 최외선(2007)은 자폐성장애아동들에게 미술 활동을 통해 자기표현 방법을 제공할 수 있고 소근육 발달과 인지 · 시지각 발달을 도와 기초적인 개념과 사고 능력을 배양시킬 수 있다고 강조하였다. 특히 제한된 어휘를 가지고 있는 자폐성장애아동에게 미술 활동은 자기표현을 증진시키고 자신의 경험과 정서를 표현할 수 있는 기회를 제공한다. 자기표현은 아동의 정신적 긴장과 심리적 갈등을 발산시켜 주므로 카타르시스를 느끼게 한다. 심리적 안정감은 자발적인 표현 욕구를 증가시켜 감정 표현이 자유롭게 하고 스스로 자신의 작품에 가치를 부여하게 하여 긍정적인 자아감 형성에 도움을 준다. 아동의 수준에 적합한 매체를 아동이 스스로 선택하여 활동하도록 도와 감정을 안전하게 해방시켜 주고, 신체 긴장을 완화하도록 해 주며, 분노와 공격성을 표출시킴과 동시에 창작으로의 전환을 통해 공격성 문제에 도움을 준다(심은지, 이정숙, 2009). 나아가서 자폐성장애아동이 미술을 통해 자신의 욕구를 표출함으로써 부적응 행동이 개선될 수 있다(Malchiodi, 2003).

또한 미술 활동을 통하여 흥미를 유발하는 이미지를 표현할 수 있는 기회를 제공함으로써 개인의 성취감과 만족감을 높이고 자신의 존재 가치를 인식하고 확장시켜 자기표현력을 향상시키며, 통합된 환경에서의 적응력을 높인다(이병주, 2013). 아동이 자발적으로 선택하는 재료를 사용하여 과제 내용을 제공하는 미술 활동은 자폐성장애아동의 발달에 긍정적인 효과(윤정원, 윤치연, 이근매, 2005)를 보고하고 있는데, 이는 아동의 선택 활동이 지적 능력, 자기조절 능력, 문제해결 능력, 탐색 능력, 학습 적응 능력의 발달을 도와주기 때문이다. 미술 활동을 통한 자기조절 능력 배양과 선택 기회의 제공은 장애아동의 문제행동 감소에 효과적이다(박계신, 2004).

특히 언어 능력이 부족한 자폐성장애아동에게 자신의 느낌을 표현할 수 있는 통로를 제공하며, 자신의 작품에 대해 설명해 봄으로써 언어 표현 능력을 신장할 수 있도록 기회를 제공한다. 또한 자연스러운 상황에서 미술 활동에서 사용하는 재료나 기법 등을 나타내는 어휘를 배우는 기회를 제공한다. 인지 능력이 양호한 자폐성장애아동의 경우, 문자는 읽고 쓰는데 그림을 전혀 그리지 못하는 아동, 혹은 부모나 치료사가 지시하는 것을 완전히 무시하고 자신이 좋아하는 것만 그리는 아동에게는 점토를 이용해서 사물 만들기를 한 뒤 보고 그리기를 통해서 다양한 사물 그리기와 그림 그리기로 넓혀 나가는 것이 중요하다. 그리고 사물 구성, 공간 구성, 인물 구성, 주제화 구성으로 진행하는 것이 아동에게는 받아들이기가 쉽다(이근매, 최외선, 2007). 아울러 자폐성장애아동은 일반화 능력이 부족한 경향이 있기 때문에 다른 교과목에서 배운 인지 내용을 미술 활동에 접목하여 통합적인 수업으로 인한 인지 발달적 측면을 보완할 수 있다.

자폐성장애아동에게 미술치료는 미술 활동을 매개로 자연스럽고 비강압적이면서도 직접적인 방법으로 접근하게 하여 많은 자극을 주고 상호작용을 유도하여 고립적 세계에서 비고립적 세계로 인간과의 접촉을 맛보게 할 수 있다. 미술을 통한

활동은 대상관계 이론의 핵심이 되는 초기의 내면화된 관계를 새롭게 내다보게 하며 미술치료 관계에서 안전한 틀을 제공하여 그 안에서 대상의 세계를 연구하고 경험하게 한다. 특히 놀이의 한 형태로서의 미술 활동은 타인과의 접촉과 상호작용이 활발하도록 도움을 주고, 나아가서 대인기피적 행동 및 행동 발달을 개선시키며 표현 활동을 증가시키는 데 도움을 준다(이근매, 권명옥, 2004).

자신의 손도장 찍기, 표정 그리기, 얼굴 그리기, 자신의 모습 표현하기 등 자신의 신체를 이용한 활동은 자폐성장애아동에게 자신을 인식하게 하고 타인에 대한 관심을 갖게 하여 치료사를 모방하거나 치료사에게 요구하기, 치료사가 건네는 물건 받아 사용하기 등 사회적 행동을 향상시키며, 이는 신체를 탐색하고 인식함으로써 타인과의 상호작용을 높일 수 있는 기회를 제공하여 사회성에 향상을 가져왔다(오가영, 2011).

미술치료에서 나타나는 인사하기, 지시 따르기, 또래와 어울리기 및 과제에 대한 자발적 참여 같은 행동 변화는 일상생활 수준의 기능 향상과 학습 수행 능력에 긍정적인 영향을 미친다(이경원, 2007). Malchiodi(2012)는 자폐성장애아동이 미술 활동을 통하여 의사소통 능력과 이해력, 감각문제를 다루는 능력의 향상, 운동 기술 증진, 적응적인 생활 기술 증진, 사회성 기술 개발, 감정 자극과 이해 증진 등 다양한 효과를 거둘 수 있다고 보고하였다. 특히 미술 활동 중 재료를 친구들과 나누어 쓰고, 공동작업을 하며, 규칙을 지키는 등의 경험을 통하여 타인과의 사회적 경험을 하고 다른 사람의 관점을 이해하는 능력을 기르게 된다. 미술 활동 중 이러한 경험을 자연스럽게 유도할 수 있으며, 사회적 기술을 습득하게 할 수 있다.

요약하면 자폐성장애아동은 미술 활동을 통하여 눈·손 협응 등의 신체 발달을 도모할 뿐 아니라 언어발달 및 의사소통 능력 배양, 자기표현력과 사회성 향상, 일상생활 및 학업 수행 능력을 키울 수 있다. 나아가서 정서적 안정감, 행복감, 자신감, 성취감을 갖게 되며 문제행동 감소의 효과도 거둘 수 있다. 결과적으로 자폐성장애아동의 미술 활동은 아동의 발달 전반에 걸쳐 긍정적인 의미가 있는 것으로 사료된다.

## 3. 장애아동 미술매체의 효과

미술치료에서 미술매체는 필수적인 도구다. 매체(medium)는 영어 'media'의 복수형으로서 라틴어로 '중간의'를 나타내는 'medius'에서 유래되었으며, 매체 또는 수단으로서 특정한 의사나 사실을 전달하는 도구라고 할 수 있다. 우리가 말하는 미술영역에서의 매체는 회화, 조각 등 예술표현의 수단 혹은 수단에 쓰이는 재료를 통틀어 말한다. Landgarten(1987)은 미술치료에서의 매체는 아동이 미술작품을 만들 때 영향을 주고 동시에 아동의 시각과 촉각에 영향을 미친다고 하였으며, 사용되는 매체의 특성이 아동의 심리상태를 강화시키거나 소멸시킬 수 있고 자기표현의 자유에도 영향을 미칠 수 있다고 하였다.

또한 미술의 가치는 재료를 가지고 특정한 활동을 하는 활동적인 사람이 될 수 있다는 것이며, 미술매체와 함께 놀이를 통하여 통제력을 습득할 수 있다는 것에 있다(Rubin, 2009). 미술치료의 시각적 본질은 그 자체로 자신 및 타인의 감정을 읽고 이해할 수 있도록 돕고, 안전하고도 침착하게 감정 표현을 하도록 돕는다. 따라서 미술매체의 구체적인 시각 및 감각 재료는 아동에게 중요한 생활과 상호작용 또는 사회성 기술에 대한 자각을 가능하게끔 유도할 수 있는 구조화된 환경을 제공한다(Malchiodi, 2012).

이에 매체를 그리기매체, 판화매체, 콜라주매체, 조형매체, 종이매체, 협동표현매체, 기타 미술매체 등으로 구분하여 효과를 살펴보고자 한다.

### 1) 그리기매체

#### (1) 그리기매체의 종류

그리기매체는 건식매체와 습식매체로 나눌 수 있다. 건식매체로는 파스텔, 오일파스텔, 크레파스, 연필, 색연필, 수성색연필, 사인펜, 목탄, 콩테, 마커펜, 매직펜과 볼펜, 분필 등이 있으며, 습식매체로는 수채물감, 아크릴물감, 유화물감, 포스터컬

러, 구아슈, 염료, 칠보유약, 마블링물감 등이 활용되고 있다.

(2) 그리기매체의 효과성

장애아동에게는 난화와 자유화 등이 많이 활용되고 있다. 난화를 통해 낙서를 하면서 그림에 대한 긴장이 완화되고 흥미 및 치료에서 필요한 감정적 퇴행을 유발하게 된다. 또한 자유로운 점과 선의 율동 및 리듬, 섬세함과 번짐의 효과 등을 통해 소근육 운동뿐만 아니라 눈과 손의 협응 능력, 그리고 시지각 발달 및 회화성까지 긍정적인 영향을 미친다.

선행연구를 살펴보면, 자폐성장애아동의 그림에서 초기에는 매우 많은 선이 난화적인 느낌을 주었으나 점점 매우 간결해진 표현이 나타났다고 하였다(임호찬, 최중길, 2006). 자신의 감정을 그림으로 표현해 보고, 자신이 생각한 사물이 완성된 결과물로서 눈앞에 나타나게 되는 미술 활동은 아동에게 자신이 무엇인가 스스로 성취했다는 자신감을 강화시켜 주며 이러한 내적 자아의식의 형성은 불안을 감소시키며 아동기 또래친구들과의 관계 형성에도 긍정적이다. 즉, 처음에는 크레파스만 사용하였다가 물감으로 바탕을 칠하거나 지점토에 물감을 섞어서 활동하며 점차 매체에 대한 두려움과 새로운 매체에 대한 회피 경향도 줄어든다(이근매, 김혜영, 2002). 크레파스는 쉽게 칠할 수 있는 매체로 친숙하게 작업을 시작할 수 있으며, 물

[그림 4-7] 자유화 '공룡시대'

[그림 4-8] 크레파스 상호색채분할법

감과 함께 사용하기 때문에 물과 기름이 갖는 배타성을 이용하여 크레파스로 그린 그림은 더욱 선명하게 나타나는 특성이 있다(전순영, 2011).

## 2) 판화매체

### (1) 판화매체의 종류

판화는 특정한 형태를 조각하여 잉크나 물감 등을 찍어서 제작할 수 있으며 모양이 조각되어 있는 도장이나 종이, 휴지 등을 찍는 기법 또한 활용되고 있다. 따라서 판화를 제작할 때는 나무판, 고무판, 조각도, 동판 등의 매체가 사용되며, 이 밖에 종이, 휴지, 신문지, 동전 등의 찍기 매체 역시 사용할 수 있다.

### (2) 판화매체의 효과성

판화기법은 판화를 만드는 작업과 찍는 작업으로 나뉘는데 조형물을 파고 긁어서 만드는 작업으로 욕구를 표출할 수 있으며, 만들어진 형태를 통해 성취감을 맛볼 수 있다. 이후 찍기 작업을 하면서 카타르시스를 느낄 수 있고 공격성을 표출할 수도 있다. 또한 아동과의 관계 형성 및 아동이 매체에 대한 흥미를 갖게 하는 데 도움을 준다.

신문지, 화장지, 잡지 등을 찢기, 찢은 종이 흩뿌리기, 입으로 불기 등의 행동으로 자폐성장애아동의 물건 던지기와 같은 행동이 감소한 연구에 따르면, 이는 물건을 던지는 행동에 대한 긍정적 대체행동을 실행한 결과인 것으로 나타났다(박주연, 이병인, 2007). 즉, 신문지를 찢고 뿌리는 과정에서 내면의 분노를 표출하고 마음의 안정을 얻은 것이다(안혜숙, 2012). 종이 찢기는 분노 표출을 통해 카타르시스를 경험할 수 있게 하며, 이때 사용하는 신문지는 용지의 재활용과 백지에 대한 부담을 줄여 주고, 화장지는 부드럽고 쉽게 찢어져 사용이 용이하다(전순영, 2011).

[그림 4-9] 종이 구겨 찍기

[그림 4-10] 고무판화

## 3) 콜라주매체

### (1) 콜라주매체의 종류

콜라주매체는 잡지 그림 콜라주가 보편적이며 원하는 사진이 있는 잡지와 종이, 풀, 가위만 있으면 실시할 수 있다. 기법에 따라 색지, 엽서 등을 사용하기도 한다.

### (2) 콜라주매체의 효과성

콜라주 작성 과정은 아동에게 심리적 퇴행과 카타르시스를 경험하게 한다. 작품 그 자체가 내면을 표현하고, 붙여진 것의 상징직 의미를 맛보게 하는 것이 치료와 연결된다. 아동의 콜라주 작품은 치료사와 의사소통하는 것을 도와 신뢰감을 형성하게 하기도 하며, 자신의 갈등 상황을 콜라주를 통해 치료사가 알아차리도록 하기도 한다.

콜라주 기법은 언어 표현보다 정확하고 집약적이며, 매체의 사용이 간편하여 잡지, 종이, 풀, 가위만 있으면 어디에서든지 실시할 수 있다는 장점이 있다. 도입 또한 간편하여 특별한 기술적 능력이 없어도 간단하게 유아부터 노인에 이르기까지 누구든 연령을 불문하고 표현할 수 있다.

장애아동 및 청소년을 대상으로 하는 경우에는 증상에 따라 다양한 제작 기법 등

[그림 4-11] 콜라주: 내가 관심 있는 것

[그림 4-12] 동물콜라주가족화

을 활용하는 것이 효과적이다. 가위질을 통해서 감각 기능을 향상시키며 풀칠을 통해서 집중력을 높이는 효과가 있다. 또한 종이 위에 작품을 구성하면서 통합성을 기를 수도 있다. 나아가 사진 조각을 통해 아동의 관심사를 파악할 수 있고, 심리적 안정을 도모할 수도 있다. 단, 자폐성장애아동의 경우에는 기질적 증상의 정도에 따라 주의해서 사용할 필요가 있다. 예를 들면, 똑같은 모양만 반복해서 잘라 붙이는 경우 콜라주를 통해 고착 증상을 심화시키게 될 수도 있다.

## 4) 조형매체

### (1) 조형매체의 종류

조형매체는 건조매체과 습식매체가 있다. 건조매체로는 발포석고, 벽돌, 아이소핑크, 우드락, 폼보드, 목재, 비누, 철사, 모루, 끈류, 솜, 상자, 자연물, 스팽글, 수수깡 등이 있으며, 습식매체로는 소조매체인 찰흙과 지점토, 종이죽, 데코레이션 점토, 유토, 컬러 클레이, 석고 등이 활용되고 있다.

### (2) 조형매체의 효과성

조형매체는 조형 활동으로서 수공 활동을 통해 스스로를 바람직하게 성장시키는 가운데 신체적 · 언어적 · 정서적 · 사회적 발달까지 이룰 수 있게 하는 광범위한 영향을 미친다(김정미, 1999). 자폐성장애아동에게 미술치료는 보고 만지고 조작하고 발산하는 자기표현 활동으로 그리기, 만들기, 꾸미기 등의 활동이 자유로운 놀이의 형태로 나타나고, 재료와의 자연스러운 만남을 통해 경험을 즐기며 조형 활동의 즐거움을 갖도록 한다(박은혜 외, 2004). 이근매와 최외선(2007)은 색종이의 색을 통해 각 사물의 형태를 인지할 수 있게 하고, 종이를 접고 붙임으로써 소근육 발달에 도움을 준다고 하였다.

특히 소조매체를 통해 자유로운 형상과 충동에 의한 형태 조작이 가능하므로 아동이 힘껏 쥐고 굴리고 주무르고 치는 등의 활동을 할 수 있다. 이러한 활동을 통해 아동의 억압된 감정을 소조매체에 이입시킴으로써 감정을 이완시킬 수 있다. 특히 점토는 촉각적이고 운동 감각적인 측면 때문에 아동에게 익숙한 매체로 점토를 만질수록 근육 향상에 도움이 된다(김성민, 2008).

점토를 뜯고 뭉개고 두드리는 행동을 통해 반항적인 행동을 표현함으로써 대리만족을 느낄 수 있으며, 이로 인해 정서 안정과 주의집중 지속에 도움을 줄 수 있다(이근매, 이선임, 정옥남, 2005). 부드러운 촉감의 점토를 통한 활동은 쾌감과 친근감을 줌으로써 마음의 갈등을 해소시키고, 찰흙을 마음껏 치고 두드리고 주무르는 과정에서 공격 에너지가 긍정적으로 분출된다(최영희, 2002). 점토의 촉감은 포근하여 무엇인가 만들고 싶게 만들며 마음먹은 대로 변형할 수 있기 때문에 그 특성 자체로서 치료의 효과가 있다(박자영, 2008).

조형재료로서 유토는 소근육 협응을 호전시키기 위한 유용한 매체로 손가락이나 손바닥으로 누르고 주무르고 구멍을 뚫는 작업이 가능하다. 찰흙이나 지점토에 비해 손에 묻지 않고 부드러우며 딱딱하게 굳지 않아 아동이 원하는 형태를 여러 번 만들 수 있고, 수분이 증발하여 갈라지는 현상을 막을 수 있어 자유롭게 제작할 수 있으며, 작업 실패에 대한 불안을 완화시켜 준다(영남대학교 미술치료연구회, 2011).

이러한 측면에서 볼 때 조형 활동은 자폐성장애아동에게 흥미를 유발시켜 여러 가지 감각을 경험하고 즐길 수 있게 한다. 그리고 이러한 가운데 정서 안정과 감정 표현 및 상호작용을 원활하게 하며, 동시에 주의집중을 지속시켜 부적응 행동을 개

[그림 4-13] 컬러점토 찍기

[그림 4-14] 점토로 포도 만들기

선할 수 있는 수단으로서 매우 유익하게 사용할 수 있다.

## 5) 종이매체

### (1) 종이매체의 종류

종이매체는 도화지나 켄트지 같은 종이와 색종이, 화선지, 한지, 장지, 섬유, 수채화 용지, 색켄트지 등을 사용한다.

### (2) 종이접기의 효과성

아동에게 종이접기는 다양한 경험과 활동을 통해 공간 감각을 촉진시킬 수 있는 활동이다. 종이접기는 단순한 접기를 토대로 조형물을 만드는 형태까지 발전할 수 있으며, 응용 형태를 만듦으로써 새로운 아이디어를 창출해 낼 수도 있다. 또한 종이접기는 단순하게 접는 과정을 통해 새로운 조형물을 만들어 낼 수 있으므로 창의성을 신장시킬 수도 있으며, 창조적 의지와 능력을 발전시킬 수 있으므로 아동이 자기 작품에 기쁨을 느끼고 자신감을 갖게 만든다. 아동은 종이접기를 하는 동안 모든 작품에는 순서와 법칙이 있다는 것을 배우게 되며, 비례에 대한 감각을 키울 수 있다. 하나의 완성 작품을 만들면서 창작의 즐거움을 얻으며, 한 가지에 집중하는 학습 습관을 기를 수 있다.

[그림 4-15] 색종이 접어서 꾸미기

장애아동 및 청소년에게도 종이접기 활동은 효과성을 발휘한다. 우선, 장애아동의 주의집중에 도움이 되며, 기억력 향상에도 도움이 된다. 발달장애아동은 일반적으로 비장애아동에 비해 정보를 저장하는 능력과 재생하기 위해 정보를 조직화하는 능력에 어려움이 있어 기억력에 결함을 갖는데, 모든 종이접기 활동은 기본형 접기가 수없이 반복되어 자연스럽게 반복학습을 할 수 있고, 여러 단계를 거쳐야 작품이 완성되므로 과정을 기억해 내는 노력 또한 자연스럽게 이끌어 낼 수 있다. 또한 모델링을 보고 따라할 수 있어서 지시 따르기 교육이나 학습 태도 또한 형성하기 좋은 매체다. 종이접기는 장애아동의 자아개념에 긍정적인 영향을 미치는 등 그 효과성 역시 입증되어 있다.

## 6) 협동표현매체

### (1) 협동표현매체의 종류

협동표현매체로는 기법에 따라 다양한 매체가 활용된다. 주로 사포, 크레파스, 유성매직펜, 호일 등으로 협동화를 그리기도 하며 자연물, 색습자지, 석고 본뜨기, 콜라주 등으로 협동작품을 구성하기도 한다.

### (2) 협동표현의 효과성

협동작업은 큰 작품을 여러 명이 분담하여 짧은 시간에 완성함으로써 성취감을 맛보게 할 수 있다. 집단에서는 집단원들이 각자의 특기와 특성을 발휘할 수 있어 자신의 역할을 함으로써 작업에 대한 긍지와 자신감을 갖게 된다. 협동작업에서는 주제와 방법의 토론, 일과 역할의 분담, 지도자의 선정 등 민주적 절차를 거치며, 작업 도중에 의견을 제시할 수 있다. 기능과 창의력이 뛰어난 소수에 의해 새로운 생각과 활력을 얻을 수 있지만, 반대로 다수에 의해 개인의 능력을 발휘하지 못할 수도 있다. 또한 제작 과정에 있어서 자신의 책임을 자각하고 제작 의욕을 지속시키면서 일의 결과에 대해 공동으로 보상을 받을 수도 있다.

장애아동의 경우 협동작업을 통해서 또래친구들을 배려할 수 있게 되고 공동체 의식을 가지며, 집단의 질서와 관계를 경험하고 상호작용에 필요한 기술을 습득하게 된다. 특히 사포협동화는 검은 사포에 그림을 그리고 채색을 함으로써 발색을 통해 흥미를 유발시킬 수 있다. 아울러 집단원 모두가 협동작품을 만듦으로써 집단원 간의 의사소통 능력이 향상될 수 있다.

## 7) 기타 미술매체

### (1) 기타 미술매체의 종류

기타 미술매체로는 면도크림, 밀가루풀, 비눗물, 밀가루, 색모래 등이 있다.

### (2) 기타 미술매체의 효과성

물감 및 면도크림 등 기타 미술매체를 이용한 활동은 아동에게 내재되어 있는 억압된 감정을 표출하게 함으로써 공격성을 감소시킬 수 있도록 돕고 감정을 이완시킬 수 있도록 돕는다(이병주, 2013). 면도크림은 향기로 인해 색다른 즐거움을 주며, 손으로 거품을 내는 감각적인 놀이는 감정 이완에 도움이 된다. 물감은 다양한 색의 변화, 물의 변화 및 도구의 변화로 다양한 특성을 지니며, 심리적으로 미술작업에 쉽게 접근할 수 있는 이완 특성이 있어 아동의 긴장을 줄여 준다. 자신의 감정을 그림으로 표현해 볼 수 있고 자신이 생각한 사물이 완성된 결과물로 눈앞에 나타나는 미술 활동은 아동이 무엇인가 스스로 성취했다는 자신감을 강화시켜 주며, 이러한 내적 자아의식의 형성은 불안을 감소시키고 아동기 또래친구들과의 관계 형성에도 긍정적이다. 즉, 처음에는 크레파스만 사용하고 바탕은 물감으로 칠하거나, 지점토에 물감을 섞어서 활동하면서 점차 매체에 대한 두려움이 줄어들고 새로운 매체에 대한 회피 경향도 줄어들었다(이근매, 김혜영, 2002). 크레파스는 쉽게 칠할 수 있는 매체로서 친숙하게 작업을 시작하도록 할 수 있으며, 물감과 함께 사용하여 물과 기름이 갖는 배타성을 이용해 크레파스로 그린 그림이 더욱 선명하게 나타나게 할 수 있다(전순영, 2011). 이울러 지기표현 및 감정 표현을 촉진시키며 치료에 있어서 자발성 및 집중성을 증가시킨다.

물감을 활용한 도장 찍기나 데칼코마니 작업은 미술작업에 대한 어려움 없이 쉽게 작업을 시작할 수 있게 도와 자발성과 신뢰감을 증진하는 데 도움이 된다(전순영, 2011). 물감을 이용하여 겹치기, 뿌리기, 번지기 등의 다양한 기법 또한 구사할 수 있으며 감정 표현에 도움을 줄 수도 있다. 더불어 손과 비눗방울, 종이죽 등의 매체를 활용함으로써 여러 가지 사물을 연상하게 할 수 있고, 억압된 감정을 자연스럽게 표출시켜 스트레스를 해소하는 데도 도움을 줄 수 있다. 소금과 여러 가지 색깔의 파스텔로 문지르기는 촉각적 경험을 통해 소근육 운동을 활성화할 수도 있으며(박주연, 이병인, 2007), 매체에 대한 호기심과 흥미감을 유발하고, 색, 형태, 질감 등을

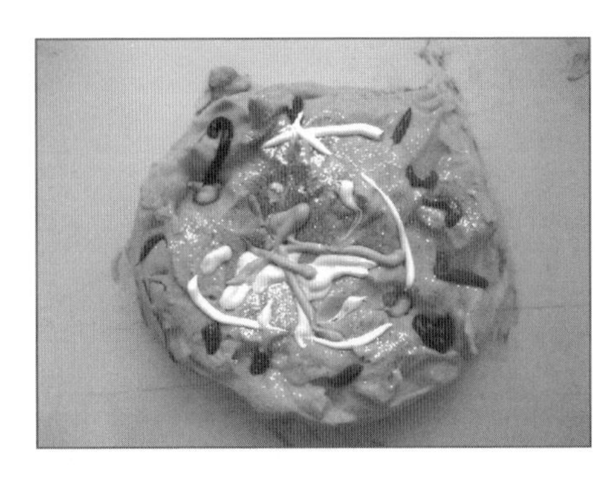

[그림 4-16] 면도크림 케익 만들기

[그림 4-17] 핑거페인팅

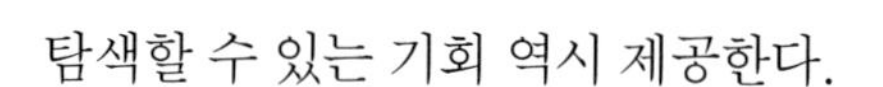

탐색할 수 있는 기회 역시 제공한다.

앞서 살펴본 것과 같이 장애아동에게 있어 다양한 미술매체는 각각 고유의 특성과 효과를 가지고 있으며, 아동의 수준에 맞게 활용될 때 보다 효과적이다.

제5장

# 감각통합과 미술치료

## 1. 감각통합의 개념과 특성

감각통합은 환경적 자극을 처리하고 분석하고 정리하고 반응하는 뇌의 능력이다. 본질적으로 이러한 능력은 우리가 환경과 상호작용할 수 있게 하고, 인지적, 정서적 발달의 토대를 마련하는 것이다(Greenspan & Wieder, 1998). 감각통합 기능장애는 뇌가 하나 이상의 감각 입력으로 하나 이상의 것들을 할 수 없을 때 발생한다. 예를 들어, 아동이 청각적 감각통합 기능장애를 가지고 있다면 소리를 처리하거나 의미 있게 구성하거나 어떻게 반응해야 하는지 이해할 수 없을 수 있다. 부모와 교사들은 완벽한 청력을 보여주는 시험 결과에 당황할 수 있다. 아동은 청각 입력을 받지만 뇌는 청각 입력을 기능적으로 통합하지 못하는 것이다. 이러한 통합의 부족은 감각 입력에 대한 과잉민감성(또는 과민감성), 과소민감성(감각 방어성 또는 저민감성이라고도 함) 또는 비조직적 접근으로 나타날 수 있다(Kranowitz, 1998; Miller et al., 2004).

감각통합(sensory integration)은 치료사, 건강 관련 전문가, 교육자에게 혼란스럽게 사용되는 용어로서, 감각통합 기능장애(sensory integrative dysfunction), 감각처리장애(sensory processing disorder), 감각조절(sensory modulation), 감각 다이어트(sensory diets) 등으로 사용된다. 작업치료사인 Ayres가 감각통합의 개념을 소개한 엘리너 클라크 슬래글 강의(Eleanor Clark Slagle Lecture)(Ayres, 1963)를 한 후 45년 동안 감각통합 연구 및 실제 분야는 엄청난 성장을 보여 왔고, 계속해서 작업치료 분야 안팎에서 강한 반응을 불러일으키고 있다.

## 1) 감각통합의 개념

Ayres는 1972년에 "자신의 신체와 환경으로부터 감각을 조직하고 환경 내에서 신체를 효과적으로 사용하는 것을 가능하게 하는 신경학적 과정"으로 감각통합을 정의하였다. 감각통합은 하나의 이론이다. 모든 이론과 마찬가지로 감각통합은 관찰된 현상을 설명하기 위한 제안으로 일련의 가정이 있다. Ayres(1972)가 기술한 바와 같이, 감각통합은 "사용하기 위한 감각 정보의 조직화"로서 감각에서 뇌로 오는 정보를 수신, 등록, 조정, 조직, 해석함으로써 우리가 세상을 이해할 수 있게 해주는 신경학적 과정이다.

Ayres는 일부 아동은 의도적 행동에서 관찰되는 어려움으로 나타나는 감각통합 손상이 있다고 가정했다. 이러한 감각통합의 기능장애는 일부 아동이 새로운 기술을 배우고, 스스로 조직하고, 주의를 조절하고, 학교 또는 놀이 활동에 참여하고, 긍정적인 사회적 경험에 참여하는 데 어려움을 겪는 이유를 설명할 수 있다.

Sherrington과 다른 연구자들의 연구를 바탕으로 1950년대에 뇌와 행동 사이의 관계를 조사함으로써 감각통합의 이론과 관련 중재 기법을 개발하기 시작했다. 1960년대에 Ayres는 "숨겨진 장애(hidden disabilities)" 또는 "감각통합 과정의 기능장애(dysfunction in sensory integrative processes)"를 인식하고 설명했으며(Ayres, 1963, 1968), 이를 나중에 감각통합 기능장애( sensory integrative dysfunction)라고 하였다. 그녀는 "신체와 환경의 감각을 해석하는 결함과 학업 또는 운동 학습의 어

려움 사이의 관계를 설명"하기 위해 이론을 창안했는데, 이것을 감각통합 이론(sensory integration theory)이라 한다. 감각통합 이론은 감각처리가 정서 조절, 학습, 행동, 일상생활 참여와 연결된다고 제안하는 것이다. Ayres 감각통합 이론은 개인이 왜 특정한 방식으로 행동하는지 설명하고, 특정한 어려움을 개선하기 위해 중재를 계획하고, 중재 결과로서 행동이 어떻게 변화될 것인지를 예측하는 데 사용된다. 구체적으로 이 이론은 다음을 설명한다.

- 신체와 환경으로부터 감각 정보를 처리하고 통합하는 신경학적 과정
- 정서 조절, 학습, 행동, 일상생활에의 참여 대한 기여
- 경험적으로 도출된 감각통합 장애
- 중재 접근

중재 접근으로 감각통합치료(sensory integration therapy)는 감각처리에 기능적 장애가 있는 사람들의 평가와 처치를 위한 임상적 준거 틀로 사용된다. Ayres(1979)는 감각통합 중재를 "작업치료의 전문 영역"으로 간주했다. 따라서 감각통합 관점에서의 평가 및 중재는 감각통합 또는 감각처리장애와 관련된 작업 수행 및 참여에 어려움이 있는 아동을 치료할 때 작업치료 종사자가 가장 일반적으로 사용하는 것이다.

## 2) 감각통합의 특성

감각통합 또는 감각처리장애를 가진 아동들은 다음과 같은 특성을 보인다.

- 분노가 고조되고, 통제가 필요하고, 쉽게 좌절하고, 지나치게 순응하고, 감정적으로 반응하여 감정적 또는 행동적 반응을 조절하는 데 문제가 있다.
- 때때로 특정 감각에 대해 과소반응을 보인다. 예를 들어, 전화를 받거나 만지는 것 또는 높은 통증 역치를 알아차리지 못한다.
- 소리, 움직임, 심지어 만지는 것에도 매우 민감하다.

- 무관심하고 무기력해 보이며 '자기만의 세계'에 사는 것 같다.
- 미성숙한 협응력, 빈약한 운동 능력, 계획의 협응력 및 운동 능력과 함께 서투른 필체 능력으로 대부분 서투른 것처럼 보인다.
- 수면 패턴이 좋지 않다.
- 움직임을 좋아하고 뛰어다니기, 물건이나 사람과 충돌하기, 점프하기, 끊임없이 회전하는 것과 같은 강렬한 압력을 추구한다.
- 근육량이 적고 푸석푸석해 보인다.
- 쉽게 피곤하고 종종 구부정한 자세를 취한다.
- 주의집중 시간과 정신 집중력이 약하고 쉽게 산만해질 수 있다.
- 미끄럼틀이나 그네와 같이 움직임에 기반한 장비와 장난감을 피한다.
- 식사 습관이 제한되어 매우 까다롭게 먹는 것으로 알려져 있다.
- 또래 친구들과의 관계가 어려워 친구 관계를 유지하는 데 어려움을 겪는다.
- 손톱 자르기, 신발 끈 묶기, 옷 입히기, 머리 감기, 스스로 먹기, 심지어 머리 빗기와 같은 자기 관리 활동을 하는 동안 종종 괴로움을 느낀다.
- 일상의 변화나 다른 활동 간의 전환을 받아들이는 데 문제가 있다.
- 의사소통이 늦어지고 사회적 기술이 발달하지 않아 양방향 상호작용을 하기 어렵다.
- 다른 아동들과 노는 방법을 아는 데 어려움을 겪고 혼자 노는 것을 선호한다.
- 큰 움직임으로 너무 빨리 이동한다.
- 너무 가볍거나 너무 세게 쓰는 것과 같이 너무 많은 힘으로 작업을 수행한다.

다음은 감각통합 또는 감각처리장애와 관련된 몇 가지 특징이지만 감각처리장애로 고통받는 아동에게서 항상 발견되는 것은 아니다.

- 계획과 순서가 좋지 않다.
- 놀이 기술이 좋지 않다.
- 학교와 가정에서도 지시를 따를 수 있다.

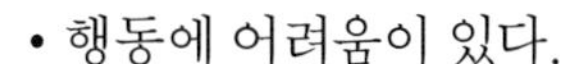

- 행동에 어려움이 있다.
- 언어를 사용하여 생각, 감정, 사고를 적절하게 표현한다.
- 소근육과 대근육 운동 기술 모두에 문제가 있다.
- 때때로 또래들과 의미 있는 상호작용을 할 수 있다.
- 조직 기술이 좋지 않다.
- 작업 기억이 좋지 않다.
- 실행 기능이 좋지 않다.

감각처리장애의 특성을 언급한 후에도 일부 부모는 여전히 자녀가 감각처리장애를 가지고 있다는 것을 어떻게 알 수 있는지에 대해 혼란스러워할 수 있다. 감각처리장애는 미각, 촉각, 청각과 같은 하나의 감각에만 영향을 미칠 수 있거나, 하나 이상의 감각에 영향을 미칠 수 있으며, 사람들은 이 감각 정보에 대해 과도하게 또는 과소하게 민감하게 반응한다. 증상은 감각 방아쇠와 감각처리 문제 유형인 두 가지에 따라 다르다. 아동에게 감각처리장애가 있는지 알고 싶다면 다음과 같은 증상을 살펴봐야 한다.

### ① 감각 회피

아동들은 감각 회피(sensory avoiding)에 직면했을 때 극단적으로 행동할 수 있다. 감각 과부하는 감각 붕괴의 원인이 될 수 있으며, 아동이 이것을 통제할 수 없기 때문에 울화와 유사하지 않다. 아동은 사람이나 장소에 쉽게 휩쓸리거나 붐비는 모임에서 조용한 장소를 찾는다. 아동은 갑작스럽고 큰 소리에 쉽게 놀라고 종종 빛에 괴로워한다. 사람을 만지거나 껴안고 싶지 않으며 특정 음식 냄새에 강한 반응을 보인다.

### ② 내수용감각

내수용감각(interoception)은 신체에서 덜 알려진 감각 중 하나이며, 자신의 신체에서 일어나는 일을 느끼게 하는 것이다. 내수용감각에 문제가 있는 아동은 배변 훈련에 문제가 있고 예상치 못한 통증 역치를 가질 수 있다. 고유수용감각과 전정 감각(공간 방향 감각)도 아동의 감각처리장애에서 역할을 할 수 있다.

③ 감각 추구

감각 입력에 민감한 아동은 민감한 상황에 직면할 수 있으며 종종 움직임, 신체 접촉 및 압박의 필요성을 느낄 수 있다. 이 아동들은 위험을 감수할 가능성이 더 높으며, 종종 몸을 꿈틀거리고 안절부절못하며, 다른 사람의 개인 공간을 침범하고, 종종 서투르고 조화롭지 못하다.

## 2. 감각통합의 영역별 특성

### 1) 감각조절장애

#### (1) 감각과잉반응

감각과잉반응(sensory over-responsivity)은 대부분의 사람에 비해 감각 자극에 더 민감하다는 것을 의미한다. 감각과잉반응을 가진 사람들은 감각에 너무 많이, 너무 쉽게, 너무 오랫동안 또는 강렬하게 반응하는 경향이 있다. 이로 인해 감각에 압도되어 싸움이나 도피 반응으로 이어질 수 있다.

#### (2) 감각과소반응

감각과소반응(sensory under-responsivity)은 개인을 조용하고 수동적으로 만들 수 있다. 과소반응을 보이는 개인은 자극에 반응하지 않거나 강도가 평소 수준이 아닐 수 있다. 즉, 감각 자극을 인지하지 못하는 경향이 있고, 반응이 지연되거나, 반응이 둔하거나, 보통 사람에 비해 반응 강도가 약하다. 그들은 감각 입력을 감지하지 못하기 때문에 자기에게 몰두하거나 위축된 것처럼 보일 수 있다. 반응이 느린 아동은 너무 덥거나 너무 차가운 것을 인식하지 못하기 때문에 스스로를 다치게 할 수 있으

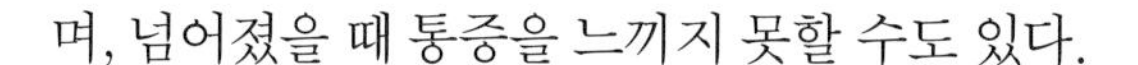
며, 넘어졌을 때 통증을 느끼지 못할 수도 있다.

#### (3) 감각갈망

개인은 감각갈망(sensory craving)으로 감각 자극을 적극적으로 찾는다. 즉, 감각 자극을 받는 경향이 있지만 자극을 받으면 혼란스러워지고 더 많은 갈망이 충족되지 않는다. 그들은 끊임없이 움직이고, 충돌하거나 사물에 부딪치거나 항상 점프하는 경향이 있다. 그들은 모든 것을 원하거나 만질 필요가 있거나 개인 공간을 이해하지 못한 채 애정을 표현한다.

### 2) 감각기반장애

#### (1) 통합운동장애/운동계획장애

발달협응장애(developmental coordination disorder: DCD)라고도 하는 실행 장애는 신체 협응에 영향을 미치는 상태이다. 즉, 숙련된 움직임, 특히 새로운 움직임 패턴을 생각하고, 계획하고, 실행하는 데 어려움이 있다. 이 문제가 있는 개인은 감각 정보를 적절하게 처리할 수 없기 때문에 새로운 운동 활동을 계획하고 수행하는 데 어려움을 겪는다. 이러한 개인은 종종 서투르고 사고를 당하기 쉽다.

#### (2) 자세장애

자세장애(postural disorder)는 현재 환경이나 당면한 운동 과제의 요구를 충족시키기 위해 운동 중 또는 휴식 시 신체의 안정화에 어려움을 유발한다. 신체 위치를 인식하는 데 어려움이 있고, 핵심 안정성에 의존하는 제대로 발달되지 않은 움직임 패턴이 있다. 이것은 신체적 약점과 약한 지구력을 유발한다. 좋은 자세 조절은 손을 뻗고, 밀고 하는 등의 작업을 가능하게 한다. 그러나 자세 조절이 좋지 않으면 개인이 좋은 서거나 앉는 자세를 유지할 수 있는 신체 조절 능력이 없음을 의미한다.

## 3) 감각구별장애

감각구별장애(sensory discrimination disorder)가 있는 개인은 자극의 감각 특성을 결정하는 데 어려움을 겪는다. 이것은 그들이 자극의 질에 의미를 부여하거나 적절하게 해석하지 못하게 한다. 예를 들어, P와 Q를 혼동하거나 'cat'을 'cap'과 혼동할 수 있으며, 정보를 처리하는 데 시간이 걸릴 수 있다.

### (1) 청각구별장애

청각구별장애(auditory discrimination disorder)는 들리는 자극을 해석하는 데 문제가 있다. 예를 들어, 이런 사람은 'cap' 또는 'pack'이 들리는지 모를 수 있다.

### (2) 시각구별장애

시각구별장애(visual discrimination disorder)는 보이는 자극을 해석하는 데 문제가 있다. 예를 들어, 이런 사람은 쓰인 단어 'was'와 'saw'의 차이를 보는 데 어려움을 겪을 수 있다.

### (3) 촉각구별장애

촉각구별장애(tactile discrimination disorder)는 접촉을 해석하는 데 문제가 있다. 예를 들어, 이러한 사람은 동전이 니켈인지 쿼터인지 터치로 구분하지 못할 수 있다.

### (4) 전정구별장애

전정구별장애(vestibular discrimination disorder)는 공간을 통해 또는 중력에 대항하여 신체의 움직임에서 오는 자극을 해석하는 데 문제가 있다. 예를 들어, 이런 사람은 좌회전인지 우회전인지 구분하지 못할 수 있다.

### (5) 고유수용성구별장애

고유수용성구별장애(proprioceptive discrimination disorder)는 근육과 관절을 사용

하여 경험하는 감각 자극의 특성을 해석하거나 결정하는 데 문제가 있다. 예를 들어, 이러한 사람은 물건을 부수지 않고 얼마나 세게 쥐어 짜낼 수 있는지 모를 수 있다.

#### (6) 미각구별장애

미각구별장애(gustatory discrimination disorder)는 맛을 해석하거나 결정하는 데 문제가 있다. 예를 들어, 이러한 사람은 약간 단 음식과 매우 단 음식을 구별하지 못할 수 있다.

#### (7) 후각구별장애

후각구별장애(olfactory discrimination disorder)는 냄새를 해석하거나 결정하는 데 문제가 있다. 예를 들어, 이러한 사람은 토스트 조각에 문제가 있음을 감지할 수 있지만, 토스트 조각이 타는지 여부를 알지 못할 수 있다.

#### (8) 내수용감각장애

내수용감각장애(interoception disorder)는 신체 기관으로부터의 감각 메시지를 해석하거나 결정하는 데 문제가 있다. 예를 들어, 이러한 사람은 방광이 꽉 찬 느낌이나 너무 배부르거나 배고픈 느낌을 느끼지 못할 수 있다.

## 3. 감각통합 미술치료

감각처리장애가 있는 아동이 계속 기능하고 일상생활 활동에 참여할 수 있도록 돕기 위해 치료에서 권장하는 몇 가지 전략 또는 팁이 있다.

### 1) 일반적 전략

다음의 활동은 경고하거나 진정되도록 할 수 있다.

- 경고 활동에는 달리기, 뛰기, 한 발로 뛰기, 건너뛰기 또는 트램펄린 사용이 포함된다.
- 진정 활동은 힘든 일이라고 생각되는 활동이다. 무거운 작업 활동에는 밀기, 당기기, 나르기, 줄다리기 또는 탁자에 책 나르기와 같이 아동이 손이나 다리로 체중을 지탱해야 하는 활동이 포함된다.
- 경고 활동과 진정 활동의 조합은 아동의 하루에 포함하는 것이 좋다.
- 무거운 작업 활동: 무거운 작업 활동은 감각 입력에 과민하게 반응하는 아동을 진정시킬 수 있고, 과소반응/감각 추구를 하는 아동의 초점을 다시 맞추는 데 도움이 될 수 있으며, 감각에서 정보를 등록하는 것이 느린 아동의 신체 인식을 높이는 데 도움이 될 수 있다. 무거운 작업 활동에는 밀기, 당기기, 들기, 나르기 및 체중 부하와 같은 자신의 몸을 사용하는 것이 포함된다.
- 다음과 같은 주변 환경을 고려한다.
  - 취침 시간에 눈에 거슬리는 장난감이 침실에 너무 많은가?
  - 아동이 힘들 때 갈 수 있는 곳, 마음의 안정을 찾을 수 있는 곳이 있는가? (예: 텐트, 앉아 있을 때 아래로 기어가는 큰 콩 주머니)
- 학교나 치료실 복도의 소음에 쉽게 주의가 산만해지는 출입문에 너무 가까이 앉는가? 수업이나 활동 시간에 화장실을 드나드는 사람들에게 쉽게 주의가 산만해지는 화장실 가까이에 앉는가?
- 주니어 또는 시니어 크기의 '움직이는 앉기' 쿠션을 수업용 의자에서 시험해 볼 수 있다. 앉는 데 어려움이 있는 저반응/감각 추구자에게 앉아 있는 동안의 움직임을 제공할 수 있다.

## 2) 특정 감각 요구를 지원하기 위한 전략

### (1) 과잉 반응성

촉각통은 과민 반응/감각 민감하거나 접촉을 피하는 아동에게 사용할 수 있다. 피부에 깊은 압력을 가하는 것도 진정될 수 있으며, 특정 질감/물건의 가벼운 접촉

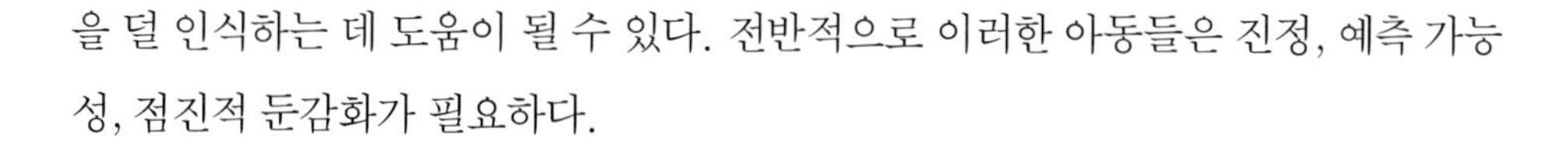

을 덜 인식하는 데 도움이 될 수 있다. 전반적으로 이러한 아동들은 진정, 예측 가능성, 점진적 둔감화가 필요하다.

- 뚜껑이 달린 작은 수납함을 사용하여 촉각통을 만들 수 있다. 그것들은 모래, 쌀, 면봉, 죽 조각, 밀가루, 물로 채워질 수 있다.
- 솜, 밀가루, 쌀, 죽 조각, 모래를 사용하여 건조한 촉각통에 손을 넣도록 유도한다. 재미있게 만든다. 한 번에 한 가지 촉각으로 작업한다.
- 아동들이 눈을 뜨고 눈을 감은 상태에서 찾을 수 있도록 물건을 촉각통에 숨긴다.
- 아동이 질감에 손을 넣는 것을 꺼리는 경우, 차를 몰고 쌀을 통과하거나 모래 위를 인형으로 모래 위를 걸어가게 한다.
- 아동이 양손으로 즉시 통에 뛰어들 수 있고 묻힌 손을 견딜 수 있을 때 물/얼음, 목욕 거품, 액체 생성 거품 씻기, 면도 크림, 물과 섞은 밀가루, 죽/밀가루, 플레이도우 또는 수제 반죽 등의 물기 있는 질감을 도입한다.
- 필요한 경우 아동이 헹궈낼 수 있도록 항상 물이나 수건을 근처에 둔다.
- 아동이 다양한 건조하고 습한 질감을 손으로 만지는 것이 편할 때, 새로운 음식을 먹을 때 더 기꺼이 입에 넣을 수 있다.
- 아동이 만지거나 만지는 것에 예민한 반응을 보일 때는 깊은 압박이나 과중한 활동을 하는 것이 좋다. 무거운 작업/깊은 압박감을 진정되고 아동이 촉각, 특히 가벼운 촉감에 대해 덜 인식하게 된다. 예를 들어, 가벼운 포옹보다는 곰의 포옹, 꽉 껴안는 것을 즐길 수 있다. 당신의 아동은 머리를 감을 때 머리에 물이 차는 느낌을 덜 의식하도록 손으로 깊은 압력을 가할 필요가 있을 것이다. 이것은 씻기 전에 머리 마사지의 형태일 수 있다. 손톱깎이 전에 손톱을 브러시로 닦을 수 있는데, 이는 손톱깎이가 다가오는 가벼운 촉감이나 느낌에 덜 민감하게 만든다.
- 화장지가 너무 딱딱하면 물티슈를 시험해 볼 수 있는가?
- 타월이 피부에 너무 딱딱하게 느껴질 때 가운/목욕 가운을 사용해도 되는가?

- 아동이 옷에 불편함을 느끼면 태그를 제거한다.
- 아동이 견딜 수 있는 옷으로 작업한다. 여기에는 헐렁한 티셔츠가 포함될 수 있다.
- 이음매 없는 양말을 고려한다.
- 교복이 불편할 경우 가능하다면 학교 운동복을 착용한다.
- 아동은 음식을 시도하는 것을 꺼려하거나 특정 질감을 싫어하거나 새로운 음식을 시도하는 것을 회피할 수 있다.
- 아직 아동이 건조하거나 젖은 질감을 손으로 만지는 것을 불편하게 여긴다면 이러한 질감을 입에 넣는 것이 덜 편안할 것이다.
- 손에 닿았을 때의 감촉을 아동이 편안하게 느낄 수 있도록 촉각 상자를 설치한다. 건조한 질감으로 시작하여 반쯤 젖은 다음 젖은 상태로 이동한다.
- 새로운 음식을 맛보는 즐거움을 선사한다. 시식 세션을 식사 시간에서 멀리 이동한다.
- 시식한 것, 좋았던 것, 싫어하는 것, 소스가 있는 것, 굽거나 튀긴 것, 소금이 더 많았으면 하는 것 등의 음식 차트를 작성한다.
- 식사 시간에 시도한 새로운 음식을 천천히 통합한다.
- 식사 시간에는 접시를 사용하여 테이블 주위에 놓고 음식을 가져오는 것을 고려한다. 이렇게 하면 음식이 식탁 주위를 지나갈 때 음식의 시각과 냄새에 익숙해질 수 있다.
- 아동의 식단이 걱정되면 일반의, 보건 간호사 또는 치료사가 영양사에게 의뢰할 수 있다. 영양사는 자녀의 키, 체중, 체질량 지수를 보고 현재 식단의 영양소와 필요한 경우 새로운 식품을 통합하는 방법에 대해 지원할 수 있다.
- 치약의 맛을 가공하기 어렵다면 집에서 체험해 볼 수 있는 무향/민트 무첨가 치약이 있는가? 이에 관하여 자녀의 치과 의사와 상의할 수 있다.
- 냄새 맡는 게임을 한다. 뭐가 될 수 있었는지? 눈을 감을 수 있다. 아이가 좋아하는 향/에센셜 오일을 찾아본다. 아동이 불쾌한 냄새를 느낄 때 이것을 가까이에 둘 수 있다. 향이 나는 마커로 색칠한다.

- 전기 청소기/진공 청소기와 같이 다가오는 큰 소음이나 소리에 대해 아동을 대비할 수 있는가? 예를 들어, "준표야, 여기에서 전기 청소기를 사용하려고 하는데, 약간 시끄러울 수 있어. 내가 전기 청소기를 사용하는 동안 장난감을 다른 방으로 가져가렴." "희수야, 우리는 공중 화장실에 갈 예정이고 핸드 드라이어는 약간 시끄럽지만 너무 큰 소리로 들리면 손으로 귀를 막으면 된단다."와 같이 말할 수 있는가?
- 시끄러운 시간에 사용할 수 있는 헤드폰, 이어머프, 이어 디펜더가 있는가? 이것은 소음이 너무 커서 자녀가 한 번에 처리할 수 없는 공공 모임 시간에 사용할 수 있다.
- 헤드폰을 통해 바람, 비, 새, 파도 소리를 들으며 새로운 소리에 익숙해진다.
- 반사되는 빛을 줄인다.
- 조명을 어둡게 한다. 컬러 전구를 고려한다.
- 의류와 장난감을 통해 새로운 색상을 소개한다.
- 선글라스는 차 안에 둔다.
- 직사광선을 피해 아동의 책상을 옮기거나 좌석을 옮긴다.

(2) 과소 반응성

- 아동이 스스로 이 움직임을 시도하는 시간을 줄이기 위해 하루종일 주의를 기울이고 힘든 활동을 할 수 있는 기회를 더 많이 만든다.
- 경계 활동(alerting activity)은 아동이 차분해지고 탁자 위에서 일하거나 야드 시간을 마치고 교실로 돌아가기 전에 다시 집중할 수 있도록 도와주는 무거운 일과 함께할 수 있다.
- 과중한 활동을 포함하여 취침 시간에 휴식을 취하는 루틴이 필요할 수 있다.
- 취침 시간이 가까워지면 스크린 타임을 줄여야 한다.
- 아동이 안정과 이완을 취하는 데 도움이 되도록 침대 위에 더 무거운 담요를 깔아 놓는 것이 도움이 될 수 있다.
- 숙제를 완료하기 위해 앉아 있을 때 무게가 있는 빈백/쿠션을 무릎에 놓을 수

있다.

- 주니어 또는 시니어 크기의 '앉아 움직이기' 쿠션을 의자에 놓을 수 있다. 이것은 그들이 앉아 있는 동안 추구하는 움직임을 제공할 것이다.
- 스킨십을 할 수 있는 물건을 제공하거나 필통의 지퍼에 스킨십을 할 수 있는 열쇠고리를 부착하는 것을 고려한다.
- 촉각통, 모래 통/상자, 베이킹, 어질러 놓는 놀이, 예술 및 공예품을 사용하여 하루에 더 많은 접촉 기회를 제공한다.

하루에 불고, 빨고, 씹고, 으깨는 기회를 더 많이 포함한다. 이것들은 핥는 것보다 더 많은 감각 입력을 제공한다.

- 거품 불기, 빨대로 솜 불기.
- 식사 시간에 규칙적으로 유리잔에 빨대를 꽂거나 빨대가 있는 물병을 하루 종일 사용한다.
- 진동 칫솔 사용을 권장한다.
- 도시락에 넣을 음식은 말린 과일, 롤/베이글, 그래놀라 바, 당근 조각, 사과와 같은 바삭바삭하고 쫄깃한 것은 담는다.
- 호루라기 불기
- 아동이 집이나 교실에서 음식이 아닌 것을 계속 씹는다면 '츄이즈' 펜슬 탑이나 쫄깃한 팔찌를 주는 것을 고려해 본다.

이러한 아동은 무기력해 보이고 쉽게 피로해지며 촉각, 시각, 소리를 제대로 등록하지 못하는 것처럼 보일 수 있다. 물건에 쉽게 부딪힐 수 있다.

- 무기력하거나 졸려 보이는 경우 주의와 집중을 요하는 작업 이전에 더 많은 경고 활동/움직임 휴식을 포함한다.
- 관절 주위의 근육을 깨우는 데 도움이 되는 협응이 필요한 활동을 하기 전에 과

중한 활동을 한다.

- 아동은 책상 위에 물병을 놓고 하루 종일 규칙적으로 한 모금씩 마셔 정신을 차릴 수 있다.
- 아동이 조심성 있고 활동적인 상태를 유지하기 위해 안절부절하는 장난감의 이점을 누릴 수 있다.
- 주니어 또는 시니어 크기의 '앉아 움직이기' 쿠션을 의자에 놓아 앉아 있는 동안 움직임을 제공하여 경계를 유지하는 데 도움이 될 수 있다.
- 학습에 다감각 접근 방식을 사용하고, 색상 대비를 높이고, 형광펜을 사용하고, 목소리를 높이고, 반복을 사용한다.
- 공부 지역에 밝은 조명을 고려한다.
- 색 구분과 색 사용을 많이 하면 정리와 디테일에 도움이 된다.

### 3) 감각통합장애아동을 위한 미술치료

창의적인 미술 활동은 아동이 자신의 환경에 대한 통제감과 숙달감을 얻고, 자기표현, 자기 인식, 자존감을 키울 수 있는 독특한 방법을 제공할 수 있다. 이것은 특별한 요구를 가진 아동, 자폐스펙트럼장애아동, 기타 발달장애아동에게도 마찬가지이다. 그러나 이러한 아동들은 다양한 미술 재료에 대한 반응에 영향을 미칠 수 있는 "감각" 문제 또는 감각통합 장애가 있다. 그렇기 때문에 훈련되고 자격을 갖춘 미술치료사 또는 관련 전문가가 아동을 평가하고 감각 문제가 있는 아동을 돕는 동시에 창의적 표현에 참여할 수 있는 맞춤형 프로그램을 만드는 것이 중요하다.

아동은 하나 또는 여러 감각 영역에서 결함을 경험할 수 있다. 가장 흔히 관찰되는 것은 시각 처리, 청각 처리, '촉각 방어'(특정 질감 및 접촉에 대한 혐오)이다. 숙련된 치료사와 함께 미술 활동을 하면 재미있고 위협적이지 않은 방식으로 이러한 문제를 해결할 수 있다. 또한 아동이 새롭고 창의적인 표현을 경험할 수 있도록 한다.

### (1) 시각적 기법

미술 활동은 시각적 양식이지만 시각적 처리 문제가 있는 아동은 활동을 효과적으로 수행하기 위해 조정, 구체적인 단계, 촉구가 필요할 수 있다. 때때로 페이지 테두리를 사용하면 이미지 만들기를 포함하는 데 도움이 된다. 흰 종이에 어두운 색을 사용하거나 검은 종이에 흰 분필을 사용하면 대비를 극대화할 수 있다. 더 두꺼운 크레용과 마커를 사용하면 시각적 초점을 더 강하게 만들 수 있다. 또한 치료사는 점선으로 아동이 선이나 모양 주위를 추적하도록 '시작'으로 통합할 수 있다. 또 다른 처리 기법은 재료를 시계처럼 하나씩 제시하는 것이다. 또한 작업 공간에서 너무 많은 재료를 제시하는 것을 피해야 한다.

### (2) 청각 처리 문제에 대한 유용한 기법

- 구두 지시를 수화 또는 손동작과 결합한다.
- 미술 활동이 조용한 방이나 지역에서 진행되는지 확인한다.
- 방향을 제시할 때 특정 미술 프로젝트의 사진 또는 '표본'을 활용한다.
- 지시에 따라 한 활동에서 다른 활동으로 전환할 때 시각적 신호(예: 방에서 깜박이는 조명 켜고 끄기)를 사용한다.

### (3) 촉각 방어의 의미

주요 원인은 기본적으로 들어오는 자극을 필터링하는 역할을 하는 뇌의 중앙 영역의 신경학적 와해이며, 모든 외부 촉각 자극을 충분히 차단하지 못하여 아동이 입력을 극단적이고 불편하게 인식하게 할 수 있다. 촉각 감각 입력을 처리하는 중추신경계 능력이 왜곡되어 아동에게 큰 불편을 주는 것이다. 그들의 뇌는 미묘한 감각을 극도의 자극이나 통증으로 인식할 수 있으며, 찡그린 얼굴을 하거나 자극에서 멀어지는 것과 같은 비정상적으로 반응하는 방식으로 반응할 수 있다.

감각 기반 미술 활동은 아동들이 부담 없이 창의적인 표현에 참여할 수 있도록 하는 유용한 활동이다. 이러한 접근 방식을 사용하여 미술치료사는 촉각 문제의 심각성을 평가하고, 아동이 이 영역에서 내성을 키울 수 있도록 도울 수 있다. 촉각 방어

의 성격에 따라 미술치료사는 미술 활동 내에서 재료를 사용하거나 재료를 가지고 노는 별도의 활동으로 사용할 수 있다. 이것은 재미있고 위협적이지 않은 방식으로 아동을 둔감하게 만드는 과정을 시작하는 것이다.

다음은 자주 사용되는 미술과 놀이 자료이다.

- 옥수수 전분과 물놀이('끈적끈적한 물질' 생성)
- '텍스처 콜라주'를 만들기 위한 깃털, 셔닐, 폼폼
- 식용색소와 다양한 용기를 이용한 물놀이
- 반죽, 퍼티 및 기타 모델링 화합물 재생
- 끈, 펠트, 기타 공예 재료
- 모래-미술
- 면도 크림 핑거 페인팅
- 쌀, 갈가리 찢긴 휴지

목록은 계속 추가되고 치료사는 참여를 장려하기 위해 아동의 관심에 맞는 방법과 프로젝트를 만들 수 있다. 여기에서 주의할 점은 천천히 진행하고, 풍부한 촉각 재료로 아동을 압도하거나 과도하게 자극하지 않는 것이다. 아동이 앞장서게 하고 아동이 부정적인 반응을 보이면 메모를 하고 새로운 재료를 시도한다.

#### (4) 권고 사항

- 치료사는 감각처리장애를 진단으로 사용해서는 안 된다. 이러한 감각 증상이 나타나면 다른 발달장애, 특히 자폐스펙트럼장애, 주의력결핍 과잉행동장애, 발달협응장애 및 불안 장애를 고려해야 하며, 일반적으로 발달 및 행동 소아과 의사, 아동 정신과 의사 또는 아동 심리학자에게 적절한 의뢰를 통해 철저히 평가해야 한다.
- 치료사는 아동 발달 및 행동 문제에 대한 감각 기반 치료의 사용에 대해 제한된 자료를 인식하고 가족과 소통해야 한다.

- 치료사가 감각 기반 치료를 사용하는 아동을 관리하는 경우, 치료가 효과적인지 여부를 결정하는 방법을 가족에게 가르치는 데 중요한 역할을 할 수 있다.
- 가족이 치료 효과를 모니터링하는 간단한 방법을 설계하도록 돕는다(예: 행동 일지, 사전-사후 행동 평가 척도). 일상적인 활동(예: 집중하는 능력, 음식을 참는 능력, 시끄러운 방에 있는 능력)에 참여하도록 개인의 능력 향상에 초점을 둔 치료 시작 시 설계된 구체적이고 명시적인 치료 목표를 세울 수 있도록 가족을 돕는다.
- 치료가 명시된 목표를 달성하는 데 효과가 있는지 논의하기 위해 가족을 다시 만날 시간을 설정한다.
- 치료사는 치료가 제한된 자원, 특히 학교와 보험 적용 범위를 통해 제공되는 회기 수에 제한적이라는 점을 가족에게 알려야 한다. 가족, 소아과 의사 및 기타 임상의는 감각 문제가 아동기의 일상 기능을 수행하는 아동의 능력에 미치는 영향을 기반으로 치료의 우선순위를 정하기 위해 협력해야 한다.

제6장

# 정서행동장애와 미술치료

## 1. 정서행동장애의 정의와 특성

### 1) 정의

정서행동장애에 대해 보편적으로 인정되는 정의는 없다. 전문가들 사이의 불일치에는 정신역동, 생물물리학, 행동주의 등 다양한 이론적 모델, 모든 아동과 청소년들은 다른 시간과 다른 상황에서 부적절하게 행동한다는 사실, 정서와 행동을 측정하는 어려움, 수용 가능한 행동과 수용할 수 없는 행동의 측면에서 문화에 따른 차이가 포함된다. 유사하게, 이 집단을 설명하기 위해 사용하는 용어는 정서장애(emotionally disturbed), 행동장애(behaviorally disordered), 정서적 갈등(emotionally conflicted), 사회적 장애(socially handicapped), 개인적 장애(personally impaired), 사회적 손상(socially impaired) 등 매우 다양하다. 이러한 정의와 용어의 다양성은 "정상적인" 행동에 대한 사람들의 정의가 현저하게 달라짐에 따라 더욱 복잡해지고 있다.

우리는 각자 자신의 표준, 가치, 신념을 반영하는 개인적인 시선을 통해 행동을 본다. 당신에게 비정상적인 행동으로 보이는 것이 다른 사람에게는 정상적인 행동의 범위로 나타날 수 있다.

행동의 네 가지 차원은 대부분의 정서행동장애 정의에 공통적이다. 즉, 행동이 발생하는 빈도(또는 비율), 행동의 강도, 행동의 지속 시간, 행동의 연령 적합성이다. 행동 빈도는 행동이 얼마나 자주 발생하는지를 나타낸다. 강도는 행동의 심각성을 나타낸다. 지속 시간은 행동이 발생한 시간의 길이를 나타낸다. 또한 연령 적합성은 한 발달 수준에서 문제가 되는 것으로 간주되는 행동이 다른 연령에서는 상당히 전형적이거나 일반적일 수 있다는 것을 나타낸다.

정서행동장애에 대한 많은 정의 중에서 가장 영향력이 있었던 세 가지는 Eli Bower가 제안한 내용을 모델로 한 「미국장애인교육법(IDEA)」 또는 공법 108-446 (PL. 108-446)의 정의, 「미국장애인교육법」의 내용을 참고한 우리나라의 「장애인 등에 대한 특수교육법」의 정의, 행동 문제가 있는 아동과 관련된 전문 협회에서 제안한 정의이다. 「미국장애인교육법」에서는 정서행동장애를 설명하기 위해 정서장애 (emotional disturbance)라는 용어를 사용한다.

### (1) 「미국장애인교육법」의 정의

정서장애는 아동이 특수교육 서비스를 받을 자격이 있는 「미국장애인교육법」의 장애 범주 중 하나이다. 「미국장애인교육법」에서는 정서장애를 다음과 같이 정의한다.

> (i)[a] 장기간에 걸쳐 교육 성과에 부정적인 영향을 미치는 현저한 정도로 다음 특성 중 하나 이상을 나타내는 상태:
>
> (A) 지적, 감각적, 건강적 요인으로 설명할 수 없는 학습 무능력
>
> (B) 또래 및 교사와 만족스러운 대인관계를 구축하거나 유지할 수 없음
>
> (C) 정상적인 상황에서 부적절한 유형의 행동이나 감정
>
> (D) 불행이나 우울의 전반적으로 만연한 기분
>
> (E) 개인적 또는 학교 문제와 관련된 신체적 증상이나 두려움을 발전시키는 경향

(ii) 정서장애에는 조현병이 포함된다. 이 용어는 (i)에 따라 정서장애가 있다고 결정되지 않는 한 사회적으로 부적합한 아동에게는 적용되지 않는다.(PL 108-446, 20 CFR § 300.8[c][4])

1970년대 중반 공법 94-142가 통과된 이후 이 정의는 두 가지만 변경되었다. 첫째, 원래 이 범주에 포함되었던 자폐증은 1990년에 별도의 장애 범주가 되었다. 둘째, 1997년 이전에 사용된 용어는 심각한 정서장애(serious emotional disturbance)였다.

현재의 정의와 달리 Bower의 정의는 사회적 부적응자(socially maladjusted)로 간주되는 아동을 배제하지 않았다. 오히려 Bower는 정의의 다섯 가지 구성 요소가 사회적 부적응의 지표가 되도록 의도했다. 사회적 부적응의 정의에 대해 많은 전문가적 이견이 있지만 다음과 같은 것이 일반적이다.

사회적으로 부적응한 아동은 정서적이 아닌 사회적 행동이 의미 있는 규범적 성장과 발달을 저해하는 학생이다. 특히, 그들은 권위를 무시하거나 도전하고, 사회의 규범적 기대와 관련하여 일반 학교에서 요구되는 최소한의 행동 기준을 충족하기를 거부한다. …… 그들은 만성적인 사회적 범죄자이다(Raiser & Van Nagel, 1980, p. 519).

사회적 부적응은 아동과 청소년 사이에 빈번하게 나타나는 품행장애(conduct disorders)와 동일시되며, 특수교육 및 관련 서비스에서 배제하려는 많은 시도가 있었다.

### (2) 우리나라의 「장애인 등에 대한 특수교육법」의 정의

5. 정서・행동장애를 지닌 특수교육대상자

장기간에 걸쳐 다음 각 목의 어느 하나에 해당하여, 특별한 교육적 조치가 필요한 사람

가. 지적 · 감각적 · 건강상의 이유로 설명할 수 없는 학습상의 어려움을 지닌 사람

나. 또래나 교사와의 대인관계에 어려움이 있어 학습에 어려움을 겪는 사람

다. 일반적인 상황에서 부적절한 행동이나 감정을 나타내어 학습에 어려움이 있는 사람

라. 전반적인 불행감이나 우울증을 나타내어 학습에 어려움이 있는 사람

마. 학교나 개인 문제에 관련된 신체적인 통증이나 공포를 나타내어 학습에 어려움이 있는 사람

「미국장애인교육법」과 우리나라 「장애인 등에 대한 특수교육법」에서 제시한 정서행동장애의 정의는 그 내용이 동일하다. 이 두 법의 정의는 명확하고 간단하게 보인다. 이 법에서는 반드시 충족되어야 하는 세 가지 조건, 즉 만성성(장기간에 걸친), 심각성(명확한 정도), 학교에서의 어려움(교육적 성취에 부정적인 영향을 미치는)을 확인한다. 그럼에도 이 두 법의 정의는 매우 모호한 측면이 있다.

만족스럽거나 부적절하다는 용어는 무엇을 의미하는가? 학생 행동에 대한 교사 관용의 차이, 학생 행동에 대한 교사와 학부모의 기대 차이, 행동에 대한 기대가 민족 및 문화에 따라 다르다는 사실은 매우 주관적인 과정으로 정서행동장애아동을 의뢰하고 판별한다.

그리고 어떤 행동 문제들은 '사회적 부적응'을 나타내는 반면, 다른 것들은 진정한 '정서장애'를 나타낸다고 어떻게 결정하는가? 그들의 행동 때문에 학교에서 상당한 어려움을 겪고 있는 많은 아동은 그들의 문제가 단지 행동 장애나 규율 문제로 간주되기 때문에 법에 따른 특수교육을 받을 자격이 없다.

### (3) 행동장애아동협회의 정의

법적 정의의 문제에 대응하여 행동장애아동협회(Council for Children with Behavioral Disorders: CCBD, 2000)는 새로운 정의를 작성했다. 이 정의는 나중에 30개의 교육, 정신 건강 및 아동 옹호 단체로 구성된 조직인 국립정신건강 및 특수교육연합회(National Mental Health and Special Education Coalition)에 의해 채택되었으며, 이

후 미국장애인교육 정의에 대한 대체 제안으로 미국 의회에 제출되었다. 국립정신건강 및 특수교육연합회의 권고 중 하나는 심각한 정서장애라는 용어를 정서행동장애로 바꾸는 것이었다. 정서행동장애라는 용어는, 첫째, 더 큰 유용성, 둘째, 자신의 정서, 행동 또는 둘 다에 문제가 있는 학생을 더 잘 대표하고, 셋째, 정서장애보다 덜 낙인찍는 것이기 때문에 현재는 일반적으로 받아들여지고 있다. 행동장애아동협회의 정의는 다음과 같다.

> 1. "정서행동장애"라는 용어는 적절한 연령, 문화적 또는 민족적 규범과 너무 다른 학교 프로그램의 정서적 또는 행동적 반응으로 특징지어지는 장애로서, 그 반응이 학업적, 사회적, 직업적, 개인적 기술; 환경에서 스트레스가 많은 사건에 대한 일시적이고 예상되는 반응 이상; 적어도 하나는 학교와 관련된 두 가지 다른 장면에서 일관되게 나타난다. 일반 교육에 대한 직접 중재에 반응하지 않거나 아동의 상태가 일반 교육 중재가 불충분할 정도이다.
> 2. 다른 장애와 공존하는 장애를 말한다.
> 3. 이 용어는 만약 1에 설명된 교육 수행에 영향을 주는 정도로 아동에게 영향을 미치는 조현병, 정동 장애, 불안 장애 또는 기타 지속적인 행동 장애 또는 적응 장애를 포함한다.

이 정의의 장점은 장애의 교육적 차원을 명확히 한다는 것이다. 즉, 학교 환경에서 아동의 행동에 직접적으로 초점을 맞춘다. 적절한 연령, 민족 및 문화적 규범의 맥락에서 행동을 배치한다. 조기 판별과 중재 가능성을 높인다. 아마도 가장 중요한 것은 수정된 용어와 정의가 "사회적 부적응과 정서적 부적응 사이의 의미 없는 구분, 심각한 문제가 존재한다는 것이 이미 분명할 때 종종 진단 자원을 낭비하는 구분"을 요구하지 않는다는 것이다.

## 2) 특성

정서행동장애아동은 매우 이질적인 집단으로서, 이들의 특성은 매우 다양하다. 여기서 설명하는 정서행동장애아동의 특성이 모든 특성을 나타내는 것은 아니다. 오히려 각 아동은 강점과 요구 사항 모두에서 독특할 것이다.

### (1) 학습 특성

지적인 측면에서 정서행동장애아동에는 영재아동과 지적장애아동이 포함될 수 있지만, 일관된 연구 결과는 정서행동장애아동은 일반적인 지능 측정에서 평균보다 낮은 점수 범위에 있다는 것이다.

평균적인 지적 능력에도 불구하고 많은 아동이 경험하는 것은 만성적인 학업 실패이다. 정서행동장애아동은 일반적으로 상당한 학업 결함을 경험한다. 이 아동들 중 많은 수가 학년 수준의 기대치보다 1년 이상 낮은 성과를 보인다. 정서행동장애아동은 성적, 학년 유지, 고등학교 졸업률, 중퇴율, 결석 면에서 평균보다 훨씬 더 나쁘다고 보고되고 있다. 실제로, 정서행동장애아동은 다른 장애아동의 두 배 비율로 유지된다. 정서행동장애아동은 동기 부족이나 부적응 행동, 특히 외현화 장애와 관련된 행동으로 인해 학업에 어려움을 겪는지 여부는 불확실하다. 그럼에도 불구하고 이러한 아동들은 학업 실패의 위험이 매우 높다.

### (2) 사회적 특성

정서행동장애아동의 가장 두드러진 특징은 외현화 장애로 확인된 많은 수의 아동에서 알 수 있듯이 또래 및 성인과 만족스러운 관계를 구축하고 유지하는 데 어려움이 있다는 것이다. 이러한 아동 중 다수, 특히 공격적 행동을 보이는 아동은 또래와 성인 모두로부터 거부를 경험한다. 더욱이, 공격적 행동의 존재는 특히 유아기에 나타나는 경우 미래의 비행 및 투옥의 주요 예측 인자인 것으로 보인다. 정서행동장애가 있는 청소년에 대한 연구에 따르면 이 집단의 수감 비율이 매우 높으며, 이는 장애를 가진 모든 수감 청소년의 거의 절반을 나타낸다.

#### (3) 언어와 의사소통 특성

정서행동장애아동의 언어와 의사소통 특성에서, 특히 언어의 사회적 사용과 관련된 화용론 영역의 결함은 비교적 흔한 것으로 보인다. 또한 정서행동장애아동은 문장당 더 적은 단어를 사용하고, 주제에 머무르는 데 어려움이 있으며, 사회적 대화에 부적절한 언어를 사용한다. 그리고 정서행동장애아동은 수용 또는 표현 언어 및 화용론의 어려움과 같은 언어 결함을 자주 경험한다. 이러한 언어적 손상은 일부 정서행동장애아동에게서 흔히 볼 수 있는 도전적이고 파괴적인 행동에 크게 기여하는 것으로 보인다.

## 2. 정서행동장애의 원인

일부 정서행동장애아동의 행동은 너무 자기 파괴적이고 명백하게 비논리적이어서 그들이 어떻게 그렇게 되었는지 상상하기 어렵다. 이들의 비정상적인 행동을 설명하기 위해 수많은 이론과 개념적 모델이 제안되었지만, 개념적 모델에 관계없이 의심되는 원인은 생물학적 원인과 환경적 원인의 두 가지 주요 범주로 나눌 수 있다.

### 1) 생물학적 원인

대부분의 전문가는 정서행동장애의 발달이 생물학적 요인과 환경적 요인 모두에 기인한다는 데 동의하지만, 생물학적 요인이 여러 장애의 병인에 특히 영향을 미친다는 합의가 증가했다. 이러한 정서행동장애는 유전적 영향이나 생물학적 공격의 결과일 수 있다. 유전적 영향을 미칠 가능성이 가장 높은 장애에는 자폐증, 양극성 장애, 조현병, 사회 공포증, 강박 장애, 뚜렛 증후군이 있다. 부상, 감염, 납 중독, 영양 부족, 알코올, 불법 약물 또는 담배 연기에 대한 자궁 내 노출 등의 독소에 대한 노출과 같은 생물학적 공격도 정서행동장애의 발달에 영향을 줄 수 있다.

많은 연구에 따르면 영아의 기질, 즉 "어려운" 기질을 가지고 태어난 영아는 정서행동장애의 발달보다 먼저 나타날 수 있다.

정서행동장애아동의 최대 50%가 추가 장애를 가지고 있다. 예를 들어, 품행 장애가 있는 일부 학생은 우울증이 있으며, 이들은 종종 우울증의 가족력이 있다. 또한 부모의 우울증은 아동과 청소년이 불안 장애, 품행 장애, 알코올 의존을 일으킬 위험을 증가시킨다. 연구에 따르면 자살한 아동과 청소년의 90% 이상이 명백한 정서행동장애를 가지고 있다.

## 2) 심리사회적 요인

품행 장애에는 생물학적 요인과 환경적 요인이 모두 있으며, 발달에 상당한 심리사회적 위험 요인이 포함되어 있다. 부모의 불화, 부모의 정신 질환 또는 범죄 행위, 과밀한 가정, 대가족과 같은 환경적 요인은 품행 장애의 발병에 도움이 되는 조건을 초래할 수 있다. 특히 만약 아동이나 청소년이 적어도 한 명의 부모와 사랑하고, 양육적인 관계를 가지고 있지 않다면 품행 장애 발생의 요인이 된다. 다른 위험 요인으로는 조기 모성 거부, 가족 방임과 학대가 있다.

가난은 가족 스트레스 증가, 열악한 건강 관리, 성취도 저하, 기타 부정적인 결과로 이어지기 때문에 정서행동장애의 발병에 대한 중요한 위험 요인인 것으로 나타났다. 정서행동장애가 모든 사회경제적 계층에서 발생하지만, 가난에 처한 아동은 특히 높은 위험에 처할 수 있다.

최근 몇 년 동안 한 가지 중요한 발견은 생물학적 요인과 환경적 요인이 정서행동장애의 발달에 상호 종속적인 영향을 미친다는 것이다. 즉, 하나의 요인이 다른 하나의 요인에 직접적인 영향을 미칠 수 있다. 예를 들어, ADHD는 생물학적 기원을 가질 수 있지만, ADHD 아동 및 청소년의 문제행동은 그들의 삶에서 중요한 다른 사람들과의 관계에 영향을 미치고 변화시킨다. 이러한 교환에서 강압적 상호작용이 발생하여 상태를 악화시킬 수 있는 부정적인 환경을 조성할 수 있다.

많은 정서행동장애의 발달에서 아동 학대의 영향은 잘 알려져 있다. 아동 학대는

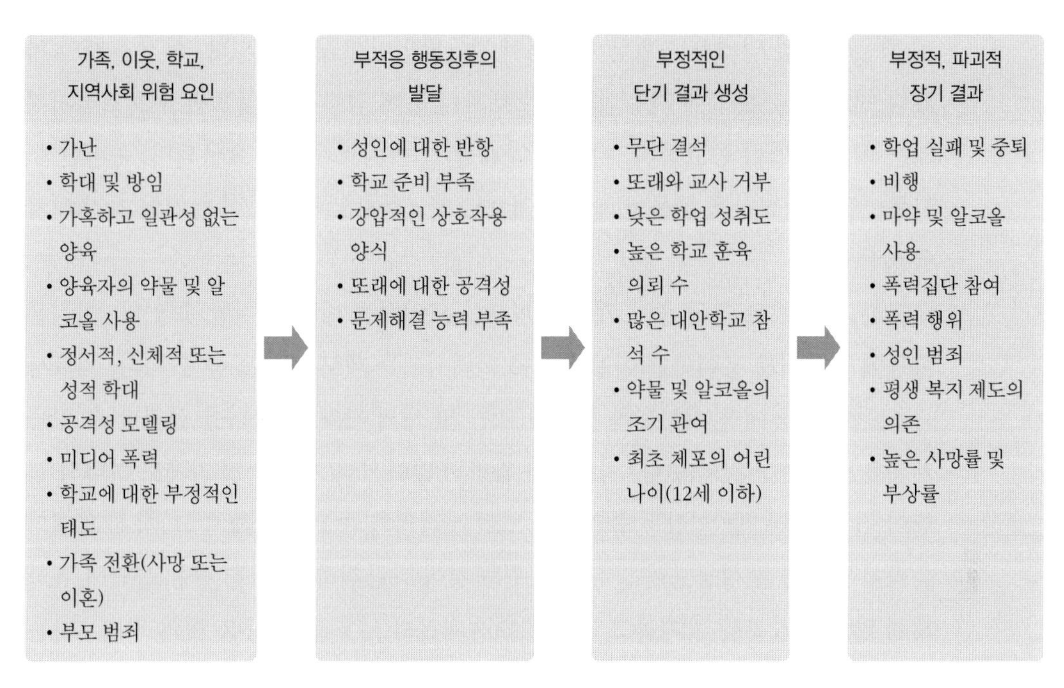


[그림 6-1] 정서행동장애의 진행 과정

우울증, 품행 장애, 외상 후 스트레스 장애, 비행, 주의력결핍 과잉행동장애와 같은 문제와 관련이 있다. 아동 학대에는 방임, 신체 학대, 성 학대, 정서 학대가 포함된다.

정서행동장애의 발달에 배타적으로 기여하는 것으로 생각되는 원인은 하나도 없다. 오히려 다양한 위험 요인의 복잡하고 다중 요인 상호작용은 부적응 및 기타 문제행동의 발달로 이어질 수 있다. 위험 요인의 수가 많고 아동이 더 오래 노출될수록 장기적으로 파괴적인 결과를 초래할 가능성이 커진다. 다음은 장기적이고 파괴적인 결과로 가는 가능한 경로를 보여 주는 것이다.

## 3. 정서행동장애아동의 미술치료

정서행동장애아동의 경우 그들의 행동 특성을 파악하여 부적절한 행동과 긍정적인 행동에 대한 설명을 포함한 체계적인 접근방법이 요구되고 있다. 이것은 개인 치료나 집단 치료 모두에 적용되는 것으로서 심하게 엄격하지 않으면서 흐트러지지 않는 치료 방법이 중요하다. 따라서 일관성 있는 치료계획이 요구되며, 준비단계, 활동, 토론, 정리단계 등을 통해 체계적으로 접근함으로써 아동이 현재의 자기 위치를 알게 한다.

또한, 미술치료 활동 중에 게임의 형태를 도입하는 방법을 취할 수 있다. 이것은 아동에게 동기를 부여하고 어떤 한계를 이해시키는 데도 도움을 줄 수 있다. 치료사는 모두가 활동에 참여하도록 하거나 또는 몇 개의 과제 중 하나를 선택할 수 있는 계획을 수립하는 것이 좋다. 치료시기 가만히 앉아서 지켜보는 것 자체도 하나의 선택이 될 수 있다. 좋은 활동 습관이나 노력은 격려해 주고 칭찬해 주고, 특히 과제의 출발점에서 높은 성공요인을 유도해 주는 것이 바람직하다. 나쁜 활동 습관이 유발되지 않도록 강화를 방지하고 잘못된 미술재료의 사용 습관 등은 벌의 기법보다는 정적 강화가 좋을 것이다.

치료사는 정서행동장애아동이 지닌 좌절감과 짧은 주의집중력을 인식할 필요가 있다. 예를 들면, 주의집중 문제를 해결하기 위해서 표현력을 증가시키는 방법을 이용하여 느낌에 대한 긍정적인 윤곽을 제공하고 격려할 필요가 있다. 또한 재료의 배분과 협동을 강조하는 것이 요구된다. 때문에 집단 미술치료 프로그램을 구성하여 협동심, 상호작용, 의사소통 능력 등을 높이는 것이 바람직하다.

정서행동장애아동 중에는 특히 위축된 아동이 있다. 이러한 아동들은 미술 활동 초기에 쉽게 당황하거나 거부감을 지니게 되므로 자신감을 심어 주기 위해 과제를 작은 단계로 나누어 실시할 필요가 있다. 지나친 미술 활동의 강요는 아동을 더욱 위축시킨다. 이러한 아동에게는 너무 큰 종이나 활동적인 매체 등을 제시하여 아동을 당황하게 만들 수 있기 때문이다. 경우에 따라서는 화선지를 색종이 크기로 잘라서 건네는 것이 효과적이다. 도입에 있어서는 비눗물 거품 내기나 파스텔 문지르기, 상호색채분할법 등으로 어느 정도 의욕과 흥미가 생긴 뒤 프로그램을 진행하는 것이 좋다. 지나친 미술 활동의 강요와 치료사의 적극적인 행동, 언어적인 질문 등은 아동을 더욱 위축시킬 수 있으므로 삼가는 것이 좋다. 흰색 종이보다는 미색지를 이용하고, 테두리 기법이나 큰 종이에 큰 붓을 사용하는 방법도 사용한다. 또한 핑거 페인팅이나 찰흙으로 만들기, 콜라주, 물감 묻혀 찍기 등도 좋은 활동이다.

결벽증을 가진 아동의 경우는 작업복을 입히거나 손이 더러워지지 않는 재료를 먼저 사용하고, 다른 아동들의 미술 활동을 견학하는 것도 좋다. 예를 들면, 찰흙보다는 콜라주가 좋다.

또한 치료사는 가족환경을 조사하여, 부모의 양육태도를 바로잡는 일도 치료에서 필요한 작업이다.

공격성이나 과잉행동 아동들을 치료할 때는 그 원인을 먼저 찾아보는 것이 좋다. 공격성이나 과잉행동 아동들은 미술 활동을 하기 전에 재료들을 파괴하는 경우가 많다. 이때는 찰흙과 같은 매체를 통해서 공격성을 표출시키고, 이완해 줄 수 있다. 과잉행동 아동들은 주의집중 시간이 짧고, 한 번에 여러 가지 작품을 만들려고 한다. 그래서 조형 활동의 마무리가 다른 아동에 비해 늦어지므로 한 번에 한 가지씩 끝낼 수 있는 단순한 과제를 제공해 주면서 활동을 시킨다. 과잉행동이나 충동성이 강한 아동들은 에너지를 감소시키는 것이 필요하므로 활동성이 많은 작업이나 종이 찢기, 반복적인 활동인 모자이크 활동 등도 좋다.

주의력결핍 과잉행동장애의 경우 짧은 집중력을 보이므로 미술치료 활동을 하는 데는 다음과 같은 기술을 필요로 한다. 우선, 자유로운 형태의 미술치료 활동(핑거페인팅, 드로잉)을 제공하여 흥미를 느낄 수 있도록 한다. 이런 활동은 자신을 표출하는 좋은 방법일 수 있다. 주의력을 높이기 위해서 제한시간을 주거나 활동의 종료를 알리도록 하며, 활동 시작 전에는 주변을 항상 청결히 하며, 주의집중에 도움을 주기 위해 자신이 편히 활동할 수 있는 자세를 허락해 준다. 그 외에 최대한 자신이 만족할 수 있는 모든 활동을 선택하게 해주도록 한다. 바닥에서의 미술 활동은 바닥의 접촉부위의 촉감이 아동들에게 편안함을 제공해 줄 수 있으므로 편안하게 활동할 수 있는 공간을 사용하는 것도 필요하다.

정서행동장애아동의 긍정적 행동을 촉진할 수 있는 몇 가지 치료 전략을 살펴본다.

① 선택의 기회를 제공한다

선택을 하도록 하는 다음과 같은 3단계 방법을 사용한다.

- 아동에게 최대 세 가지 선택지를 제공하고, 그중 하나만 선택하도록 요청한다.
- 결정을 하고 응답을 기다려야 하는 시간을 알려 준다.
- 아동이 선택한 것의 장단점을 완전히 인식할 수 있도록 선택지를 강화한다.

② 사전 검토하기를 한다

아동들에게 반성적인 질문을 하여 이전 치료 활동의 지식을 활성화한 다음 현재 치료 활동의 목적을 설정한다.

③ 기억전략을 지도한다

기억력 향상 도구를 사용하여 아동에게 특정 정보나 지식을 유지할 수 있도록 하기 위해 새로운 정보나 지식을 이전 정보나 지식에 연결하는 방법을 가르친다.

④ 과제의 난이도를 조정한다

아동의 능력에 맞게 치료 활동의 내용이나 과제의 난이도를 조정한다.

⑤ 개별화된 치료 활동을 계획한다

구체적인 치료 목표를 아동과 함께 결정한다. 치료 회기 수, 회기 내 치료 활동, 활동 내 과제나 내용 등을 더 작은 단위로 나눈다. 또한 치료 회기 활동의 진행 속도를 아동 자신의 속도로 이동하도록 한다. 활동이나 과제가 종결되면 즉시 피드백을 제공한다.

⑥ 치료 회기 동안 활동 간의 지속 시간을 조정한다

회기 동안 진행되는 하나의 활동에서 다음 활동이 제시되기까지의 시간을 조정해야 한다.

⑦ 생활 장면에서의 활동을 기반으로 치료 내용과 활동을 계획한다

이것은 문제가 발생했을 때 아동의 부정적 행동에 대해 논의하는 것이 수반되어야 한다. 그렇게 하면 아동이 이러한 변화를 유지하지 않을 때의 결과를 이해하면서 행동 변화를 위한 치료 활동을 더 잘 수용하게 된다.

제7장

# 학습장애와 미술치료

## 1. 학습장애의 정의와 특성

### 1) 정의

학습장애아동은 거의 항상 교실에 있었지만, 전문가들은 이 아동을 확인하고 그들의 특별한 요구를 인식하지 못했다. 이 아동들은 신경학적 장애(neurologically impaired), 지각 장애(perceptually disordered), 난독증(dyslexic), 학습 지진(slow learner), 교정적 독자(remedial reader), 과잉행동(hyperactive) 등 혼란스럽고 논란이 많은 다양한 꼬리표를 통해 알려져 왔다. 거의 40년 전, Cruickshank(1972)는 학습장애아동으로 알려진 아동들을 묘사하는 데 사용된 40여 개의 용어 목록을 출판했다. 또한 Deiner(1993)의 보다 최근의 분석은 학습장애아동을 특징짓기 위해 전문문헌에서 90개 이상의 용어가 사용되는 것을 발견했다. 학습장애와 관련된 논쟁과 혼란이 왜 발생하는지를 쉽게 알 수 있다.

학습장애를 지칭하는 용어의 다양성이 학습장애 정의의 다양성을 초래하였다. Vaughn과 Hodges(1973)는 38개의 정의를 확인하였고, Hammill(1990)은 11개의 정의가 있음을 확인하였다. 이렇듯 학습장애에 대한 많은 정의는 수년에 걸쳐 제안되고 논의되었다. 보편적으로 받아들여지는 것은 없지만, 가장 영향력 있는 세 가지 정의는 「미국장애인교육법」의 정의, 우리나라의 「장애인 등에 대한 특수교육법」의 정의, 학습장애아동협회(Association for Children with Learning Disabilities)에서 제안한 정의이다.

### (1) 「미국장애인교육법」의 정의

1975년 「전장애아동교육법(Education for All Handicapped Children Act)」이 제정된 후, 미국 교육부는 학습장애아동을 확인하고 정의하기 위한 부수적인 규칙과 규정을 개발하는 데 2년을 보냈다. 그 결과로 1977년 12월 연방 관보에 학습장애의 공식 정의가 발표되었다.

이 정의는 일반적으로 IDEA라고 불리는 「장애인교육법(PL 101-476)」에 유지되었으며, 1997년과 2004년 IDEA 재인가(PL 105-17, PL 108-446)에 몇 가지 단어 변경과 함께 통합되었다.

「미국장애인교육법」에는 특정 학습장애를 다음과 같이 정의한다.

> 일반적으로 "특정 학습장애"라는 용어는 언어, 말하기, 쓰기의 이해나 사용에 포함된 기본적인 심리적 과정에서 하나 또는 그 이상의 장애를 의미하며, 이 장애는 듣기, 생각하기, 말하기, 쓰기, 철자 능력 또는 수학적 계산을 수행하는 능력이 불완전하게 나타날 수 있다.
>
> 포함되는 장애: 이러한 용어에는 지각 장애, 뇌 손상, 최소 뇌 기능장애, 난독증, 발달적 실어증과 같은 상태가 포함된다.
>
> 포함되지 않는 장애: 이 용어에는 주로 시각장애, 청각장애, 운동장애, 지적장애, 정서장애, 또는 환경적, 문화적, 경제적 불이익의 결과인 학습 문제는 포함되지 않는다. (PL 108-466, Sec. 602[30])

IDEA 정의에는 추가로 주의할 두 가지 핵심 요소가 포함되어 있다. 한 가지 핵심 구성 요소는 학생의 학업 성취도와 학생의 예상 또는 가정된 능력 또는 잠재력 간의 불일치에 대한 것이다. 이러한 불일치는 학생의 전반적인 지적 능력(일반적으로 평균에서 평균 이상의 IQ)을 기반으로 예상되지 않는다. 이러한 불일치 요인은 많은 전문가들이 학습장애 정의의 필수 요건으로 간주한다. 예를 들어, 평균 이상의 지능을 가진 10세 아동이 자신의 실제 연령에 대한 기대치보다 1년 이상 낮은 수준으로 읽는 방법을 설명한다. 일반적으로 말해서 학습장애로 지정되기 위해서는 대부분의 경우 한 학문 분야에서 기대치보다 2년 이상 차이가 나야 한다. 불행히도 연방 정부는 "심각한 불일치"가 무엇을 의미하는지 규정하지 못했다. 초기에는 몇 가지 공식을 제공하여 불일치의 개념을 정량화하려고 시도했지만 그 노력은 비판과 혼란으로 이어졌다. 따라서 심각한 불일치를 정량화하는 방법 없이 규칙 및 규정이 게시되었다.

2004년 IDEA에서는 이 불일치 조항을 제거했다. 학습장애아동을 확인하기 위해 불일치 접근 방식의 사용을 금지하지 않지만, 아동의 학습장애 여부를 발견하는 또 다른 방법을 제공한다. 즉, 경험적으로 검증되고 과학적으로 기반을 둔 중재(중재에 대한 반응 또는 RTI로 알려진 절차)에 반응하는지를 결정하는 과정을 사용할 수 있다.

또한 학습장애는 감각장애, 지적장애, 정서적 문제 또는 환경적, 문화적 또는 경제적 불이익으로 인한 것이어서는 안 된다고 명시한다. 이것은 제외 조항으로 알려지게 되었다. 이 개념은 다른 장애를 가진 아동은 학습장애로 간주될 수 없다는 것을 시사하는 것이다.

### (2) 우리나라의 「장애인 등에 대한 특수교육법」의 정의

8. 학습장애를 지닌 특수교육대상자

개인의 내적 요인으로 인하여 듣기, 말하기, 주의집중, 지각(知覺), 기억, 문제 해결 등의 학습기능이나 읽기, 쓰기, 수학 등 학업 성취 영역에서 현저하게 어려움이 있는 사람이 정의는 미국의 「장애인교육법」에서 정의한 학습장애 판별 기준보다 훨씬 더 모호하다. 그 결과 우리나라에서 학습장애아동으로 확인되는 경우는 매우 어려운 상황이다. 전문가들마다 학습장애아동을 확인하고 분류하는 기준이 제 각각이어서, 다른 장애 범주로 확인되고 범주가 결정되어 적절하지 못한 서비스를 제공할 가능성과 위험이 있다.

#### (3) 학습장애아동협회의 정의

학습장애에 대한 정부 정의를 비판하면서 현재는 미국학습장애학회(Learning Disabilities Association of America)로 학습장애아동협회는 1986년 IDEA 정의에서 찾을 수 없는 몇 가지 핵심 요소를 통합하는 정의를 제안했다. 이 대체 정의는 학습장애의 평생 측면을 강조하고, 사회화 및 자존감 문제를 해결하고, 배제적 언어를 제거하고, 적응 행동(일상 생활 기술)이 이 장애로 인해 손상될 수 있음을 시사한다. 이 정의는 다음과 같다.

> 특정 학습장애(Specific Learning Disabilities)는 언어 및 비언어적 능력의 발달, 통합 및 시연을 선택적으로 방해하는 신경학적 기원으로 추정되는 만성적 상태이다. 특정 학습장애는 뚜렷한 장애 상태로 존재하며 그 징후와 심각도는 다양하다. 일생 동안 이 상태는 자존감, 교육, 직업, 사회화 및 일상생활 활동에 영향을 줄 수 있다.(Association for Children with Learning Disabilities, 1986, p. 15)

### 2) 특성

학습장애는 듣기, 추론, 기억, 주의력, 관련 자극에 대한 선택 및 집중, 시각 및 청각 정보의 지각과 처리 문제와 관련이 있다. 이러한 지각 처리 장애와 인지 처리 장애는 학습장애아동이 개별적으로 또는 복합적으로 경험하는 다음과 같은 특성의 근본 원인으로 간주된다. 즉, 학습장애는 읽기 문제, 서면 언어의 결함, 수학에서의 낮은 성취도, 낮은 사회적 기술, 주의력 결핍과 과잉행동, 행동 문제, 낮은 자존감/

자효감의 원인이다.

그러나 '전형적인' 학습장애아동 같은 것은 없다. 즉, 2명의 아동이 동일한 강점과 약점을 갖고 있지 않다. 한 아동은 한 영역에서만 결함이 있는 반면, 다른 아동은 여러 영역에서 결함을 보일 수 있다. 그러나 둘 다 학습장애아동으로 표시된다. 일부 아동은 인지 장애를 경험하고, 다른 아동은 운동 기술에 문제가 있을 수 있으며, 또 다른 아동은 사회적 결함을 보일 수 있다.

수년에 걸쳐 부모, 교육자, 기타 전문가들은 학습장애와 관련된 다양한 특성을 확인했는데, 다음과 같은 열 가지 속성이 자주 언급된다.

- 과잉행동
- 지각 운동 장애
- 정서적 불안정
- 협응 문제
- 주의력 장애
- 충동성
- 기억 및 사고 장애
- 학업상의 어려움
- 언어 장애
- 모호한 신경 징후

Lerner와 Johns(2009)의 목록에는 학습장애아동의 다음과 같은 학습 및 행동 특성이 포함되어 있다.

- 주의력 장애
- 운동 능력 저하
- 심리적 과정 결함 및 정보 처리 문제
- 효율적인 학습에 필요한 인지 전략 부족

- 구두 언어 장애
- 읽기 어려움
- 쓰기 언어 문제
- 사회적 기술 결함

모든 학습장애아동이 이러한 특성을 보이는 것은 아니며, 이러한 동일한 행동을 보이는 많은 아동이 교실에서 매우 성공적이다. 학교와 다른 곳에서 문제를 일으키는 것은 종종 행동의 빈도, 강도, 지속 시간이다. 또한 어떤 경우에는 특성이 모순된다. 결함이 나타나는 방식도 학년에 따라 다르다. 언어장애는 미취학 아동의 언어 지연, 초등학교 학년의 읽기 문제, 중등 수준의 쓰기 어려움으로 나타날 수 있다.

성별 차이는 학습장애를 인식하는 데 역할을 한다. 남아가 여아보다 학습장애로 확인될 가능성이 4배 더 높다. Lerner와 Johns(2009)는 "소년들은 신체적 공격성과 통제력 상실을 더 많이 나타내는 경향이 있는데 …… 학습장애가 있는 소녀들은 인지, 언어, 사회적 문제가 더 많고, 읽기와 수학에서 심각한 학업 성취 결함을 보이는 경향이 있다."(p. 16)는 것에 주목하였다.

학습장애는 주로 학업 문제와 관련된 특성을 넘어 광범위한 특성을 포함한다. 예를 들어, Mercer와 Pullen(2009)은 인지 및 사회적/정서적 요인도 핵심 요소라고 믿는다. 일반적인 인지 장애에는 주의력 결핍, 메타인지, 기억 및 지각이 포함된다. 사회적 문제와 정서적 문제에는 과잉행동, 낮은 자존감, 학습된 무력감이 포함된다.

#### (1) 학습 특성

대부분의 전문가는 학습장애아동의 주요 특성이 학업 성취의 결함이라는 데 동의한다. 학습장애는 학업 성취의 손상 없이 존재하지 않는다. 이러한 결함은 여러 다른 범주의 학교 수행과 관련될 수 있다.

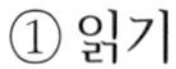

① 읽기

학습장애로 확인된 전체 아동의 절반 이상이 읽기에 문제를 보인다. 일부 아동은 독해력에 문제가 있고, 다른 아동들은 단어 인식 오류가 있으며, 또 다른 아동들은 단어 분석 기술이 부족하거나 구두 읽기가 부족하다. 읽기 결함은 학교에서 실패하는 주요 원인으로 생각된다. 또한 자존감과 자신감의 상실에 기여한다.

읽기 문제를 논의할 때 자주 듣는 용어 중 하나가 난독증(dyslexia)이다. 간단히 말해서, 난독증은 아동이 글을 인식하고 이해하지 못하는 읽기장애의 일종으로, 읽기 능력에 심각한 손상을 준다. 일반적으로 이 문제는 음운 인식의 어려움, 즉 특정 소리와 단어를 구성하는 특정 문자 사이의 일치를 제어하는 규칙에 대한 이해 부족에서 기인하는 것으로 문자-음성 인식이 손상되는 것이다.

음소 인식(phonemic awareness) 또는 단어가 음소로 알려진 작은 소리 단위로 구성되어 있다는 것을 이해하는 것은 읽기 학습의 또 다른 중요한 요소이다. 예를 들면, '달'이라는 단어가 'ㄷ'과 'ㅏ'와 'ㄹ'의 조합으로 구성되어 있고, 음소를 바꾸어 '탈'이나 '딸' 등의 다른 단어로 조합할 수 있는 능력을 말한다.

② 수학

학습장애아동 4명 중 1명이 수학의 어려움 때문에 도움을 받는 것으로 추정되고 있다. 이 문제를 경험한 학생은 독특한데, 모든 아동이 동일한 결함이나 장애를 나타내는 것은 아다. 어떤 경우에는 아동이 계산 능력, 단어 문제, 공간 관계, 숫자 쓰기, 모양 복사에 어려움을 겪을 수 있다. 다른 아동은 시간 말하기, 분수와 소수 이해, 측정에 문제가 있을 수 있다. 초등학교에서 시작된 문제는 일반적으로 고등학교까지 계속되며 성인기에 약해진다.

③ 문어

많은 학습장애아동이 철자, 필기, 작문을 포함한 문어(written language)에 결함을 보인다. 이러한 결함 영역과 읽기 능력 사이에 연관성이 있다고 추측한다. 읽기와 쓰기 장애 사이의 연관성은 그다지 놀라운 일이 아닌데, 둘 다 음운 인식의 부족으로 인해 발생할 수 있기 때문이다.

빈약한 글씨 쓰기 기술은 읽기 쉬운 글씨를 쓰는 데 필요한 소근육 운동 기술이 부족하거나 단어와 문장 간의 간격 띄우기와 글자 형성의 어려움에 기여하는 공간 관계(예: 위, 아래, 아래)에 대한 이해가 부족하기 때문일 수 있다.

학습장애아동은 일반 아동에 비해 덜 복잡한 문장 구조를 사용하고, 보다 적은 아이디어를 통합하고, 단락의 조직이 잘 구조화되어 있지 못하고, 덜 복잡한 이야기를 쓴다.

철자는 학습장애아동의 또 다른 문제 영역이다. 특정 문자를 생략하거나 잘못된 문사를 추가할 수 있다. 청각 기억과 변별 문제가 원인의 일부로 생각된다.

④ 구어

학습장애아동은 학업 성과와 사회적 상호작용 모두에 영향을 줄 수 있는 문제인 구두 표현(oral expression)의 어려움을 자주 경험한다. 적절한 단어 선택, 복잡한 문장 구조 이해, 질문에 대한 응답 문제는 드문 일이 아다. 특정 기계적 결함에는 구문(단어가 문장으로 구성되는 방식을 결정하는 규칙 시스템), 의미론(단어 의미), 음운론(소리 형성 및 단어를 형성하기 위한 소리 혼합)이 포함될 수 있다. 구두 표현의 한 측면은 사회적 상황에서 언어를 기능적으로 사용하는 화용론이다. 학습장애아동은 사회적 환경에서 의사소통 문제를 자주 경험한다. 친구와 대화에 참여하는 것은 학습장애아동에게 문제가 될 수 있다. 대화의 특징인 대화의 주고받기가 이루어지기 어렵고, 비언어적 언어 단서도 간과될 수 있다. 요컨대, 학습장애아동은 좋은 대화 상대가 아니다.

⑤ 기억

학습장애아동과 청소년은 병원 진료 약속, 숙제, 곱셈 정보, 지시 사항, 전화번호와 같은 학업 및 비학업 정보를 모두 기억하는 데 상당한 어려움을 겪는다는 것이 잘 증명되었다. 교사들은 종종 이러한 아동들에게 "한 귀로 듣고 한 귀로 흘린다"는 것 같다고 말한다.

많은 학습장애아동이 단기 기억과 작업 기억에 문제가 있는 것으로 밝혀졌다. 단기 기억 과제는 일반적으로 항목을 여러 번 듣거나 본 직후 청각 또는 시각적으로 제시된 정보(예: 숫자 또는 그림 목록)를 올바른 순서로 회상하는 것을 포함한다. 작업 기억은 개인이 정보를 유지하는 동시에 다른 인지 활동에 참여할 것을 요구한다. 예를 들어, 작업 기억은 사람의 주소를 기억하려고 하는 동시에 그곳에 도착하는 방법에 대한 지시를 들을 때 관련된다.

학습장애아동은 일반적인 또래와 달리 회상 보조 수단으로 효과적인 학습 전략(예: 시연 또는 항목 분류)을 자발적으로 사용하지 않는 것 같다. 기억, 특히 작업 기억의 결함은 교실에서의 어려움으로 이어진다. 읽기와 수학의 성공은 단기 기억보다 작업 기억에 더 많이 의존하는 것 같다. 또한 작업 기억은 단어 인식 및 읽기 이해에 중요한 것으로 보인다.

#### ⑥ 메타인지

학습장애아동은 자신의 수행을 평가하고 모니터링하는 능력인 메타인지(metacognition)에 결함이 있는 것은 드문 일이 아니다. 학습장애아동은 자신의 사고 과정에 대한 인식이 부족하다. 메타인지 기술은 일반적으로 다음과 같은 몇 가지 주요 구성 요소로 구성된다. 첫째, 과제 요구 사항의 인식, 즉 효과적으로 수행하는 데 필요한 전략 및 자원, 둘째, 적절한 과정의 수행, 셋째, 성공적인 과제 완료를 보장하기 위해 자신의 성과를 모니터링, 평가 및 조정하는 요소이다.

일부 학습장애아동의 읽기 문제는 메타인지(metacognition)의 결함 때문일 수 있다. 예를 들어, 읽기 이해의 어려움은 다음 기술의 결함 때문일 수 있다.

- 읽기의 목적을 명확히 하기: 아동들은 텍스트의 어려움을 수용하기 위해 읽기 양식을 조정하지 않는다.
- 중요한 목표에 초점 맞추기: 읽기 문제가 있는 아동과 청소년은 단락의 주요 아이디어를 선택하는 데 어려움을 겪는다.
- 자신의 이해 수준 점검하기: 비효율적인 독자는 자신이 읽고 있는 내용을 이해하지 못하고 있다는 사실을 인식하지 못한다.

- 다시 읽고 미리 훑어보기: 학습장애아동은 이전에 읽은 텍스트의 일부를 다시 읽거나 이해를 돕기 위해 다음 자료를 스캔하지 않는다.
- 외부 출처 참조하기: 비효율적인 독자는 사전 및 백과사전과 같은 외부 출처를 활용하지 않는다.

⑦ 귀인

과제의 성공 또는 실패에 기여하는 요소에 대해 믿는 것을 귀인이라고 한다. 학습장애아동은 성공의 원인을 자신의 노력이 아니라 운과 같이 자신이 통제할 수 없는 상황이나 사건에 귀인시킨다. 즉, 이들은 외부로 원인을 돌린다.

학업 과제에 대한 만성적인 어려움으로 인해 학습장애아동은 종종 실패를 예상하게 된다. 성공은 아무리 노력해도 달성할 수 없는 목표로 간주된다. 이러한 태도를 유지하는 아동과 청소년은 자주 포기하고 과제를 완료하려고 시도조차 하지 않는다. 이러한 관점을 학습된 무력감이라 한다. 자존감 상실과 동기 부족은 이 현상의 일반적인 결과이다.

학업 실패 경향 때문에 학습장애아동은 수동적이거나 비활동적인 학습자가 되는 경향이 있다. 그들은 자신의 학습에 적극적으로 참여하지 않거나, 학습 과정에서 주도권을 나타내지 못한다. 과제에 직면했을 때 학습장애아동은 일반적으로 덜 효과적인 전략을 사용한다. 그들은 전략적 학습 행동에 결함이 있다. 이러한 아동은 종종 비활동적이거나 비효율적인 학습자로 특징지어진다.

(2) 사회적 문제와 정서적 문제

일부 학습장애아동은 학습 문제에 대한 좌절감 때문일 가능성이 있는 낮은 자존감과 빈약한 자아개념을 가지고 있다. 따라서 이러한 아동은 성공에 대한 자부심이 적고 실패에 의해 압도될 가능성이 더 높다.

학습장애아동의 사회적 기술의 결함은 공통적인 특징이다. 이 아동들 중 많은 수가 사회적 인지의 결함이 있다. 그들은 사회적 단서와 사회적 상황을 이해하고 해석하는 데 서투르며, 이는 대인관계 손상으로 이어질 수 있다. 학습장애아동의 사회

적 · 정서적 어려움은 사회적 지각력의 결과일 수 있다. 즉, 미묘한 정서적 신호를 감지하는 기술이 부족하다. 학습장애아동은 다른 사람의 감정과 정서를 잘못 해석하기 때문에 장애가 없는 또래에게 거절을 당하고 친구를 사귀는 데 어려움을 겪는 경우가 많다.

### (3) 주의집중 문제와 과잉행동

학습장애아동은 과제에 집중하는 데 어려움을 자주 경험하며, 일부는 과도한 움직임과 활동 또는 과잉행동을 보인다. 다른 경우에, 아동들은 과도하게 활동적이고 안절부절 못하며 마치 쫓기는 것처럼 한 대상에서 다른 대상으로 질주한다. 부주의, 주의 산만, 과잉행동 문제는 교실, 가정 및 사회적 상황에서 개인의 성공적인 수행을 쉽게 손상시키고 방해할 수 있다.

이 상태를 논의할 때 일반적으로 듣는 용어는 주의력결핍 과잉행동장애(ADHD)이며, 이는 의료 전문가와 심리학자에게는 일반적이다. 이 명칭은 2000년 미국정신의학회의 『정신질환의 진단 및 통계 편람』에서 사용된다. 과잉행동과 주의력결핍장애는 학습장애아동 사이에서 상당히 흔하지만, 학습장애아동의 약 25~40%에서 아마도 80%가 ADHD의 특성을 나타내는 것으로 추정된다. 이 용어는 동의어가 아니다. 학습장애가 있는 모든 아동이 ADHD를 가지고 있는 것은 아니며, 그 반대의 경우도 마찬가지이다. 학습장애와 ADHD 사이의 정확한 관계는 완전히 이해되거나 명확하게 구분되는 것은 아니지만, 차츰 이 논쟁을 해결하고 있다.

## 2. 학습장애의 원인

수년에 걸친 집중적인 연구에도 불구하고 학습장애의 정확한 원인을 찾아내는 것은 여전히 어려운 목표로 남아 있다. 사실 연구자들은 학습장애의 병인에 대해 구체적인 증거를 제시하는 방식으로 많은 것을 제공할 수 없었다. 제안된 많은 인과요인은 대체로 추측에 가깝다. 대부분의 경우 학습장애의 원인은 알려지지 않았다.

다양한 유형의 학습장애가 있는 것처럼 여러 병인 가능성이 있는 것으로 보인다. 또한 개인의 학습장애의 원인은 교육적 관련성이 거의 없다는 점을 지적해야 한다. 다시 말해서, 특정 아동이 학습장애가 있는 이유를 아는 것이 반드시 효과적인 교육 전략 및 실제로 해석되는 것은 아니다. 그럼에도 불구하고 연구자들은 학습장애의 병인을 설명하기 위해 후천적 외상, 유전학적/유전의 영향, 생화학적 이상, 환경적 가능성과 같은 네 가지 기본 범주를 가정한다.

### 1) 후천적 외상

의학에서는 외부에서 시작되어 학습장애를 초래하는 중추 신경계(CNS)의 상해 또는 손상을 설명할 때 후천적 외상이라는 용어를 사용한다. 손상이 발생한 시기에 따라 외상은 태아기(출생 전), 주산기(출산 중) 또는 산후(출산 후)로 구분되며, 이러한 외상은 아동의 학습 문제와 관련이 있다.

출생 전, 출생 중, 출생 후에 나타날 수 있는 후천적 외상의 한 예는 뇌 손상이다. 전문가들은 중추 신경계 기능장애를 학습장애의 가능한 원인으로 오랫동안 추정해 왔으며, 일부 아동에게는 이것이 타당한 가정이다. 학습장애아동의 20%가 이전에 뇌 손상을 입은 적이 있다고 추정되고 있다. 중추 신계계의 손상이 학습장애의 원인일 가능성이 있다는 믿음은 일부 전문가 집단에서 일반적이다. 자기 공명 영상(MRI), 양전자 방출 단층 촬영(PET) 및 기타 컴퓨터화된 신경학적 측정과 같은 신경 영상 기술의 발전으로 연구자들은 어떤 경우에는 학습장애의 원인으로서 신경 기능장애의 중요성을 확립할 수 있었다. 그러나 대부분의 경우 뇌 손상에 대한 결정적인 증거는 없다. 명확한 임상 증거가 없는 경우 이러한 자료를 추측과 추론으로 보는 것이 가장 좋다. 이러한 이유로 전문가, 특히 의사는 학습장애에 대해 말할 때 종종 뇌 손상 추정 및 중추 신경계 기능장애 추정과 같은 용어를 사용한다.

뇌 손상은 확실히 출생 전, 출생 중 및 출생 후에 발생할 수 있는 후천적 외상의 한 유형이지만 다음과 같은 가능한 다른 여러 요인도 관련되어 있다(Mercer & Pullen, 2009).

① 태아기 원인

- 흡연
- 불법 약물
- 알코올 사용

② 주산기 원인

- 분만이 오래 걸리고 어려운 경우
- 무산소증
- 조산/저체중 출생
- 겸자 등의 의료기기로 인한 외상

③ 산후 원인

- 뇌졸중
- 뇌진탕
- 수막염/뇌염
- 고열
- 낙하나 사고로 인한 머리 부상

## 2) 유전학적/유전의 영향

일부 학습 문제는 실제로 유전된다고 믿는다. 수년에 걸쳐 유전과 일부 유형의 학습장애 사이에 상당히 강력한 연관성이 확인되었다. 예를 들어, Raskind(2001)는 읽기와 철자 결함이 실질적으로 유전된다고 지적하였다. 한 가족에서 발생하는 특정 상태의 경향을 조사하는 가족성 연구는 읽기 문제와 특정 유형의 말과 언어장애가 가족과 관련되어 있음을 시사한다. 그러나 가족성은 유전 가능성을 명확하게 증명하지 않는다. 학습 문제는 양육 관행과 같은 환경적 이유로 특정 가정에서 발생할 수 있기 때문이다. 따라서 가족성 연구의 결과는 신중하게 해석할 필요가 있다.

학습에 대한 환경적 영향을 통제하기는 어렵지만 유전성 연구를 통해 연구자는 "학습장애가 유전되는가?"라는 질문에 보다 명확하게 답할 수 있다. 이 조사 기법에서 과학자들은 일란성 쌍둥이(동일한 유전적 특성을 가진 같은 난자에서 발달한 일란성 쌍둥이)의 학교 성과를 이성 쌍둥이(이란성 쌍둥이, 유전적 구성이 다른 2개의 다른 난에서 발달)의 학교 성과와 비교한다. 연구 증거는 일반적으로 읽기 및 수학 장애를 포함한 특정 유형의 학습 문제가 이란성 쌍둥이보다 일란성 쌍둥이에서 더 흔하다는 가설을 뒷받침하였다.

### 3) 생화학적 이상

일부 아동과 청소년의 경우 생화학적 상태가 학습장애를 일으키는 것으로 의심된다. 1970년대 중반 Feingold(1975, 1976)는 많은 식품에 포함된 특정 인공 색소, 향신료, 첨가제에 대한 알레르기 반응이 아동의 학습 문제와 과잉행동에 기여한다는 견해를 옹호했다. 그는 부모가 사과, 오렌지 및 일부 유형의 베리를 포함하여 천연 살리실산염을 함유한 식품의 섭취를 제한하고, 인공 색소 및 향료를 포함하는 제품을 금지하고, 치약 및 아스피린을 함유한 화합물과 같은 특정 제품의 섭취를 제한할 것을 권고하였다. 그러나 과학계는 Feingold의 이론에 대한 근거를 거의 찾지 못했다.

이 시대의 또 다른 인기 있는 이론은 메가 비타민 요법으로, 주요 옹호자는 정신과 의사 Alan Cott였다. Cott(1972)는 학습장애가 사람의 혈액이 정상적인 양의 비타민을 합성할 수 없기 때문에 발생할 수 있다고 이론화했다. 학습장애를 치료하기 위한 노력의 일환으로, 의심되는 비타민 결핍을 중화하기 위해 특정 비타민의 일일 다량 복용이 권장된다. 그러나 과학적 연구는 이 치료법의 이점을 입증하는 데 실패했다.

어떤 경우에는 개인의 생화학적 구성이 학습과 행동에 영향을 미칠 수 있다고 생각한다. 그러나 현재의 연구 증거는 이 가설을 결정적으로 뒷받침할 수 없다.

### 4) 환경적 가능성

또 다른 학파에서는 학습장애의 원인을 낮은 사회경제적 지위, 영양실조, 건강관리에 대한 접근성 부족, 신경학적 기능장애에 기여할 수 있는 기타 변수와 같은 환경 요인을 원인으로 지목한다. IDEA 정의 및 기타 정의에서 이러한 조건을 병인학적 가능성으로 구체적으로 제외하고 있지만, 많은 교육자는 이러한 위험 요소가 일부 아동의 학습 및 행동 장애에 간접적으로 기여한다고 믿는다.

학습장애를 일으키는 것과 관련된 또 다른 변수는 아동이 받는 수업의 질이다. 간단히 말해서, 일부 아동은 열악한 교육의 결과로 학습장애로 확인된다. 학습장애로 분류된 대다수의 아동이 "심각한 오해를 받았다"고 추정되는데, 학습장애는 태어나는 것이 아니라 만들어지는 것이다. 즉, 학습장애가 열악한 교사와 부적절한 교육으로 인해 발생할 수 있다고 주장한다. 학습 환경의 질이 학습장애에 기여한다는 것을 암시하면서, 연구자들은 학습 문제가 개별화되고 고품질의 교수법에 노출됨으로써 종종 교정될 수 있다는 점에 주목하고 있다.

## 3. 학습장애아동의 미술치료

학습장애아동들은 정보처리과정이나 의사전달 또는 표현 등에 문제를 지니고 있다. 이러한 장애특성에 맞는 미술치료 활동은 그들의 문제를 해결하는 데 기본적인 치료 방법이 될 수 있다. 예를 들면, 시각적 또는 청각적 기억이나 계열성에 문제를 가지고 있는 아동의 경우에도 미술치료 활동이 계열성을 강화할 수 있는데, 이것은 미술치료 활동이 특정의 순서에 의한 단계적인 작업을 요구하기 때문이다. 또한 미술치료 활동을 전개하면서 근(筋)감각과 촉각경험을 동시에 갖도록 하는 것이 중요하다. 예를 들면, 기본적인 기하학적 모형을 제시하면 아동들은 촉각으로 카드 모형을 나타내거나 그들의 신체로 이러한 형태를 만들어 보일 수 있다.

운동 발달이 열악하거나 지체된 위축 증상을 지닌 아동은 미술치료 활동을 하기 전에 먼저 활동적인 내용의 학습이 선행되어야 한다. 이러한 아동 가운데는 특정의 행동수정 프로그램을 통해 치료 팀의 치료를 받을 필요가 있다. 또한 미술치료적인 활동뿐만 아니라 적절한 미술치료 활동에 보상체계와 같은 방법을 덧붙일 수 있다. 과잉행동 아동은 쉽게 주의가 산만해져서 학습에 문제를 초래하므로 체계적이고 조화로운 자극을 제공할 수 있는 교실 환경의 미적 구성이 요구된다.

사회성 발달에 문제가 있는 아동들은 부정적인 자아개념을 지니고 있어, 그들의 신체개념이 지체되거나 왜곡되는 경우가 많다. 이러한 아동들은 자율적 학습능력이 부족하기 때문에 미술치료 활동에서 격려와 개인지도가 필요하다. 일측성(laterality)에 문제가 있는 아동은 한 손만을 사용한다. 어느 손을 사용하느냐 하는 것은 치료사의 계속적인 강화에 의해 이루어질 수 있다. 또한 고집성을 지닌 아동들은 지각적, 신체적으로 한 가지 일에만 몰두하는 경향이 있어 치료사의 지도가 부족하면 변화되기 어렵다. 지각은 학습된 행동이고 미술 활동의 많은 부분이 지각 발달에 초점을 두고 있기 때문에 지각장애아동에게는 미술치료 활동이 크게 도움이 된다.

지각장애아동은 전체적인 배경(윤곽)은 잘 보지만 부분을 잘 놓칠 수 있다. 반면에, 도형-배경 지각에 문제가 있거나 배경을 보는 데만 문제를 가지기도 한다. 전체를 잘 보지 못하는 아동들의 경우에는 채색을 할 때 물체의 부분을 강조하여 색을 칠하는 경향을 보인다. 예를 들면, 셔츠의 한쪽 소매는 녹색으로 칠하고, 다른 쪽은 파란색으로 칠할 수도 있다. 도형-배경 변별에 문제가 있는 아동들은 퍼즐게임을 활용하여 훈련한다. 삼차원적 미술 학습은 공간관계나 환경개념에 문제를 지닌 아동들에게 도움이 된다. 시각적으로 사물을 인식하는 능력과 한 물체와 다른 물체를 변별하는 능력을 길러 주는 내용이 미술 활동에는 많이 포함되어 있기 때문이다.

기초적인 그림 그리기와 색칠하기 등은 아동들의 시각화(visualization)에 중요한 활동들이다. 시각화는 복잡한 지각적 능력으로서 본 것과 만진 것을 기억하는 능력과 그것을 머릿속에 담아 두는 능력이다. 아동의 시각화에 도움을 줄 수 있고 기초적인 그리기와 색칠하기 학습은 가까운 과거의 일(오늘 아침의 사건)이나 몇 개월 전의 일들(지난 여름의 활동)에 기초하고 있다. 또 미래에 아동이 무엇을 계획하고 있는지에 대한 시각적 표현이 시각화에 도움이 된다.

학습장애아동들은 과제에 대해 쉽게 불만족을 표시하는데, 이는 아동이 미술 활동을 하는 데 있어서의 선택성과 한계성을 지니고 있음을 시사하는 것이다. 많은 학습장애아동이 부정적인 신체상과 자아개념을 가지고 있다. 그래서 미술 학습내용에는 신체개념과 자아개념 발달을 돕는 것들이 포함되어 있다. 예를 들면, 사람의 눈 부위만 그려 둔 종이를 주고 나머지 부위를 완성하게 하는 것이나 종이나 천을 이용하여 포토몽타주를 하는 것 등이 있으며, 종이나 천, 병뚜껑, 인형 등을 활용한 공작 활동이 있을 수 있다.

미술치료는 학습장애아동들에게 매우 유익할 수 있으며, 수천 명의 부모, 보호자 및 전문가들은 창의적이 되는 것이 도전적인 행동을 다루고 정서를 더 잘 이해하는 데 어떻게 도움이 되는 방법을 발견했다.

학습장애아동이 미술 활동에 대한 경험이 전혀 없어도 자신감을 갖고 자신만의 표현 방식을 개발하고 활동할 수 있도록 치료사가 도움을 줄 수 있다. 이러한 도움은 다음과 같다.

- 사적이고 비판단적인 공간 제공
- 가족, 친구, 동료와 나누기 힘든 이야기를 나눌 수 있는 곳
- 관계를 돕는다
- 창의성과 표현력을 개발할 수 있는 기회 제공
- 다른 사람들이 이해할 수 있는 기회
- 자신의 감정을 이해할 수 있는 기회

학습장애아동의 미술치료 회기를 최대한 활용하려면 다음과 같은 사항을 염두에 두어야 한다.

- 결과물보다 과정에 초점을 맞춘다. 목표는 박물관에 전시할만한 가치가 있는 걸작을 만드는 것이 아니다. 모든 것은 여행에 관한 것이다. 내담자가 미술을 사용하는 감각 과정을 좋아할지도 모른다. 크레용으로 종이에 낙서를 하는 것

만으로도 치료 효과를 볼 수 있다. 내담자에게 색칠, 그림 그리기 등에 집중할 수 있도록 격려한다.

- 아동의 작품에 대해 이야기한다. 아동에게 자신의 미술 작품에 대해 물어본다. 그 작품에 대한 비판을 피한다. "이 그림에서 무슨 일이 일어나고 있나요?"라고 물어보자.
- 감정을 탐색한다. 내담자가 최종 결과에 만족하지 못하거나 좌절하는 경우 문제 해결의 기회를 만든다. "다음 번에는 무엇을 다르게 할 건가요?"라고 묻는다.
- 타이머를 사용한다. 타이머는 아동들이 시간을 관리하는 법을 배우도록 돕는 유용한 방법이 될 수 있다. 그것은 아동들이 활동을 서두르거나 시간 가는 줄 모르는 것을 방지한다.
- 단순하게 시작한다. 미술치료 활동이 익숙하지 않다면, 간단하게 시작하는 것이 가장 좋다. 단계가 너무 많은 치료 활동은 피한다.

제8장

# 지적장애와 미술치료

## 1. 지적장애의 정의와 특성

### 1) 정의

지적장애는 복잡하고 다면적인 개념이다. 지적장애는 심리학자, 사회학자, 교육자, 의사 및 기타 많은 전문가에 의해 연구되었다. 지적장애에 대한 이러한 다학문적 관심과 연구는 유익하기는 하지만 개념적 명확성과 정의적 명확성의 문제를 유발하였다. 대표적인 지적장애 정의는 「미국장애인교육법」의 정의, 우리나라의 「장애인 등에 대한 특수교육법」의 정의, 그리고 학문적으로 가장 활발하고 왕성한 정의를 연구하는 미국 지적장애와 발달장애 협회(American Association on Intellectual and Developmental Disabilities: AAIDD)의 정의가 있다.

### (1) 「미국장애인교육법」의 정의

「미국장애인교육법(IDEA)」에서는 지적장애를 다음과 같이 정의하고 있다.

> (6) 지적장애는 적응 행동의 결함과 동시에 존재하고, 발달기 동안 나타나며, 아동의 교육 성과에 부정적인 영향을 미치는 평균 이하의 일반적인 지적 기능을 의미한다. "지적장애"라는 용어는 이전에 "정신지체"라고 불렸다. [Sec. 300.8 (c)]

지적장애아동들은 평균 이하의 지적 능력을 가지고 있다. 또한 의사소통, 자기 관리 및 사회적 기술이 부족할 수 있다. 다운 증후군은 지적장애와 관련된 상태의 한 예이다.

### (2) 우리나라의 「장애인 등에 대한 특수교육법」의 정의

「장애인 등에 대한 특수교육법」은 지적장애를 다음과 같이 정의하고 있다.

> 3. 지적장애를 지닌 특수교육대상자
> 지적 기능과 적응행동상의 어려움이 함께 존재하여 교육적 성취에 어려움이 있는 사람

### (3) 미국 지적장애와 발달장애 협회의 정의

미국 지적장애와 발달장애 협회(American Association on Intellectual and Developmental Disabilities: AAIDD)의 정의가 대표적인 정의로 취급되며, 법률에서 규정하는 정의 역시 이 정의를 기반한다고 할 수 있다. AAIDD의 정의는 1961년 여섯 번째 정의 이후 약 10년 주기로 수정 · 보완하였다.

1961년의 정의는 AAIDD의 여섯 번째 정의이다. 여기서는 정신지체를 "발달기 동안 발생하며, 적응 행동 장애와 관련된 평균 이하의 일반적인 지적 기능"으로 설명한다. 평균 이하의 일반적인 지적 기능은 특정 연령대의 평균보다 낮은 1 표준 편차(SD)보다 큰 지능 지수(IQ)로 정의된다. 1961년 당시에 이것은 어떤 표준화된 지

능검사가 사용되는지에 따라 85 또는 84 미만의 IQ로 해석되었다. 발달기는 출생부터 약 16세까지이다. 적응 행동의 손상 기준은 이 정의의 중요하고 독특한 측면이다. 이 당시 처음 도입한 적응 행동은 개인의 생활 연령에 적합한 공동체 사회의 사회적 요구 사항을 충족시키는 능력을 말하는 것으로, 그것은 독립성과 사회적 역량의 지표이다.

1973년의 정의는 1961년의 정의와 유사하지만, 유의하게 평균 이하의 지적 능력을 규정하는 데 있어서 2 표준 편차로 재정의한 것으로, 지능 지수의 상한을 70 또는 68로 간주하는 것이 특징적이다. 또한 적응 행동의 의미를 연령과 사회문화적 집단의 맥락에서 고려되어야 하고, 발달기의 연령을 18세로 확장하였다.

1983년 정의는 1973년의 정의와 매우 유사하지만, 지능 능력의 상한을 70-75의 범위를 사용할 것을 제안하고, 70은 지침으로만 사용할 것을 권고하였다. 이 정의는 유연성을 강조하면서 전문가의 임상적 판단을 중요하게 취급하였다.

1992년 정의는 이전의 정의와는 매우 다른 새로운 정의를 만들었다. Luckasson과 동료들이 출판한 『정신지체: 정의, 분류, 지원 체계(Mental Retardation: Definition, Classification, and Systems of Support)』에서 다음과 같이 정의하고 있다.

> 정신지체는 현재 기능에서 실질적인 한계를 의미한다. 의사소통, 자기관리, 가정생활, 사회적 기술, 공동체 이용, 자기 주도, 건강 및 안전, 기능적 학업, 여가, 직업 등의 적용 가능한 적응 기술 영역의 두 가지 이상에서 관련된 제한과 동시에 유의하게 평균 이하의 지적 기능을 특징으로 한다. 정신지체는 18세 이전에 나타난다(p. 5).

이 정의를 적용하려면 다음 네 가지 필수 가정을 주의 깊게 고려해야 한다.

- 타당한 평가는 문화적, 언어적 다양성뿐만 아니라 의사소통 및 행동 요인의 차이를 고려한다.
- 적응 기술에 한계가 있다는 것은 해당 개인의 또래 집단에 전형적인 지역 사회 환경의 맥락에서 발생하며 지원에 대한 개인의 개별화된 요구와 관련이 있다.

- 특정 적응 제한은 종종 다른 적응 기술 또는 기타 개인 능력의 강점과 공존한다.
- 지속적으로 적절한 지원을 받으면 정신지체자의 삶의 기능이 일반적으로 향상된다.(Luckasson et al., 1992, p. 5)

2002년의 정의는 1992년의 정의를 재구성한 것이다. 이 정의는 "정신지체는 개념적, 사회적, 실용적인 적응 능력으로 표현되는 지적 기능과 적응 행동 모두에서 상당한 한계를 특징으로 하는 장애이다. 이 장애는 18세 이전에 발생한다(Luckasson et al., 2002, p. 1). 이 정의를 적용할 때 필수적이라고 간주되는 다섯 가지 가정이 제공되었다.

- 현재 기능의 제한은 개인의 나이, 또래 및 문화의 전형적인 공동체 환경의 맥락에서 고려되어야 한다.
- 타당한 평가는 의사소통과 감각, 운동, 행동 요인의 차이뿐만 아니라 문화적, 언어적 다양성을 고려한다.
- 개인 내에서는 한계가 강점과 공존하는 경우가 많다.
- 한계를 설명하는 중요한 목적은 필요한 지원의 프로파일을 개발하는 것이다.
- 지속적인 기간에 걸쳐 적절한 개인화된 지원을 받으면, 정신지체인의 삶의 기능이 전반적으로 향상될 것이다.

2010년 정의는 2002년의 정의의 핵심 개념을 반복하고 강화하는 것이다. 즉, 지적장애를 가진 개인의 능력과 자산을 결함 또는 한계보다 강조하는 것이다. 그리고 지적정애를 고유한 특성이라기보다 기능하는 상태로 간주한다. 2010년 정의의 목표 중 하나는 지적장애인이 일상생활의 모든 측면에 완전히 참여할 수 있도록 지원 서비스를 극대화하는 것이다.

최근의 AAIDD 정의는 지적장애를 가진 개인을 분류하는 것에 대한 모범 사례와 새로운 사고를 반영한다. 2010년 정의에서는 인지적 한계를 가진 사람을 분류하기 위한 기준으로 지적 기능을 사용하는 대신 전문가와 서비스 제공자가 지적 능력, 적응 행동, 건강, 참여 및 맥락과 같은 인간 기능의 다양한 차원에 기초하여 분류하도록 권장한다. 인간의 기능은 본질적으로 "모든 생명 활동의 포괄적 용어이며 신체 구조와 기능, 개인 활동 및 참여를 포함하며, 이는 결국 개인의 건강과 환경 또는 상황적 요인에 의해 영향을 받는다."(Schalock et al., 2010, p. 15)고 본다.

2021년의 정의는 "지적장애는 개념적, 사회적, 실용적인 적응 능력으로 표현되는 지적 기능과 적응 행동 모두에서 상당한 한계를 특징으로 하는 장애이다. 이 장애는 22세 이전에 발생한다(Schalock, Luckasson, & Tasse, 2021, p. 1). 이 정의를 적용할 때 필수적이라고 간주되는 다섯 가지 가정은 2002년에 제시된 가정과 동일하다. 다만 지적장애의 발생 연령을 18세에서 22세로 수정한 것이 특징적이다.

## 2) 특성

지적장애아동의 공통적인 특징을 논의할 때, 집단으로서 그들이 특정한 특징을 보일 수 있지만, 모든 아동이 이 특징을 공유하지는 않는다. 지적장애아동은 특히 이질적인 집단으로서, 개인차가 매우 크다. 따라서 다음에서 제시하는 특성은 일반적인 것으로, 특정 아동에게는 적용되지 않을 수 있다.

### (1) 학습 특성

지적장애아동의 가장 일반적인 특성은 인지 기능 손상이며, 이는 매우 다양할 수 있다. 연구자들은 일반적으로 개인의 지적 능력 자체에 관심이 있는 것이 아니라, 낮은 지능 지수가 학습, 개념 획득, 정보 처리, 학교 및 지역 사회와 같은 다양한 환경에서 지식을 적용하는 개인의 능력에 미치는 영향에 관심이 있다. 따라서 학습에 영향을 미친다고 믿는 몇 가지 특성을 간략하게 설명한다.

#### ① 주의집중

다차원적 개념인 주의집중(attention)은 학습에서 핵심적인 역할을 한다. 지적장애아동의 학습에 나타나는 어려움의 대부분은 주의력 결핍으로 인한 것으로 생각된다. 과제를 학습하기 전에 관련된 속성에 주의를 기울일 수 있어야 한다. 그러나 지적장애아동은 주의를 집중하고 유지하며 관련 자극에 선택적으로 주의를 기울이는 데 어려움을 겪는다. 또한 그들은 배분하는 데 주의를 덜 기울인다. 지적장애아동은 문제의 관련 측면이나 차원에 주의를 기울이는 방법을 모르기 때문에 특정 학습 과제를 제대로 수행하지 못할 수도 있다.

② 기억

학습의 중요한 구성 요소인 기억은 지적장애아동에게 종종 손상된다. 일반적으로 지적장애가 심할수록 기억 결함은 커진다. 지직장애아동의 초기 기억 연구에서는 단기기억은 어려움을 경험하지만, 장기기억은 일반적으로 발달하는 또래와 차이가 없다는 것이다. 그러나 최근 기억 연구는 단기기억 대 장기기억 모델에서 정보처리 모델의 중요한 구성 요소로 관심을 옮겼다. 이러한 연구에서 지적장애아동은 관련 자극에 주의를 기울이는 문제, 비효율적인 시연 전략, 새로운 장면이나 과제에 기술을 일반화할 수 없는 특성이 있다.

③ 학업 수행

예상하겠지만 지적장애아동은 학업에 어려움을 겪는다. 일반적으로 이 결함은 모든 과목 영역에서 나타나지만 읽기, 특히 읽기 이해력이 가장 약한 영역으로 나타난다. 또한 지적장애아동은 산술에 결함이 있으며, 그들의 수행능력은 정신연령에 더 가깝다. 아동이 학업적으로 실패했다고 해서 운동이나 예술과 같은 다른 학교 활동에서 탁월한 수행을 보일 수도 있다.

④ 동기

지적장애아동의 동기 요인은 충분한 관심의 대상이 아니었다. 그러나 동기는 개인의 수행과 실제 능력 사이에 존재하는 불일치를 이해하는 데 중요한 요소이다. 지적장애아동 불안이 고조된 상태에서 학습 상황에 접근하는 것은 드문 일이 아니다. 초기 만남에서 실패한 이력은 이러한 일반화된 불안에 기여한다. 결과적으로, 아동

들은 덜 목표 지향적이고 동기 부여가 부족한 것처럼 보인다.

지적장애아동의 과거의 실패 경험은 외적 통제 소재를 나타내도록 한다. 즉, 그들은 자신의 행동의 결과가 자신의 노력이 아니라 자신이 통제할 수 없는 상황과 사건의 결과라고 믿을 가능성이 높다. 반복되는 실패는 또한 관련 개념인 학습된 무력감, 즉 아무리 많은 노력을 기울이더라도 실패는 불가피하다는 인식을 낳는다. 이러한 실패에 대한 기대로 인해 지적장애아동은 완료할 수 있는 과제일지라도 시도를 중단하는 경우가 많다.

실패에 대한 축적된 경험은 외부 지향성, 자신의 능력과 해결책에 대한 자신감과 신뢰의 상실, 단서와 안내에 대한 다른 사람의 의존으로 특징지어지는 학습 및 문제 해결 양식을 초래한다. 지적장애아동에게만 국한되지는 않지만, 이러한 타인에 대한 과도한 의존은 동기 부족과 의존 증가에 기여한다. 즉, 이러한 행동의 기원은 반복된 실패에 의한 쇠약의 영향으로 볼 수 있다.

⑤ 일반화

지적장애아동이 한 상황에서 습득한 지식을 새로운 환경이나 다른 환경으로 이전하거나 일반화하는 데 어려움을 겪는 것은 드문 일이 아니다. 많은 경우에 지적장애아동의 학습은 상황에 따라 다르다. 즉, 특정 기술이나 행동이 일단 숙달되면 개인은 다른 단서, 다른 사람 또는 다른 환경과 같은 새로운 상황에 직면했을 때 기술을 복제하는 데 어려움을 겪는다. 예를 들어, 학교 식당에서 구매한 것에서 올바른 변경 사항을 성공적으로 결정할 수 있는 지적장애가 있는 청소년이 식료품점이나 레스토랑에서 변경 사항을 계산할 때 어려움을 겪을 수 있다. 따라서 일반화를 위해 체계적으로 계획해야 해야 하는데, 일반적으로 자동으로 발생하지 않는다. 예를 들어, 추상적 표현보다 구체적인 자료를 사용하거나, 전략이나 기술이 일반적으로 사용되는 다양한 환경에서 교육이나 서비스를 제공하거나, 다양한 예와 자료를 통합하거나 단순히 학생들에게 다양한 정보를 알려 응답의 일반화를 촉진할 수 있다.

⑥ 언어 발달

말과 언어 발달은 인지 기능과 밀접한 관련이 있다. 사실, 언어 장애는 일반적으로 발달하는 또래보다 지적장애아동에게 더 일반적이다. 지적 능력과 말과 언어 사이의 연관성을 고려할 때, 지적장애아동이 읽기와 같은 구어 및 언어 능력을 요구하는 학업 과제에서 많은 어려움을 겪는 것은 놀라운 일이 아니다.

말 장애(speech disorders)는 지적장애아동에게는 흔한 것이다. 여기에는 추가 또는 왜곡과 같은 조음 오류, 유창성 장애(말더듬), 콧소리와 같은 언어 또는 소리 크기에 대한 우려와 같은 음성 장애가 포함될 수 있다. 사실 말과 언어 장애는 지적장애아동들 사이에서 상당히 흔한 이차 장애이다.

지적 능력과 언어 발달 사이에는 강한 상관관계가 있다. 지능이 높을수록 언어 장애가 덜하다. 지능이 높은 지적장애아동은 일반적으로 발달하는 또래와 같은 방식으로 언어를 습득하지만, 발달이 더 느리게 진행되고, 어휘가 더 제한적이며, 문법 구조와 문장 복잡성이 손상된다. 그러나 언어는 지적장애아동의 독립적인 기능에 매우 중요하다. 이 영역의 결함은 지적장애아동이 사회의 주류로 통합되는 것을 방해하는 가장 큰 장애물 중 하나이다.

(2) 사회적 특성과 행동적 특성

다른 사람들과 어울리는 능력은 중요한 기술이다. 이 기술은 지적장애 여부에 관계없이 모든 아동에게 중요하다. 어떤 상황에서는 사회적 능력이나 숙달이 지적 능력만큼 중요할 수도 있다. 예를 들어, 고용 분야에서 지적장애나 기타 발달장애가 있는 근로자가 업무에서 어려움을 겪을 때 업무 수행 자체보다는 동료 및 상사와의 사회적 상호작용 문제로 인한 경우가 많다.

지적장애아동은 종종 대인관계 기술이 좋지 않고, 사회적으로 부적절하거나 미성숙한 행동을 보인다. 그 결과 또래와 급우들로부터 거부를 당하는 경우가 많다. 지적장애아동이 또래와 다른 사람들과 우정을 쌓고 유지하는 데 필요한 사회적 능력이 부족한 것은 드문 일이 아니다. 일반 교실에 배치된 지적장애아동의 성공 또는 실패는 그들의 사회적 기술에 의해 결정되는 경우가 많다. 이러한 사회적 능력의 부

족은 점점 더 많은 지적장애아동이 보다 정상화된 환경에 참여할 기회를 포착하는 데 상당한 어려움을 초래할 수 있다. 직접적인 사회적 기술 지도는 지적장애아동의 사회성 발달을 향상시키는 한 가지 방법이다. 행동 수정 기법은 부적절한 사회적 행동을 줄이는 동시에 더 바람직하고 수용 가능한 행동을 확립할 수 있다. 급우의 적절한 행동을 모델링하는 것은 지적장애아동이 사회적으로 더 매력적인 행동을 습득할 수 있는 또 다른 방법이며, 이는 다시 또래의 더 큰 수용으로 이어질 수 있다.

## 2. 지적장애의 원인

지적장애의 원인을 결정하는 것은 어려운 과정이다. 여러 가지 이유로 지적장애가 있을 수 있으며, 종종 원인을 알 수 없다. 지적장애의 전체 사례 중 약 절반만이 특정 원인을 확인할 수 있다. 일반적으로 지적장애가 덜 심각할수록 특정 원인을 결정할 수 없을 가능성이 커진다.

지적장애의 원인을 정확하게 결정할 수는 없지만 지적장애를 유발하거나 적어도 가능한 병인으로 추측되는 원인에 대해 많이 알고 있다. 지적장애의 발현 시기를 기준으로 임신 전(출생 전 발생), 임신 중(출생 동안 발생), 출생 후(출생 이후 발생)와 같은 가능한 세 가지 주요 원인을 지정하였다.

### 1) 임신 전 요인

#### (1) 염색체 이상

가장 흔하고 아마도 가장 잘 알려진 유전 질환인 다운 증후군은 1866년 Dr. John Langdon Down에 의해 처음 기술되었다. 그러나 1959년이 되어서야 다운 증후군이 염색체 이상과 관련이 있음이 밝혀졌다. 대부분의 사람들은 23쌍으로 배열된 46개의 염색체를 가지고 있지만, 다운 증후군이 있는 사람은 47개의 염색체를 가지고 있다. 염색체는 발달을 위한 청사진 또는 빌딩 블록을 제공하는 유전자를 운반하는 막대 또는 실 모양의 몸체이다. 지적장애아동의 약 5%가 다운 증후군을 가지고 있다. 이 가운데 약 90%를 차지하는 다운 증후군의 가장 흔한 유형은 21번 삼염색체증(trisomy 21)으로 알려져 있다. 이 경우 여분의 염색체가 스물한 번째 쌍에 부착되어 결과적으로 3개의 염색체가 있다.

다운 증후군의 원인이 정확히 무엇인지 확실하지 않다. 갑상선 문제, 약물 및 방사선 노출이 모두 의심되지만, 산모의 연령과 다운 증후군 사이에는 강한 연관성이 있는 것으로 보인다. 25세에 다운 증후군의 발병률은 1,250명의 출생 중 약 1명인 것으로 추정된다. 30세에는 1,000명 중 1명, 35세에는 400명 중 1명, 40세에는 100명 중 1명, 45세의 경우는 30명 중 1명 정도이다. 나이 자체가 다운 증후군을 유발하는 것은 아니지만 강한 상호관계가 있다는 점에 유의하는 것이 중요하다.

다운 증후군은 모든 인종 및 사회경제적 집단에 동등하게 영향을 미친다. 대부분 경증에서 중등도의 지적장애를 초래하는데 어떤 경우에는 개인이 심하게 지체될 수 있고, 다른 경우에는 거의 정상적인 지능이 가능하다. 지적장애 외에도 이 염색체 이상은 심장 결함, 청력 상실, 장기 기형, 시력 문제, 갑상선 장애, 백혈병의 위험 증가와 같은 다른 건강 문제를 자주 초래한다.

다운 증후군을 가진 사람들은 독특한 신체적 특징을 가지고 있다. 가장 일반적으로 관찰되는 특징 중에는 눈의 위쪽 경사, 작은 키, 평평한 코, 약간 작은 귀와 코, 확대되고 때로는 돌출된 혀, 짧은 손가락, 감소된 근긴장도, 손바닥을 가로지르는 단일 주름(유인원 주름)(다운 증후군이 없는 사람은 평행선을 가짐)이 있다.

다운 증후군 아동의 기대 수명은 극적으로 증가했는데, 1920년대와 1930년대에는 다운 증후군 아동의 수명이 일반적으로 10년 미만이었다. 그러나 오늘날 의학과 의료의 발전 덕분에 많은 다운 증후군 아동들이 50대 초반까지 살고 있다. 그러나 연령이 증가함에 따라 다운 증후군 아동은 알츠하이머병 발병 위험이 더 커진다.

취약 X 증후군(fragile X syndrome)은 지적장애와 관련된 가장 최근에 확인된 유전적 원인 중 하나이다. 이 증후군은 남성 4,000명 중 약 1명, 여성의 절반 이상에 영향을 미치므로 지적장애의 주요 유전 원인 중 하나이다. X 염색체와의 관련 때문에 비정상적이거나 결함이 있는 유전자에 의해 유발되는 이 상태는 주로 남성에게 영

향을 미치지만, 여성이 이를 유발하는 유전자의 보인자가 될 수 있다.

이 장애가 있는 사람은 스물세 번째 쌍의 X 염색체 구조에 결함이 있다. 현미경으로 보면 X 염색체의 "팔" 중 하나가 초췌하거나 약해 보이기 때문에 취약한 것처럼 보인다. 2개의 X 염색체를 가진 여성은 결함이 있는 유전자에 덜 민감하다. X 염색체 하나와 Y염색체 하나를 가진 남성은 상당히 위험하다.

이 증후군과 관련된 전형적인 특성은 다양한 정도의 인지 결함, 길고 좁은 얼굴, 큰 귀, 돌출된 이마 및 큰 머리 둘레를 포함하고, 사춘기에는 고환이 커진다. 행동적으로, 취약 X 증후군을 가진 개인은 일반적으로 주의력 장애, 자기 자극 행동, 말과 언어 장애를 나타낸다. 이 장애가 있는 소녀의 약 1/3이 가벼운 지적장애와 학습장애가 있는 것으로 보고되고 있다. 또한 취약 X 증후군은 자폐증과 주의집중장애와 같은 다른 장애와 관련이 있는 것으로 보인다.

### (2) 대사장애와 영양장애

PKU로 더 많이 알려진 페닐케톤뇨증(phenylketonuria)은 선천성 대사 이상의 한 예이다. 이것은 열성 형질로, 부모 모두가 결함이 있는 유전자의 보인자여야 함을 의미한다. 이런 일이 발생하면 아기가 PKU를 가지고 태어날 확률이 25%이다. 그러나 아기가 건강할 확률은 동일한데, 50%의 확률로 무증상 보인자가 될 수 있다. PKU는 출생 25,000명 중 약 1명꼴로 나타나며, 북유럽 및 아메리카 원주민 민족 집단에서 가장 흔하다.

PKU는 유아의 신체가 단백질을 처리하거나 대사하는 방식에 영향을 미친다. 영향을 받은 아기는 우유와 같은 많은 고단백 식품에서 흔히 볼 수 있는 페닐알라닌을 처리하는 데 필요한 간 효소가 부족하다. 이 결핍의 결과로 페닐알라닌이 혈류에 축적되어 독성이 된다. 이 대사기능장애는 즉시 치료하지 않으면 뇌 손상과 지적장애를 유발하며, 이는 종종 심각하다.

페닐알라닌의 상승된 수준은 생후 며칠 이내에 신생아의 혈액과 소변에서 감지될 수 있다. 모든 경우에 필수 절차는 아니지만 이제는 병원에서 이 장애를 선별한다. 비정상적으로 높은 수준의 페닐알라닌이 발견되면 영아는 단백질 섭취를 줄이는 특별한 식단을 먹게 된다. 출생 직후 식이 제한이 도입되면 PKU의 파괴적인 결과가 크게 최소화되고 정상적인 발달 이정표가 일반적으로 달성된다는 것을 발견했다. 그러나 식이 제한이 얼마나 오래 유지되어야 하는지는 불분명하다. PKU가 있는 아동은 나이가 들어감에 따라 식이 조절이 더 어려워진다.

특히 심각한 것은 PKU가 있는 가임기 여성이다. 이러한 여성의 대사 불균형은 발달 중인 태아에게 심각한 결과를 초래할 수 있다. 이러한 임신의 90% 이상에서 아기는 지적장애와 심장 결함을 갖고 태어나며 대개 저체중이다. 그러나 임신 전에 개별화되고 제한된 식단으로 돌아가 임신 내내 이를 유지하면 일반적으로 건강한 아기를 낳을 수 있다.

갈락토스혈증(galactosemia)은 선천성 대사 이상의 또 다른 예이다. 이 장애에서 영아는 일반적으로 우유 및 기타 식품에서 발견되는 설탕의 한 형태인 갈락토스를 처리할 수 없다. 신생아에서 이 상태의 징후는 일반적으로 지적기능장애와 함께 황달, 간 손상, 감염에 대한 높은 감수성, 성장 장애, 구토 및 백내장을 포함한다. 갈락토스혈증이 조기에 발견되면 우유가 없는 식단을 시작할 수 있으며, 이는 문제 및 지연 가능성을 상당히 줄여 준다.

#### (3) 산모 감염

바이러스와 감염은 종종 지적장애와 기타 여러 문제를 유발한다. 임신 중에 여성과 그녀의 발달 중인 아이는 잠재적으로 손상을 줄 수 있는 다양한 감염에 매우 취약하다. 임신 첫 3개월 동안 노출되면 대개 심각한 결과를 초래한다. 풍진(독일 홍역)은 이러한 유형의 감염의 좋은 예이다. 경미하지만 전염성이 높은 이 질병은 지적장애, 시력 및 청력 결함, 심장 문제 및 저체중 출생과 관련이 있다. 풍진은 아동의 다중 장애의 주요 원인 중 하나이다. 1969년 풍진 백신의 도입으로 풍진 관련 장애의 사례가 상당히 감소했다.

임질과 매독 같은 성병은 태반을 통과하여 발달 중인 태아의 중추 신경계를 공격할 수 있다. 풍진과 달리 태아 발달의 후기 단계에서 태아에 대한 위험이 더 크다.

인간 면역 결핍 바이러스(human immunodeficiency virus: HIV)에 기인하는 후천성

면역 결핍 증후군(Acquired immune deficiency syndrome: AIDS)은 지적장애와 기타 발달 지연의 또 다른 가능한 원인이다. 일반적으로 감염된 사람과의 보호되지 않은 성교 또는 피하 주사 바늘의 공유를 통해 전염되는 HIV는 태반을 통과하여 중추 신경계에 영향을 미치는 동시에 면역 체계를 손상시켜 태아를 기회 감염의 위험에 실질적으로 노출시킨다. 소아 AIDS는 지적장애의 주요 감염 원인으로 의심되며, 동시에 HIV는 전염성 지적장애의 예방 가능한 단일 원인이다.

산모-태아 Rh 부적합성은 기술적으로 감염은 아니지만, 지적장애의 또 다른 잠재적 원인이다. 한때 이 질병은 지적장애의 주요 원인이었으며, 미국에서는 연간 약 16,000명의 유아에게 영향을 미쳤다. 1968년 이후 일반적으로 발병을 예방하는 치료법의 개발 덕분에 Rh 질환의 사례 수가 극적으로 감소했다. 간단히 말해서 Rh 질환은 산모와 태아 사이의 혈액형 부적합이다. 이러한 불일치는 적혈구 표면에서 발견되는 단백질인 Rh 인자의 결과이다. Rh+ 혈액에는 이 단백질이 포함되어 있지만, Rh- 혈액 세포는 그렇지 않다.

Rh 비호환성은 종종 지적장애, 뇌성마비, 간질, 기타 신생아 합병증과 같은 심각한 결과를 초래한다. 문제는 Rh- 산모가 Rh+ 아기를 낳을 때 발생하며, 이로 인해 미래의 Rh+ 태아에 대한 항체가 생성된다. 이러한 이유로 Rh- 여성은 일반적으로 Rh+ 아기를 분만한 후 72시간 이내에 Rh 면역 글로불린을 주사한다. 대부분의 경우 이 절차는 항체 생성을 방지하여 향후 임신에서 문제를 예방한다.

톡소플라스마증(toxoplasmosis)은 태아에게 심각한 위험을 초래하는 산모 감염의 또 다른 예이다. 톡소플라스마증은 고양이 배설물에 노출되면 감염된다. 덜 익히거나 날고기와 날달걀에도 존재한다. 산모가 임신 중, 특히 임신 3기에 이 기생충 감염에 노출되면 태아 감염이 발생할 가능성이 매우 높다. 감염된 유아는 지적장애, 뇌성마비, 실명으로 이어지는 망막 손상, 소두증, 간 및 비장 비대, 황달 및 기타 매우 심각한 합병증을 갖고 태어날 수 있다. 항생제는 엄마와 아이 모두에게 어느 정도 방어력을 제공하는 것 같다.

모성 감염에 대한 마지막 예는 포진(herpes group)의 일부 바이러스인 거대세포바이러스(cytomegalovirus: CMV)이다. 대부분의 여성은 일생 동안 이 바이러스에 노출되어 면역력이 생긴다. 그러나 임신 초기에 노출이 발생하면 태아에 심각한 영향을 미칠 수 있다. CMV는 종종 뇌 손상을 일으켜 지적장애, 실명, 청력 손상을 유발한다.

#### (4) 환경적 요인

흡연, 불법 약물 사용(코카인, 헤로인 등), 임신 전과 임신 중 알코올 섭취와 같은 안전하지 않은 산모 행동은 태아의 발달장애와 관련이 있다. 특히 알코올의 사용은 수년 동안 과학자와 연구자의 관심을 사로잡았다. 1973년에 태아 알코올 증후군(fetal alcohol syndrome: FAS)이라는 용어가 처음 만들어졌다. 현재 FAS는 미국에서 지적장애의 주요 원인 중 하나이다. 매년 약 40,000명의 아기가 어느 정도의 알코올 관련 손상 또는 결함을 갖고 태어난다.

알코올은 태아의 중추 신경계를 손상시킬 수 있으며, 뇌 손상은 드문 일이 아니다. FAS는 안면 기형, 심장 결함, 저체중 출생, 운동기능장애를 포함한 다양한 신체적 기형이 특징이다. 경증에서 중등도의 지적장애 외에도 주의집중 장애와 행동 문제가 일반적으로 나타난다. 덜 심각하고 미묘한 형태의 알코올 관련 손상은 태아 알코올 영향(FAE)으로 인식된다. 과도한 알코올 섭취의 영향은 평생 지속되지만, 이 상태는 완전히 예방할 수 있다.

#### (5) 알려지지 않은 원인

여러 유형의 두개골 기형은 알려지지 않은 태아기 요인의 결과이다. 무뇌증은 하나의 예에 불과하다. 이 상태에서 전체 뇌 또는 뇌의 상당 부분이 제대로 발달하지 못하여 영아에게 치명적인 결과를 초래한다. 보다 일반적인 상태는 비정상적으로 작은 머리와 심각한 지체를 특징으로 하는 소두증(microcephaly)이다.

수두증(hydrocephalus)은 뇌척수액의 흐름을 방해하거나 막는 것과 관련된 장애로, 과도한 체액이 축적되어 일반적으로 두개강이 커지고 잠재적으로 뇌에 손상을 줄 수 있다. 과잉 체액을 제거하는 션트를 수술로 이식하여 영아의 뇌에 가해지는 압력을 최소화하고 결과적으로 이 상태의 심각한 영향을 최소화할 수 있다.

## 2) 임신 중 요인

### (1) 임신 장애

임신 장애(gestational disorders)와 관련된 가장 흔한 두 가지 문제는 저체중 출생과 조산이다. 조산은 일반적으로 임신 37주 이전에 발생하는 출생으로 정의된다. 저체중은 2,500g 미만으로 정의되고, 초저체중은 1,500g 미만으로 정의된다. 전부는 아니지만 대부분의 경우 저체중 출생아는 미숙아이다. 임신 장애가 있는 모든 아기가 장애가 있거나 앞으로 학교에서 어려움을 겪는 것은 아니다. 그러나 이러한 아동 중 일부는 미묘한 학습 문제가 발생할 수 있고, 일부는 지적장애가 있으며, 다른 일부는 감각 및 운동 장애가 있을 수 있다.

### (2) 신생아 합병증

출생 과정을 둘러싼 합병증은 지적장애와 기타 발달 지연을 유발할 수 있다. 일반적인 예는 무산소(산소 결핍) 또는 저산소증(산소 부족)이다. 산소 결핍은 탯줄의 손상이나 장기간의 난산의 결과로 발생할 수 있다. 부적절한 겸자 사용과 같은 산과적 또는 출생 외상은 두개골에 과도한 압력을 가하여 영아의 뇌 일부를 손상시킬 수 있다. 역아 자세(breech presentation: 신생아의 엉덩이가 아래로 있는 자세)는 신생아 문제의 또 다른 예이다. 역아 자세 분만에서 영아는 보다 일반적인 머리 대신 산도에서 엉덩이에서 먼저 나온다. 이러한 태아 분만 자세는 출산 과정 후반부에 자궁 수축의 강도와 빈도가 더 크기 때문에 탯줄이 손상될 가능성과 아기의 머리에 대한 부상의 위험이 높아진다. 유아의 두개골에 대한 걱정은 조산(2시간 미만 지속)이 발생할 때도 발생한다. 조산 중에는 두개골의 부드러운 성형이 이루어지지 않아 조직 손상과 지적장애의 위험이 증가한다.

## 3) 출생 후 요인

### (1) 감염 및 중독성 물질

납과 수은은 지적장애를 일으킬 수 있는 환경 독소의 두 가지 예이다. 납 중독은 심각한 공중 보건 문제이다. 납은 독성이 강하기 때문에 휘발유나 페인트 제조에 더 이상 사용되지 않는다. 그러나 더 이상 상업적으로 이용가능하지 않더라도 일부 아동은 여전히 납 중독의 위험이 있다. 오래된 집이나 아파트에 사는 아동은 납이 함유된 벗겨진 페인트 조각을 먹음으로써 납을 섭취할 수 있다. 납 중독은 발작, 뇌 손상, 중추 신경계 장애를 유발할 수 있다.

감염은 유아들의 또 다른 관심사이다. 바이러스 감염인 수막염은 수막으로 알려진 뇌를 덮는 손상을 일으킨다. 수막염은 볼거리, 홍역 또는 수두와 같은 전형적인 아동기 질병과 관련된 합병증으로 인해 발생할 수 있다. 뇌 손상을 일으킬 수 있기 때문에 지적장애는 명백한 가능성이다. 마찬가지로 치명적인 것은 뇌 조직의 염증인 뇌염이다. 뇌염은 중추 신경계에 손상을 줄 수 있으며, 유행성 이하선염이나 홍역과 같은 유아기와 관련된 감염의 합병증으로 인해 발생할 수 있다.

### (2) 환경적 요인

다양한 환경적 또는 심리사회적 영향은 종종 지적장애, 특히 경도 지적장애와 관련이 있다. 쇠약하게 하는 요인에는 영양 문제, 불리한 생활 조건, 부적절한 건강 관리, 조기 인지적 자극 부족이 포함될 수 있다. 이러한 요인의 대부분은 낮은 사회경제적 지위와 관련이 있다. 자동차 사고 또는 놀이 관련 부상으로 인한 두부 외상과 함께 아동 학대 및 방임도 잠재적인 기여 요인이다. 물론 이러한 충격적인 출생 후 상황에 노출된 모든 아동이 지적장애가 되는 것은 아니다. 이러한 삽화는 지적장애의 원인이기보다 관계가 있다는 정도이다. 이러한 요인을 상호작용하는 위험 요소로 생각하는 것이 가장 좋으며, 일부 아동은 다른 아동보다 취약할 수 있다. 다행히 이러한 불리한 환경에 노출된 대부분의 아동은 정상적으로 발달한다.

지적장애의 많은 부분이 환경적 요인에 기인하지만, 현대의 생각은 심리사회적

영향과 관련된 지적장애가 환경과 유전적 또는 생물학적 기여 간의 상호작용의 결과라고 제안한다. 달리 말하면, 아동의 유전적 요인은 그 개인이 노출되는 환경에 의해 매개되는 다양한 지적 기회를 제공한다.

## 3. 지적장애아동의 미술치료

지적장애아동은 지적 능력과 적응행동에 결함을 지니고 있으므로 미술치료 프로그램에 있어서 인지적, 발달적, 행동적 접근을 적용함이 바람직하다. 교육가능 지적장애아동의 경우는 읽기, 쓰기, 셈하기 등 최소한의 기능을 습득할 수 있도록 배려해야 한다. 또한 환경에 스스로 적응할 수 있도록 사회적 적응력을 강조하는 프로그램과 직업능력 또한 그들이 경제적으로 독립할 수 있도록 개발되어야 한다. 교육가능 지적장애아동들도 추상화된 일반화 능력에 문제가 있으므로 각 학습 장면에서 주의가 요구되며, 치료사는 이전의 경험으로부터 학습을 이행한다는 가정을 고집하지 않는 것이 좋다. 즉, 미술 활동을 통해 조금씩 성취하는 것이 중요하다고 보는 것이다.

일반 아동의 경우에는 3세 6개월에서 7세 6개월에 이르기까지 시지각 발달이 매우 급속하게 이루어지면서 발달하게 된다. 그러나 지적장애아동들은 시지각 발달이 매우 지체되어 있어 사물의 인지와 또 사물 간의 공간관계 지각 등에 어려움이 있고, 외부 세계의 현상을 왜곡된 형태로 받아들이기 때문에 언제나 불안정하고 불확실한 세계 속에서 살게 된다. 또한 과업을 수행하는 일도 서툴고 운동과 놀이에도 잘 적응하지 못하는 특징이 있다.

지적장애아동의 경우에는 시지각 발달의 하위영역, 즉 시각-운동협응, 도형-배경지각, 항상성지각, 공간위치지각, 공간관계지각 등 다섯 가지 영역에 장애를 가지고 있으며, 이는 아동의 미술 활동뿐만 아니라 발달에 저해 요인이 되며, 나아가서 학습지체를 유발하게 한다. 따라서 지적장애아동의 미술 지도에 있어서는 지적장애아동의 시지각 특성을 반드시 이해하고 아동의 수준에 맞는 프로그램을 계획하여 실천하는 것이 중요하다.

일반 아동은 긴 시간 동안 미술 활동에 참여할 수 있지만 지적장애아동은 짧은 시간에 중요한 기능과 개념에 초점을 맞추어 실패감을 맛보지 않게 하는 것이 좋은 방법이다. 아동은 작품을 생산하는 데 있어서 많은 피드백이 요구되며, 이러한 피드백은 아동을 격려하고 긍정적으로 강화를 해야 한다. 또한 새로운 낱말이나 어떤 기능은 미술 활동을 통해 반복 연습하는 것이 중요하다. 아동이 한 번에 한 단계만 집중하도록 작은 단계들로 미술치료 과제가 구성되어야 한다. 여기서 치료사는 과제분석의 기능을 갖추어야 한다. 또한 쉬운 과제로부터 어려운 과제로 계열성이 있는 조직도 필요하게 된다. 여러 가지 미술 활동의 재료나 과정의 선택은 미술치료의 과정과 기능에 대한 아동의 표현 능력에 혼란을 줄 수 있다. 그러나 미술치료 재료나 활동이 다양하게 제공되면 동기를 부여하는 데 크게 도움이 된다. 예를 들면, 신체인식과 신체 부위의 명칭에 대한 활동매체는 아동에 따라 다양화되어야 할 것이다.

훈련가능 지적장애아동의 경우에는 독립된 기능과 사회화 기능 발달에 역점을 둔 교육 프로그램이 요구된다. 치료 내용에는 드라마, 노래 부르기, 그림 보고 토론하기, 이야기 듣기 등을 포함한다. 또한 고학년의 경우는 요리나 바느질, 정원 손질 등 직업적 기능을 배운다. 훈련가능 지적장애아동의 문제 중의 하나는 운동 발달지체다. 미술치료 프로그램은 미술치료 매체, 도구, 재료 등의 적절한 사용 방법과 같은 기본적 기능 배양에 역점을 두어야 한다. 일단 이러한 기능을 습득하고 나면, 아동은 표현을 위해 기능들을 사용할 수 있다.

지적장애아동의 미술치료 프로그램은 유치원 미술교육과정과 유사하다고 할 수 있다. 그들이 난화 단계를 넘어서길 가정하면서, 아동들이 미술치료 재료를 이용하여 그들 자신의 표현력을 개발할 시간을 제공해야 한다. 즉, 연필이나 물감을 사용한 활동의 기회를 제공해야 한다. 물론 미술치료 재료 가운데는 너무 단단하거나 액체 상태여서 선택의 제한성이 있지만, 재료의 제한된 선택도 활동의 한 부분으로 이루어져야 한다. 또한 짧은 활동의 반복을 통해 기본적인 개념을 형성시켜야 한다. 왜냐하면 이러한 아동은 짧은 집중력과 제한된 기억력을 지니고 있기 때문이다.

지적장애아동은 지적 능력의 지체와 적응행동에 결함을 지니고 있으므로 기본적

인 기능배양에 역점을 두어야 한다. 미술지도의 구성에 있어서 지적장애아동들은 천천히 학습한다는 사실을 인식해야 한다. 아울러 짧은 시간에 중요한 기능과 개념에 초점을 맞추어 실패감을 맛보지 않게 하는 것이 중요하다. 또한 피드백을 통하여 아동을 격려하고 긍정적으로 강화를 해야 한다.

제9장

# 자폐스펙트럼장애와 미술치료

## 1. 자폐스펙트럼장애의 정의와 특성

### 1) 정의

자폐스펙트럼장애(Autism spectrum disorder: ASD)는 뇌의 차이로 인한 발달장애이다. 자폐스펙트럼장애의 증상과 원인은 다양하게 제시되고 있다.

#### (1) 「미국장애인교육법」의 정의

「미국장애인교육법」의 정의는 다음과 같다.

> (i) 자폐증은 언어적 및 비언어적 의사소통과 사회적 상호작용에 중대한 영향을 미치는 발달장애를 의미하며, 일반적으로 3세 이전에 명백하며, 아동의 교육 성과에 부정적인 영향을 미친다. 자폐증과 자주 관련된 다른 특성으로는 반복적인 활동

과 고정 관념적인 움직임, 환경 변화나 일상의 변화에 대한 저항, 감각 경험에 대한 비정상적인 반응 등이 있다.

(ii) Section (c)(4)에 정의된 바와 같이 아동이 정서장애를 갖고 있기 때문에 아동의 교육 수행이 부정적인 영향을 받는 경우에는 자폐증이 적용되지 않는다.

(iii) 3세 이후에 자폐증의 특성을 나타내는 아동은 Section (c)(1)(i)의 기준이 충족되는 경우 자폐증이 있는 것으로 판별될 수 있다.[Sec. 300.8 (c)]

자폐스펙트럼장애아동은 대부분의 다른 아동과 다른 방식으로 행동하고, 의사소통하고, 상호작용하고, 학습할 수 있다. 다른 아동들과 구별되는 외모가 전혀 없는 경우가 많고, 자폐스펙트럼장애아동들의 능력은 크게 다를 수 있다. 예를 들어, 일부 자폐스펙트럼장애아동들은 고급 대화 기술을 가지고 있는 반면, 다른 아동들은 비언어적일 수 있다. 자폐스펙트럼장애아동들은 일상생활에서 많은 도움이 필요하지만, 다른 아동들은 거의 또는 전혀 지원 없이 활동하고 생활할 수 있다.

자폐스펙트럼장애는 2~3세 이전에 시작되어 평생 지속될 수 있지만, 시간이 지나면서 증상이 호전될 수 있다. 일부 아동은 생후 12개월 이내에 자폐스펙트럼장애 증상을 보이지만, 다른 아동들은 증상이 24개월 또는 그 이후까지 나타나지 않을 수 있다. 일부 자폐스펙트럼장애아동은 약 18~24개월이 될 때까지 새로운 기술을 습득하고 발달 이정표를 달성한 다음 새로운 기술 습득을 중단하거나 이전에 가졌던 기술을 잃기도 한다.

자폐스펙트럼장애아동이 청소년 및 성인이 됨에 따라 우정을 발전 및 유지하는 데 어려움을 겪을 수 있으며, 또래 및 성인과 의사소통하거나 학교 또는 직장에서 기대되는 행동을 이해하는 데 어려움을 겪을 수 있다. 또한 그들은 자폐스펙트럼장애가 없는 사람보다 자폐스펙트럼장애가 있는 사람에게서 더 자주 발생하는 불안, 우울증, 주의력결핍 과잉행동 장애와 같은 상태를 가지고 있기 때문에 서비스 제공자의 주의를 끌 수 있다.

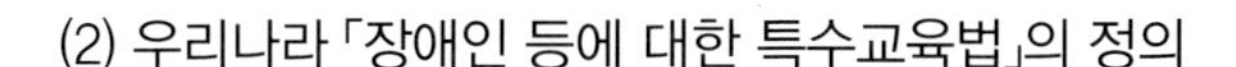

### (2) 우리나라 「장애인 등에 대한 특수교육법」의 정의

> 6. 자폐성장애를 지닌 특수교육대상자
>
> 사회적 상호작용과 의사소통에 결함이 있고, 제한적이고 반복적인 관심과 활동을 보임으로써 교육적 성취 및 일상생활 적응에 도움이 필요한 사람

### (3) 미국 국립정신건강연구의 정의

> 자폐스펙트럼장애는 다른 사람들과 상호작용하고, 의사소통하고, 학습하고, 행동하는 방식에 영향을 미치는 신경 및 발달장애이다. 자폐증은 모든 연령에서 진단될 수 있지만 일반적으로 증상이 생후 2년 이내에 나타나기 때문에 "발달장애"로 진단될 수 있다.

미국정신의학협회(American Psychiatric Association)에서 만든 『정신질환의 진단 및 통계 편람(DSM-5)』에 따르면 자폐스펙트럼장애가 있는 사람들은 종종 다음을 경험한다.

- 다른 사람들과의 의사소통 및 상호작용의 어려움
- 제한된 관심과 반복적인 행동
- 학교, 직장 및 기타 삶의 영역에서 기능하는 능력에 영향을 미치는 증상

자폐증은 사람들이 경험하는 증상의 유형과 중증도가 매우 다양하기 때문에 '스펙트럼' 장애로 알려져 있다.

모든 성별, 인종, 민족 및 경제적 배경을 가진 사람들이 자폐스펙트럼장애로 진단될 수 있다. 자폐스펙트럼장애는 평생 장애가 될 수 있지만, 치료 및 서비스는 개인의 증상과 일상 기능을 개선할 수 있다. 미국소아과학회(American Academy of Pediatrics)는 모든 아동이 자폐증 검사를 받을 것을 권장한다. 간병인은 자폐스펙트

럼장애 검사 또는 평가에 대해 자녀의 의료 제공자와 상의해야 한다.

사회적 의사소통 및 사회적 상호작용 행동에는 다음이 포함될 수 있다.

- 거의 또는 일관성 없는 눈맞춤
- 말하는 사람을 보거나 듣지 않는 것처럼 보임
- 사물이나 활동에 대한 관심, 정서, 즐거움을 드물게 공유함(가끔 다른 사람을 가리키거나 보여 주는 것을 포함)
- 자신의 이름이나 주의를 끌기 위한 구두 요청에 반응하지 않거나 느리게 반응함
- 대화를 주고받는 데 어려움
- 다른 사람들이 관심을 갖지 않거나 응답할 기회를 주지 않고 종종 좋아하는 주제에 대해 길게 이야기함
- 말하는 내용과 일치하지 않는 표정, 동작 및 몸짓을 표시함
- 노래를 부르거나 평평하고 로봇처럼 들릴 수 있는 비정상적인 목소리 톤을 가짐
- 다른 사람의 관점을 이해하는 데 문제가 있거나 다른 사람의 행동을 예측하거나 이해할 수 없음
- 다양한 사회적 상황에 따라 행동을 조정하는 데 어려움
- 상상놀이나 친구를 사귈 때 어려움을 공유함

제한적/반복적 행동에는 다음이 포함될 수 있다.

- 특정 행동을 반복하거나 단어나 구를 반복하는 것과 같은 비정상적인 행동을 하는 것(반향성이라고 하는 행동)
- 숫자, 세부 사항 또는 사실과 같은 특정 주제에 지속적으로 강한 관심을 가짐
- 움직이는 물건이나 물건의 일부와 같이 지나치게 집중된 관심을 보임
- 일상의 약간의 변화에 화를 내고 전환에 어려움을 겪음
- 빛, 소리, 의복 또는 온도와 같은 감각 입력에 대해 다른 사람들보다 더 민감하거나 덜 민감함

## 2) 특성

### (1) 타인 이해의 부족

자폐스펙트럼장애아동들은 다른 사람들이 자신과 다른 생각, 계획, 관점을 가질 수 있다는 것을 이해하지 못한다. 일반적으로 발달하는 아동들은 이 기술을 4세가 되면 획득하는 것이다. 자폐스펙트럼장애아동이 다른 사람들이 세상에 대해 고유한 관점을 가지고 있다는 것을 깨닫지 못하는 것을 설명하려는 인지 가설이 마음 이론(theory of mind)이다.

마음 이론은 다른 사람들이 우리와 다른 마음을 가지고 있다는 이해로 정의된다. 보다 구체적으로, 다른 사람들이 우리와 다른 생각, 감정, 관점을 가지고 있다는 것을 이해하는 것이다. 요컨대, 마음 이론은 우리가 생각하는 것을 기반으로 다른 사람들의 행동을 이해하고 예측할 수 있게 해 준다. 예를 들어, 우리 자신은 슬프지 않을지라도 다른 사람의 관점을 상상하고 힘든 하루를 보내고 있는 사람과 공감할 수 있다.

자폐스펙트럼장애와 관련하여 마음 이론의 결함은 이 장애와 관련된 많은 행동의 핵심일 수 있다. 예를 들어, 마음 이론의 한계는 다른 사람의 정서, 의도, 신호를 잘못 읽거나 읽지 못하게 할 수 있고, 타인에 대한 공감 표현을 제한할 수 있다. 마음 이론의 경함은 정확하지 않을 수 있는 가정으로 사회적 상황에 접근하는 결과를 초래할 수도 있다. 또한, 사회적 환경에서 신호를 포착하는 데 어려움을 겪기 때문에 호혜성(주고받기, 관계의 상호 이익)이 영향을 받을 수 있다.

마음 이론은 부모와 다른 사람들이 다음과 같은 자폐스펙트럼장애아동의 당혹스러운 행동을 이해하도록 돕는다.

- 누군가가 화나거나 슬플 때 웃거나 "이해하지 못하는 것"과 같은 다른 사람의 정서적 표현에 대한 부적절한 반응
- 자신의 행동이 다른 사람에게 영향을 미친다는 것을 이해하기 어려움
- 자신이 생각하고 느끼는 것이 다른 사람들도 생각하고 느끼는 것이라고 가정

- 대화를 주고받고 다른 사람에 대해 질문하거나 관심사가 무엇인지 공유하는 데 어려움
- 책이나 영화의 등장인물을 이해하는 데 어려움이 있거나 흉내를 내는 데 어려움

따라서 가족 구성원은 이러한 당황스러운 행동이 고의적이거나 의도적인 것이 아니라 마음 이론 문제의 영향이라는 것을 기억하는 것이 중요하다.

(2) 사회적 상호작용 증상

사회적 상호작용 범주의 증상은 눈 맞추기, 표정, 몸짓, 제스처와 같은 여러 비언어적 행동의 사용에 현저한 장애가 있고, 연령에 적합한 또래 관계를 발전시키지 못하고, 관심사와 성과를 다른 사람과 공유하려는 자발적인 추구가 부족하고, 사회적 또는 정서적 상호작용의 결여이다. 자폐스펙트럼장애아동은 종종 다른 사람에게 자신의 관심 대상을 가리키거나 보여 주지 않고, 상호작용에서 표현된 즐거움을 거의 보여 주지 않으며, 조정된 시선이 부족하다. 자폐스펙트럼장애아동은 다른 사람에게 적절한 표정을 거의 또는 전혀 짓지 않으며, 얼굴 신호 또는 이름 부름과 함께 수반되는 대상을 언급할 때도 경우에도 대상이나 활동에 관심을 보이지 않는다.

이러한 증상은 자폐스펙트럼장애아동에게 치명적이다. 전문가들은 고기능 자폐스펙트럼장애아동조차도 우정을 발전시키고 다른 사람들과 관계를 맺는 데 상당한 어려움을 겪는다고 말한다. 또한 자폐스펙트럼장애아동은 사회적 교류에 문제가 있다. 그들은 사회적 규범이나 듣는 사람의 정서를 고려하지 않을 수 있다. 그들은 제한된 대화 전략이나 고정 관념에 사로잡힌 표현에만 전적으로 의존하고, 약간의 특이한 관심을 정교화하거나 이전 진술을 반향한다. 예를 들어, 자폐스펙트럼장애아동이나 성인이 외출하면서 특정 향수를 사용할 때마다 자신이 냄새를 맡는다고 누군가에게 말할 수 있다. 다른 사람은 자신이 가장 좋아하는 주제인 피자에 대해 이야기할 때만 당신에게 이야기할 수 있다. 이들은 도움이 필요하거나 질문에 응답하지 않는 한 다른 사람들에게 상대적으로 거의 관심을 보이지 않는다. 상호 사회적 의사소통이 거의 또는 전혀 없다. 이들은 기분이 어떤지 묻지 않거나 기분에 변화가

있는지 알아차리지 못한다. 자폐스펙트럼장애아동의 사회적 손상은 교육, 직업 및 사회적 환경에서 다른 사람과의 관계에 상당한 영향을 미친다.

### (3) 의사소통 문제

말의 부족은 오랫동안 자폐스펙트럼장애의 특징으로 여겨져 왔다. 말을 하는 자폐스펙트럼장애아동의 경우, 그들의 말은 기능적이지 않거나 유창하지 않을 수 있으며 의사소통 의도가 부족할 수 있다. 전형적인 의사소통 결함에는 구어 발달의 지연, 대화 기술의 현저한 손상, 고정 관념적이고 반복적인 언어 사용, 다른 사람의 말을 기계적으로 되풀이하거나 반향어에 더하여 연령에 적합한 자발적인 가상 놀이 또는 사회적 모방 놀이의 부족이 포함된다.

자폐스펙트럼장애아동의 말은 리듬에 이상이 있고, 이상한 억양이나 부적절한 음조를 가지고 있으며, 소리는 음조가 없거나 기계적으로 들릴 수 있다. 언어의 실용적 또는 사회적 사용의 결핍도 흔하다. 자폐스펙트럼장애아동들 중 약 25~30%가 단어를 사용하기 시작하다가 생후 15개월에서 24개월 사이에 갑자기 말을 멈추기도 한다.

5세 또는 6세의 언어 발달은 좋은 결과에 대한 긍정적인 신호로 간주된다. 몇 가지 초기 말 이전 결함은 조기 진단을 촉진할 수 있다. 조기 중재는 다음을 포함한다.

- 어머니 또는 아버지, 일관된 보호자의 목소리를 인식하지 못함
- 환경 소리에 대해 예리하게 인식하지만 이름에 대한 반응 부족과 같은 발화에 대해 무시함
- 생후 9개월 이후에 지연된 옹알이 시작
- 흔들기, 가리키기, 보여 주기 등과 같은 말 이전의 제스처의 사용 감소 또는 부재
- "오 오" 또는 "허"와 같은 표현의 부족
- "아, 아니야, 또 비가 온다!"와 같은 중립적인 진술에 대한 관심이나 반응 부족

### (4) 반복적 행동과 제한적 행동

반복적이고 제한적인 행동은 비정상적인 정도로 적어도 하나의 고정 관념적이고 제한된 관심 패턴에 대한 선입견, 비기능적인 의식이나 일상에 대한 융통성 없는 고수, 고정 관념적이고 반복적인 운동 매너리즘, 대상의 일부에 대한 선입견을 포함한다. 자폐스펙트럼장애아동은 다음과 같은 행동을 할 수 있다.

- 장난감들을 같은 방식으로 가지고 놀기
- 일상이나 물건 배치에 대해 엄격
- 음식을 적게 먹거나 특정 질감의 음식만 섭취
- 음식 냄새를 맡음
- 통증에 둔감
- 위험을 인식하지 못함
- 무생물에 대한 비정상적인 애착을 보임
- 반복적인 신체 움직임(손 펄럭이기, 흔들기, 손가락 핥기 등)을 보임

많은 전문가는 이러한 행동이 별개의 진단 범주를 나타내는지 아니면 주의력결핍 과잉행동 장애 또는 강박 장애와 같은 공존하는 정신 장애의 징후인지를 고려하고 있다. 후자의 경우 일부 개인이 자폐스펙트럼장애로 확인되기 전에 다양한 진단을 받는 이유를 설명할 수 있다.

### (5) 기타 특성

자폐스펙트럼장애의 네 가지 주요 특징 외에도 동시 발생할 수 있는 증상에는 집중력, 주의력, 활동 수준 문제, 불안 장애, 정도 또는 기분 장애, 학습 어려움이 포함된다. 이러한 행동은 다음의 〈표 9-1〉과 같다.

표 9-1 자폐스펙트럼장애아동의 관련 특성

| 관심 영역 | 행동 |
|---|---|
| 집중력과 주의력 | • 과잉행동<br>• 짧은 주의집중 시간<br>• 충동성<br>• 자극 과잉 선택성(선택적 주의) |
| 불안 장애 | • 자해 행위<br>• 과도한 손톱 할퀴 또는 마찰<br>• 소수 음식으로 제한된 식단<br>• 먹을 수 없는 음식 먹기(이식증)<br>• 강박 장애 |
| 정동 장애 | • 기분이나 정의의 이상(명백한 이유 없이 킥킥거리거나 울음)<br>• 수면 장애(잠들기 어려움, 자주 깨는 것, 이른 아침에 깨는 것)<br>• 야뇨증<br>• 우울증, 자살 충동 |
| 학습 곤란 | • 고르지 못한 성취<br>• 집행 기능 손상<br>• 독해력 부족<br>• 부적절한 수용/표현 언어 기술<br>• 기술이나 정보의 일반화 곤란 |

## 2. 자폐스펙트럼장애의 원인

자폐스펙트럼장애의 원인 또는 병인은 복잡하다. 대부분의 경우 근본적인 병리학적 기전은 알려져 있지 않다. 자폐스펙트럼장애는 이질적인 장애로, 종종 특정 특성의 유무에 따라 후향적으로 진단된다. 현재는 자폐스펙트럼장애가 신경학적 또는 생물학적 원인 또는 병인을 암시한다. 정확한 수단은 알려져 있지 않고 단일 원인이 아닐 가능성이 높지만, 비정상적인 뇌 화학 및 발달과 함께 유전적 기여 및 환경적 스트레스 요인이 일차적으로 의심되는 요인이다.

자폐스펙트럼장애에 대한 유전적 기여에 대한 증거는 논쟁의 여지가 없지만, 정확한 전달 방식은 여전히 가설이다. 가족 연구와 쌍둥이 연구는 자폐스펙트럼장애에 대한 근본적인 유전적 취약성을 분명히 뒷받침한다. 소수의 경우 자폐스펙트럼장애는 취약 X 증후군 및 결절성 경화증과 같은 의학적 상태로 인해 발생한다.

신경 영상 연구는 자폐스펙트럼장애아동의 뇌의 구조적 이상을 시사한다. 소뇌, 대뇌 피질, 뇌간은 이상이 조사되는 뇌 영역의 일부일 뿐이다. [그림 9-1]은 자폐스

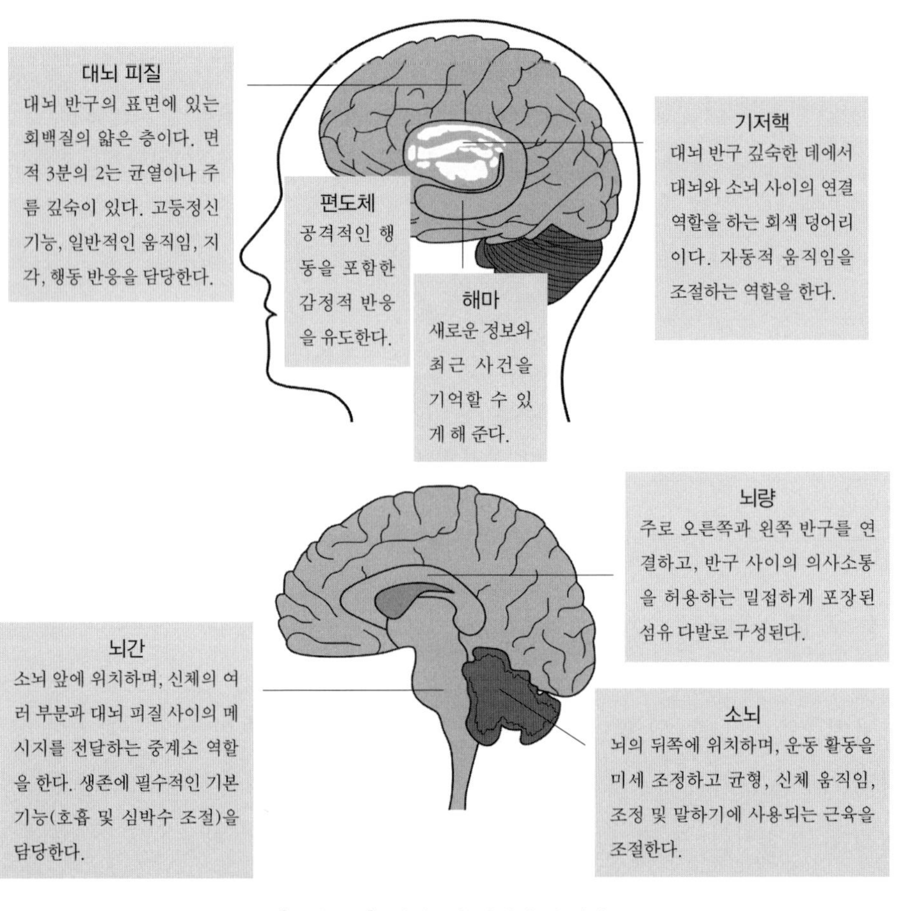


[그림 9-1] 자폐증과 관련된 뇌 영역

출처: National Institute of Mental Health, "Autism Spectrum Disorders (Pervasive Developmental Disorders)," available at http://www.nimh.nih.gov/health/publications/autism/complete-index.shtml

펙트럼장애와 관련된 주요 뇌 구조를 보여 준다.

신경 화학 연구는 세로토닌, 도파민, 에피네프린과 같은 신경 전달 물질과 자폐스펙트럼장애를 일으키는 역할에 초점을 맞추고 있다. 최근 많은 관심이 홍역, 볼거리, 풍진(MMR) 예방 접종과 자폐스펙트럼장애 사이의 연관성에 집중되었다. 경험적 연구는 이 백신과 자폐스펙트럼장애의 발병 사이의 인과 관계를 지지하지 않는다.

과학자들은 현재 자폐스펙트럼장애가 여러 생물학적 병인을 가진 행동 증후군이라고 믿고 있으며, 하나의 변인이 자폐스펙트럼장애를 일으킬 가능성은 없다고 믿고 있다.

## 3. 자폐스펙트럼장애아동의 미술치료

자폐스펙트럼장애아동의 미술 특성은 인지적 결함과 정서적 장애가 같이 나타난다는 면에서 정서 · 행동장애아동과 마찬가지로 반복적인 그림이 많이 나타난다는 것이다. 모방만 할 뿐 창조적 그림을 그리기 어렵다는 점에서 지적장애아동과 정서 행동장애아동의 미술표현과 공통된 점이 많다. 그러나 지적장애아동의 그림과는 달리 자폐스펙트럼장애아동들의 그림은 자신이 관심 갖는 분야에 대해서는 일반 아동보다도 더 세부적이고 정교하게 묘사하는 경향이 있다. 이외에도 숫자나 글씨로 화면을 가득 채운다거나, 본인 외에는 알 수 없는 그림을 자주 그리기도 하며, 사람보다는 사물 표현이 많다는 특징이 있다. 또한, 인지 발달을 위해 대상에 대한 관찰과 표현 능력을 갖게 하고, 상호작용을 자극함으로써 사물보다는 사람에게 관심을 갖도록 유도해야 한다.

치료 방법으로서 미술치료가 유리한 점은 무엇보다 다양한 재료를 사용한다는 점일 것이다. 변화에 대한 저항이 심한 자폐스펙트럼장애아동들에게 미술치료는 다양한 재료를 경험하게 함으로써 변화에 대한 적응력을 습득하게 한다. 예를 들어, 점토를 만지지 못하는 자폐스펙트럼장애아동은 색종이 조각 뿌리기를 한 후에 마른 점토 조각을 섞어 같이 뿌리기로 발전시킬 수 있다. 이것이 가능해지면 점토를 나무막대로 만져 보게 하고, 다음에는 손가락 하나로 그다음엔 물을 조금 묻혀서 만져 보게 한다. 이것이 점진적이면서도 자연스럽게 진행하여 적응시키는 방법이다. 새로운 재료나 방법을 시도하여 적응한다는 것은 일상생활에서도 변화에 대해 시도할 만한 힘이 생겨나고 있다는 뜻이다. 미술치료는 자폐스펙트럼장애아동의 장애에 따른 여러 프로그램을 조금씩 시행함으로써 아동에게 변화에 대한 저항감과 두려움을 줄이면서 치료를 할 수 있어 효과적인 치료가 될 수 있을 것이다.

특히 인지 능력이 양호한 자폐스펙트럼장애아동의 경우, 문자는 읽고 쓰는데 그림을 전혀 그리지 못하는 아동 혹은 부모나 치료사가 지시하는 것을 완전히 무시하고 자신이 좋아하는 것만 그리는 아동에게는 점토를 이용해서 사물 만들기를 한 뒤 보고 그리기를 통해서 다양한 사물 그리기와 그림 그리기로 확장해 나가는 것이 중요하다.

제10장

# 건강장애 및 지체장애와 미술치료

## 1. 건강장애 및 지체장애의 정의와 특성

### 1) 정의

많은 아동이 다양한 건강 또는 신체 상태를 가지고 있지만, 그들의 교육 수행에 지장을 주는 건강 또는 신체장애가 있는 아동들만이 특수교육이나 관련 서비스를 필요로 한다. 2004년 장애인교육법(IDEA, PL 108-446)에 따르면 지체장애가 있는 아동은 정형외과적 장애, 중복 장애, 외상성 뇌 손상의 세 가지 범주에 따라 서비스를 받을 자격이 있다. 건강장애가 있는 아동은 기타 건강장애 범주에 따라 자격이 될 수 있다. 시각과 청각을 모두 상실한 아동은 농-맹이라는 명칭이 붙은 서비스를 받는다. 「미국장애인교육법」과 우리나라의 「장애인 등에 대한 특수교육법」에 제시된 건강장애와 지체장애 각각의 정의를 살펴본다.

### (1) 「미국장애인교육법」의 정의

건강장애와 관련하여 농-맹(deaf-blindness)의 정의는 다음과 같다.

> (2) 농-맹은 청각장애와 시각장애를 수반하는 것을 의미하며, 이러한 조합으로 인해 심각한 의사소통 및 기타 발달 및 교육적 필요가 발생하여 학생들은 청각장애아동 또는 시각장애아동만을 위한 특수교육 프로그램에 수용될 수 없다.[Sec. 300.8 (c)]

기타 건강장애의 정의는 다음과 같다.

> (9) 기타 건강장애는 교육적 환경에 관해 제한된 각성을 유발하는 환경 자극에 대한 높은 각성도를 포함하여 제한된 강도, 활력, 각성을 갖는 것을 의미하며, 건강장애는 다음과 같은 것이다.
>
> (i) 천식, 주의력 결함 장애 또는 주의력 결함 과잉 행동 장애, 당뇨병, 간질, 심장질환, 혈우병, 납 중독, 백혈병, 신염, 류마티스열, 겸상적혈구 빈혈, 투렛과 같은 만성 또는 급성 건강 문제로 인한 경우 증후군; 그리고
>
> (ii) 아동의 교육 성과에 부정적인 영향을 미친다.[Sec. 300.8 (c)]

지체장애와 관련하여 정형외과적 장애의 정의는 다음과 같다.

> (8) 정형외과적 장애는 아동의 교육 성과에 부정적인 영향을 미치는 심각한 정형외과적 장애를 의미한다. 이 용어는 선천적 기형으로 인한 손상, 질병으로 인한 손상(예: 소아마비, 골결핵), 기타 원인(예: 구축을 유발하는 뇌성마비, 절단, 골절, 화상)으로 인한 손상을 포함한다.[Sec. 300.8 (c)]

중복장애의 정의는 다음과 같다.

(7) 중복장애는 수반되는 장애(예: 지적장애–시각 장애 또는 지적장애–정형외과적 장애)를 의미하며, 이러한 장애의 조합으로 인해 장애 중 하나에 대한 특수교육 프로그램에 수용될 수 없는 심각한 교육 요구가 발생한다. 중복장애에는 농–맹은 포함되지 않는다.[Sec. 300.8 (c)]

외상성 뇌 손상의 정의는 다음과 같다.

(12) 외상성 뇌 손상은 외부의 물리적 힘에 의해 야기된 뇌의 후천적 손상으로 전체 또는 부분적인 기능장애 또는 심리사회적 손상, 또는 둘 모두를 초래하여 아동의 교육 성과에 부정적인 영향을 미치는 것을 의미한다. 외상성 뇌 손상은 인지; 언어; 기억; 주의력; 추리; 추상적 사고; 판단; 문제 해결; 감각, 지각 및 운동 능력; 심리사회적 행동; 신체 기능; 정보 처리; 말과 같은 하나 이상의 영역에서 손상을 초래하는 개방 또는 폐쇄 두부 손상에 적용된다. 외상성 뇌 손상은 선천성 또는 퇴행성 뇌 손상 또는 출생 외상으로 인한 뇌 손상에는 적용되지 않는다.[Sec. 300.8 (c)]

### (2) 우리나라 「장애인 등에 대한 특수교육법」의 정의

건강장애에 대한 정의는 다음과 같다.

9. 건강장애를 지닌 특수교육대상자는 만성질환으로 인하여 3개월 이상의 장기 입원 또는 통원치료 등 계속적인 의료적 지원이 필요하여 학교생활 및 학업 수행에 어려움이 있는 사람

지체장애에 대한 정의는 다음과 같다.

4. 지체장애를 지닌 특수교육대상자는 기능·형태상 장애를 가지고 있거나 몸통을 지탱하거나 팔다리의 움직임 등에 어려움을 겪는 신체적 조건이나 상태로 인해 교육적 성취에 어려움이 있는 사람

한편 우리나라의 「장애인 등에 대한 특수교육법」에서는 중복장애를 별도의 범주로 구분하여 제시하고 있다. 중복장애의 정의는 다음과 같다.

> 11. 두 가지 이상 중복된 장애를 지닌 특수교육대상자
>
> 다음 각 목의 구분에 따른 장애를 지닌 사람으로서 제1호부터 제6호까지의 규정에 따른 특수교육대상자에 대한 각각의 교육지원만으로 교육적 성취가 어려워 특별한 교육적 조치가 필요한 사람
>
> 가. 중도중복(重度重複)장애: 다음의 구분에 따른 장애를 각각 하나 이상씩 지니면서 각각의 장애의 정도가 심한 경우. 이 경우 장애의 정도는 법 제14조제1항에 따른 선별검사의 결과, 제9조제4항에 따라 제출한 진단서 및 「장애인복지법 시행령」 제2조제2항에 따른 장애의 정도 등을 고려하여 정한다.
>
> 1) 지적장애 또는 자폐성장애
>
> 2) 시각장애, 청각장애, 지체장애 또는 정서·행동장애
>
> 나. 시청각장애: 시각장애 및 청각장애를 모두 지니면서 시각과 청각에 의한 학습이 곤란하고 의사소통 및 정보 접근에 심각한 제한이 있는 경우

## 2) 특성

건강장애와 지체장애아동의 특성은 특정 질병, 중증도, 개별 요인에 따라 다르다. 동일한 진단을 받은 두 개인은 능력 면에서 상당히 다를 수 있다. 또한 심각한 지체장애가 있는 학생(말하거나, 걷거나, 음식을 먹을 수 없는 개인도 포함)이 정상 또는 영재 지능을 가질 수 있다. 누구도 외모로 지적 능력을 판단해서는 안 된다.

학교에서는 많은 건강장애와 지체장애아동을 마주칠 수 있으며, 그들 각자는 특성, 처치, 예후가 다르다. 건강장애와 지체장애에 포함된 상태의 범위를 설명하기 위해 여기에서는 「미국장애인교육법」의 네 가지 범주에 따라 정형외과적 장애, 중복 장애, 외상성 뇌 손상, 기타 건강장애로 여러 표본 상태를 설명한다. 〈표 10-1〉은 논의될 범주, 하위 범주, 표본 조건의 개요를 제시한다. 농-맹 아동의 특성도 검토된다.

표 10-1 건강장애와 지체장애의 예

| 건강장애 | 지체장애 |
|---|---|
| 기타 건강장애 | 정형외과적 장애 |
| • 주요 건강장애<br>–발작 장애<br>–천식 | • 신경운동 장애<br>–뇌성마비<br>–이분 척추 |
| • 전염병<br>–에이즈(AIDS) | • 퇴행성 질환<br>–근이영양증 |
| | • 근골격계 장애<br>–소아 류마티스 관절염<br>–사지 결핍 |
| | • 중복장애*<br>–지체장애와 다른 장애 |
| | • 외상성 뇌 손상*<br>–외상성 뇌 손상으로 인한 지체장애 |

* 지체장애가 없는 상태에서 중복장애 및 외상성 뇌 손상이 발생할 수 있다. 그들은 지체장애가 있는 경우에만 지체장애 범주에 속한다.

### (1) 정형외과적 장애아동의 특성

정형외과적 장애의 「미국장애인교육법」 범주에는 다양한 장애가 포함된다. 신경운동 장애, 퇴행성 질환, 근골격계 질환의 세 가지 주요 영역으로 나눌 수 있다. 이러한 영역은 각각 고유한 특성을 갖고 있으며, 다양한 장애를 포함하고 있다. 다음은 학령기 인구에서 가장 흔히 발견되는 정형외과적 장애의 일부이다.

#### ① 신경운동 장애

신경운동 장애(neuromotor impairment)는 신체 근육에 자극을 보내는 뇌, 척수, 신경의 이상을 말한다. 신경운동 장애는 종종 여러 신체 시스템에 영향을 미칠 수 있는 복잡한 운동 문제를 초래한다. 예를 들어, 사지 움직임 제한, 배뇨 조절 상실, 척추의 적절한 정렬 상실 등이다. 신경운동 장애가 있는 아동은 특히 뇌와 관련이 있는 경우 지적장애, 발작, 시각장애 등과 같은 추가 장애 발생률이 더 높다. 정형외과적 장애의「미국장애인교육법」범주에 속하는 두 가지 유형의 신경운동 장애는 뇌성마비와 이분 척추이다.

❶ 뇌성마비

뇌성마비(cerebral palsy)는 출생 전이나 출생 중 또는 생후 몇 년 이내에 발생하는 발달 중인 뇌의 기능장애 또는 손상으로 인해 발생하는 자발적인 운동 또는 자세의 여러 비진행성 장애를 말한다. 이 장애는 기형 유발 물질(예: TORCH 감염), 미숙아, 임신 합병증(예: 산소 부족), 후천적 원인, 특정 유전 증후군을 비롯한 다양한 병인과 관련이 있다.

뇌성마비 환자는 비정상적이고 비자발적이며 조정되지 않은 운동을 한다. 정도는 경증에서 중증까지 다양하다. 일부 경미한 형태의 뇌성마비는 조화롭지 못한 방식으로 달리고 움직이는 것처럼 보일 때만 눈에 띌 수 있다. 다른 극단에서 심각한 형태의 뇌성마비가 있는 사람들은 걷거나, 지지 없이 앉거나, 스스로 먹거나, 음식을 씹거나, 물건을 집거나, 말하는 데 필요한 운동을 할 수 없다.

뇌성마비의 가장 흔한 네 가지 생리학적 측면의 유형은 경직형(spastic), 불수의 운동형(athetoid), 운동실조형(ataxia), 혼합형(mixed)이다. 경직형 뇌성마비는 하나 이상의 근육 집단에서 발생하는 매우 단단한 근육이 특징이다. 이 강직성으로 인해 뻣뻣하고 조정되지 않은 움직임이 발생한다. 불수의 운동형 뇌성마비에서는 움직임이 일그러지고 비정상적이며 목적이 없다. 운동 실조성 뇌성마비 또는 운동 실조증이 있는 아동은 조정되지 않은 수의적 움직임 외에도 균형(balance)과 평형(equilibrium)이 좋지 않다. 혼합형 뇌성마비는 경직형과 불수의 운동형과 같은 유형의 조합을 나타낸다.

또한 해부학적 측면에 따른 뇌성마비 유형은 영향을 받은 사지(팔과 다리)에 따라 분류되는 것이다. 이 분류 체계는 다른 유형의 운동장애와 마비에도 사용된다. 주요 분류 유형은 보통 한 팔에 영향을 받지만 사지의 한 부위가 영향을 받은 단마비(Monoplegia), 신체의 왼쪽 또는 오른쪽이 관련된 편마비(hemiplegia), 팔보다 다리에 더 영향을 받는 양지 마비(diplegia), 다리만 관련된 하반신 마비(paraplegia), 팔과

다리 모두에 영향을 받은 사지 마비(quadriplegia)이다.

뇌성마비는 뇌 손상이 진행되지 않기 때문에 비진행성으로 간주되지만, 추가 합병증과 추가 장애가 발생할 수 있다. 많은 사람이 운동 움직임을 더욱 감소시키고 기형을 유발할 수 있는 구축(근육의 단축)을 발생시킨다. 비정상적인 근 긴장도는 척추 만곡(척추 측만증)과 고관절 변위와 같은 상태를 초래할 수 있다. 비정상적 구강 반사로 인해 영양 공급관(충분한 양의 음식을 먹을 수 없을 때 영양액을 공급하기 위해 위장으로 들어가는 관)이 필요할 수 있다. 뇌성마비가 있는 개인은 간질, 시각장애, 지적장애를 포함한 다른 장애의 발병률이 증가한다. 그러나 지적 능력은 영재에서 지적장애에 이르기까지 다양하며 정확한 점수를 얻기 어려울 수 있다.

#### ❷ 이분 척추

임신 첫 28일 동안 배아 세포는 뇌와 척수가 될 폐쇄된 관을 형성한다. 이 과정이 중단되고 관이 완전히 닫히지 않으면 신경관 결손으로 알려진 선천적 이상이 발생한다. 그것이 척수 영역에서 발생하면 이분 척추(spina bifida)로 알려진 상태가 발생한다. 가장 심각한 형태인 골수수막류 이분 척추(myelomeningocele spina bifida)의

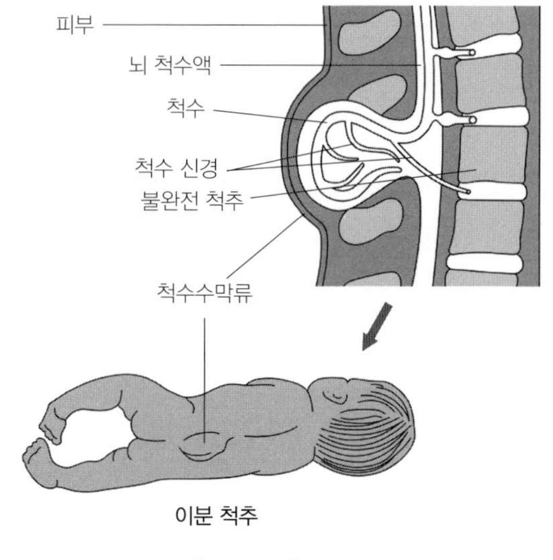


[그림 10-1] 이분 척추

경우, 신생아는 등에 주머니가 있고 척수가 주머니 안으로 들어간다([그림 10-1] 참조). 척수는 주머니 지점과 그 아래에서 제대로 기능하지 않는다. 신생아가 태어날 때 주머니를 제거하는 수술이 수행되지만 척수의 손상은 되돌릴 수 없다. 그러나 임신 중기에 산전 수술로 결손을 봉합함으로써 이분 척추의 영향을 줄일 수 있는지에 대한 연구가 진행되고 있다.

척수수막류 이분 척추의 특성은 결손의 위치에 따라 다르다. 척수 손상과 마찬가지로 손상 부위 아래에 움직임과 감각이 부족하다. 결손은 척추를 따라 어디에서나 발생할 수 있지만, 일반적으로 척추 하부에서 발생한다. 일반적으로 아동은 걷는 데 어려움을 겪지만 비팀대, 목발 또는 보행기를 사용하면 걸을 수 있다. 일부 아동은 장거리 이동을 위해 휠체어가 필요하고, 다른 아동은 휠체어로만 이동할 수 있다. 또한 많은 아동은 방광을 비우기 위해 카테터를 삽입해야 한다. 또한 라텍스 알레르기의 발병률이 높으면 라텍스가 없는 장갑이 필요하고 라텍스 제품을 피해야 한다.

이분 척추가 있는 아동은 뇌에 뇌척수액이 축적되는 뇌수종의 위험이 있다. 수두증을 치료하기 위해 뇌에서 복부 영역으로 피부 아래에 션트(작은 관)를 넣어 여분의 체액을 배출한다. 션트가 막힐 경우에 두통, 시력 변화, 성격 변화, 학업 성취도 저하, 구토, 정서장애 등과 같은 징후와 증상이 발생할 수 있다. 만약 이러한 징후와 증상이 발견되면 즉시 해당 직원에게 알려야 하며, 아동은 일반적으로 션트를 교체하는 수술이 필요하다.

이분 척추와 수두증이 있는 많은 아동들은 인지적 장애와 학습장애의 위험이 있다. 대다수 아동들은 평균이 낮은 지능 범위에 속한다. 주의력, 기억력, 회상력, 운동 반응 시간, 시각-지각 기술, 조직 기술과 같은 영역의 결함으로 인해 학습 문제가 있을 수도 있다. 일부 이분 척추 아동들은 추상적 개념을 잘 이해하지 못하고, 사회적 상황에서 언어를 기능적으로 사용하는 데 어려움을 겪는 것으로 나타났다.

### ② 퇴행성 질환

정형외과적 장애 범주 내 장애의 두 번째 집단은 운동 움직임에 영향을 미치는 퇴행성 질환이다. 퇴행성 질환은 일반적으로 개인에 대한 독특하고 가슴 아픈 영

향 때문에 별도로 분류된다. 퇴행성 질환이 있는 학생은 학교 활동에 계속 참여할 수 있도록 하기 위해서 점점 더 복잡한 적응과 보조 기술이 필요할 것이다. 또한 교사들은 능력 상실, 죽음에 관한 문제와 관련된 정서적 문제에 직면해 있다. 학생들에게서 발견되는 가장 흔한 퇴행성 질환 중 하나는 뒤센형 근이영양증(Duchenne muscular dystrophy)이다.

근이영양증은 근섬유의 퇴화로 인한 점진적인 근력 약화를 특징으로 하는 유전성 질환을 포함한다. 뒤센형 근이영양증을 가지고 태어난 신생아는 처음에는 장애가 없다. 일반적으로 3세가 되면 다리의 약화가 시작되어 걷기와 달리기에서 문제가 나타난다. 5세가 되면 걷는 것이 비정상적으로 보일 수 있고, 5~10세 사이에는 팔의 약화와 함께 다리의 약화가 더 있게 된다. 10~12세가 되면 더 이상 걸을 수 없고 휠체어가 필요하고, 근육 약화가 계속된다. 이때 아동은 더 이상 휠체어를 밀 수 없으며 전동 휠체어가 필요하다. 시간이 지남에 따라 팔을 움직이거나 머리를 똑바로 유지하는 것이 점점 더 어려워진다. 호흡에 사용되는 근육이 약해지면 대부분의 사람은 호흡기 감염을 일으키고 10대 후반이나 20대 초반에 사망한다. 이 질환은 정신이 아니라 근육만 퇴화하고 있다는 점에 유의하는 것이 중요하다.

현재 뒤센형 근이영양증에 대한 효과적인 치료법은 없다. 치료의 목표는 기능을 유지하고, 가능한 한 오래 걸을 수 있도록 돕는 것이다. 다리와 팔의 기형을 예방하기 위한 노력으로 물리치료 및 작업치료가 사용되며, 보조기 및 부목 사용이 포함될 수 있다. 호흡기 감염과 같은 다양한 문제에 대해 약물을 처방하고, 긴장(contracture)을 이완하고 조기 기형을 예방하기 위해 수술을 시행할 수 있다.

죽음에 대한 문제가 종종 표면화되며 아동은 치료사와 두려움에 대해 논의할 수 있다. 치료사는 잘 들어야 하고, 이러한 아동에게 자신의 감정에 대해 이야기할 기회를 주어야 한다. 이 어려운 시기에 지원을 제공하기 위해 말기 질환을 앓고 있는 아동을 위한 프로그램도 제공된다.

### ③ 정형외과적 장애와 근골격계 장애

정형외과적 장애 또는 근골격계 장애가 있는 아동은 신체장애의 정도가 매우 다양하다. 이러한 상태 중 일부는 심각한 신체적 제한을 초래할 수 있지만, 일반적으로 많은 신경운동 장애에서 발견되는 인지, 학습, 지각, 언어, 감각 문제는 없다. 이 범주의 두 가지에는 소아 류마티스 관절염과 사지 결함이 포함된다.

#### (2) 기타 건강장애아동의 특성

기타 건강장애 범주에 속하는 장애는 주요 건강 손상과 전염병의 두 가지 영역으로 나뉜다. 아동들은 이러한 조건이 심각하지 않는 한 일반적으로 특수교육 서비스나 치료 서비스를 필요로 하지 않는다. 이러한 손상은 종종 결석, 피로, 체력 감소를 초래한다.

가장 흔하게 발생하는 건강장애는 발작 장애와 천식이다. 이들 중 일부는 효과적으로 치료할 수 있다. 다수는 즉시 처리해야 하는 비상 상황을 유발할 수 있으며 일부는 사망에 이를 수 있다.

##### ① 발작 장애

발작은 뇌의 통제되지 않은 과도한 전기 활동의 결과로 뇌 전기 시스템의 정상적인 기능에 갑작스럽고 일시적인 변화가 발생하는 것이다. 발작은 고열, 특정 약물이나 독극물의 섭취, 특정 대사 장애 또는 화학적 불균형으로 인해 발생할 수 있다. 또한 발작은 태아기 또는 주산기 뇌 손상, 두부 외상, 수막염과 같은 감염, 선천성 기형 또는 알 수 없는 원인의 결과일 수 있다. 발작이 재발할 때 간질이라고도 하는 발작 장애가 있다. 종종 발작 장애의 원인을 알 수 없다.

발작은 뇌의 어디에서 비정상적인 전기 활동이 발생하는지에 따라 다양한 유형이 있니다. 발작은 의식 변화, 운동 활동, 감각 현상, 부적절한 행동 또는 이들의 조합으로 특징지어질 수 있다. 가장 흔하게 접하게 되는 발작 장애는 결여 발작 또는 소발작(absence seizures), 복합 부분 발작(complex partial seizures), 긴장-간대 발작(tonic-clonic seizures)이다.

결여 발작(이전에는 소발작으로 알려짐)이 있는 사람은 갑자기 의식을 잃고 움직임을 멈추고 정면을 응시하거나 눈을 위로 굴릴 수 있다. 사람은 넘어지지 않고 그냥

멈추고 무아지경처럼 보일 것이다. 말하는 사람이 발작을 일으키면 중간에 멈추고 발작이 끝나면 아무 일도 없었던 것처럼 문장을 이어간다. 일반적으로 이러한 발작은 30초 이상 지속되지 않지만, 하루에 수백 번 발생할 수도 있다. 이런 사람은 무슨 일이 일어났는지 알지 못한다. 치료 중에 발작이 발생하면 아동은 치료사가 갑자기 다른 것에 대해 이야기하는 이유를 이해하지 못한다. 이러한 발작은 공상으로 오인되었지만 아동은 만지거나 큰 소리로는 발작에서 벗어날 수 없다.

복합 부분 발작의 경우 의식이 손상되고 대개 자발적으로 보일 수 있지만 통제할 수 없는 일련의 운동 움직임을 나타낸다. 예를 들어, 복합 부분 발작이 있는 사람은 멍한 것처럼 보이고 목적 없이 걷거나 물건을 줍거나 옷을 뜯는 것과 같은 목적 없는 활동에 참여한다. 어떤 사람들은 웃거나 몸짓을 하거나 문구를 반복하기 시작할 수 있다. 특정 패턴이 무엇이든 간에, 일반적으로 각 발작마다 동일한 패턴이 반복된다.

긴장-간대 발작(이전에는 대발작으로 알려짐)은 일반적으로 사람들이 발작 장애가 있다는 말을 들었을 때 생각하는 것이다. 이것은 의식을 잃고 매우 뻣뻣해지는 경련성 발작이다. 발작이 일어날 때 서 있던 사람은 바닥에 쓰러져 부상을 입을 수 있다. 이 뻣뻣함은 몸의 움직임이 점진적으로 감소하는 리드미컬한 경련 동작을 만드는 경련 단계로 이어진다. 이 단계에서 타액이 입에 고이고 입술에 거품이 생길 수 있고, 호흡이 얕아지거나 불규칙해질 수 있다. 일반적으로 방광 조절 능력이 상실된다. 이러한 발작은 일반적으로 2분에서 5분 사이에 지속된다. 발작 후 학생은 처음에는 약간 혼란스러워서 무슨 일이 일어났는지 깨닫지 못할 수 있다.

발작에 대한 가장 일반적인 치료는 약물 치료이다. 발작이 심하고 약물로 조절할 수 없는 경우에는 뇌의 일부 수술, 특별 식단, 미주 신경의 전기 자극과 같은 다른 치료법을 사용할 수 있다. 그러나 이러한 치료가 항상 효과적인 것은 아니며 발작이 계속 발생할 수 있다.

치료사는 발작이 발생할 때 취해야 할 조치를 아는 것이 중요하다. 종종 그들은 적절한 정보를 제공하기 위해 발작 정보 시트를 가질 것이다. 발작이 발생하면 치료사는 발작이 어떻게 생겼는지, 얼마나 오래 지속되었으며, 어떤 치료를 받았는지 설명하는 발작 보고서를 작성하는 것이 중요하다. 또한 치료사는 아동을 지지하고 당혹감을 최소화하려고 노력해야 한다. 특히 방광 조절 능력이 상실된 경우에는 더욱 주의해야 한다. 종종 친구들은 발작이 전염성이 있거나 친구가 죽었다고 생각할 수도 있다. 발작은 전염되지 않는다는 것을 아동이 이해하도록 돕고, 무슨 일이 일어났는지 간단한 용어로 설명하는 것이 중요하다.

#### ② 천식

천식은 아동기의 가장 흔한 폐질환이며 증가 추세에 있다. 천식이 있는 아동은 꽃가루, 대기 오염, 호흡기 감염, 운동과 같은 천식 발작을 유발하는 물질이나 상황과 접촉할 때까지 정상적으로 호흡한다. 천식 발작이 유발되면 아동은 호흡 곤란을 겪으며, 증상으로는 숨가쁨, 쌕쌕거림, 기침, 호흡 곤란 등이 있다.

### (3) 건강장애아동과 지체장애아동의 교육적/심리적 특성

건강장애아동과 신체장애아동의 특성은 너무 다양하여 모두 설명하기는 어렵다. 아동의 신체장애 또는 건강 상태의 근본 원인을 아는 것은 필요한 관련 서비스를 계획하는 데 제한적인 지침을 제공한다. 뇌성마비가 있는 한 아동은 치료 또는 환경에서 특별한 수정이 거의 필요하지 않을 수 있지만, 뇌성마비가 있는 다른 아동이 경험하는 운동 및 지적 기능의 심각한 제한은 광범위한 수정, 적응 장비 및 관련 서비스를 필요로 한다. 건강 상태가 좋지 않은 일부 아동은 만성적이지만 비교적 가벼운 건강 상태를 보인다. 다른 아동에 비해 지구력과 활력이 극히 제한되어 있기 때문에 생존을 유지하기 위해 정교한 의료 기술과 24시간 지원이 필요하다. 그리고 주어진 신체적 또는 건강 상태는 현저하게 다른 궤도를 취할 수 있다. 예를 들어, 암 치료는 아동의 수명을 연장 및 향상시키거나, 질병의 완전한 경감으로 이어지거나, 아동의 삶에 긍정적인 영향을 거의 또는 전혀 미치지 않을 수 있다.

이러한 변수는 건강장애아동과 신체장애아동의 일련의 학습 및 행동 특성을 추측하게 한다. 그럼에도 불구하고, 건강장애아동과 신체장애아동의 학업 및 사회정서적 특성과 관련하여 두 가지 신중하게 한정된 진술을 할 수 있다. 첫째, 많은 건강

장애아동과 신체장애아동은 학업적인 측면에서 학년 수준 이상을 성취하지만, 집단으로서는 학년 수준 이하로 기능한다. 학업 수행을 방해하는 신경 운동 및 정형외과적 장애 외에도 일부 아동이 견뎌야 하는 일상적인 건강 관리 및 약물은 학업 성취에 부정적인 영향을 준다. 또한 재발로 인해 입원하여 치료를 하게 되면 빈번하고 때로는 장기간 결석하는 아동의 학업적 성취는 방해를 받는다.

둘째, 집단으로서 건강장애아동과 신체장애아동들은 사회적-행동적 기술 측정에서 평균 이하의 수행을 보였다. Coster와 Haltiwanger(2004)는 담임 교사와 물리치료사 및 작업 치료사와 같은 기타 학교 전문가가 최적의 기능을 위해 필요하다고 간주되는 사회적 관습 준수, 성인 지침 준수, 동료 및 성인과의 긍정적인 상호작용, 피드백에 대한 건설적인 반응, 개인 관리 인식과 같은 일곱 가지 사회적-행동적 과제 중 여섯 가지에서 신체장애가 있는 초등학생 62명 중 40% 이상이 최적 기능과 학교 학습에서 평균 이하로 보고했다.

신체장애나 만성적인 건강장애에 대해 정서적으로 대처하는 것은 몇몇 아동에게는 주요 문제를 나타나게 한다. 수업 활동이나 교실을 자주 떠나야 하는 아동이 치료 또는 건강 관리 일과에 참여하기 위해서는 또래 관계와 집단 소속감을 유지하는 것이 어려울 수 있다. 학교 적응에 대한 불안은 장기간의 결석으로 인해 발생할 수 있다. 신체장애 및 건강장애가 있는 학생들은 종종 신체적 외모에 대한 우려를 정서적 어려움과 우울감으로 나타낸다.

## 2. 건강장애 및 지체장애의 원인

건강장애와 지체장애의 원인 또는 병인은 특정 질병이나 장애에 따라 크게 다르다. 건강장애와 지체장애를 초래하는 가장 흔한 원인은 유전 및 염색체 결함, 기형유발 원인, 미숙아 및 임신 합병증, 후천적 원인이다. 몇몇 경우에 어떤 건강장애 또는 지체장애는 여러 원인이 있다. 예를 들어, 뇌성마비는 태아기 이상, 생화학적 이상, 유전적 원인, 선천적 감염, 환경 독소, 미숙아 관련 합병증 또는 출생 후 사건으로 인해 발생할 수 있다. 반면에, 일부 건강장애와 지체장애는 정확한 원인이 알려져 있지 않다.

### 1) 염색체와 유전적 원인

건강장애와 지체장애의 가장 흔한 원인 중 하나는 한쪽 또는 양쪽 부모의 염색체 또는 유전자의 결함으로 인한 유전적 상태이다. 근이영양증, 겸상 적혈구 빈혈, 혈우병, 낭포성 섬유증과 같은 여러 가지 유전적 결함이 다양한 건강 및 지체장애에 기여하는 것으로 보인다. 어떤 경우에는 영아가 유전된 선천적 증후군[예: 지적장애, 왜소증, 농-맹, 불안정한 보행, 떨림을 유발할 수 있는 코케인 증후군(Cockayne syndrome)]으로 인해 여러 장애를 갖고 태어날 수 있다. 이 예에서 유전된 유전자는 분명히 질병이나 장애를 유발한다.

농-맹의 유전적 원인은 약 60개로 알려져 있지만(National Consortium on Deaf-Blindness, 2010), 여기서는 두 가지 예시적인 증후군만을 설명한다. 첫 번째 예는 출생 시 존재하는 신체적 불규칙성의 집합을 나타내는 CHARGE 연합(CHARGE Association)(증후군)이다. 이 증후군은 일반적으로 신체적 문제뿐만 아니라 광범위한 의학적 문제를 수반하는 매우 복잡한 장애이다. CHARGE 연합은 9,000~10,000명 중 1명꼴로 발생하는 비교적 드문 질환이다. 대부분의 경우 가족 중에 CHARGE 증후군이나 기타 유사한 상태의 병력은 없다. CHARGE는 다음을 말하는 것이다.

- C: 결손(coloboma)은 깊이 지각, 시각 예민성, 빛에 대한 민감성 문제에 기여하는 비정성적으로 형성된 동공 또는 눈의 다른 이상으로 인한 선천적 상태를 말한다.
- H: 심장 결함(heart defects)은 경미한 상태에서 생명을 위협하는 상태까지 다양한 심장 결함을 말한다.
- A: 폐쇄증(atresia)은 호흡기계 합병증을 말한다.
- R: 지체된 신체 성장(retarded physical growth)은 어떤 경우에는 지적장애도 있다.

- G: 생식기 기형(genital abnormalities)은 불완전하거나 덜 발달된 생식기로서, 남성에서 더 흔하다.
- E: 귀 결함(ear defects)은 외이, 중이, 내이의 구조적 기형으로서, 청력 손실은 경증에서 최중증까지 다양할 수 있다.

CHARGE 진단을 하려면 여섯 가지 특성 중 네 가지가 있어야 한다. 또한 이 증후군을 나타내는 아동은 강박 행동을 보이는 동시에 높은 수준의 불안을 자주 경험한다.

두 번째 예는 어셔 증후군(Usher syndrome)이다. 이 유전성 장애는 아동기 이후의 농-맹의 주요 원인 중 하나이다. 대략 20,000명 중 1명이 이 상태로 태어난다. 어셔 증후군은 선천성 농, 진행성 시력 상실(색소성 망막염), 일부 아동의 경우 지적장애를 초래한다. 시각장애는 일반적으로 청소년기 또는 초기 성인기에 나타나며, 결국 야맹증과 터널 시력으로 이어진다. 청각장애는 양쪽 귀 모두에서 확인되며, 보통 중등도(45~55dB)에서 중증(71~90dB) 범위이다. 유의한 균형 장애(balance difficulties)도 이 증후군과 관련이 있다.

약 2%의 학생이 어셔 증후군의 결과로 청각장애를 보인다. 흥미롭게도, 미국 루이지애나 남부의 일부 지역에서는 Acadian French(Cajuns)가 훨씬 더 높은 유병률을 보인다. 실제로 3개 교구(카운티)의 청각장애 집단의 약 30%가 어셔 증후군을 나타내는 반면, 루이지애나 청각장애학교에 등록한 학생의 약 15~20%가 이 장애가 있다(Melancon, 2000). 이 현상은 이 긴밀한 민족 공동체에서 수년간의 국제결혼의 결과일 가능성이 가장 크다.

농-맹 아동의 약 17%는 출생 시 또는 생후 5년 이내에 이러한 장애가 있음을 나타낸다. 그러나 농-맹 학생의 압도적 다수는 후천적인 농-맹이다. 즉, 그들은 시력과 청력을 모두 가지고 태어났지만 질병이나 부상의 결과로 이러한 감각의 일부 또는 전부를 상실한다. 농-맹이 아동의 발달에 미치는 영향은 발병 연령, 청력 및 시력 상실의 정도와 유형, 각 감각 상실의 안정성, 가장 중요한 교육적 개입을 포함한 여러 주요 변수에 따라 달라진다.

## 2) 기형 유발 원인

많은 건강장애와 지체장애는 발달 중인 태아에 영향을 미치는 기형 유발 요인(teratogenic causes)에 의해 발생한다. 기형 유발 원인은 태아 기형을 유발할 수 있는 감염, 약물, 화학 물질 또는 환경 인자와 같은 외부 원인이다.

특정 선천성 감염은 태아에게 심각한 중복장애를 유발할 수 있다. 감염은 어머니에 의해 획득된 다음 발달 중인 태아에게 전달된다. 심각한 선천적 기형을 유발할 수 있는 여러 산전 감염을 TORCH[톡소플라스마증(toxoplasmosis) 기타(other), 풍진(rubella), 거대세포바이러스(cytomegalovirus), 포진(herpes)]이라는 약어로 나타낸다. 태아에 대한 이러한 감염의 영향은 부작용이 없는 것부터 심각한 장애 또는 사망에 이르기까지 다양하다. 임신 중에 이 중 하나에 감염된 아기는 뇌성마비, 맹, 농, 지적장애, 심장 결함, 신장 결함, 뇌 이상, 농-맹을 포함한 기타 여러 기형을 갖고 태어날 수 있다.

또한 태아는 특정 약물, 화학 물질, 환경 인자에 노출될 때 건강장애와 지체장애가 발생할 위험이 있다. 예를 들어, 산모의 알코올 남용은 평생 손상을 초래할 수 있는 다양한 신체적, 인지적, 행동적 이상과 관련이 있다. 심각한 태아 기형은 산모의 질환(illness)이나 질병(disease)으로 처방받은 약물(예: 특정 항생제 및 발작 약물)의 결과로도 발생할 수 있다. 방사선과 같은 환경 독소는 음식물 결함(dietary deficiencies)을 가지는 것처럼 선천적 기형과 관련이 있다. 당뇨병과 같은 특정 산모 질병도 높은 태아 장애의 위험이다. 낙상이나 교통사고로 인한 산모의 외상은 태아의 뇌에 출혈을 일으켜 신경학적 장애를 일으킬 수 있다.

## 3) 조산과 임신 합병증

신생아는 일반적으로 임신 약 40주에 약 3.4킬로그램의 체중으로 태어난다. 37주 이전에 태어난 신생아는 조산으로 간주된다. 미숙아와 저체중(1,500그램 미만)으로 출생한 신생아는 장애가 발생할 위험이 있다. 이러한 신생아는 뇌성마비, 간질, 시

력 상실, 청력 상실, 농-맹, 정신병을 초래하는 신경학적 문제가 발생할 수 있다. 인지 기능에 영향을 받아 지적장애 또는 학습장애가 발생할 수 있으며, 이는 미래의 교육적 어려움으로 이어질 수 있다.

어떤 경우에는 제 시간에 평균 체중으로 태어난 아기가 주산기 기간 동안 합병증을 겪는다. 주산기 뇌 손상의 가장 흔한 원인은 혈액 내 산소 감소인 질식이다. 질식 에피소드에서 살아남은 신생아 중 뇌성마비, 간질, 인지적 결함과 같은 여러 장애가 발생할 수 있다.

### 4) 획득 원인

건강장애와 지체장애는 출생 후 유아, 아동, 성인에 의해 획득된다. 이러한 후천적 원인에는 외상, 아동 학대, 감염, 환경 독소, 질병이 포함된다. 예를 들어, 농-맹은 뇌수막염으로 인해 발생할 수 있다. 외상성 뇌 손상은 일반적으로 특정 유형의 외상(예: 낙상, 사고, 아동 학대)으로 인한 후천적 원인으로 인해 발생한다. 장애의 정도는 원인과 심각성에 따라 다르다.

## 3. 건강장애 및 지체장애 아동의 미술치료

### 1) 건강장애아동의 미술치료

건강장애아동은 투병 생활로 인해 또래와 잘 어울리지 못하는 등의 일상에서 오는 소외감 및 검사와 치료 등의 병원 처치를 받으면서 오는 정서적 · 심리적인 스트레스를 겪는다. 특히 소아암과 같은 장기 입원이 필요한 만성질환 아동은 신체적으로 가족에게 많이 의존하게 됨으로써 수동적인 양상을 보인다. 또한 잦은 입 · 퇴원과 약물복용, 고통스러운 치료 과정을 거쳐야 한다는 것과 죽음과 직결되는 질환이라는 점에서 오는 정서적 · 심리적 고통이 크다. 신체적인 고통에서 어느 정도 회복되었다고 하더라도, 질환이 남긴 신체적 · 심리적 후유증으로 인해 병력이 트라우마로 자리 잡는 등 성장하면서 2차적 고통을 받게 되는 경우가 일반적이다.

건강장애아동에게 미술치료는 신체적 고통에 대한 두려움, 불안과 같은 지속적인 트라우마를 예방할 수 있고 미래에 대한 희망을 주어 긍정적인 정서변화에 도움을 줄 수 있다. 또한 아동의 자연스러운 표현 수단이자 의사소통 형식의 하나로 자신의 욕구, 감정, 생각 등을 자연스럽게 인식하고 표현하면서 정서적인 건강을 찾을 수 있다. 미술치료는 질병과 병원치료로 신체 및 정서 발달의 저해와 심리사회적 적응에 어려움이 있는 아동에게 재미있고 친숙하며 표현하기 힘든 감정의 창이 될 뿐 아니라, 이로써 인지 발달의 양상과 대처방식에 대해서도 알게 되므로 효과적이다.

건강장애아동의 미술치료의 종류는 질환과 증상에 따라 다양하게 적용될 수 있다. 따라서 미술치료 적용 시에는 무엇보다 아동의 병적인 특성 및 심리적인 특성, 의료지식을 숙지해야 한다. 또한 아동의 신체적인 상황을 잘 파악하여 회기 날짜를 잡고 진행하며, 진행 시에도 아동들은 길게 지속하여 작업하는 것이 어려울 수 있으므로 짧게 진행한 후 휴식할 수 있도록 해야 한다. 질병의 정도에 따라 활동의 불편함과 고통으로 그림을 그리지 못할 수도 있다. 치료사는 이 점을 유의하고, 건강 상태에 따라 작업 수준이 달라질 수 있음을 고려해야 한다. 매체 사용 시에도 아동의 병적인 특성을 고려해야 하며, 아동의 건강에 유의하여 가루가 날리거나 유해한 물질이 있는 매체는 사용을 자제하여야 한다. 특히 면역력이 약한 아동은 감염에도 주의해야 하며, 위험을 줄일 수 있는 매체를 선정해야 한다. 신체적 장애를 가지고 있거나 침대에 누워 있어야 하는 경우 도구를 잡기가 용이하지 않으므로 테이프로 감거나 보조를 해 주는 등의 도움이 필요하다. 의존성이 높아 초기에 수동적이고 소극적인 태도인 경우나 조작에 어려움이 있는 경우 모델링을 할 수 있도록 치료사가 모델 역할을 제공한다. 근골격계 질환을 가진 아동들은 인지에는 문제가 없으나, 신체의 움직임이 원활하지 못한 관계로 딱딱한 재료보다는 부드럽고 가벼운 재료의 사용이 좋으며, 표현에 부담이 없고 자유로운 석고붕대, 천사점토, 물감작업 등이 많은 도움이 될 수 있다. 병실 상황 및 아동 특성에 따라 매체 사용이 제한적이므로 병실 유입 가능 여부를 확인해야 하며, 감염의 위험이 있는 경우는 새 도구를 사용할

수 있도록 하거나 소독하도록 한다. 또한, 의료진과의 협력을 통해 아동상태를 파악하고, 치료전략을 계획하여 중재를 하는 것이 필요하다.

## 2) 지체장애아동의 미술치료

지체장애아동의 경우에는 그들의 운동장애 때문에 다른 장애아동들과는 또 다른 작업환경의 준비가 요구된다.

미술치료 프로그램에 있어서도 치료사는 아동과 밀접한 관계를 유지하여 개별화된 치료를 하는 것이 필요하다. 만약 손을 사용하지 못하는 아동이라면 세밀한 작품 내용보다는 의욕 고취를 불러일으키는 데 중점을 둔다. 지체장애아동의 미술치료에서는 미술 도구의 변형도 필요하다. 예를 들면, 손잡이가 얇아야 되거나 짧아야 하는 경우, 고무줄을 달아 주어야 하는 경우도 있다. 도화지는 작업 테이블에 고정시키거나 물통이나 수채화 도구도 엎질러지지 않도록 준비되어야 한다.

의료적 조치가 허용된다면, 휠체어에서 내려 바닥에서 작업하는 것이 편리하다. 손을 이용할 수 없는 아동은 발을 이용할 수 있고, 입으로 미술 도구를 사용하여 작품을 만들 수 있다. 어떤 아동은 도구를 사용하기 위해 헬멧을 머리에 부착시키기도 한다. 뇌성마비아동의 경우에는 다른 아동에 비해 넓은 작업 환경을 필요로 하며, 이러한 아동들은 보조적인 자료와 용구 등의 환경이 준비되면 미술치료 활동에 큰 문제가 없다.

일반적으로 미술 활동은 아동의 정서성, 조형성, 창의성을 기르는 데 그 목적이 있다. 그런데 뇌성마비아동의 미술치료는 그들의 특수성과 차이성을 고려하여 재선정해야 할 것이다. 일정한 형태를 이루어 내는 필수 행위인 조형성에서는 그리기 위주에서 탈피하여 자유롭게 근육을 사용할 수 있도록 하여 시운동 조절 능력을 발달시키고, 신체적 기능을 원활하게 해 주어야 한다. 한편, 아름다운 것에 반응하는 미적 감정인 정서성에서는 그들 내면의 억압된 생각을 표출하여 부정적 감정 해소, 성취감이 누적되도록 해야 한다.

이상과 같이 뇌성마비아동의 미술치료는 조형성에서는 신체적 재활, 정서성에서는 정신적 재활을 통해 올바른 창의성을 기대할 수 있다. 즉, 뇌성마비아동의 미술치료는 일반적인 미술교육의 목적에서 벗어나지 않는 범위 내에서 재활적인 측면을 고려해야 할 것이다.

제11장

# 시각장애와 미술치료

## 1. 시각장애의 정의와 특성

### 1) 정의

시각장애는 교정을 해도 잘 보이지 않는 상태를 일컫는 용어이다. 2004년 장애인 교육법(IDEA, PL 108-446)에 따르면, 맹(blindness)을 포함한 시각장애는 교정을 해도 개인의 교육적 수행에 부정적인 영향을 미치는 시력의 손상으로 정의된다. 이 용어는 부분 시력(partial sight)과 맹을 모두 포함한다. 시각장애아동을 위한 교육 서비스는 IDEA에 명시된 정의의 변형에 따라 결정된다. 이 정의에는 시각 능력이 크게 다를 수 있는 광범위한 시각적 손상이 있는 아동이 포함된다. 한 아동은 기능적 시력은 없지만 촉각적 수단을 통해 학습한다. 다른 아동은 확대 인쇄와 같은 수정으로 인쇄를 읽고 쓸 수 있다. 또 다른 사람들은 점자와 활자를 조합하여 사용할 수 있다. 각 아동에게 적합한 학습 매체는 이러한 각 수단 또는 이 둘의 조합을 사용할 수 있는 학생의 능력에 따라 결정되어야 한다. 「미국장애인교육법」과 우리나라의 「특수교육법」에 제시된 시각장애의 정의를 살펴본다.

#### (1) 「미국장애인교육법」의 정의

시각장애(visual impairment)의 정의는 다음과 같다.

> (13) 맹을 포함한 시각장애는 시력을 교정하더라도 아동의 교육적 수행에 부정적인 영향을 미치는 시력 장애를 의미한다. 이 용어는 부분 시력과 맹을 모두 포함한다.[Sec. 300.8 (c) (13)]

#### (2) 우리나라 「장애인 등에 대한 특수교육법」의 정의

시각장애에 대한 정의는 다음과 같다.

> 1. 시각장애를 지닌 특수교육대상자. 시각계의 손상이 심하여 시각기능을 전혀 이용하지 못하거나 보조공학기기의 지원을 받아야 시각적 과제를 수행할 수 있는 사람으로서 시각에 의한 학습이 곤란하여 특정의 광학기구 · 학습매체 등을 통하여 학습하거나 촉각 또는 청각을 학습의 주요 수단으로 사용하는 사람

시각장애에는 시각적으로 세부 사항을 지각하는 능력인 근거리 또는 원거리 시력의 시각 예민성(visual acuity)의 감소 또는 시야(field of vision) 제한을 포함한다. 다시 말해, 예민성은 아동이 가까이에서 제시된 자료를 얼마나 잘 보는지 또는 아동이 교실 전체에 걸쳐 칠판이나 지도에 표시된 작업을 얼마나 정확하게 볼 수 있는지에 영향을 미친다. 시야 관련 손상은 학생이 정면을 응시하는 동안 오른쪽, 왼쪽, 위, 아래의 사분면 영역에서 갖는 시력의 양(amount of vision)을 나타낸다. 아동은 기능적인 시야 분배가 있는 자료를 보기 위해 머리를 돌리거나 비정상적인 자세를 나타낼 수 있다. 시야 상실 또는 시야 제한이 있는 아동은 놀이터, 교실 및 기타 환경에서 안전을 위해 청각 신호를 사용하도록 해야 한다.

아동의 시각 능력을 이해하기 위해 고려해야 할 다른 영역에는 시력 상실 당시 학생의 나이, 눈 상태의 심각도 및 안정성, 상태가 유전적 또는 선천적 상태의 결과인지 여부가 포함된다. 이 정보는 일반적으로 검안사 또는 안과의사의 의학적 또는 임상 기반 평가를 통해 얻으며, 학교, 가정 또는 지역사회 전반에 걸쳐 다양한 환경에서 개인이 어떻게 기능하는지는 반드시 포함하지는 않는다.

맹으로 확인된 개인은 촉각 및 청각 능력을 학습의 주요 채널로 사용한다. 그들은 최소한의 빛을 가지고 있거나 지각을 형성하거나 완전히 시력이 없을 수 있다. 점자 또는 기타 촉각 매체는 일반적으로 선호되는 문해력 채널이다. 모든 시각장애아동은 방향정위(orientation)와 이동성(mobility) 훈련이 필요하다.

학습의 주요 채널이 촉각 또는 청각 수단을 통한 경우 개인은 기능적으로 맹으로 간주된다. 그들은 환경에 대한 추가 정보를 얻기 위해 제한된 시력을 사용할 수 있다. 이러한 개인은 일반적으로 점자를 주요 문해 매체(가장 자주 사용되는 읽기 방법)로 사용하며 방향정위와 이동성 훈련이 필요하다.

시각장애가 일상 활동을 수행하는 능력을 방해할 때 저시력 또는 약시(low vision)로 설명된다. 학습의 주요 채널은 처방 및 비처방 장치를 사용하는 시각적 수단을 통한 것이다. 문해 매체는 남은 시력의 사용과 저시력 장치의 사용에 따라 개인마다 다르다. 학생들이 잔존 시력(residual vision: 사용 가능한 시력)을 사용하는 방법을 배우려면 방향정위와 이동성 훈련이 필요하다.

농-맹은 시각 및 청각 작업을 방해하는 제한된 시각과 청각을 가지고 있다. 농-맹아동은 촉각으로 배운다. 점자와 수화는 문해력과 의사소통 수단으로 선호된다. 농-맹아동은 수화 통역사 및 방향정위와 이동성 훈련이 필요하다. 의사소통을 위한 다양한 방법의 사용은 농-맹아동을 위한 직접적인 학습 경험을 촉진한다.

학령기 아동에게 영향을 미치는 가장 흔한 시각장애는 백내장, 녹내장, 시신경 위축, 근시, 백색증, 눈 손상, 피질 시각 손상, 미숙아 망막병증(ROP)을 포함한다.

## 2) 특성

시각장애는 아동이 경험하는 경험의 유형, 환경 내에서 이동하는 능력, 직접적 및 이차적 공동체에 대한 실제 참여에 영향을 미친다. 이러한 요인들은 시력 손실의 양에 따라 다르게 영향을 받을 것이다. 저시력 아동은 법적 맹이나 완전 맹 아동과는 다른 경험을 한다.

눈은 대부분의 개인에게 주요한 감각 입력 역할을 하기 때문에, 학령기 아동과 함께 활동하는 사람들은 최대 학업 성취에 필요한 시각적 능력을 인식하는 것이 매우 중요하다.

- 근거리 및 원거리 모두에서 선명한 시각적 예민성
- 모든 거리와 모든 평면에서 고정하는 능력
- 양안 협응
- 색상 선호도 발달
- 중앙 시각 능력과 주변 시각 능력
- 시각적 지각 이미지

### (1) 학업 수행

한때는 시각장애가 지적 능력의 저하와 관련이 있다고 여겨졌지만, 지금은 이것이 사실이 아니라는 것을 알고 있다. 실제로 시각장애아동의 지적 능력은 정안 아동의 지적 능력과 유사한 경우가 많다. 그럼에도 불구하고, 시각장애아동에게는 상당한 학업 지연이 나타난다. 이는 시각적으로 정보를 얻을 수 있는 제한된 기회 때문일 가능성이 높다. 이러한 아동의 경우, 정안 아동과 달리, 환경과의 상호작용에서 파생된 부수적 학습은 심각하게 제한된다. 그 결과 시각장애아동의 개념적 발달과 기타 학습은 주로 촉각(촉각) 경험과 시력 이외의 감각적 양식 사용에 의존한다.

저시력 아동은 사회적 상황에서 더 많은 시각 및 촉각 기술을 나타낸다. 짝을 이루는 시각 및 촉각 경험으로 인해 나타나는 적절한 반응은 종종 저시력 아동이 실제

존재하는 것보다 시력 손실이 적은 것처럼 보이게 만들 것이다. 그러나 저시력 아동은 광학 장치, 확대된 재료, 이동 장치 및 인쇄물로 읽고 쓸 수 있는 기술을 보유할 수 있다. 이것은 시각 및 청각적으로 정보를 얻는 데 필요한 장치와 자료의 복잡성으로 인해 아동에게 좌절감을 줄 수 있다.

법적 맹아동은 큰 물체나 빛이 이동성 결정에 영향을 미치는 과제에 대해 시각 사용을 최소화하고, 촉각 및 청각적으로 정보를 검색할 것이다. 많은 부모가 아동이 말하는 사람 쪽으로 고개를 돌리지 않고, 바닥에 있는 장난감을 더듬거나, 벽을 붙잡거나, 방을 둘러보기보다 혼자 앉아 있는 것처럼 보일 때 알아차린다. 또한 아동은 주변 환경에 있는 항목에 집중하고, 그것이 적절하지 않은 경우 이야기하고, 방에 있는 사람들과 음성 접촉을 유지하기 위해 질문을 한다. 법적 맹아동은 지팡이를 들고 이동하며 읽기 속도, 이해력 및 선호도에 따라 확대 문자, 점자, 또는 둘 다를 사용하여 읽고 쓸 것이다.

빛을 지각하지 못하거나 의안(prosthetic eyes)을 가진 완전 맹아동은 모든 정보에 대해 촉각 및 청각 기술에 의존한다. 아동은 종종 시각적 신호에 반응하지 않고 누군가가 자신을 다른 환경으로 안내할 때까지 한곳에 앉아 있으며, 즉각적인 환경 내에서 자극을 위해 다른 사람에게 의존한다. 아동은 지팡이를 사용하여 이동을 하고, 손을 사용하여 물건을 찾고 설명한다. 아동은 문해력을 위해 점자 읽기와 쓰기를 사용하고, 새로운 아이디어를 배우기 위해 듣기 기술을 사용해야 한다.

### (2) 사회적 발달과 정서적 발달

시각장애아동의 일상적인 경험은 주변에 있는 사람들에게 시각적으로 반응하지 않기 때문에 영향을 받는다. 말을 할 때 눈을 마주치고, 친근하게 누군가에게 미소를 짓고, 가까이 있는 사람에게 손을 뻗는 것은 주변의 세부 사항을 볼 수 없는 아동의 타고난 기술이 아니다. 시각장애아동의 경우 신체 부위에 대한 지식, 식사 기술, 연령에 맞는 행동, 의복 및 기타 사회적 기술은 가족이나 지역사회의 다른 사람을 보면서 배우지 못한다. 사회적으로 적절한 행동은 시각장애아동에게 의도적으로 가르쳐서 다른 사람들과의 의사소통에서 편안하게 할 수 있도록 해야 한다.

사회적 행동은 시각장애아동의 정서적 발달에 영향을 미친다. 아동은 또래와 지역사회의 다른 사람들에게 인정받고 있다고 느껴야 한다. 만약 눈맞춤이나 언어적 의사소통이 아동의 연령에 적절하지 않은 경우, 성인과 아동은 사교 행사에서 아동을 내버려 두거나 아동을 대신해 이야기하는 경향이 있다.

또한 시각장애아동은 정서에 대해 이야기를 하고, 그 정서를 보이는 세상에 투영하는 방법에 대해 이야기를 해야 한다. 시각장애아동은 종종 외로움을 느끼기 때문에 지역사회의 활동에 통합할 수 있는 구조가 필요하다. 아동은 가족이나 지역사회에서 일어나는 일의 가장자리에 있는 것처럼 보이기에 고립감을 느끼고 자존감이 낮을 수 있다. 사람들올 적절히게 만지는 것과 같은 사회적 상호작용 내에서의 신체적 의사소통은 아동의 사회적, 정서적 측면에 영향을 미친다. 시각장애아동이 정서가 무엇인지, 다른 사람들이 얼굴이나 몸짓 언어의 정서적 변화를 어떻게 감지하는지 알 수 있도록 정서와 감정을 다루는 것이 필요하다.

## 2. 시각장애의 원인

눈의 광학, 근육, 신경계의 손상이나 장애가 있으면 시력이 손상될 수 있다. 시각장애의 원인은 굴절 이상, 구조적 손상, 피질 시각 손상의 세 가지 범주로 분류된다.

### 1) 굴절 이상

굴절은 광선이 하나의 투명한 구조에서 다른 구조로 통과할 때 구부러지는 과정이다. 정상적인 눈은 광선을 굴절시키거나 구부려 선명한 이미지가 망막에 직접 떨어지도록 한다. 그러나 일반 인구의 절반의 경우 눈의 크기와 모양으로 인해 광선이 망막에 명확하게 초점을 맞추지 못한다. 근시에서는 눈이 정상보다 앞뒤로 길어서 상이 망막 위에 정확히 맺히지 않고 앞쪽에 떨어지게 된다. 근시 아동은 가까운 물체를 명확하게 볼 수 있다. 그러나 칠판이나 영화와 같이 더 멀리 있는 물체는 흐릿

하거나 전혀 보이지 않는다. 근시와 반대되는 원시는 정상보다 짧아서 광선이 망막에 모이는 것을 막는다. 원시 아동은 가까운 물체를 명확하게 보는 데 어려움이 있지만, 더 먼 물체에는 초점을 잘 맞출 수 있다. 안경이나 콘택트렌즈는 가능한 한 선명한 초점을 생성하기 위해 광선의 경로를 변경하여 많은 굴절 이상을 보상할 수 있다.

## 2) 구조적 손상

시각장애는 눈의 광학 또는 근육계 중에서 하나 이상의 빈약한 발달, 손상, 오작동으로 인해 발생할 수 있다. 백내장과 녹내장은 눈 자체의 손상이나 붕괴로 인한 시각장애의 많은 원인 중 두 가지이다. 백내장은 눈의 수정체가 뿌옇게 흐려져 시야를 명확히 하는 데 필요한 빛을 차단하는 것이다. 녹내장은 정상적으로 눈 속을 순환하는 체액의 교란이나 막힘으로 인해 비정상적으로 눈 안의 압력이 높은 것을 말한다. 증가된 압력이 시신경을 손상시킬 때 중심 시력과 말초 시력이 완전히 손상되거나 상실된다.

눈을 제어하고 움직이는 근육의 기능장애는 아동이 효과적으로 보는 것을 어렵게 만들거나 불가능하게 만들 수 있다. 측면, 수직 또는 회전 방향으로 눈이 빠르고 비자발적이며 앞뒤로 움직이는 안구진탕증(nystagmus)은 초점을 맞추고 읽는 데 문제를 일으킬 수 있다. 사시(strabismus)는 안구 근육의 불균형으로 인해 한쪽 또는 양쪽 눈이 안쪽 또는 바깥쪽으로 편위되기 때문에 두 눈으로 같은 물체에 초점을 맞출 수 없다. 치료하지 않고 방치하면 사시 및 기타 안구 운동 장애가 영구적인 시력 상실로 이어질 수 있다.

## 3) 피질 시각 손상

일부 시각장애아동은 눈에 이상이 없다. 피질 시각 손상(cortical visual impairment: CVI)이라는 용어는 시각 정보를 해석하는 뇌 부위의 손상 또는 오작동이 알려지거나 의심되어 시각 기능이 저하된 것을 말한다. 피질 시각 손상의 원인에는 출생 시산소 부족(무산소증), 두부 손상, 뇌 수종과 같은 뇌 발달 장애, 중추 신경계 감염이 있다. 시각 기능은 환경, 조명 조건, 활동에 따라 변동될 수 있다. 피질 시각 손상을 가진 일부 아동은 말초 시력을 사용하고, 일부는 광 공포증이 있고, 일부는 밝은 빛에 끌리며, 일부는 빛이나 태양을 응시한다.

## 3. 시각장애아동의 미술치료

시각장애는 전맹과 약시로 구분할 수 있으며, 시각장애를 지닌 아동은 주로 청각과 촉각을 활용한다. 창작 활동이 시지각에 기반을 두고 있기 때문에 다른 장애에 비해 보다 독특한 미술 활동이 필요하다고 할 수 있다. 특히 전맹(더욱이 시각화가 어려운 선천 맹의 경우)은 자신의 작품 제작 과정이나 완성 작품의 감상 기회가 없는 미술 매체를 선택할 경우, 혹은 그러한 활동을 할 경우 치료적 의미가 약하기 때문에 그림 · 서예 · 감상 활동 등의 영역에서 특별히 고안된 프로그램이 필요하게 된다.

시각장애아동의 미술을 이해하는 데는 두 가지 견해가 있다. 그 하나는 회화 자체의 범위를 시각적 예술로 한정하여 맹아동의 경우에는 시각적 표현이 무의미하거나 불필요하다고 보는 견해이고, 또 하나는 시각적 표현이라고 하더라도 독특한 방법이나 재료를 활용하여 자기가 표현하고자 하는 것을 나름대로 표현하게 하는 그 자체에 의미를 두는 견해다. 전자는 촉각적 표현에 강조점을 둔 것이고 후자는 아동이 스스로 표현한 내용을 볼 수는 없다고 하더라도 자기의 사상과 감정을 표출하고 있다는 점에서 회화적 표현을 간과해서는 안 된다고 보는 것이다. 사실 시각장애아동이 음악이나 촉각적 표현에서 다른 아동보다 우수하다는 결정적인 증거는 없다. 이는 훈련과 학습을 통해 이루어지는 것이며, 시각장애아동이 시각 이외의 다른 감각에 더 의존한다는 것으로 해석할 수 있다.

시각장애아동에게는 여러 가지 형태의 상상력을 발휘할 수 있는 능력을 개발하게 하는 것이 중요하다. 이것은 구체적으로 제시할 수 없는 개념이나 실제 모델을 이해하는 데 도움이 된다.

미술 활동은 맹아동이나 약시아동에게 중요한 표현 활동이다. 삼차원적인 매체나 촉각적인 매체는 프로그램의 중요한 영역이 된다. 맹아의 경우에도 회화영역에 관심을 가지고 활동에 참여할 수 있도록 하는 데 새로운 시각을 돌릴 필요가 있다. 그 이유는 일반 아동이나 시각장애아동의 흥미나 관심은 근본적으로 다를 바가 없기 때문이다.

시각장애아동의 미술 활동 계획에 있어서는 여러 가지 응용이 필요하게 된다. 예를 들면, 작업장의 일관된 선정, 여러 가지 색료를 담은 크기가 다른 용기 또는 점자로 물감의 종류를 표시한 용기, 물감 흘림을 방지하는 소품들, 무게를 다는 저울 등이 준비되어야 한다.

그리기 활동에서는 접시와 같은 매체를 이용하여 위치나 크기, 방향을 알고 작업을 할 수 있도록 하거나 찢어 붙이기로도 활용할 수 있다. 쟁반이나 도화지는 C자 모양의 집게나 테이프로 고정할 수 있게 하고, 크레파스로 그림을 그릴 때는 유도선으로 활용하기 위하여 철망 같은 것을 활용할 수 있다.

특히 색채를 구별하기 위해서는 색채별로 다른 향료를 사용하여 골라서 사용하도록 한다. 또한 새로운 재료를 사용할 때는 차례로 늘어놓게 하고, 작업시작 이전에 촉각으로 전체적인 개념을 이해하도록 완성된 작품을 견본으로 제시한다. 맹아동의 경우에는 재료 상자를 만들어 자기가 스스로 정리된 재료를 활용하여 작업할 수 있는 환경을 구비해 주는 것이 바람직하다.

제12장

# 청각장애와 미술치료

## 1. 청각장애의 정의와 특성

### 1) 정의

정안 아동은 눈을 감거나 눈가리개를 착용하여 실명을 시뮬레이션할 수 있지만, 건청 아동은 듣지 않도록 하는 것이 사실상 불가능하다. 모든 청각 동물은 일생 동안 하루 24시간 모든 방향에서 자신의 세계에 대한 정보를 얻는다.

엄청난 생존 이점 외에도 청각은 대부분의 아동이 말과 언어를 습득하는 자연스럽고 거의 노력하지 않는 방식으로 주도적인 역할을 한다. 생후 1개월 미만의 유아는 말소리를 구별할 수 있다. 1세가 되면 건청 아동은 자신이 사용하는 언어의 많은 소리를 낼 수 있고 첫 단어를 말할 수 있다. 대조적으로, 말소리를 들을 수 없는 아동들에게 말을 배우는 것은 결코 자연스럽거나 쉬운 일이 아니다.

청각장애인은 교정을 해도 잘 듣지 못하는 사람을 일컫는 용어이다. 2004년「미국장애인교육법(IDEA, PL 108-446)」에 따르면, 청각장애를 농(deafness)과 난청(hearing loss)으로 구분하고 있다. 「미국장애인교육법」과 우리나라의 「장애인 등에 대한 특수교육법」에 제시된 청각장애의 정의를 살펴본다.

#### (1) 「미국장애인교육법」의 정의

「미국장애인교육법」에서는 농(deafness)과 난청(hearing loss)을 다음과 같이 규정하고 있다.

> (3) 농은 아동이 증폭 여부에 관계없이 청각을 통해 언어 정보를 처리하는 데 손상이 있어 아동의 교육 수행에 부정적인 영향을 미칠 정도로 심각한 청각 손상을 의미한다.[Sec. 300.8 (c) (3)]
>
> (5) 청각 손상(hearing impairment)은 영구적이든 일시적이든 아동의 교육 수행에 부정적인 영향을 미치지만, 농의 정의에 포함되지 않는 청력의 손상을 의미한다.[Sec. 300.8 (c) (5)]

#### (2) 우리나라 「장애인 등에 대한 특수교육법」의 정의

청각장애에 대한 정의는 다음과 같다.

> 2. 청각장애를 지닌 특수교육대상자. 청력 손실이 심하여 보청기를 착용해도 청각을 통한 의사소통이 불가능 또는 곤란한 상태이거나, 청력이 남아 있어도 보청기를 착용해야 청각을 통한 의사소통이 가능하여 청각에 의한 교육적 성취가 어려운 사람

대부분의 특수교육 관련 전문가들은 농 아동과 난청 아동을 구별한다. 농 아동은 말을 이해하기 위해 청각을 사용할 수 없다. 정상적인 청력이란 일반적으로 사람이 말을 이해하기에 충분한 청력을 가지고 있음을 의미한다. 적절한 청취 조건에서 정상적인 청력을 가진 사람은 특별한 장치나 기술을 사용하지 않고도 말을 해석할 수

있다. 보청기를 착용하더라도 청각장애아동이 귀로만 말을 이해하기에는 난청이 심하다. 대부분의 농 아동은 잔존 청력을 통해 일부 소리를 인식하지만, 학습과 의사소통을 위한 기본 감각 모드로 시각을 사용한다. 난청 아동은 일반적으로 보청기를 사용하여 말을 이해할 수 있다. 난청 아동의 말과 언어 기술은 지연되거나 부족할 수 있지만, 주로 청각 채널을 통해 발달된다.

## 2) 특성

농 또는 난청 아동의 특성에 대한 논의에는 세 가지 조건이 포함되어야 한다.

첫째, 청력 상실로 인해 특수교육을 받는 아동은 매우 이질적인 집단으로 구성된다. 일반적으로 관찰되는 행동 특성이나 학업 성취도의 평균 수준이 모든 청력 상실 아동을 대표한다고 가정하는 것은 실수이다.

둘째, 청력 상실이 아동의 의사소통 및 언어 기술, 학업 성취, 사회적 및 정서적 기능에 미치는 영향은 청력 상실의 유형 및 정도, 발병 연령, 아동 부모와 형제자매의 태도, 일차 언어 습득 기회(말이나 수화를 통해), 기타 장애 유무 등 많은 요인에 의해 영향을 받는다.

셋째, 농 아동이 어떻게 행동하고 느끼는지에 대한 일반화는 극도의 주의를 기울여야 한다. 소위 청각 농 심리(psychology of the deaf)의 존재를 강력하게 주장하는 전문가들은 청각장애아동의 특성이 그들의 특성을 반영하는 것이 아니라 청각장애 전문가들의 가부장적 자세를 반영하는 것으로 간주한다.

### (1) 문해능력

특히 90dB 이상의 언어 전 손실이 있는 청각장애아동은 국어 기술을 습득하는 데 큰 불이익을 받는다. 유아기 초기부터 건청 아동은 일반적으로 다른 사람과 자신의 말을 경청함으로써 문법, 어순, 관용적 표현, 의미의 미세한 차이, 언어적 표현의 기타 여러 측면에 대한 지식과 많은 어휘를 습득한다. 태어날 때부터 또는 그 직후에 다른 사람의 말을 들을 수 없는 아동은 일반적으로 정상적인 청력을 가진 발달 중인 아동처럼 말과 언어를 자발적으로 배우지 못한다. 읽기와 쓰기는 음운론적 기반 언어의 그래픽 표현을 포함하기 때문에, 구어의 풍부한 문법적 모델에 노출되어 혜택을 받지 못한 청각장애아동은 자신이 거의 이해하지 못하거나 전혀 이해하지 못하는 언어를 기반으로 텍스트를 해독하고, 이해하고, 생산하기 위해 노력해야 한다. 청각장애아동에게 읽기의 중요한 구성요소인 글자-음성 대응을 어떻게 가르칠 수 있는가? 소리를 나타내는 손 신호와 기호로 구성된 다감각 시스템인 시각적 음성학(visual phonics)이 유망한 접근 방식이다.

청각장애아동은 정상 청력을 가진 또래에 비해 사용하는 어휘가 적으며, 그 격차는 나이가 들수록 넓어진다. 난청아동은 이진, 이후, 같음, 질투와 같은 추상적인 단어보다 나무, 달리기, 책과 같은 구체적인 단어를 더 쉽게 학습한다. 또한 청각장애아동은 복수형, 과거형, 현재진행형 단어를 적절하게 말하거나 쓸 수 없다.

청각장애아동의 언어의 문법과 구조의 논리적 규칙을 따르지 않는 경향이 있기 때문에, 언어 전 청력 상실이 있는 아동은 수용 가능한 형식과 의미로 읽고 쓰기 위해 많은 노력을 해야 한다. 또한 이들은 여러 가지 의미를 가진 단어를 학습하는 것이 매우 어렵다.

많은 농 아동은 진술과 질문을 구별하는 데 어려움을 겪으며, 수동태와 관계절로 문장을 이해하고 작성하는 데 어려움을 겪는다. 그들은 일반적으로 짧거나 불완전하거나 부적절하게 배열된 문장을 구성한다.

### (2) 말하기

비정형적 말하기는 농 또는 난청 아동에게는 흔하게 나타난다. 청력 상실은 어휘, 문법, 구문 학습에 제기하는 모든 문제에 더해, 자신의 말을 들을 수 없다는 것은 이를 평가하고 모니터링하기 어렵게 만든다. 몇몇 청각장애아동은 너무 크게 말하거나 충분히 크게 말하지 않는다. 그들의 말은 부적절한 강세나 억양으로 인해 비정상적으로 높거나 중얼거릴 수 있다.

### (3) 지능

청각장애아동의 지적 특성은 건청 또래 아동의 지능 또는 지능 점수 분포와 유사한 것으로 나타난다. 연구에 따르면 청각장애아동의 지적 발달은 인지 능력보다 언어 발달의 기능이라는 것을 시사한다. 수행의 모든 어려움은 말하기, 읽기 및 쓰기와 밀접한 관련이 있는 것으로 보이지만 지능 수준과는 관련이 없다.

### (4) 학업 성취

청각장애아동의 학업 성취는 일반 교육을 받은 또래 아동들보다 계속 뒤쳐져 있다. 대부분의 청각장애아동은 특히 읽기와 수학 학업 성취의 모든 영역에서 어려움을 겪는다. 청각장애아동의 학업 성취 연구에 의하면, 일반적으로 청각장애아동은 건청 또래보다 훨씬 뒤떨어져 있으며, 나이가 들수록 그 격차가 커진다. 미국의 경우, 평균 18세 또는 19세에 고등학교를 졸업하고, 읽기는 4학년 수준, 수학은 5~6학년 수준으로 나타났다. 또한 농 아동의 약 30%는 기능적으로는 문맹으로 학교를 떠난다.

읽기는 청각장애아동에게 가장 부정적인 영향을 미치는 학업 분야이다. 경증이든 최중증이든 청력 상실은 읽기 능력에 부정적인 영향을 미치는 것으로 보인다.

학업 수행을 지능과 동일시해서는 안 된다. 농 자체는 개인의 인지 능력에 제한을 두지 않으며, 일부 농 아동은 글을 잘 읽고 학업적으로도 탁월하다. 농 아동이 교육과 적응 과정에서 자주 경험하는 문제는 대부분 일차 언어 또는 모국어의 불충분한 발달뿐만 아니라, 구어 및 쓰기 요구 사항과 아동들의 언어 이해 및 의사소통 능력 간의 불일치에 기인한다.

### (5) 사회-정서적 발달

청각장애유아의 사회-정서적 발달은 취학 전의 우정과 민족, 연령 및 성별 동료 선호와 관련하여 건청 아동과 동일한 발달 패턴을 보여 준다. 그러나 사회-정서적 발달은 의사소통 기술을 사용하는 능력에 크게 의존한다. 청력 상실은 청각 자극을 받고 처리하는 능력을 수정한다. 따라서, 농 아동 또는 난청 아동은 감소된 청각 정보와 왜곡된 정보를 받는다. 그 결과, 청각장애아동은 건청 아동과 비교하여 노는 방식에 약간의 차이가 있는 것으로 보인다.

농 유아는 일반적으로 큰 집단보다는 2명으로 구성된 집단을 선호하고, 놀이에서 언어적 상호작용이 적다. 이러한 패턴은 시각적인 주의력을 나누는 어려움과 놀이 상황에 적합한 언어적 지식이 부족하기 때문일 수 있다. 그들은 또한 언어적 결함이 정교한 상상 상황을 대본하는 능력을 방해하기 때문에 덜 가상적 놀이에 참여한다. 농 아동은 다른 농 아동과 함께 있을 때 협동적인 또래 놀이에 더 적은 시간을 보낸다. 그들은 상호작용에 관심을 갖고 시작하지만, 언어적 결함 때문에 놀이 파트너로부터 응답을 받지 못하는 경우가 많다. 농 아동과 건청 아동이 놀이를 시도하지만, 구술 기술에 의존하거나 수화 기술에 의존하는 공통적 의사소통 체계를 공유하지 않을 때, 그들은 함께 놀거나 우정을 유지하는 데 거의 관심을 보이지 않는다. 이것은 청각장애아동이 통합적 교실 환경에 배치되었을 때 사회적 고립을 피하기 위해서는 건청 또래 집단과 모든 교사 사이에서 의사소통 능력을 개발할 필요가 있음을 시사한다.

청각장애아동은 성장하고 성숙해 감에 따라 언어 수용 및 사용 능력이 전반적인 사회-정서적 성장(친구 관계 형성)을 방해한다. 청각장애 청소년의 사회적 및 심리적 발달에 관한 문헌을 검토한 결과 성숙, 사회적 관습 및 태도에 대한 인식, 사회적 상호작용과 같은 영역에서 건청 또래와 뚜렷한 차이가 있다. 사회적 상호작용에 대한 필요성은 이러한 개인을 주류로부터 더욱 고립시키는 경향이 있을 수 있다. 그들이 다른 청각장애 청소년들과 사회적 및 직업적 관계를 찾고 형성하기 때문이다. 인터넷은 대화방을 사용하여 청각장애 또래 집단 내에서 더 많은 상호작용 기회를 제공하고 있다.

중증에서 최중증 청각장애아동은 다른 청각장애아동과 사회화가 제한될 때 친구가 없고, 학교에서 고립감을 느끼고, 불행하다고 보고하는 경우가 많다. 이러한 사회적 문제는 중증에서 최중증 청각장애아동보다 경도 또는 중등도의 청각장애아동에게 더 자주 나타나는 것으로 보인다. 청각장애아동은 정상적인 청력을 가진 아동보다 학교 및 사회적 상황에서 행동상의 어려움을 겪을 가능성이 더 크다. 교실에서 방해가 된다고 여겨지는 청각장애 청소년에 대한 연구에 따르면, 가장 자주 관련된

요인은 읽기 능력이었다. 즉, 독서량이 적은 학생들은 학교에서 문제행동을 보일 가능성이 더 크다. 약간의 청력 손실이라도 국어책을 꺼내라고 말하는 교사의 목소리 톤과 같은 중요한 청각 정보를 놓치게 할 수 있으며, 이로 인해 아동은 부주의하고 주의가 산만하거나 미성숙한 것으로 간주될 수 있다.

청각장애아동과 성인은 우울증, 위축감, 고립감을 자주 표현한다. 연구는 청력 손실이 행동에 미치는 영향에 대한 명확한 통찰력을 제공하지 않지만, 청력 상실 아동이 가족, 친구, 지역사회 사람들과 성공적으로 상호작용하는 정도는 다른 사람의 태도와 상호 수용 가능한 방식으로 의사소통하는 아동의 능력에 크게 좌우되는 것으로 보인다. 확실히 의사소통은 모든 사람의 적응에 중요한 역할을 한다.

## 2. 청각장애의 원인

청각장애 원인은 여러 가지로 분류할 수 있다. 예를 들어, 청력 손실은 선천적(출생 전에 발생) 또는 후천적(출생 후 발생)일 수 있다. 출생 시 발생하는 청력 상실은 일반적으로 그 당시에 상실이 실제로 확인되었는지 여부에 관계없이 선천적인 것으로 간주된다. 또한, 청력 손실은 유전적 또는 비유전적으로 분류될 수 있다. 유전적 요인은 아동의 청력 손상의 주요 원인 중 하나이다. 약 55dB 이상의 청력 손실이 있는 모든 사람의 약 1/3에서 손실의 원인은 유전인 것으로 추정된다. 후천성 청력 손실은 전체 사례의 약 3분의 1을 차지하며, 나머지 1/3은 알려지지 않은 요인이 원인이다. 청력 상실의 원인은 즉각적이고 장기적인 서비스 전략을 결정하는 중요한 변수이다.

### 1) 유전학적/유전적 요인

백오십 가지 이상의 유전학적/유전적 원인이 다양한 청각장애를 유발하는 것으로 나타났다. 연구자들은 모든 선천성 농 중 약 절반이 유전학적 요인 때문이라고 추정한다. 알려진 몇 가지 유전학적 유전 양식 중 세 가지 메커니즘이 가장 중요하다. 상염색체 우성 유전은 유전자가 일치하는 쌍의 한 염색체에만 전달되더라도 특성(청력 상실)의 발현을 특징으로 한다. 상염색체 우성 유전성 난청의 예로는 아르덴부르크 증후군(Waardenburg syndrome: 다색 홍채, 전두 백발, 감각신경성 난청)과 우성 진행성 난청(수년에 걸쳐 진행되는 감각신경성 난청) 등이 있다.

유전 전달의 세 번째 주요 메커니즘은 X-연관 유전이다. 이 전달 방식의 X-연관 열성 형태에서 부모는 분명히 정상이며, 변경된 유전자는 남성 자손의 X 염색체와 관련이 있다. 대부분의 X-연관 열성 난청 유형은 감각신경성이다.

### 2) 감염

청력 상실을 유발하는 많은 감염원은 잘 증명되어 있다. 태아기(출생 전), 출생 시 또는 그 즈음(주산기) 또는 후기(출생 후)에 발생할 수 있다. 1960년대 중반에 풍진(독일 홍역)이 창궐하여 매우 많은 유아가 청각장애를 가지고 태어났다. 그 기간 동안 모든 선천성 난청의 약 10%가 이 질병에 기인했으며, 이 중 절반은 심각한 감각신경성 농과 관련되었다. 다행히 풍진 백신이 개발되면서 이 질병의 발병률이 크게 감소했다.

청각장애를 일으킬 수 있는 일반적인 주산기 감염에는 거대세포바이러스(cytomegalovirus: CMV), B형 간염 바이러스, 매독이 포함된다. 오늘날 거대세포바이러스 감염은 아동의 감각신경성 청력 손실의 주요 바이러스 원인이다. 대부분의 아동은 출생 시 감염의 임상 징후를 나타내지 않지만, 생애 초기에 점진적인 증거를 보이기 시작한다.

홍역과 볼거리 바이러스는 생의 후반에 감각신경성 청력 손실을 유발할 수 있는 바이러스 감염의 예이지만 현재 예방 백신이 있다. 이 바이러스로 인한 청력 손실은 거의 완전히 제거되었지만, 모든 아동에게 이러한 질병에 대한 예방 접종을 하지 않으면 관련 청력 손실의 발병률이 증가할 위험이 높아졌다.

많은 바이러스 감염은 심각한 청력 손실을 유발할 수 있다. 세균성 뇌 수막염은

심각한 양측 감각신경성 청력 손실을 유발할 수 있다. 바이러스성 수막염도 청력 상실을 유발할 수 있지만, 뇌 수막염으로 인한 청력 손실의 대부분은 박테리아 형태에서 기인한다.

중이염은 아동의 경증에서 중등도의 전음성 청력 손실의 주요 원인 중 하나이다. 이것은 6세 미만 아동이 의사를 방문하는 가장 일반적인 이유이다. 이 질병으로 인한 중이의 체액 축적은 일반적으로 15~40dB의 전도성 청력 손실을 유발하며, 치료하지 않으면 감각신경 손상을 유발할 수 있다. 중이염은 대부분 항생제를 투여하거나 어떤 경우에는 귀에 관을 삽입하여 치료한다.

### 3) 발달 이상

청각장애의 일부 선천적 원인은 외이 또는 내이 구조의 비정상적인 발달과 관련이 있다. 폐쇄증(외이도의 협착 또는 폐쇄 또는 중이의 기형)은 임신 초기에 태아에 영향을 미치고, 외이 또는 중이의 기형을 초래하는 발달 장애이다. 이것은 종종 외과적 개입으로 성공적으로 치료될 수도 있고 그렇지 않을 수도 있는 전도성 청력 손실을 초래한다.

### 4) 환경적/외상적 요인

저체중 출생과 그와 관련된 상태, 질식(호흡 곤란)은 출생 시 또는 출생 직후에 자주 발생하는 심각한 청력 손실의 원인이다. 두 가지 요인 모두 귀에 외상을 입힘으로써 실제로 청력 손실을 유발하는 상태를 초래할 수 있다. 일부 처방약(항생제 포함)은 내이에 독성이 있는 것으로 알려져 있으며, 청력 손실을 유발할 수 있다. 결과적인 청력 손실은 일반적으로 유형이 감각신경성이며 손상이 발생하면 영구적이다. 심한 소음, 두개골 골절과 관련된 머리 부상, 중이의 급격한 압력 변화는 모두 귀 손상 및 청력 손실의 외상적 원인의 예이다.

## 3. 청각장애아동의 미술치료

청각장애아동은 시각장애아동과 마찬가지로 감각장애의 하나다. 농과 난청으로 구분되며 주로 시각을 통해 학습한다. 그들은 의사소통 문제 때문에 개념 발달이나 언어발달 등에서 어려움을 보인다.

청각장애아동은 심신장애아동 가운데서 가장 일반 아동과 비슷한 미술활동을 할 수 있지만, 미술활동을 할 때는 청각장애아동의 심리적 특성을 항상 고려하여야 한다. 즉, 청각장애아동은 시각장애아동보다 정서 문제가 나타나기 쉬우며 그들의 그림 표현은 때때로 고립감을 많이 나타낸다. 그렇기 때문에 청각장애아동은 경험을 제공하고 경험한 것을 그림으로 표현하게 하는 기회를 제공해 주는 것이 하나의 중요한 방법이 되기도 한다. 언어로 나타내지 못하는 것을 그림으로 나타냄으로써 그들의 불안감과 긴장감을 발산시킬 수 있다.

수화를 잘하지 못하는 치료사의 경우에는 몸짓이나 표정, 시각적인 제시 방법, 또는 표현 등을 이용하여 지도할 수 있다. 특히 미술치료 활동의 계획에 있어서 모방학습을 중요하게 다루어야 한다. 청각장애아동이 다른 급우들의 미술 활동 내용을 그대로 복사하거나 모방하려는 경향이 있을 수 있는데, 이러한 현상은 학습 목표를 확실히 이해하지 못했을 때 많이 일어난다.

청각장애아동은 추상적인 개념 학습에 어려움이 있어, 이러한 개념들은 지속적으로 주의 깊게 개발되어야 한다. 가끔 이들 아동들은 너무 성급하게 한두 경험을 일반화하는 경향이 있다. 예를 들면, 아동이 쟁반에 그림을 그린 경험이 있으면, 미술 시간에 매번 쟁반에 그림을 그리려고 하는데, 이러한 행동을 농아벽(deafism)이라고 한다. 따라서 아동들이 적절한 일반화를 하도록 하기 위해서는 개념형성을 증진시킬 수 있는 다양한 경험을 제공해야 한다. 가능하면 구체적인 보기가 제시되면 좋을 것이고, 치료사와 밀접한 작업을 수행하는 것이 이미 배운 어휘 등의 개념을 강화하는 미술치료 계획에 도움이 될 것이다.

청각장애아동은 감각기관의 손실로 인해 경험의 세계를 제한당하고 심리발달에

필수적으로 필요한 부분들을 박탈당하기 때문에 전반적인 경험이 감소 된다. 그로 인해 모든 심리 과정의 균형과 평정에 어려움이 따르고 심리정서적인 특성과 이상 행동을 나타낸다. 청각장애아동의 이상행동으로는, 첫째, 상대방이 말하는 것에 대해 표면상으로 이해하는 척하나 지시에 잘 따르지 않으며, 약속을 잘 지키지 않고 무엇이든 잘 잊어버린다. 둘째, 청각장애아동은 수업 중 피로하기 쉽다. 셋째, 주의가 산만하다. 넷째, 사람의 말에 무관심하여 가끔 오해를 일으킨다. 다섯째, 집단적인 활동에 참가하는 것을 싫어하며 때로는 매우 소극적이고 공격적이어서 난폭할 때가 많다.

청각장애아동의 미술 활동 시 고려할 점으로는 다음과 같다.

- 아동의 이름을 부르면서 어깨를 두드리는 등 말하기 전에 아동의 주의를 끈다.
- 아동의 얼굴과 같은 높이로 자세를 낮추고, 30~40센티미터 정도의 거리에서 아이의 눈을 주시하면서 말한다.
- 말하는 이의 얼굴이 잘 보이도록 밝은 쪽으로 향한 채 말한다.
- 의미를 전달하기 쉽게 몸짓이나 얼굴 표현을 사용한다.
- 텔레비전과 라디오를 끄거나, 주변 아이들을 조용히 시키는 등 주변 소음을 최대한 줄인다.
- 의사소통을 하는 동안 과도한 신체적 활동을 줄인다.

제13장

# 장애아동 가족 및 부모와 미술치료

대부분의 부모는 아동이 장애가 있다는 사실을 아는 순간부터 심한 심리적 갈등을 겪게 될 뿐 아니라 양육에 있어서도 많은 어려움에 봉착하게 된다. 실제로 재정적 자원, 가족 예산, 아동이 학교를 다니고 직업을 갖게 될 기회, 아동이 성인이 되었을 때 부딪치게 될 갖가지 문제뿐만 아니라 장애아동이 가족 구성원에게 가져다주는 정서적 긴장, 아동을 돌보는 데 걸리는 시간, 다른 가족 구성원에 대한 욕구뿐만 아니라 아동의 욕구에 대처하기 위한 그들의 능력 등에 대해 걱정하며 많은 신체적 · 심리적 부담을 안게 된다.

그리하여 장애아동 교육 및 심리치료에 있어서 부모상담은 우선되어야 할 중요한 과제라고 말할 수 있다. 이는 아동의 최초의 치료사인 동시에 가장 중요한 치료사는 부모이며, 부모가 바람직한 태도로 교육 결정 및 교육 수행에 적극적으로 참여하는 것은 자녀 양육에 결정적인 영향을 주기 때문이다. 따라서 부모상담을 통해 장애아동에게 보다 신속하고 적절하게 심리적으로 적응하도록 돕는 것이 중요하다.

다음에서는 장애와 가족, 장애아동 부모의 권리와 심리적 특성을 살펴보고 치료사의 태도 및 내용을 소개해 보기로 한다.

# 1. 장애아동 부모의 권리와 심리적 특성

## 1) 장애아동 부모의 권리

장애아동의 부모는 일반 아동의 부모와는 다른 욕구와 관심을 가지고 있으며, 이러한 특성은 장애 유형보다 장애 정도에 따라 차이가 난다. 아동의 장애를 발견하고 아동을 조정하고 돕는 과정은 일반 아동의 부모는 알지 못하는 일이다. 아동의 교육 역시 아동의 개별적 특성에 맞추어 조정된다. 그래서 장애아동의 부모에게는 다른 부모보다 더 많은 참여와 훈련이 요구된다. 장애아동의 양육과 아동의 미래를 계획

### 장애아동 부모의 자유

- 부모가 스스로 할 수 있는 최선의 노력을 다했다는 생각을 가질 자유
- 비록 부모가 장애아동을 가졌지만, 가능한 한 정열적으로 생을 즐길 자유
- 장애아동이 자신의 사생활을 갖게 할 자유
- 가끔 죄의식 없이 다른 사람들이나 아동에게 적대감을 가질 자유
- 때때로 고독을 즐길 자유
- 아동의 진전과 성취에 대해 실제적으로 자부심을 갖고 다른 사람에게 말할 자유
- 자신의 취미와 흥미를 가질 자유
- 자신의 의견을 존중해 줄 것을 요구하고 전문가가 수행하는 활동에 관해 자신이 실제적으로 느끼는 것을 치료사와 다른 전문가에게 말할 자유
- 자신의 아이가 장애를 가졌을지라도 만약 다른 아동이 불쾌하게 한다면 그것을 아동에게 말할 자유
- 아동이 많은 칭찬을 요구할지라도 이유 없이 칭찬을 하지 않을 자유
- 모든 것을 좋다고 말하고, 곧바로 거짓말이라고 말할 자유
- 아동을 동반하지 않고 연중휴가, 즉 데이트, 경축연, 주말 나들이, 결혼기념일 등을 가질 자유
- 비록 여유는 없지만 자신을 위해 약간의 여윳돈을 사용할 자유

하는 것에 대한 긴장은 다른 부모의 요구를 넘어서는 상담을 필요로 한다. 장애아동의 부모는 보다 긴장된 생활로 여유 없는 생활을 보내기 일쑤이며, 자신을 위한 시간을 보낼 때 죄책감을 갖는 부모도 있다. 장애아동 부모상담 시 먼저 부모의 권리를 잘 인식시켜 일상생활에서 부모가 심리적으로 안정을 찾고 현 상황에서 더 신속하고 적절하게 적응하도록 하는 것이 중요하다.

### 2) 장애아동 부모의 심리적 특성

일반적으로 부모는 아이가 태어나기 훨씬 전부터 많은 희망을 걸며 이 아이가 자라서 결혼하고 자식을 낳을 먼 장래까지도 즐겁게 상상한다. 그러나 자기 아이가 장애를 가졌다는 사실을 알게 되면 대부분의 부모는 큰 충격을 받게 된다. 처음에는 자신감을 잃고 열등감과 좌절에 빠져들며 장애아동을 가진 것에 대한 자책과 원망, 나아가서 부정적인 자세를 갖게 된다. 이것이 일반적인 부모의 태도다. 이러한 갈등을 거쳐서 다소 오랜 시간이 지나면 장애아동의 부모라는 사실에 차츰 익숙해져 간다.

선천적 장애를 지닌 아동은 갑자기 장애를 갖게 된 아동보다 훨씬 적은 상처를 받는 반면, 장애를 가지고 태어났거나 아주 어린 시절에 장애를 갖게 된 아동의 부모는 훨씬 많은 고통을 받는다. 이러한 예에서 부모는 자신의 잃어버린 완전한 아동에 대한 슬픔으로 부정, 충격, 비탄, 죄의식, 우울증과 같은 그 과정의 가장 고통스러운 측면을 변함없이 경험한다. 부모의 사랑과 지원의 유대는 이 초기 단계에 깨어질 수 있기 때문에 거부나 과잉보호가 일어날 가능성이 보다 많다. 청소년기에 아동이 장애를 갖게 되면 부모는 자신의 상실을 보다 쉽게 수용할 수 있으며, 아동이 상처에 대처하도록 돕는 데 집중할 수 있다.

부모가 자신의 자녀가 장애아동이라는 사실을 받아들이고 적응하는 과정에는 일반적인 단계가 있으며, 시기나 정도는 다르지만 그러한 단계를 따라 수용과 적응이 이루어진다. 부모는 초기에는 부정적인 태도를 지니다가 시간이 경과할수록 수용하고 적응하게 된다.

많은 학자가 장애아동 부모의 정서 변화에 대해 5단계, 7단계, 10단계로 설명하고 있다. 자식이 장애를 가졌다는 사실을 인정하기까지 부모의 감정 변화는 죽음을 통보받은 환자의 감정 변화와 별반 다르지 않다. 장애아동 부모의 감정 변화를 살펴보면 다음과 같다.

### (1) 초기 단계

#### ① 충격의 단계

자녀가 장애를 지녔다는 사실을 알았을 때 부모는 충격을 받게 되며 '나는 이제 죽었구나!' 하는 심리적 · 상징적 죽음을 경험하게 된다. 이는 심리적 마비상태를 말한다.

#### ② 거부 및 부정의 단계

충격 단계를 거쳐 그다음에는 자기 자녀가 장애아동이라는 사실을 그대로 받아들이려 하지 않는다. 장애로 인해 발생하는 고통스러운 현실을 회피하기 위해 사용하는 심리적 방어수단으로서 '내 아이가 장애아라니! 설마, 그럴 리 없을 거야…….' 등의 자녀의 장애 자체를 거부하려는 마음을 지닌다. 특히 교육 수준이 높은 부모일수록 이 단계에 머무는 기간이 길다.

#### ③ 불안의 단계

장애라는 사실을 인식한 초기 단계에서 발생하는데, 이 단계에서는 자기 자녀가 장애아동이라는 것을 대단한 수치와 모욕으로 느낀다. 그래서 주위에서 알까 봐 두려워하고 심지어는 자녀를 가두어 키우거나 손님이 올 경우 방에 숨기기까지 하게 된다.

### (2) 중기 단계

#### ① 책임과 죄책감의 단계

죄책감과 자기 비난에 동반된 자기를 향한 분노감을 갖는다. 정신지체 자녀가 있다는 사실을 부끄럽게 여기다가 점차 자기의 잘못 때문이라거나 자기가 죄가 있어서 벌을 받는 것이라고 생각하게 된다. 자녀의 장애를 인정하면서 장애아동 부모는 우울한 심리적 상태에 머물게 된다. '내 자식이 장애를 지녔다는 것을 인정해야 한다.'는 만성적 슬픔과 무력감 등에 시달린다.

#### ② 고통의 단계

이 단계에 들어서면 장애 자녀를 가진 것을 무척 괴로워하면서 정상 자녀를 가진 부모에게 질투심을 갖게 된다. 특히 자기 자녀를 다른 아동들과 비교하며 속상해하거나 고통스럽게 생각한다. 이는 장애 자녀에게 느끼는 분노감을 다른 사람을 상대로 표출하려는 일종의 공격적 행동 반응을 말한다.

#### ③ 과잉보호 혹은 배척의 단계

지나친 동정심을 가지고 자녀를 과잉보호하거나 이들의 뒷바라지가 어렵다고 아예 배척하여 시설에 수용하고, 혹은 자녀를 버리게 된다. 이 단계에서는 자녀가 스스로 할 수 있는 일도 지나친 과잉보호로 전부 해 주려고 하면서 자립심을 키워 주지 못하며, 심지어는 발달에 지장을 주게 된다.

### (3) 후기 단계

인정과 적응의 단계다. 대부분의 장애아동 부모는 이러한 심리적 과정을 거쳐서 차츰 바람직한 태도를 갖게 된다. 실현 가능한 현실적인 해결 방법을 모색하고 자녀의 생애주기에 알맞은 부모 역할을 정립하며 새로운 의미를 부여하게 된다.

장애와 장애로 인한 결과를 인정하고, 그 장애와 결과가 영구적으로 유지된다는 것을 심리적으로 수용한다. 아울러 새롭게 주어진 생활 상황에 행동을 적응시키고,

### 장애아동 부모의 병적 특성

- 만성부정: 이곳저곳을 전전하며 적절한 교육을 받을 기회를 놓치게 된다.
- 지속적인 분노와 죄의식: 배우자나 다른 자녀에게 신경을 쓰고, 장애 자녀는 돌보지 않는다. 이는 가족불화의 원인이 되기도 한다. 또한 분노를 다른 사람에게 투사(projection)하는 부정적인 방어기제를 보인다. 장애아동은 이러한 과보호나 불화, 부모가 자신의 장애를 바람직하게 수용하지 않는 것을 보면서 자신의 삶을 비관하고 우울감에 빠진다.
- 과잉보호: 맹목적인 과보호를 보이는데, 이는 아동의 장애를 가리려는 마음에서 비롯되며 아동의 정서적·신체적 성숙과 발달을 지연시킬 수 있다. 더불어 아동의 가능성을 약화시키며, 아동이 장애를 바람직하게 수용·극복하지 못하게 한다
- 방치: 적절한 성장과 발달의 기회를 갖지 못하게 하고, 장애아동의 발달 가능성을 개발하지 못한다.

장애로 인한 기능적 불리함을 정서적으로 내면화한다.

이러한 적응 과정은 장애아동을 대상으로 수행되는 상담에 중요한 시사점을 준다. 이는 장애에의 적응 단계에 따라 아동이 보여 주는 심리적 특성과 행동 유형이 매우 달라지기 때문이다. 따라서 이러한 특성에 대한 치료사의 적절한 이해가 선행되지 않으면 장애아동에게 가장 적절한 상담기법을 적용할 수 없게 된다.

이러한 정상적인 적응 단계를 거치지 못하고 특정 단계에 고착되어 있으면 장애아동 부모가 갖는 괴로움은 지속될 뿐만 아니라 장애아동에게 올바른 교육을 시작할 수 없게 된다. 이러한 상태를 부모의 병적 반응이라 하는데, 다음과 같은 특성을 나타낸다.

치료사는 부모가 가능한 한 빨리 심리적 갈등에서 벗어나 자녀를 바르게 이해하고 적절한 지도를 모색할 수 있도록 도와주어야 한다. 장애아동의 부모가 어떤 성격과 특성을 나타내고 있는지 이해하는 것은 부모상담의 기본 과제다.

## 2. 장애아동 부모 상담 및 치료사의 태도

아동의 장애를 초기에 적절하게 처치하지 않으면 장애 유형과 정도에 관계없이 가족은 많은 고통을 겪게 된다. 부모상담은 장애아동의 부모가 자신의 독특한 환경을 다루는 데 도움이 되는 적합한 중재 형태다. 이러한 상담은 교육적 상담(educative counseling), 촉진적 상담(facilitative counseling), 개인적 옹호 상담(personal advocacy counseling)의 세 가지 주요 구성으로 나눌 수 있다.

### 1) 장애아동 부모의 상담

#### (1) 교육적 상담

부모는 자녀의 장애에 대한 정보를 필요로 한다. 자기 아이의 장애를 처음 알았을 때 완전하고 정확한 정보를 얻은 부모는 아동이 성장하면서 더 많은 정보를 찾는 경향이 있다(Burton, 1975). 전문가는 혼란을 줄이는 데 도움이 되도록 장애, 장애의 예후, 부모에게 미치는 영향을 설명할 수 있게 준비하고 있어야 한다.

부모는 자기 아이의 장애에 직면할 때까지 장애에 대해 거의 알지 못한다. 소수의 부모만이 자기 아이의 장애에 대한 최초의 설명을 완전히 이해한다. 전문가들은 부모들에게 그들이 상황에 관한 정보와 부가적인 정보를 얻을 수 있게 이용 가능한 서비스를 알 수 있도록 도움을 주어야 한다.

#### (2) 촉진적 상담

실제적인 도움을 제공하는 것에 더하여 치료사는 가족 가운데 장애아동의 존재와 관련된 사건에 관해서 또는 아동에 대한 부모의 감정을 명료화하기 위해서 지원과 도움을 제공해야 한다. 장애아동의 부모는 관계가 전개되면서 자신과 아동에 대한 다양한 감정을 경험한다. 치료사를 비롯한 전문가들은 부모의 감정에 대해 잘 알아야 하고, 특정 적응 단계에 있는 부모가 경험한 부모-아동 관계를 알아야 한다.

따라서 앞서 제시한 부모의 아동에 대한 불신, 죄책감, 거부, 비난, 부정, 절망을 경험하는 단계에 맞추어서 상담을 실시한 후 부모의 심리상태를 수용하여 적응하도록 도와줄 수 있다.

① 불신

부모는 아이의 장애에 관해 처음 들었을 때 자기 아이가 장애아동이라는 것을 믿기 어려워한다. 치료사는 부모가 요구하는 정보를 제공하여 현실적으로 아동을 보도록 하고, 실제적인 위협이 되지 않도록 함으로써 부모를 도울 수 있다. 이 충격의 상태에서 부모는 자기 아이는 완전하고 문제는 일시적이며 시간이 지나면 사라질 것이라고 상상한다. 부모가 자신의 현실에 편안하게 대처할 준비가 되었다는 것을 치료사가 알게 되었을 때 현실적이고 긍정적이며 동정적인 방법으로 아동의 장애 조건에 관한 정보를 제공할 수 있다.

② 죄책감

부모는 아이의 장애에 대해 스스로를 비난한다. 치료사는 아동의 장애가 부모의 실수가 아니라는 것을 이해하도록 부모를 지원할 수 있다. 치료사는 부모와 함께 죄책감을 탐색할 수 있고, 그들의 원천을 이해하도록 도울 수 있으며, 아동이 가능한 한 정상적으로 기능할 수 있도록 지원할 수 있다.

③ 거부

부모는 자신의 아동에게서 물러나려 하고, 아동이 드러내는 불완전함으로부터 스스로를 분리시키려고 노력한다. 몇몇 부모는 아이와 자신을 분리하는 데 도움이 되도록 상담을 적절하게 사용하기도 한다. 일반적으로 치료사는 부모가 자기 아이에 대한 감정과 장애에 대한 화를 분리하도록 지원한다. 부모는 아동의 장애를 고려해야 하는 새로운 삶의 목표를 개발하기 전에 정상적인 아동에게 걸었던 희망과 꿈을 표현할 필요가 있다.

치료사는 부모의 거부감이 언제나 혹은 단 한 번 발생하기도 하고 전혀 발생하지

않기도 한다는 사실을 알아야 한다. 부모는 자신의 아이를 깊이 사랑하지만, 그만큼 아이의 문제를 수용하는 것도 어렵다는 것을 알아야 한다. 또한 다른 정서와 비슷하게 거부감도 시간이 지나면서 순환하는 경향이 있다. 전문가는 화가 난 감정과 제한된 거부감이 정상적이며, 그것의 표출도 마찬가지로 수용 가능한 것이라는 사실을 생생하게 깨닫도록 부모를 도와야 한다.

④ 비난

부모는 자신이 다른 사람들과 다르다는 것을 강조하기 위해 가족, 친구, 이웃으로부터 아주 작은 단서라도 찾아내려고 한다. 부모는 배우자나 조부모와 같은 다른 사람을 미워하는 감정을 가지고 있다. 개인상담에서 부모는 몇몇 기본적인 측면에서 차이가 있다는 것, 특정 사회적 상황에서 그들의 장애아동이 비난받는 것을 수용해야 한다는 것, 그러한 감정에 고통받는 사람이 혼자만이 아니라는 것을 학습할 수 있다. 그래서 부모는 자기가 처한 상황이 자기만의 문제가 아니라는 것을 알아야 한다.

⑤ 부정

부정은 과도한 불안을 피하기 위해 무의식적 수준에서 작동하는 방어기제다. 부정을 극복하는 과정에 부모 중 한쪽만 참여하는 것도 위험하다. 부모 중 한쪽만이 아동의 장애를 인정하기 시작하고 다른 사람들은 계속 그것을 부정하게 되면 가족에게 부가적인 고통이 따르게 된다.

부정은 일반적으로 출생 후 즉시 장애아동에 대한 부모의 반응으로 보이는데, 아동이 나이가 들면서 보다 현실적인 평가를 하게 된다. 그러한 경우조차 아동이 의미 있는 발달 준거에 도달하게 되면 다시 부정을 나타낸다.

⑥ 절망

무력감과 절망감 단계에 도달한 부모는 전문가에게 도움을 청하거나 연락을 취하게 된다. 부모는 아동이나 자신을 위해 스스로 할 수 있는 것이 거의 없다고 느끼며, 그래서 그들은 다른 사람의 지원을 찾는다. 치료사는 다른 사람의 도움을 찾는 부모를 지원할 수 있으며, 부모에게 잠재되어 있는 강점을 그들이 확인하도록 지원할 수 있다.

(3) 개인적 옹호 상담

개인적 옹호 상담은 필요한 지원과 서비스를 얻음으로써 부모 자신과 아동의 복지를 위해 적극적이고 목적적으로 활동하도록 부모를 지원하는 과정이라 할 수 있다. 이것은 부모가 자기 자신의 사례 관리자가 되도록 도움을 준다. 개인적 옹호 상담의 중요한 목적은 부모가 자신의 삶과 아동의 삶의 문제를 스스로 통제하고 조정할 수 있다는 통제감을 경험하도록 부모를 지원하는 데 있다.

장애아동과 그 가족은 많은 서비스를 이용할 수 있지만, 부모들은 그것을 잘 알지 못한다. 따라서 부모가 그들 자신의 사례 관리자가 될 수 있도록 치료사가 지원할 수 있다.

이러한 역할을 적절하게 수행하기 위해 치료사는 일반적인 의뢰 절차를 잘 알아야 하고, 부모와 아동이 이용할 수 있는 다양한 서비스 체계가 어떻게 작동하고 있는지 알고 있어야 한다. 치료사는 이용할 수 있는 구체적인 서비스 전체에 친숙할 필요는 없지만, 부모들과 함께 활동할 경우 일반적으로 이용할 수 있는 자원에 대해서는 알아야 한다.

## 2) 치료사의 태도

장애아동 부모상담에 있어서 치료사는 우월의식을 가져서도 안 되고 부모의 문제를 결정해 주어서도 안 된다. 그저 대화를 나눈 문제에 대해서 의견을 교환하고 문제해결을 도와주는 사람이어야 한다. 또한 장애아동의 부모에게 교육 프로그램, 학교교육 문제, 직업, 가정생활 등에 관한 필요한 정보를 제공할 수 있어야 한다. 다음은 장애아동 부모상담에 있어서 치료사가 갖추어야 할 몇 가지 태도다.

**부모상담 시 치료사의 태도**

- 단정적인 태도를 지양한다. 치료사는 아동의 행동 문제에 대해 부모의 자녀 양육방법, 가치기준 등에 대한 확실하게 나쁜 증거가 없는 한 그것을 부모의 탓으로 돌리는 태도를 보이지 않는다.
- 가족이 지니는 문제점을 이해한다. 일반 아동이라면 무리 없이 양육할 수 있는 능력을 지닌 부모가 독특한 욕구를 지닌 아동을 양육함으로 인해 그들의 별난 행동의 희생자가 되는 경우가 많다. 따라서 치료사는 부모가 스스로 아동의 장애문제에 대한 일차적 비난을 감수하고 있음을 이해한다.
- 자신이 전문가임을 지나치게 자처하지 않는다. 치료사는 부모 역시 그들의 아이라는 한정된 범위 내에서 그들이 개인적인 독특한 경험과 안목을 지닌 또 다른 전문인임을 인정해 줌으로써 장애아동 부모와 대등한 입장의 공감대를 형성한다.
- 가족단위의 상담을 고려한다. 치료사는 가족 환경이 장애아동에게 미치는 영향을 감안하여 가족단위의 상담을 고려한다.
- 수평적 상호신뢰를 구축한다. 치료사와 장애아동 부모 사이에 원만한 대화나 관계가 성립하기 위해서는 정보의 교환은 물론 각자가 겪는 좌절이나 혼란의 근원에 이르는 개인적인 감정의 기복까지도 이야기할 수 있어야 한다. 이때 치료사가 보이는 기술적인 태도는 상담에 필요한 공감대를 파괴할 수 있으므로 특히 주의해야 한다.

## 3. 장애아동 부모상담 프로그램

### 1) 장애아동 어머니 집단 미술치료 프로그램

이 프로그램은 자녀 양육에 스트레스를 가지고 있는 어머니들을 대상으로 실시할 수 있다. 그들이 장애아동의 어머니로서 그동안 가정으로부터 받은 스트레스를 풀고 내적 욕구를 표출함과 동시에 자기 발견의 기회를 가질 수 있도록 프로그램을 구성하였다. 프로그램의 구체적인 내용은 〈표 13-1〉과 같다.

표 13-1 장애아동 어머니 집단 미술치료 프로그램

| 회기 | 활동 내용 및 기법 | 준비물 | 진행 방법 |
|---|---|---|---|
| 1 | 오리엔테이션 및 자기소개 | 잡지, 가위, 풀, 4절지, 크레파스, 점토, 색종이, 색지, 수수깡, 스티로폼, 골판지, 물감, 모루 등 | -집단의 규칙 및 프로그램의 목적과 내용 설명<br>-치료실 내에 있는 다양한 매체를 자유롭게 선택하여 자신을 소개할 수 있는 작품을 만든다. 완성 후에는 각자 소개하게 한다. |
| 2 | 스크래치 | 도화지, 송곳, 크레파스, 조각칼, 이쑤시개 등 | -도화지에 크레파스로 여러 가지 색깔을 칠한 후 그 위에 검은색이나 어두운색을 덧칠하고 송곳 같은 날카로운 물건 등으로 긁어서 자신이 표현하고 싶은 것을 그린다. 완성 후 각자 발표하게 한다. |
| 3 | 핑거페인팅 | 도화지, 물감, 밀가루 풀 | -종이에 풀, 물감을 짜서 손으로 문지른다. 여러 가지 모양을 손가락으로 그려 보기도 하고 촉감도 느껴 본다. 손가락으로 그림을 그린 후 자신의 느낌과 그림에 대해 발표하게 한다. |
| 4 | 꽃병 만들기 | 흙점토, 조각칼 | -점토를 이용하여 두드리기, 반죽하기, 주무르기를 한다.<br>-세상에서 하나밖에 없는 자신만의 꽃병을 만들어 보게 한다. |
| 5 | 프로타주 | 도화지, 자, 칼, 색연필, 동전, 크레파스, 나뭇잎, 찍기 도형 | -식물의 잎이나 베낄 수 있는 물체를 종이 밑에 깔고 색연필 등으로 문질러서 무늬를 나타나게 한다. 완성 후 발표하게 한다. |
| 6 | 콜라주 | 4절지, 풀, 잡지, 가위 | -잡지에 있는 사진들 중 자신의 마음에 드는 그림을 마음대로 찾아 오려 붙여 보게 한다. |
| 7 | 자화상 | 색지, 크레파스, 4/8절지, 잡지, 색연필, 풀, 사인펜, 가위 | -자기가 생각하는 자기의 모습을 그려 보거나 다른 매체를 이용하여 꾸며 보게 한다. 완성 후 그것에 대해 이야기하게 한다. |
| 8 | 동물가족화 | 잡지, 풀, 가위, 4절지, 크레파스 | -여러 가지 동물 그림을 나누어 주고 가족 구성원들의 이미지를 생각하게 하여 어울리는 적절한 동물을 찢거나 오려서 붙이도록 한다. 완성 후 발표하게 한다. |

| | | | |
|---|---|---|---|
| 9 | 풍경구성법 | 사인펜, 색연필, 크레파스, A4 용지 | −풍경 구성 요소인 강, 산, 밭, 길, 집, 나무, 사람, 꽃, 동물, 돌 열 가지 요소를 차례대로 불러 주고 그리게 한다. 마지막에 더 그려 넣고 싶은 사물이 있으면 그려 넣고 색을 칠하게 한다. 완성 후 이야기하게 한다. |
| 10 | 공동작품 | 치료실 내에 있는 매체 자유 선택 | −2명씩 짝을 지어 자유롭게 주제를 정하고 작품을 완성한 후 같이 작업하면서 느낀 점들을 이야기하게 한다. |
| 11 | 미래의 나의 모습 | 종이, 풀, 사인펜, 가위, 크레파스, 잡지 | −10년, 20년, 30년 후의 자신의 모습을 생각해 보고 어떤 모습일지, 어떤 모습이었으면 하는지를 생각한 후 잡지에서 찾아 붙이거나 그리게 한다. 완성 후 이야기하게 한다. |
| 12 | 느낌 나누기 | − | −각자 자신의 현재 느낌과 어떤 변화가 있었는지에 대해 자유롭게 이야기하게 한다. |

### (1) 1회기: 오리엔테이션 및 자기소개

#### ① 목적

글 또는 그림으로 자신을 자유롭게 표현한 후 그것을 집단원에게 소개하도록 한다.

#### ② 절차

- 치료사는 집단원에게 프로그램의 목적과 프로그램을 실시하면서 지켜야 할 규칙에 대해 알려 주고 최대한 그것을 지킬 수 있도록 한다.
- 자기 자신을 자유롭게 표현해 보자고 제시한 후 필요한 재료를 나누어 준다.
- 치료사는 집단 구성원에게 도화지에 글로 적거나 그림으로 표현하게 한다.
- 완성 후에는 작품에 제목을 붙이게 한다. 집단원은 번갈아 가며 각자 자신의 작품을 설명하고 앞서의 활동을 실시하는 과정에서 느낀 감정과 실시 후의 느낌, 통찰한 부분 등을 함께 나누도록 한다.

### (2) 2회기: 스크래치

① 목적

색칠하고 긁어내기 등을 통해 긴장 이완, 감정 순화를 시킨다.

② 절차

- 도화지에 크레파스로 여러 가지 색깔을 칠한 후 그 위에 검은색이나 어두운색을 덧칠하고 송곳이나 날카로운 물건 등으로 긁어서 자신이 표현하고 싶은 것을 그리게 한다.
- 완성 후에는 작품에 제목을 정하여 기재하게 한다.
- 마무리 활동은 이전 회기와 같다.

### (3) 3회기: 핑거페인팅

① 목적

활동을 통하여 근육을 이완시키고 다른 집단원들과의 친밀감을 형성시키며 자신의 갈등 상황에 대한 정서를 해소하게 한다.

② 절차

- 도화지에 풀, 물감을 짜서 손으로 문지르게 한다(비눗물로 부드럽게 풀어 준다).
- 여러 가지 모양을 손가락으로 그려 보기도 하고 촉감을 느껴 보게도 한다.
- 손가락으로 그림을 그린 후 작품을 완성하게 한다.
- 완성 후에는 작품에 제목을 정하여 기재하게 한다.
- 마무리 활동은 이전 회기와 같다.

(4) 4회기: 꽃병 만들기

① 목적

점토로 꽃병을 만들어 봄으로써 자신의 내면을 표출하고, 긴장을 이완하며, 감정을 순화하게 된다.

② 절차

- 점토를 이용하여 두드리기, 반죽하기, 주무르기를 하게 한다.
- 세상에서 하나밖에 없는 자신만의 꽃병을 만들어 보게 한다.
- 마무리 활동은 이전 회기와 같다.

(5) 5회기: 프로타주

① 목적

새로운 경험을 음미하게 하고 감정 순화에 도움을 주어 현실의 갈등 상황을 인식하게 한다.

② 절차

- 식물의 잎이나 베낄 수 있는 물체를 종이 밑에 깔고 색연필 등으로 문질러서 무늬가 나타나게 해 보도록 한다.
- 완성 후에는 작품에 제목을 정하여 기재하게 한다.
- 마무리 활동은 이전 회기와 같다.

(6) 6회기: 콜라주

① 목적

자기가 원하는 사진을 골라 붙이면서 자신의 내면을 발견한다.

② 절차

- 잡지에 있는 사진들 중 마음에 드는 것을 마음대로 찾아 오려 붙이게 한다.
- 완성 후에는 작품에 제목을 정하여 기재하게 한다.
- 마무리 활동은 이전 회기와 같다.

(7) 7회기: 자화상

① 목적

자화상을 만들면서 자기에 대한 정확한 느낌을 이해한다.

② 절차

- 자기가 생각하는 자기의 모습을 그리거나 꾸미게 한다.
- 완성 후에는 작품에 제목을 정하여 기재하게 한다.
- 마무리 활동은 이전 회기와 같다.

(8) 8회기: 동물가족화

① 목적

가족 구성원에 대한 지각을 통하여 그들의 현재의 역할과 위치를 이해하고 갈등 상황을 인식한다.

② 절차

- 여러 가지 동물 그림을 나누어 주고 가족 구성원들의 이미지를 생각하게 하여 어울리는 적절한 동물을 찢거나 오려서 붙이도록 한다.
- 마무리 활동은 이전 회기와 같다.

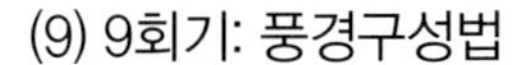

### (9) 9회기: 풍경구성법

① 목적

풍경을 그리고 채색하는 활동을 통하여 감정을 발산함으로써 편안함을 얻는다.

② 절차

- 지난 한 주간 경험했던 일들에 대해 서로 간단히 나누도록 한다.
- 집단 구성원들에게 A4 용지와 검은색 사인펜을 나누어 준다. 각자 A4 용지에 검은색 사인펜으로 테두리를 그린 다음 다른 집단 구성원과 교환하도록 한다.
- 치료사는 집단 구성원들에게 풍경을 그려 보라고 말한 후 제시하는 사물을 테두리가 그려진 A4 용지에 순서대로 그리도록 한다. 치료사가 제시하는 사물, 즉 강, 산, 밭, 길, 집, 나무, 사람, 꽃, 동물, 돌의 열 가지 요소를 차례대로 그려 넣어서 풍경이 될 수 있게 한다. 마지막으로 치료사가 제시한 열 가지 사물 외에 추가해서 그려 넣고 싶은 사물이 있는지 물어보고 있으면 그려 넣도록 한다.
- 그려진 풍경에 크레파스나 색연필로 색칠하게 한다.
- 작품을 완성하면 작품에 제목을 붙이도록 한다. '계절은 언제인가?' '하루 중 언제인가?' '사람이나 동물은 무엇을 하고 있는가?''어떤 장면인가?'에 관한 것과 그리면서 느낀 점, 통찰한 것을 글로 적고 다른 집단 구성원들과 나누게 한다.
- 마무리 활동은 이전 회기와 같다.

### (10) 10회기: 공동작품

① 목적

자신의 대인관계 성향을 이해한다.

② 절차

- 2명씩 짝을 지어 자유롭게 주제를 정하고 작품을 완성하게 한다.

- 작업이 끝나면 모든 참가자가 원으로 둘러앉아 원하는 사람부터 자신의 작품을 이야기하게 한다.
- 작품 완성 후 활동은 이전 회기와 같다.

#### (11) 11회기: 미래의 나의 모습

① 목적

자신이 꿈꾸는 행복한 세상의 모습과 자신의 모습을 표현하여 미래의 삶에 대한 꿈과 희망을 갖는다.

② 절차

- 10년, 20년, 30년 후의 자신의 모습을 생각해 보고 어떤 모습일지, 어떤 모습이었으면 하는지를 생각한 후 잡지에서 찾아 붙이거나 그리게 한다.
- 작품에 제목을 정하여 기재하도록 한다.
- 작품 완성 후 활동은 이전 회기와 같다.

#### (12) 12회기: 느낌 나누기

① 목적

미술치료를 경험한 전체적인 느낌을 정리한다.

② 절차

- 각자 자신의 현재 느낌과 어떤 변화가 있었는지를 자유롭게 이야기하게 한다.
- 앞으로 각자 어떻게 지낼지 자유롭게 이야기하게 한다.
- 앞으로 행복하게 잘 지낼 것을 약속하며 마무리한다.

## 2) 학교 부적응 아동 어머니 집단 미술치료 프로그램

이 프로그램 역시 자녀 양육에 어려움을 겪고 있는 어머니를 대상으로 실시할 수 있다. 그들이 자신을 이해하고 자녀에 대한 자신의 양육 태도를 깨달아 올바른 자녀

표 13-2 학교 부적응 아동 어머니 집단 미술치료 프로그램

| 단계 | 회기 | 활동 내용 및 기법 | 준비물 | 진행 방법 |
|---|---|---|---|---|
| 도입 | 1 | 자기소개하기, 별칭 짓기 | 다양한 잡지, 4절지, 풀, 가위, 연필, 지우개, 사인펜 | • 잡지에서 마음에 드는 사진이나 그림을 잘라서 도화지 위에 자유롭게 붙여 작업해 보게 한다. |
| | 2 | 내가 좋아하는 것 | | |
| 실행 | 3 | 풍경구성법 | A4 용지, 검은색 사인펜, 크레파스, 색연필 | • 풍경 구성 요소인 강, 산, 밭, 길, 집, 나무, 사람, 꽃, 동물, 돌의 열 가지 요소를 차례대로 불러 주고 그리게 한다. 마지막에 더 그려 넣고 싶은 사물이 있으면 그려 넣고 색을 칠하도록 한다. 완성 후 이야기하게 한다. |
| 실행 | 4 | 가족이 나에게 주는 의미 | 다양한 잡지, 4절지, 8절지, 풀, 가위, 연필, 지우개, 사인펜 | • 잡지에서 마음에 드는 사진이나 그림을 잘라서 도화지 위에 자유롭게 붙여 작업해 보게 한다. |
| | 5 | 자녀가 나에게 주는 의미 | | |
| | 6 | 남편이 나에게 주는 의미 | | |
| | 7 | 가족에게 주고 싶은 것 | | |
| 종결 | 8 | 10년 후 나의 모습 | | • 잡지에서 마음에 드는 사진이나 그림을 잘라서 도화지 위에 자유롭게 붙여 작업하게 한다. |
| | 9 | 집단 구성원에게 주고 싶은 선물 | 다양한 잡지, 4절지, 8절지, 풀, 가위, 연필, 지우개, 사인펜 | • 사진이나 그림 중 집단원 개개인에게 주고 싶은 선물과 관련된 것을 찾아서 그것을 찾은 이유와 느낀 점을 이야기하고 선물로 준 뒤 자신의 도화지에 재구성하여 마무리하게 한다. |
| | 10 | 가족에게 주고 싶은 선물 | | |

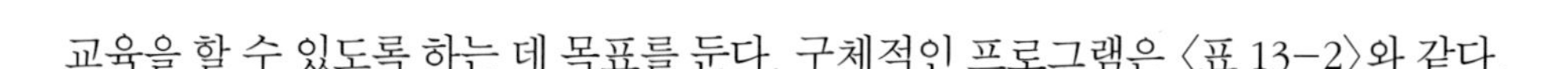
교육을 할 수 있도록 하는 데 목표를 둔다. 구체적인 프로그램은 〈표 13-2〉와 같다.

### (1) 1회기: 자기소개하기, 별칭 짓기

① 목적

콜라주 기법을 통해 집단 구성원과 친밀감 및 신뢰감을 형성한다.

② 절차

- 치료사는 집단 구성원에게 집단의 목적과 집단 내에서 지켜야 할 규칙에 대해 알려 주고 최대한 지킬 수 있도록 확인한다.
- 명찰에 별칭을 적은 후 자유롭게 한 사람씩 자신의 별칭을 소개하고 프로그램에 대한 기대를 발표하도록 한다.
- '자기소개'를 주제로 콜라주 기법 작품을 완성해 보게 한다. 치료사는 집단 구성원에게 자신을 소개할 수 있는 사진이나 그림을 잡지에서 찾은 후 자유롭게 잘라 종이 위에 붙이도록 한다. 이때 사진이나 그림은 원하는 위치에 풀을 이용하여 붙이도록 하고 제한 없이 자유롭게 활동할 수 있도록 촉구한다(자르는 방법은 집단 구성원에 따라 가위를 이용할 수도 있고 손으로 찢을 수도 있다).
- 작품을 완성하면 작품에 제목을 붙이도록 한다. 콜라주를 실시하는 과정에서 느낀 감정과 실시 후의 느낌, 통찰한 부분 등을 글로 작성하게 한다.

### (2) 2회기: 내가 좋아하는 것

① 목적

구체적인 자기표현 및 자신의 감정, 욕구 등의 표현을 통해 자기탐색을 한다. 또한 서로에 대하여 구체적으로 알 수 있는 기회를 얻음으로써 집단 구성원과의 친밀감을 형성한다.

② 절차

• 지난 한 주간 경험했던 일들에 대해 서로 간단히 나누도록 한다(상황에 따라 2명씩 짝을 지어 이야기를 나누게 한다).
• 콜라주 기법으로 '내가 좋아하는 것'을 표현해 보게 한다. 잡지 사진으로 표현이 어려운 경우에는 그림을 그려도 좋다고 이야기한다.
• 콜라주 작품 완성 후 활동은 전 회기와 같다.

(3) 3회기: 풍경구성법

① 목적

집단 구성원 서로의 내면을 이해하고 치료적인 효과를 갖는다. 풍경을 그리고 채색하는 활동을 통하여 감정을 발산함으로써 편안함을 얻는다.

② 절차

• 지난 한 주간 경험했던 일들에 대해 서로 간단히 나누도록 한다.
• 집단 구성원들에게 A4 용지와 검은색 사인펜을 나누어 준다. 각자 A4 용지에 검은색 사인펜으로 테두리를 그린 다음 다른 집단 구성원과 교환하도록 한다.
• 치료사는 집단 구성원들에게 풍경을 그려 보라고 말한 후 제시하는 사물을 테두리가 그려진 A4 용지에 순서대로 그리도록 한다. 치료사가 제시하는 사물, 즉 강, 산, 밭, 길, 집, 나무, 사람, 꽃, 동물, 돌의 열 가지 요소를 차례대로 그려 넣어서 풍경이 될 수 있도록 한다. 마지막으로 치료사가 제시한 열 가지 사물 외에 추가해서 그려 넣고 싶은 사물이 있는지 물어보고 있으면 그려 넣도록 한다.
• 그려진 풍경에 크레파스나 색연필로 색칠하도록 한다.
• 작품을 완성하면 작품에 제목을 붙이도록 한다. '계절은 언제인가?' '하루 중 언제인가?' '사람이나 동물은 무엇을 하고 있는가?' '어떤 장면인가?'에 관한 것과 그리면서 느낀 점, 통찰한 것을 글로 적고 다른 집단 구성원들과 나누게 한다.
• 마무리 활동은 이전 회기와 같다.

### (4) 4회기: 가족이 나에게 주는 의미

① 목적

콜라주 기법으로 가족을 표현해 봄으로써 가족과의 관계를 탐색한다. 또한 집단 구성원들끼리 신뢰와 수용, 지지 및 공감 등의 감정을 상호작용함으로써 자기 자신과 가족을 이해하고, 있는 그대로의 모습을 수용한다.

② 절차

- 지난 한 주간 경험했던 일들에 대해 시로 간단히 나누도록 한다.
- 콜라주 기법으로 '가족이 나에게 주는 의미'를 표현해 보게 한다.
- 콜라주 작품 완성 후 활동은 이전 회기와 같다.

### (5) 5회기: 자녀가 나에게 주는 의미

① 목적

콜라주 기법으로 자녀가 자신에게 주는 의미를 표현해 봄으로써 자녀와의 관계와 갈등관계를 탐색한다. 또한 집단 구성원들끼리 신뢰와 수용, 지지 및 공감 등의 감정을 상호작용함으로써 자녀를 이해하고, 있는 그대로의 모습을 수용한다.

② 절차

- 지난 한 주간 경험했던 일들에 대해 서로 간단히 나누도록 한다.
- 콜라주 기법으로 '자녀가 나에게 주는 의미'를 표현해 보게 한다.
- 콜라주 작품 완성 후 활동은 이전 회기와 같다.

(6) 6회기: 남편이 나에게 주는 의미

① 목적

콜라주 기법으로 남편이 자신에게 주는 의미를 표현해 봄으로써 남편과의 관계와 갈등관계를 탐색한다. 또한 집단 구성원들끼리 신뢰와 수용, 지지 및 공감 등의 감정을 상호작용함으로써 남편을 이해하고, 있는 그대로의 모습을 수용한다.

② 절차

- 지난 한 주간 경험했던 일들에 대해 서로 간단히 나누도록 한다.
- 콜라주 기법으로 '남편이 나에게 주는 의미'를 표현해 보게 한다.
- 콜라주 작품 완성 후 활동은 이전 회기와 같다.

(7) 7회기: 가족에게 주고 싶은 것

① 목적

콜라주 기법으로 가족에게 주고 싶은 것을 표현해 봄으로써 가족을 이해하고, 있는 그대로의 모습을 수용하는 긍정적인 태도를 통해 올바른 가족관계를 형성한다.

② 절차

- 지난 한 주간 경험했던 일들에 대해 서로 간단히 나누도록 한다.
- 콜라주 기법으로 '가족에게 주고 싶은 것'을 표현해 보게 한다.
- 콜라주 작품 완성 후 활동은 이전 회기와 같다.

(8) 8회기: 10년 후 나의 모습

① 목적

자신의 갈등 상황을 재인식하고 현재 달라진 자신의 모습을 발견한다. 즉, 현재 자신의 모습과 태도를 명확히 알아차린다. 나아가서 미래의 자신의 모습을 통하여 삶의 희망을 가짐으로써 현재의 갈등 상황을 극복할 수 있는 힘을 키운다. 콜라주 기법으로 10년 후 자신의 모습을 표현해 봄으로써 구체적인 삶의 방향을 설정한다.

② 절차

- 지난 한 주간 경험했던 일들에 대해 서로 간단히 나누도록 한다.
- 콜라주 기법으로 '10년 후 나의 모습'을 표현해 보게 한다.
- 콜라주 작품 완성 후 활동은 이전 회기와 같다.

#### (9) 9회기: 집단 구성원에게 주고 싶은 선물

① 목적

다른 집단 구성원들에게 주고 싶은 선물을 콜라주 기법으로 표현한 후 서로 선물을 주고받는 상호작용을 통해 건강한 자아상을 형성한다.

② 절차

- 지난 한 주간 경험했던 일들에 대해 서로 간단히 나누도록 한다.
- '집단 구성원에게 주고 싶은 선물'을 콜라주 기법으로 표현하게 한다.
- '집단 구성원에게 주고 싶은 선물'을 잡지에서 자유롭게 찾아 오리게 한다.
- 집단 구성원들끼리 자유로운 방식으로 선물을 주고받도록 한 후 각자 받은 선물을 종이 위에 붙이도록 한다. 이때 받은 선물은 원하는 위치에 풀을 이용하여 붙이도록 하고 제한 없이 자유롭게 활동할 수 있도록 촉구한다.
- 작업 후 활동은 이전 회기와 같다.

(10) 10회기: 가족에게 주고 싶은 선물

① 목적

콜라주 기법으로 가족에게 주고 싶은 선물을 표현해 봄으로써 가족에 대한 소중함과 감사함을 되새기고 긍정적인 가족관계를 유지한다.

② 절차

- 지난 한 주간 경험했던 일들에 대해 서로 간단히 나누도록 한다.
- 콜라주 기법으로 가족에게 주고 싶은 선물을 표현해 보게 한다.
- 치료사는 집단 구성원들에게 가족에게 주고 싶은 선물과 관련된 사진이나 그림을 잡지에서 찾은 후 자유롭게 잘라 종이 위에 붙이도록 한다.
- 작업 후 활동은 이전 회기와 같다.

프로그램을 종결하면서 그동안 집단을 통해 느낀 점과 앞으로의 다짐 등을 간단히 나누고 서로에게 지지와 격려를 줄 수 있도록 촉구한다. 진정한 참만남 속에서 집단 구성원 개개인이 서로에게 든든한 후원자임을 깨닫고 지속적인 관계를 통해 함께 성장할 수 있도록 한다.

제14장

# 장애아동 미술치료 기법 및 프로그램

장애아동에게 활용할 수 있는 미술치료 기법 및 매체는 다양하다. 아동에게 나타나는 증상과 아동의 발달 수준에 따라 미술치료 기법과 프로그램을 고안할 수 있다. 특히 지적 수준과 발달 수준이 낮은 정신지체나 자폐성장애아동의 경우에는 매체에 적응하는 기간이 필요하므로 2~3회기 반복 실시하는 것이 좋다.

여기서는 실제 적용하여 활용할 수 있는 다양한 미술치료 기법과 프로그램을 제시한다. 제시하는 미술치료 기법 및 프로그램은 아동의 특성 및 안전성, 활동 수준에 따라 재구성하여 사용할 수 있다.

## 1. 장애아동 미술치료 기법

치료사는 장애아동에게 적용할 수 있는 다양한 미술치료 기법 및 매체의 활용법을 숙지하고 실시할 수 있어야 한다. 이때 장애아동의 특성에 따라 단계적으로 접근해야 하는 경우가 있는 반면, 자유롭게 표현하도록 촉진해야 하는 경우도 있다. 이 장에서는 장애아동 미술치료에서 대표적으로 활용하는 미술치료 기법인 그리기, 판화, 콜라주, 조형, 종이접기, 협동표현, 기타 활동 등을 중심으로 구체적인 실시 절차를 소개하고자 한다.

## 1) 그리기

장애아동에게 미술치료를 실시함에 있어서 시시각 발달은 우선되어야 하는 과제다. 특히 아동이 사물을 표현하는 데 어려움이 있을 경우 그림으로 심리를 표현하는 것은 한계가 있다. 따라서 장애아동의 시지각 발달 촉진을 위해 그리기 지도는 중요하다.

난화의 경우 낙서를 하면서 긴장이 완화되고 흥미가 생기며 치료에 필요한 감정적 퇴행, 카타르시스 등을 경험할 수 있다. 또한 자유로운 점과 선의 표현, 섬세함과 번짐의 효과 등을 통해 소근육운동뿐만 아니라 눈과 손의 협응 능력, 시지각에서의 발달 등의 효과를 얻을 수 있다. 더불어 아동은 그림을 통해 자신의 내면을 자유롭게 표현하고 결과물을 접함으로써 스스로 성취했다는 자신감과 성취감을 갖게 되어 정서적인 안정감을 얻을 수도 있다.

난화 등의 그리기 기법을 통해 긴장 완화와 정서 안정이 이루어지고 나면 연상을 통한 자유화 표현이 가능해진다. 이와 같이 장애아동의 그림이 난화부터 자유화 표현까지 가능하도록 그들의 시지각 발달 촉진을 위한 그리기 지도를 함에 있어 단계적 접근이 필요하다.

여기서는 가장 단순한 동그라미를 스스로 그리게 하는 방법과 사람 얼굴, 탈것, 단순한 사람의 동작을 그리게 하는 지도 방법을 소개해 본다. 이와 같은 방법으로 아동의 수준에 따라 촉진을 가감하면서 다양한 사물 및 복잡한 동작 표현 등으로 응용할 수 있다.

(1) 동그라미를 보고 그리기

1 목표: 묘사 능력 향상, 자기효능감 형성

2 준비물: 도화지, 크레파스, 색연필, 그림물감, 사인펜, 연필 등의 필기구, 완성된 작품

3 활동 내용 및 지도 방법

- 치료사는 아동에게 동그라미가 그려진 종이를 제시한 후 "동그라미를 그려 보자."라고 지시한다([그림 14-1]의 그림 1).
- 아동이 동그라미를 보고 그리면 적극적으로 칭찬한다.
- 만약 아동이 동그라미를 보고 그리지 못하면 점선으로 동그라미가 그려진 종이를 제시하여 점선을 따라 그려 보도록 지도한다([그림 14-1]의 그림 2). 이때 아동이 동그라미를 그리면 안아 주거나 머리를 쓰다듬어 주는 등 적극적으로 칭찬한다.
- 아동이 점선을 따라서 동그라미를 그리지 못하면 치료사가 아동의 손을 함께 잡고 점선을 따라 동그라미를 그리도록 지도한다. 그리고 신체적 보조와 점선 보조를 점차 줄여 나가면서 반복 실시하여 아동 스스로 동그라

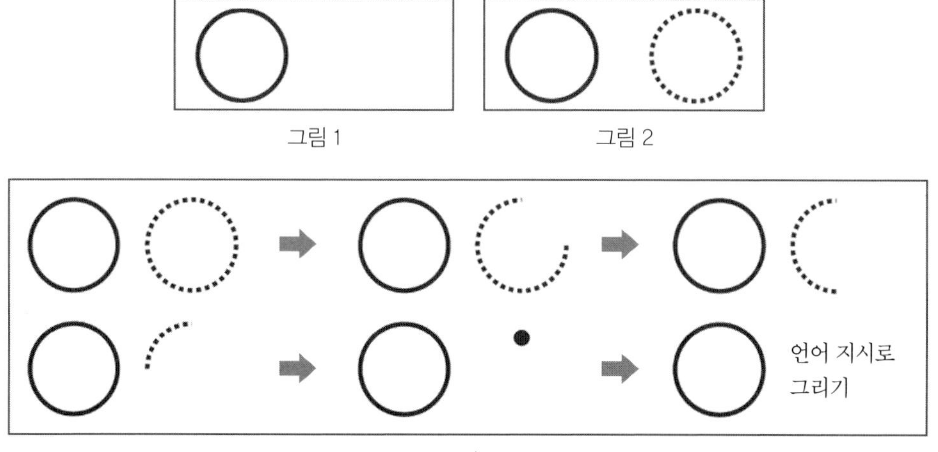


[그림 14-1] 동그라미를 보고 그리기

미를 보고 그릴 수 있도록 지도한다([그림 14-1]의 그림 3). 이때 매번 “동그라미를 그려 보자.”라는 언어 지시도 같이 제시한다.

- 앞서의 과정을 반복 실시하여 마침내 아동이 점선 보조 없이 동그라미를 보고 그릴 수 있게 되면 적극적으로 강화한다.

※ 아동이 필기구를 쥐는 힘이 약할 때는 우선 쉽고 진하게 나오는 사인펜을 사용하여 실시하고 점차 크레파스, 색연필, 연필 등으로 바꿔 가는 것도 좋다.

(2) 탈것 그리기

1 목표: 인지 능력 향상, 분류 개념 형성

2 준비물: 도화지, 크레파스나 색연필, 모델 그림(종류: 자동차, 자전거, 기차, 배, 비행기, 트럭 등)

3 활동 내용 및 지도 방법

- 치료사는 아동에게 “자동차를 그려 보자.”라고 지시하며 점선으로 자동차를 그린 종이를 제시한다([그림 14-2]의 그림 1).
- 아동이 점선을 따라서 자동차 그림을 완성하면 칭찬한다. 만약 수행하지 못하면 아동의 손을 잡고 같이 그려 준다. 점차 보조를 줄여 나간다.
- 치료사는 첫 단계보다 점선 보조를 줄인 그림을 아동에게 제시하며 “자동차를 그려 보자.”라고 지시한다.
- 아동이 점선을 따라 수행하면 계속 점선 보조를 줄인 그림을 제시한다([그림 14-2]의 그림 2).
- 치료사는 언어 지시로 “자동차를 그려 보자.”라고 지시하며 백지를 제시한다.
- 아동이 언어 지시로 자동차를 그리면 칭찬한다.
- 다른 탈것도 지금까지와 같은 방법으로 지도한다.
- 앞서의 단계가 가능하면 “자동차하고 기차를 그려 보자.”라고 지시하는 등 점차 여러 가지 탈것을 그리도록 지도한다.

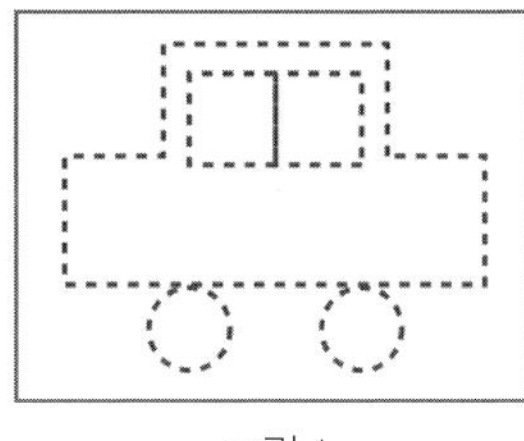

그림 1

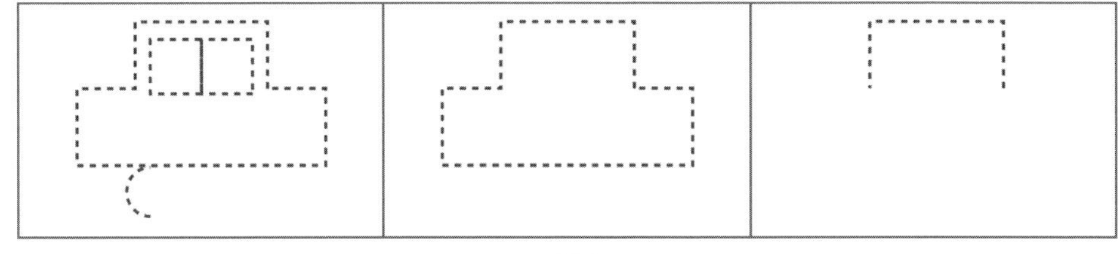

그림 2

**[그림 14-2]** 탈것 그리기

### (3) 사람 얼굴 그리기

1 목표: 인지 능력 향상, 신체개념 인지

2 준비물: 도화지, 크레파스, 색연필, 그림물감, 사인펜, 연필 등의 필기구, 완성된 작품

3 활동 내용 및 지도 방법

- 치료사는 흥미 유발을 위해 아동과 함께 얼굴 부위를 지적해 보거나(예: "눈 어디 있지?" 하며 눈을 가리키기) 얼굴을 이용한 유희를 해 본다(예: '사과 같은 내 얼굴').
- 치료사가 아동에게 완성된 작품을 보여 주고 "얼굴을 그려 보자."라고 지시한다. 아동이 얼굴을 스스로 정확하게 그리면 적극적으로 칭찬한다.
- 만약 아동이 얼굴을 그리지 못할 경우에는 치료사가 얼굴을 그려 준 후 그것을 보고 그리도록 하며([그림 14-3]의 그림 1), 치료사의 그림을 보고 그리면 적극적으로 칭찬한다.
- 만약 보고 그리기가 되지 않으면 점선으로 얼굴을 다시 그려 주어 아동이 점선을 따라 얼굴을 그리도록 지도하며, 아동이 점선을 따라 얼굴을 그리

면 칭찬한다. 점선 보조는 점차 줄여 나간다([그림 14-3]의 그림 2).

- 치료사는 지금까지의 방법을 반복하여 실시한 후에 다시 "얼굴을 그려 보자."라고 지시한다.
- 아동이 언어 지시만으로 얼굴을 그리면 안아 주거나 간지럽히는 등 적극적으로 칭찬한다.

그림 1

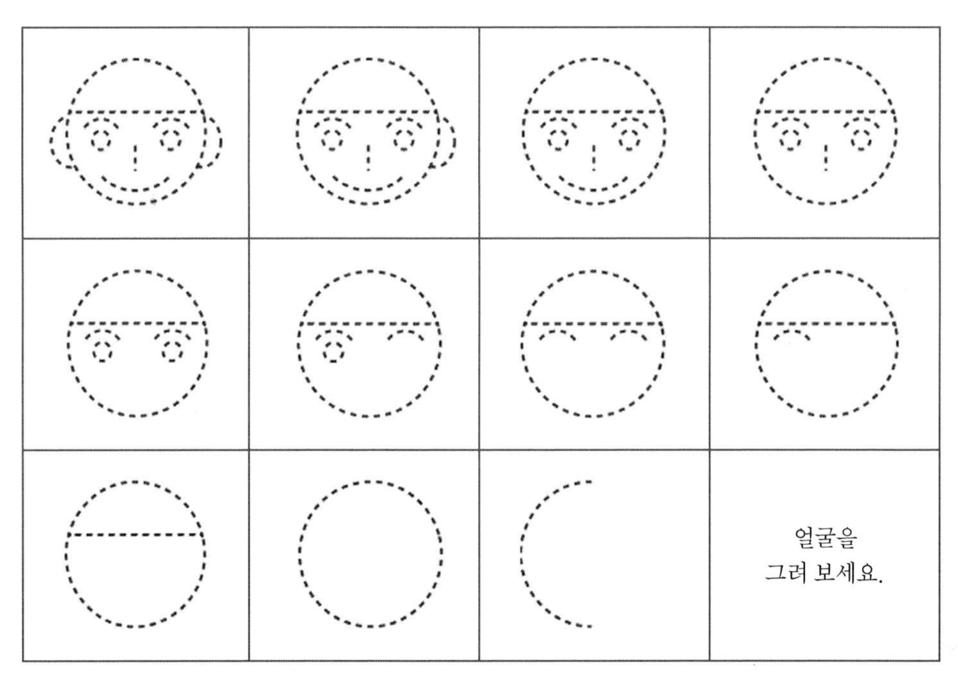


그림 2

**[그림 14-3]** 사람 얼굴 그리기

### (4) 사람의 동작 그리기

1 목표: 묘사 능력 향상, 신체상 형성

2 준비물: 도화지, 연필, 지우개

3 활동 내용 및 지도 방법

- 치료사는 아동에게 "치료사를 따라 해 보자." 하고 말한 후 특정 동작(예: 만세 동작)을 취해 보여 준다.
- 아동이 따라 하면 적극적으로 칭찬해 준다. 그리고 그 동작을 그림으로 그리도록 지시한다.
- 아동이 지시한 동작을 그리면 칭찬해 준다. 만약 아동이 그리기 힘들어한다면 치료사가 모델을 보여 주어서 보고 그리도록 하고 반복 학습한다.
- 반복 학습 후에 아동이 치료사의 언어 지시만으로 지시한 동작을 그리면 적극적으로 칭찬해 준다.
- 그 외의 동작도 동일한 방법으로 지도한다(예: 한 팔 들고 있는 모습, 서 있는 모습, 달리기하는 모습, 밥 먹는 모습, 잠자는 모습 등).

〈치료사〉

〈아동〉

[그림 14-4] 사람의 동작 그리기

## 2) 판화

판화 기법은 긁기, 깎기, 찍기, 두드리기, 문지르기 등 다양한 표현활동을 통해 장애아동의 감정과 생각의 표현 욕구를 효과적으로 충족시켜 줄 수 있다. 또한 판화에서 사용하는 물감, 도장, 종이, 나무판 등의 다양한 재료를 사용하면서 자연스럽게 그 재료의 성질을 파악할 수 있어 손의 표현 기능 및 촉각 기능을 향상시킬 수 있다.

특히 장애아동의 경우 다양한 판화 활동으로 물건 던지기와 같은 문제행동이 감소하는 경우를 볼 수 있다. 이는 판화 기법이 아동에게 내면의 분노를 자연스럽게 표출하게 하여 정서 안정에 도움을 주기 때문이다.

따라서 장애아동의 정서 안정 및 신체 기능 발달을 촉진하기 위해서는 다음에서 제시하는 도장찍기, 스텐실 등의 다양한 판화 기법을 사용하는 것이 필요하다.

### (1) 도장 찍기

1 목표: 관계 형성, 매체에 대한 흥미 유발

2 준비물: 다양한 크기의 도화지, 여러 가지 모양의 도장

3 활동 내용 및 지도 방법

- 치료사는 아동에게 "우리 같이 도장 찍기를 해 보자."라고 말한다.
- 치료사는 도화지와 여러 가지 모양의 도장을 제시한 뒤 도화지에 도장 찍는 것을 보여 준다. 그리고 "○○도 치료사처럼 도장을 찍어 보자."라고 지시한다.
- 아동이 도장을 찍으면 칭찬해 주고 계속해서 도화지 전체에 자유롭게 찍도록 한다. 만일 아동이 망설이거나 활발하게 활동하지 못할 때는 치료사가 모델링을 해서 아동이 적극적으로 활동할 수 있도록 유도한다.

※ 아동의 장애 상태에 따라 종이의 크기를 조절하여 사용한다.

※ 도장을 연결해서 찍어 특정한 형태(예: 집, 꽃, 사과 등)를 만들도록 해도 좋다.

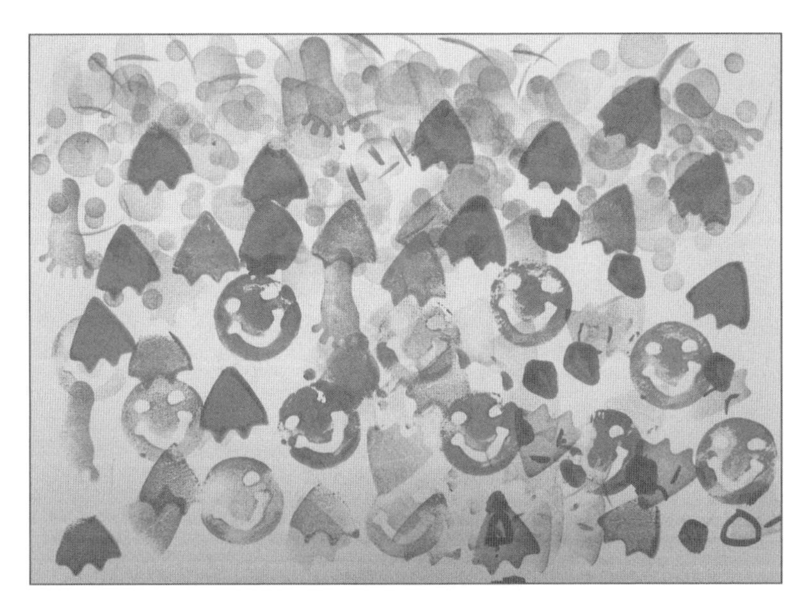

[그림 14-5] 도장 찍기

(2) 손 · 발 도장 찍기

1 목표: 자기 신체개념 인식, 흥미 유발

2 준비물: 도화지, 물감, 팔레트, 쟁반, 물, 완성된 작품

3 활동 내용 및 지도 방법

- 치료사는 아동에게 완성된 작품을 보여 주며 "오늘은 손도장을 찍어 보자."라고 말한다.
- 아동 앞에 쟁반, 물감, 물을 제시한다. 그리고 "손으로 섞어 보자."라고 지시한다. 이때 아동이 물감을 섞으면 적극적으로 칭찬하고, 만일 수행하지 못하면 언어 지시로 촉구하거나 신체 보조를 하여 지도한다.
- 치료사는 아동에게 도화지를 제시하고 손도장 찍는 것을 보여 준다. 그리고 "○○도 손도장 찍어 보자."라고 지시한다.
- 아동이 지시에 따라 손도장을 찍으면 적극적으로 칭찬한다. 만약 아동이 찍지 못하면 도화지를 탁탁 쳐 주면서 "자, 여기 찍어."라고 언어 지시로 촉구한다. 그래도 안 된다면 아동의 팔을 잡고 보조하여 반복해서 찍도록

[그림 14-6] 손 · 발 도장 찍기

한다. 그리고 점차 보조를 줄여 나간다.

- 이전 단계가 수행되면 여러 가지 색깔로 반복 실시하며 아동의 흥미를 유발한다.
- 발도장을 찍는 것도 손동작을 찍는 것과 동일한 절차로 실시한다.
- 아동의 상태에 따라서 종이의 크기를 조절하여 사용하는 것이 유용하다. 또한 아동의 흥미를 유발하기 위해서 나무를 그린 뒤 손발을 잎처럼 찍기, 혹은 발자국을 그려 놓고 그 발자국에 맞춰 찍기 등으로 응용하는 것도 효과적이다.

(3) 물감 스텐실

1 목표: 흥미 유발, 표현력 향상, 창의성 계발, 성취감 향상

2 준비물: 두꺼운 도화지, 물감, 접시, 스폰지, 칼, 연필, 지우개, 접착 테이프

3 활동 내용 및 지도 방법

- 치료사는 아동에게 완성된 작품을 보여 주며 "오늘은 물감으로 스텐실을

할 거야."라고 말한다.

- 우선 치료사가 도화지에 밑그림을 그린 후(칼로 잘라야 하므로 간단하게 그린다) 아동이 그것을 따라서 그리면 칭찬한다. 만약 아동이 스스로 그리지 못한다면 아동의 손을 잡고 보조해서 수행하게 하고 점차 보조를 줄여 나간다.
- 다 그린 밑그림을 칼로 자른다. 칼 사용이 용이하지 않은 경우 치료사가 자른다.
- 다 자른 밑그림 밑에 다른 도화지를 대고 테이프로 고정해 준다. 스폰지에 물감을 묻혀 잘라진 곳에 대고 찍어 준다. 아동이 따라서 찍으면 칭찬한다. 만약 아동이 스스로 찍지 못할 때는 아동의 손을 잡고 보조해서 수행하게 하고 점차 보조를 줄여 나간다.
- 다양한 색을 활용하여 완성한다.
- 치료사는 완성된 작품을 보고 "와! 멋있다." "정말 잘했다." 등으로 표현해 준다. 그리고 언어 표현이 되는 아동이라면 "이게 뭐야?" "제목을 무엇이라

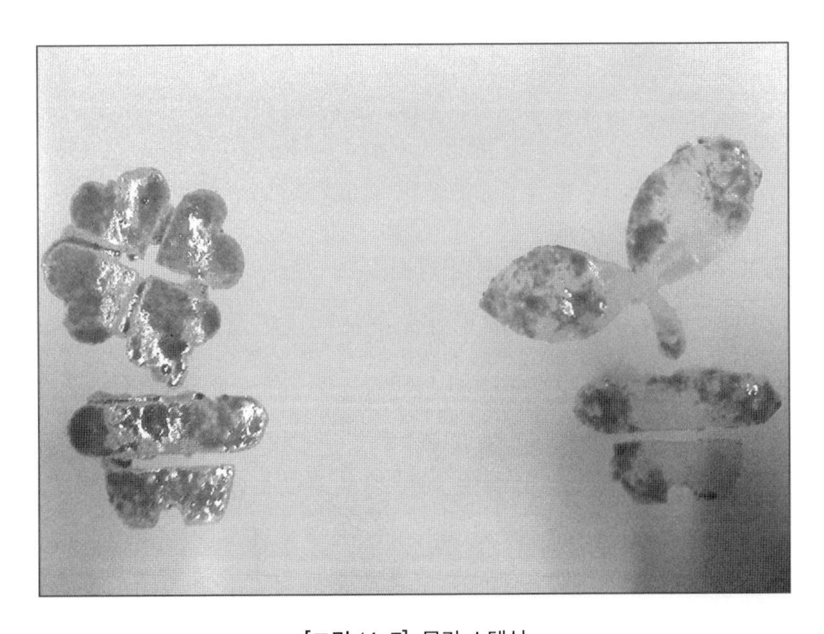

[그림 14-7] 물감 스텐실

고 할까?"라고 물어보고, 아동이 표현할 경우 긍정적으로 받아들인다.

※ 칼 사용에 주의하고, 치료사가 자르는 동안 주의가 산만해질 수 있는 경우나 시간이 부족한 경우 미리 잘라 둔 밑그림을 제공한다.

### 3) 콜라주

장애아동의 콜라주 활동은 매우 유용하게 활용된다. 콜라주는 사진, 자연물 등 다양한 재료를 붙여 표현하는 방식으로 특히 그리기가 서툴거나 표현력이 부족한 경우에 사용이 용이하다. 다양한 재료를 활용하여 자유롭게 표현할 경우 욕구 해소 및 창의력 발달에 도움이 되며, 붙이고 꾸미는 활동 자체만으로 즐거움과 만족감을 주어 심리적 안정감을 준다. 잡지 콜라주의 경우는 가위질을 통해서 감각기능을 길러 소근육 발달을 촉진하며, 풀칠을 함으로써 주의집중력을 향상시키는 데 효과가 있다. 또한 종이 위에 작품을 구성하면서 통합성을 기르고, 완성된 작품을 보며 만족감을 얻음으로써 자신감이 향상될 수 있다.

이처럼 자유로운 표현활동이 가능한 콜라주를 이용하여 장애아동의 심리적 안정, 신체 발달, 집중력 향상을 촉진하는 것이 필요하다.

#### (1) 콜라주

1 목표: 미술 활동에 대한 거부감 감소, 분노 표출, 자기표현

2 준비물: 잡지책(그림이 많은 책이나 다양한 그림), 풀, 가위, 도화지(크기 제한하지 않음), 연필

3 활동 내용 및 지도 방법

- 아동에게 잡지책을 주면서 "네가 마음에 드는 그림이 있으면 오려서 이 도화지 위에 붙여 볼까?"라고 지시한다.
- 아동은 책을 보면서 마음에 드는 그림을 찾아 그것을 도화지 위에 붙인다.
- 아동이 다 붙였다고 하면 왜 그 그림을 붙였는지 질문한다. 이때 연필을

[그림 14-8] 콜라주

사용하여 그 이유를 적게 할 수도 있으며, 만일 '왜'라는 질문에 대답하지 못한다면 대신 그 그림이 무엇인지 질문한다.

※ 콜라주는 그리는 것보다 표현이 쉽고 정확하게 감정을 전달할 수 있다. 단, 선택할 수 있는 사진 매체가 많아야 한다. 사진 매체가 많아야 자기 감정, 가족이나 친구에게 말하고 싶은 것, 그들과 주고받고 싶은 선물, 타인에 대한 느낌, 희망에 대한 상징, 문제의 예방 및 대책 방법 등을 쉽게 표현할 수 있다. 특히 그림을 잘 그리지 못하거나 그리는 것에 거부감이 있는 아동에게 콜라주는 효과적이다.

### (2) 콜라주 상자

1 목표: 미술 활동에 대한 거부감 감소, 분노 표출, 자기표현

2 준비물: 콜라주 상자(다양한 사진을 모아 놓은 박스), 풀, 가위, 도화지

3 활동 내용 및 지도 방법

- 아동에게 콜라주 상자를 주면서 "네가 마음에 드는 그림이 있으면 오려서

[그림 14-9] 콜라주 상자와 완성품

이 도화지 위에 붙여 볼까?"라고 지시한다.

- 아동은 책을 보면서 마음에 드는 그림을 찾아 그것을 도화지 위에 붙인다.
- 아동이 다 붙였다고 하면 왜 그 그림을 붙였는지 질문한다. 이때 연필을 사용하여 그 이유를 적게 할 수도 있으며, '왜'라는 질문에 대답을 하지 못하면 그 그림의 의미가 무엇인지 질문한다.

※ 자르기가 용이하지 않은 아동에게는 사진을 미리 오려 놓은 콜라주 상자를 제시한다. 이것은 짧은 시간에 활동해야 할 때도 용이하다.

(3) 성냥개비와 이쑤시개를 이용한 콜라주

1 목표: 주의집중력 향상, 표현력 향상, 흥미 유발, 성취감 향상

2 준비물: 목공풀, 성냥개비, 이쑤시개, 크레파스, 도화지

3 활동 내용 및 지도 방법

- 아동에게 성냥개비와 이쑤시개를 보여 주며 "이것을 도화지 위에 붙여 작품을 만들어 볼까?"라고 지시한다.
- 아동에게 성냥개비와 이쑤시개를 도화지에 붙이면서 모양을 내게 한다. 도안을 미리 그린 후 그 위에 붙이게 할 수도 있다.
- 아동이 다 붙인 후에는 크레파스를 이용하여 꾸밀 수 있도록 한다.

[그림 14-10] 성냥개비와 이쑤시개를 이용한 콜라주

- 작품 제목이 무엇인지 질문한다.
- 잘 수행할 경우 칭찬한다.

### 4) 조형

조형매체를 활용한 활동은 신체적 · 언어적 · 정서적 사회적 발달까지도 포괄하여 광범위한 영역에 긍정적인 영향을 미친다. 그러므로 장애아동에게 만들기, 꾸미기 등의 활동이 자유로운 놀이 형태로 조형 활동의 즐거움을 유발할 수 있다. 특히 소조매체는 자유로운 형상과 형태 조작이 가능하므로 장애아동이 두드리고 굴리고 주무르는 등의 활동을 통해 억압된 감정을 매체에 이입함으로써 감정을 발산하고 이완되게 하여 그들의 심리적 안정을 도울 수 있다. 그중 점토의 경우는 부드럽고 유연한 속성 때문에 시지각과 소근육의 발달을 촉진시키며, 특히 색점토는 색이 혼합되어 변화하는 과정과 작품이 완성되어 가는 과정을 경험하면서 표현력과 성취도에 따른 만족감을 키울 수 있다.

이처럼 조형 활동은 장애아동에게 흥미를 유발시켜 여러 가지 감각을 경험하고 즐기는 가운데 심리적 안정감과 신체적 근육 발달, 조형 감각, 표현력 등이 발달할 수 있게 돕는다. 이에 장애아동을 대상으로 한 다양한 조형 활동이 필요하다.

### (1) 둥글게 만들기

1 목표: 조형 능력 향상

2 준비물: 다양한 점토

3 활동 내용 및 지도 방법

- 점토 덩어리를 아동에게 제시하며 "둥글게 해 보자."라고 지시한 후 치료사가 점토 덩어리를 손바닥에 놓고 굴려 둥글게 만들어 보인다.
- 아동이 치료사의 동작을 보고 점토를 둥글게 만들면 칭찬한다.
- 아동에게 "둥글게 해 보세요."라고 지시하여 아동이 스스로 점토를 굴려 둥글게 만들도록 한다.

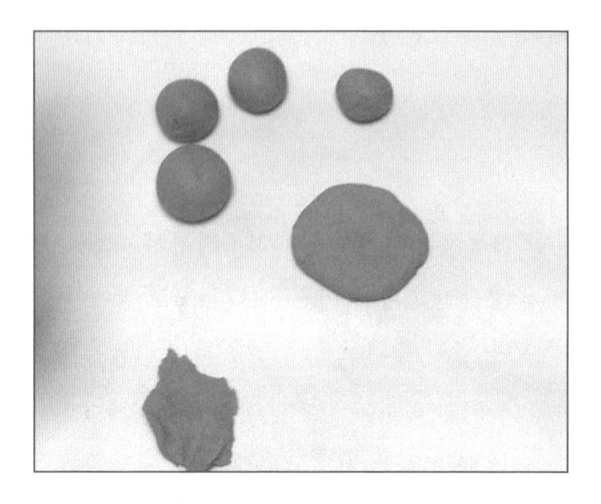

[그림 14-11] 둥글게 만들기

(2) 기차 만들기

1 목표: 조형 능력 향상, 자기효능감 향상

2 준비물: 다양한 점토

3 활동 내용 및 지도 방법

- 점토 덩어리를 아동에게 제시하며 "기차를 만들자."라고 지시한 후 치료사가 먼저 점토 덩어리를 뜯어 네모난 차체를 만든다.
- 아동이 치료사의 동작을 보고 점토를 뜯어 네모난 차체를 만들면 칭찬한다.
- 다시 치료사가 남은 점토로 2개의 둥근 바퀴를 만들어 차체에 붙여서 기차를 완성한다.
- 아동이 치료사가 만든 바퀴를 보고 점토를 둥글게 하여 2개의 바퀴를 만들어서 차체에 붙여 기차를 완성하게 한다.
- 아동에게 "점토로 기차를 만들어 보자."라고 지시하여 아동 스스로 만들어 볼 수 있도록 한다.

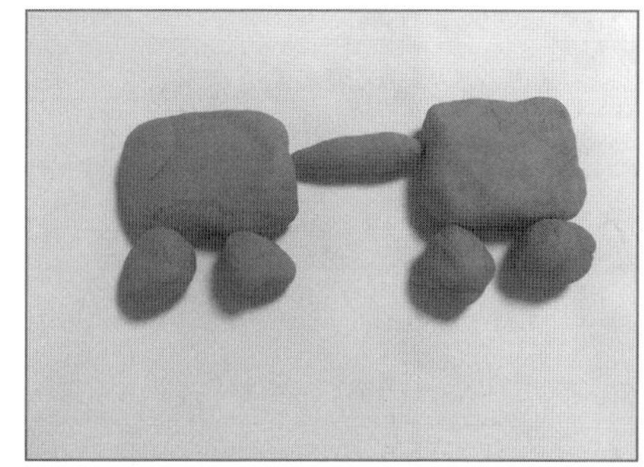

[그림 4-12] 기차 만들기

(3) 모델을 보고 사람 만들기

1 목표: 조형 능력 향상

2 준비물: 다양한 점토

3 활동 내용 및 지도 방법

- 점토 덩어리를 아동에게 제시하며 "사람을 만들자."라고 지시한 후 치료사가 만들어 놓은 사람 모양 모델을 보고 만들어 보게 한다. 만약 아동이 스스로 만들지 못할 경우에는 치료사가 만드는 과정을 보여 준다.
- 아동이 치료사가 만드는 과정을 보고 따라서 만들어 완성하게 한다. 잘 만들지 못할 경우에는 보조를 해 주어 만들게 하고, 보조는 점차 줄여 나간다.
- 아동에게 "사람을 만들어 보자."라고 지시하여 언어 지시만으로도 스스로 만들 수 있도록 한다.

[그림 14-13] 모델을 보고 사람 만들기

## 5) 종이접기

종이접기는 장애아동의 학습 태도, 신체 발달, 자아개념을 향상시키는 데 유용한 활동이다. 장애아동은 일반적으로 기억력에 결함을 지니는 경우가 많은데 종이접기 활동은 접는 형태가 반복되어 자연스럽게 반복 학습을 할 수 있다. 또한 여러 단계를 거쳐야 완성되므로 접는 과정을 기억해 내는 노력을 하게 되어 기억력 향상에 도움을 준다. 종이를 접는 과정에서는 치료사의 모델링을 보고 따라해야 하기 때문에 지시 따르기나 집중력 향상 등 올바른 학습 태도 형성에도 도움을 준다. 또한 종이접기는 손목과 팔을 섬세하게 사용하는 활동으로 소근육 발달에 도움을 주며, 눈과 손의 협응이 필요하기 때문에 시지각 발달에도 도움을 준다. 그리고 잘못 접었을 경우 수정할 기회를 주어 다시 도전할 수 있는 동기를 부여할 수 있는데, 이를 통해 스스로에 대한 성취감과 도전적 자세를 얻음으로써 긍정적인 자아개념을 형성할 수 있도록 도와준다.

따라서 장애아동의 다양한 영역에서의 발달 촉진을 위해 단계적인 절차의 종이접기를 활용하는 것이 필요하다.

### (1) 일정한 방향으로 한 번 접기

1 목표: 주의집중력 향상, 소근육운동 능력 향상

2 준비물: 크기와 두께가 다양한 정사각형의 종이

3 활동 내용 및 지도 방법

- 치료사는 얇고 적당한 크기의 종이를 제시하여 아동에게 가로 방향으로 접는 것을 보여 준다.
- “이것과 똑같이 접어 보자.”라고 지시한다. 아동이 지시한대로 스스로 잘 접으면 적극적으로 칭찬한다. 이때 일정한 방향으로 접는 것이 목표이기 때문에 크게 벗어나지 않는 한 끝선 맞추기에는 중점을 두지 않는 것이 좋으며, 아동이 끝선을 맞추지 못할 때는 도와주어도 무방하다.
- 만약 이전 단계를 잘 수행하지 못하면 치료사가 아동을 보조하여 여러 번

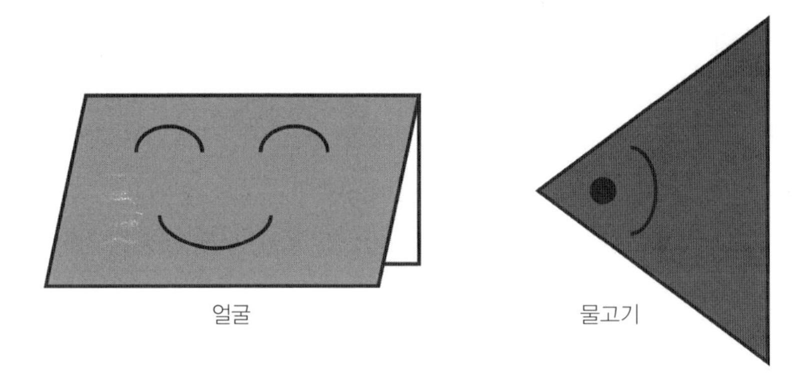


[그림 14-14] 일정한 방향으로 한 번 접기

수행하고, 아동의 수준에 맞추어 점차 보조를 줄여 나간다.

- 앞서의 과정을 여러 번 실시한 후에 다시 일정한 방향으로 접어 보도록 지시한다. 이때 아동이 지시에 따라서 접으면 적극적으로 강화한다.
- 가로 방향이 끝나면 세로 및 대각선 방향도 같은 방법으로 실시한다. 이때 종이의 크기와 두께를 다양하게 제시하여 아동의 흥미를 유발할 수 있다.
- 아동이 접은 모양으로 재미있는 것을 만들어 강화하는 것도 효과적이다.

### (2) 모델링에 따라 배 접기

1 목표: 자기효능감 향상, 구성력 향상

2 준비물: 색종이

3 활동 내용 및 지도 방법

- 치료사는 먼저 아동에게 배를 접는 과정을 보여 준다.
- 아동에게 "치료사를 따라서 똑같이 접어 보자."라고 언어로 지시한 후 ■ 접기 1을 한다. 이때 지시한 대로 아동이 스스로 수행하면 적극적으로 강화한다.
- 만약 아동이 따라서 접기를 못하면 치료사가 아동의 손을 보조하여 접기를 여러 번 실시한다. 이때 아동의 수준에 맞추어서 보조를 줄여 나간다. 아동이 ■ 접기 1을 스스로 하면 칭찬한다.

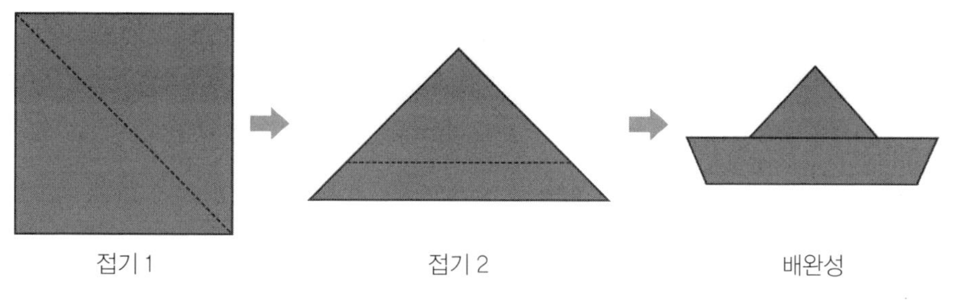


[그림 14-15] 모델링에 따라 배 접기

- 앞의 단계를 반복해서 실시한 후에 ■ 접기 1을 한 종이에 그대로 ▲ 접기 2를 실시한다. 그리고 모방하여 ▲ 접기 2를 하도록 지시한다. 아동이 따라서 접으면 칭찬하고, 만약 접지 못하면 보조를 통해 수행하게 한 후 점차 보조를 줄여 나간다.
- 이 방법으로 아동이 잘 수행하면 접기 1, 접기 2를 연속으로 하도록 지도한다. 아동이 모델을 보고 연속으로 접으면 적극적으로 강화한다.
- 앞서의 방법으로 모두 실시한 후에는 색종이의 색깔이나 크기를 바꾸어 가면서 다양하게 여러 번 실시하여 아동이 충분히 익히도록 지도한다. 그리고 만들어진 배를 이용해서 물놀이를 하거나 파란색 색지에 붙여서 바다에 떠 있는 배를 만들어도 아주 흥미로울 수 있다.

### (3) 모델링에 따라 강아지 접기

1 목표: 자기효능감 향상, 구성력 향상

2 준비물: 색종이

3 활동 내용 및 지도 방법

- 치료사는 먼저 아동에게 강아지 접는 과정을 보여 준다.
- 아동에게 "치료사를 따라서 똑같이 접어 보자."라고 언어로 지시한다. 그러고 나서 ▼ 접기 1을 한다. 이때 지시한 대로 아동이 스스로 수행하면 적극적으로 강화한다.

- 만약 아동이 따라서 접기를 못하면 치료사가 아동의 손을 보조하여 접기를 여러 번 실시한다. 이때 아동의 수준에 맞추어서 보조를 줄여 나간다. 아동이 접기 1을 스스로 하면 칭찬한다.
- 앞의 단계를 반복해서 실시한 후에 접기 1을 한 종이에 그대로 접기 2를 실시한다. 그리고 아동에게 모방하여 접기 2를 하도록 지시한다. 아동이 따라서 접으면 칭찬하고, 만약 접지 못하면 보조를 통해 수행하게 한 후 점차 보조를 줄여 나간다.
- 이 방법으로 아동이 잘 수행하면 접기 1, 접기 2를 연속으로 하도록 지도한다. 아동이 모델을 보고 연속으로 접으면 적극적으로 강화한다. 접기 3의 과정도 같은 방식으로 실시한다.
- 앞서의 방법으로 모두 실시한 후에는 색종이의 색깔이나 크기를 바꾸어 가면서 다양하게 여러 번 실시하여 아동이 충분히 익히도록 지도한다.

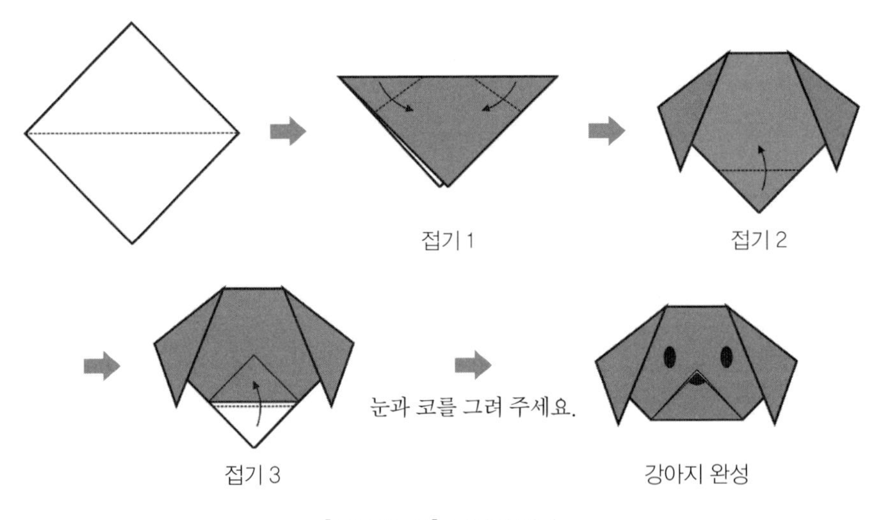


[그림 14-16] 강아지 접기

## 6) 협동표현

장애아동의 문제행동을 개선하고 사회성을 향상시키기 위해서는 또래와의 적절한 활동 기회를 제공하는 것이 필요하다. 장애아동의 경우 타인과의 상호작용에 어려움을 겪는 경우가 많기 때문에 협동 작업을 통해서 친구들을 배려하는 방법을 익히고 공동체에 대한 의식을 배울 수 있게 하는 것이 좋다. 그러면 아동은 자연스럽게 새로운 환경에 맞추려는 노력으로 사회 적응 능력을 키울 수 있으며, 집단에서의 질서와 사회적 관계를 경험하여 잘못된 행동에 대해 스스로 통제하는 방법을 배우고 사회 질서에 맞는 행동을 익힐 수 있다. 협동 작업은 하나의 작품을 여러 명이 분담하여 비교적 짧은 시간에 완성하고, 각자 자신의 역할을 함으로써 작업에 대해 긍지와 자신감을 갖게 할 수 있다.

따라서 사회적응능력 및 사회성 향상, 의사소통 능력 향상을 위해 장애아동을 대상으로 한 다양한 협동 작업이 필요하다.

### (1) 협동화

1 목표: 협동심 향상, 사회성 향상, 집단응집력 향상

2 준비물: 큰 도화지, 크레파스, 파스넷 등의 채색 도구

3 활동 내용 및 지도 방법

- 치료사가 아동들에게 “오늘은 우리가 함께 그림을 그려 보자.”라고 한다.
- 아동들이 채색 도구를 사용하여 함께 그림을 그리도록 한다. 주제를 제공할 수도 있고 자유주제로 집단원들이 자유롭게 구성하게 할 수도 있다.
- 치료사는 아동들이 다 같이 활동할 수 있도록 촉진한다. 활동에 어려움이 있는 아동의 경우는 보조하거나 촉진하여 활동할 수 있게 한다.
- 아동들이 완성된 작품에 함께 제목을 정해 보도록 지시한다.
- 제목과 함께 그린 그림의 내용을 나누도록 하고 칭찬한다.

※ 아동들의 특성에 따라 보조자가 필요한 경우에는 보조자를 배치하며, 집단 활동에 어려움이 있는 경우를 잘 살펴 진행한다.

[그림 14-17] 협동화

(2) 사포 협동화

1 목표: 협동심 향상, 사회성 향상, 흥미 유발, 집단응집력 향상

2 준비물: 흰색으로 도안이 그려진 사포, 크레파스(제공 시 흰색 크레파스 제외), 접착 테이프

3 활동 내용 및 지도 방법

- 치료사가 아동들에게 "사포에 그림을 그리거나 색칠을 해 보자."라고 지시한다.
- 아동들이 각자 받은 사포에 그림을 그리거나 색칠을 하도록 한다. 각자 잘 수행하면 칭찬한다.
- 아동들이 완성되었다고 하면 그림이 그려진 사포들을 모아 흰색 선을 연결하여 하나의 그림을 완성하도록 퍼즐 맞추기를 제안한다.
- 다 완성된 후 크게 칭찬하고, 접착 테이프로 고정하도록 한다.
- 언어 표현이 가능한 집단일 경우 제목을 정하고 그림에 대한 내용을 나누도록 한다.

※ 미리 그려진 도안이 무엇일지 퍼즐이 완성될 때까지 알려 주지 않음으로써 호기심을 자극한다.

### (3) 실물 크기의 자기 신체 본뜨기

1 목표: 신체상의 형성

2 준비물: 아동의 전신상이 들어갈 수 있는 종이, 크레파스, 물감, 연필, 색습자지, 색종이, 풀, 꾸미기 재료 등

3 활동 내용 및 지도 방법

- 종이를 벽 또는 바닥에 붙여 두고 아동을 종이 위에 눕거나 서 있게 한다.
- 치료사(또는 다른 아동)가 종이 위에 누워 있는 아동의 신체 본을 그려 준다.
- 종이 위에 신체 본을 다 그린 후 아동들에게 눈, 코, 입, 귀, 머리 등 신체 부분을 채색하도록 하거나 꾸미기 재료, 색습자지, 색종이를 이용하여 종이 위에 신체의 부분을 만들어 붙이도록 한다.
- 치료사는 아동들에게 신체 부위를 하나하나 지적하고 따라하도록 한다. 작품을 완성하면 칭찬한다.

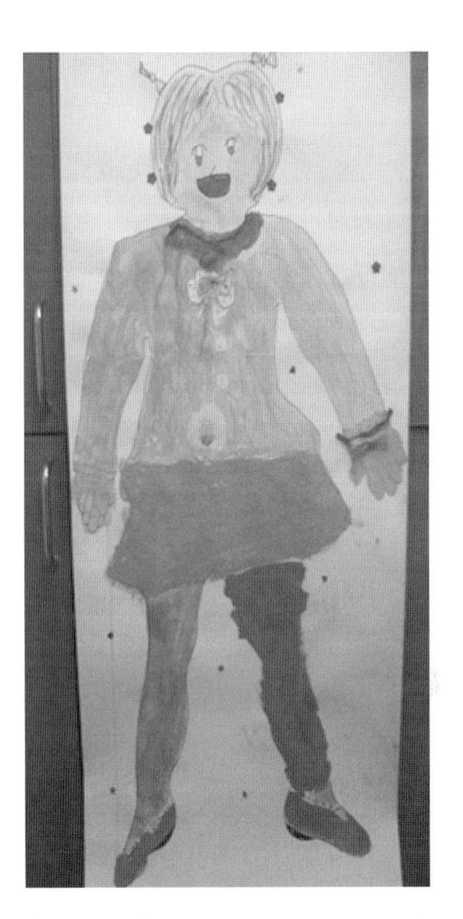

[그림 14-18] 실물 크기의 자기 신체 본뜨기

## 7) 기타 활동

장애아동의 다양한 재료 탐색은 시각적 · 촉각적 · 신체적 감각의 경험을 활성화할 수 있고, 주도적인 경험을 통해 자율성과 독립성을 기르게 할 수도 있다. 아동이 흥미를 지니는 다양한 매체와 자유로운 미술표현을 통해 자신의 감정을 비언어적인 미술매체와 행위로 표출하게 함으로써 언어에 대한 불안감과 공포를 감소시키고, 스스로의 잠재 능력을 계발할 수 있게 한다.

속성이 각각 다른 다양한 미술매체를 사용함으로써 장애아동의 인지적 · 신체적 · 정신적 영역에 긍정적인 영향을 주어 대인관계 능력을 향상시키고 사회직 상호작용을 증가시키며, 문제행동을 감소시키고, 주의력을 향상시키는 등의 효과를 낼 수 있다. 따라서 각 매체의 특성과 효과를 이해하고 장애아동 개인의 특성에 맞는 매체를 선정하여 활용하는 것이 필요하다.

### (1) 종이 찢기

1 목표: 관계 형성 및 거부감 감소, 흥미 유발, 활동의 촉진, 욕구 표출

2 준비물: 다양한 크기의 도화지, 다양한 두께의 종이, 풀

3 활동 내용 및 지도 방법

- 치료사는 아동에게 "치료사하고 같이 종이를 찢어 보자." 하고 말한다.
- 치료사가 먼저 종이를 찢는 것을 보여 주고 아동에게 "너도 찢어 볼래?" 하고 지시한다. 아동이 종이를 선택하여 찢으면 칭찬해 준다.
- 치료사와 아동이 같이 마구 찢다가 아동이 적극적으로 활동을 하면 치료사는 아동이 하는 활동을 보며 필요한 것을 보조해 준다.
- 아동이 다 하고 나면 적극적으로 칭찬해 준다.
- 다 찢고 나서 뭉치거나 도화지에 풀로 자유롭게 붙이기를 한다.

※ 아동에 따라서 찢는 활동을 거부하면서 안 할 수도 있으나 치료사의 모델링에 의해서 시도하는 경우가 많다. 손에 힘이 잘 안 들어가는 무기력한 아동은 얇은 종이에서 두꺼운 종이로 점

[그림 14-19] 종이 찢기

차 바꾸어 가면서 에너지를 발산하며 실시하게 할 수 있다. 종이는 다양하게 준비하여 아동이 선택하게 하는 것이 효과적이다(예: 꽃종이, 한지, 신문지, 색종이, 주름지, 골판지, 상자 등)

### (2) 스티커 붙이기

1 목표: 관계 형성 및 거부감 감소, 흥미 유발, 활동의 촉진

2 준비물: 다양한 크기의 도화지, 다양한 모양의 스티커, 크레파스, 스티커를 붙일 밑그림이 있는 용지

3 활동 내용 및 지도 방법

- 치료사는 아동에게 "오늘은 스티커 붙이기를 해 보자." 하고 말한다.
- 치료사는 도화지와 여러 가지 스티커를 제시한 뒤 종이에 붙이는 것을 보여 준다. 그리고 아동에게 "너도 스티커 붙여 보자." 하고 지시한다. 아동이 지시에 따르면 칭찬해 준다.
- 아동이 도화지 전체에 자유롭게 붙이도록 촉구해 준다.
- 아동의 장애 상태에 따라 종이의 크기를 조절하여 사용한다.
- 도화지에 미리 동그라미로 사물의 형태를 그려 준 후 동그라미 안에 스티커를 붙여 모양을 만들어도 좋으며 아동이 스스로 특정한 모양을 그린 후

[그림 14-20] 스티커 붙이기

그 안에 붙이는 것으로 응용하여도 좋다. 아동이 원하는 대로 하게 해 주는 것이 의미가 있다.

#### (3) 비눗물과 종이죽 반죽하기

1 목표: 근육운동 능력 향상, 자발성 향상, 흥미 유발, 감각 발달 촉진

2 준비물: 쟁반(57cm×43cm), 신문지, 비눗물, 종이죽

3 활동 내용 및 지도 방법

- 치료사가 아동에게 “오늘은 비눗물 놀이를 하자.”라며 책상에 신문지를 깔고 그 위에 쟁반을 놓는다.
- 쟁반에 적당량의 비눗물(손바닥으로 문질러서 거품이 날 정도의 양)을 부어 준다.
- 치료사가 두 손으로 비눗방울을 만들어 보이거나 손으로 문지르며 거품을 내는 활동을 하면서 흥미를 유발시킨다.
- 아동이 치료사의 동작을 보고 따라서 비눗물을 불거나 거품을 낼 경우 칭찬한다.
- 앞서의 쟁반에 종이죽을 넣고 “종이죽을 반죽해 보자.”라며 치료사가 먼

[그림 14-21] 비눗물과 종이죽 반죽하기

저 종이죽을 반죽하는 동작을 시범 보인다.

• 아동이 치료사의 동작을 보고 따라서 종이죽을 반죽할 경우 칭찬한다. 이때 아동이 집중하여 종이죽을 반죽할 수 있도록 언어적 촉구나 신체적 촉구를 해 준다. 그리고 아동의 장애 상태에 따라서 비눗물의 걸쭉한 정도를 조절한다.

## 2. 장애아동 미술치료 프로그램

다음은 장애아동에게 적용할 수 있는 다양한 미술 활동을 활용한 미술치료 프로그램이다. 다양한 매체와 기법을 통해 흥미를 유발하고 표현력을 촉진시키는 데 목적이 있다. 다양한 미술 활동은 아동의 특성 및 상황에 따라 반복 실시할 수 있으며, 조작에 어려움이 있는 경우 조작 가능한 매체와 기법으로 대체하여 실시한다.

## 1) 개별 미술치료 프로그램

표현력이 부족한 장애아동의 경우 점진적으로 표현을 확장시켜 주는 것이 필요하므로 이 점을 참고하여 개별 미술치료 프로그램 수행 절차를 진행한다. 지도 방법은 표현활동 특성 및 행동 특성을 고려하여 행동주의적 방법을 적용한다. 이때 과제 도입시기에는 치료사가 모델링을 해 주고 아동이 스스로 규칙을 수행하고 인식할 수 있을 때까지 보조해 주며, 보조는 점차 줄여 나간다. 구체적인 미술치료 프로그램 수행 절차는 〈표 14-1〉과 같다.

**표 14-1** 미술치료 프로그램 수행 절차

| 단계 | 내용 | 수행 절차 |
|---|---|---|
| 1단계 | 모방하여 만들기 | ① 치료사가 선택된 사물(예: 공)을 점토로 만드는 것을 모델링한다. ② 대상 아동이 ①의 사물을 보고서 점토로 만들기를 실시한다. |
| 2단계 | 보고 그리기 | ① 치료사가 지시(예: "'공'을 보고 그려 보세요.")한다. ② 대상 아동이 치료사의 지시에 따라 자신이 만든 사물을 보고서 보고 그리기를 실시한다. |
| 3단계 | 연상하여 그리기 | ① 치료사가 찰흙으로 만든 사물을 책상 위에서 제거한다. ② 대상 아동에게 만든 사물을 연상하여 그리도록 언어 지시(예: "'공'을 그려 보세요.")를 한다. |

### (1) 구성력 향상을 위한 개별 미술치료 프로그램

다음은 자폐성장애아동이나 발달에 어려움이 있어 구성력이 부족한 아동을 대상으로 한 구성력 향상을 위한 미술치료 프로그램이다.

#### ① 사물 구성

사물 구성은 다음과 같이 순서대로 진행하며 지도 방법은 행동형성법에 의해 실시한다.

- 먼저 치료사가 점토로 사물을 만들어 보인다.
- 아동이 그것을 보고 따라 만든다.
- 치료사가 점토로 만든 사물을 보고 그린다.
- 치료사가 보고 그리는 행동을 아동이 그대로 따라한다.
- 언어 지시를 통해 점토로 사물을 만들어 보게 한다.
- 언어 지시를 통해 점토로 만든 사물의 그림을 그려 보게 한다.

② 공간 구성

사물 구성과 실시 절차는 같다. 다만 여기서는 공간의 사진을 찍어서 아동에게 보여 주고 각 공간의 내용물을 점토로 만들어서 배치한 뒤 그것을 보고 그리도록 한다.

③ 인물 구성 I(얼굴)

사물 구성과 실시 절차는 같으나 여기서는 남녀의 다양한 사진과 그림을 사용하여 보고 만들기, 보고 그리기, 언어 지시에 따라 스스로 그리기 순으로 진행한다.

④ 인물 구성 II(몸통 및 전체상)

인물 구성 I(얼굴) 실시 절차와 같으나 인형을 모델로 사용하여 보고 만들기, 보고 그리기, 언어 지시에 따라 스스로 그리기 순으로 진행한다.

⑤ 주제화 구성

사진을 찍어서 아동에게 보여 주고 그림을 그리게 한다. 가정에서 전날 혹은 오기 직전에 있었던 일을 회상해서 그리게 한다. 앞서 제시한 수행 절차에 따른 구성 주제를 구체적으로 살펴보면 〈표 14-2〉와 같다.

표 14-2 주제화 구성의 사례

| 사물 구성 |
| --- |
| 1. 공, 사과, 수박 등 다양한 사물 |
| 2. 이 닦을 때, 밥 먹을 때, 동물, 과일, 탈것 등 사물 분류에 관한 것 |

| 공간 구성 |
| --- |
| 1. 부엌 구성(냉장고, 개수대, 식탁, 냄비, 의자 등) |
| 2. 안방 구성(화장대, 옷장, 책상, 의자, 오디오 등) |
| 3. 큰누나 방(피아노, 피아노 의자, 5단 서랍장, 옷장, 책상, 의자 등) |
| 4. 작은누나 방(책상, 의자, 책꽂이 등) |
| 5. 목욕탕 구성(욕조, 세면대, 변기 등) |
| 6. 거실 구성(탁자, 소파, 책꽂이, 텔레비전 등) |
| 7. 교육실 그리기 |
| 8. 소장실 그리기 |

| 인물 구성 I(얼굴) |
| --- |
| 1. 남자 얼굴(짧은 머리카락), 여자 얼굴(긴 머리카락) |
| 2. 치료사 얼굴 보고 그리기, 긴 머리카락을 가진 얼굴, 머리카락을 묶은 얼굴, 머리카락을 양갈래로 묶은 얼굴 등을 제시 |
| 3. 누나 얼굴 그리기, 아빠 얼굴 그리기, 다른 사람(치료사) 얼굴 그리기, 사람의 상반신 그리기, 사람의 전체상 그리기 |

| 인물 구성 II(몸통 및 전체상) |
| --- |
| 1. 한 손을 들고 있는 모습 만들고 그리기, 두 손을 들고 있는 모습 만들고 그리기, 차렷하고 있는 모습 만들고 그리기 등 |
| 2. '서 있다' '앉아 있다' '잠을 잔다(누워 있다)' 등을 나타내는 모습 그리기 |
| 3. '세수를 한다' '밥을 먹는다' '머리를 빗는다' 등을 나타내는 모습 그리기 |
| 4. '서서 카스테라를 먹는다' '의자에 앉아서 머리를 빗는다' 등을 나타내는 모습 그리기 |
| 5. 서 있는 앞모습, 서 있는 뒷모습, 서 있는 옆모습 등을 그리기 |
| 6. 앉아 있는 앞모습, 앉아 있는 뒷모습, 앉아 있는 옆모습 등을 그리기 |

| 주제화 구성 |
| --- |
| • 예시 1<br>1. '철수가 식탁에 앉아 밥을 먹는다.'<br>2. '철수가 거실에서 떡볶이를 먹는다.'<br>3. '철수가 책을 들고 있다.'<br>4. '철수가 오른손에 책을 들고 있다.'<br>5. '철수가 신문을 보고 있다.'<br><br>• 예시 2<br>1. '경희가 모자를 쓰고 있다.'<br>2. '가방을 들고 있다.' '가방을 메고 있다.'<br>3. '탬버린을 서서 친다.' '탬버린을 앉아서 친다.' '탬버린을 머리에 친다.' '탬버린을 배에 친다.' '탬버린을 무릎에 친다.' '탬버린을 어깨에 친다.' '우리 가족이 탬버린을 친다.' '친구들이 탬버린을 친다.'<br>4. '철이가 손을 맞잡고 있다.' '철이가 엄마하고 손을 잡고 있다.' '엄마하고 아빠가 손을 잡고 있다.' '철이가 친구하고 손을 잡고 있다.'<br>5. '치료사들이 손을 잡고 있다.'<br><br>• 예시 3<br>1. '우리 가족이 손을 잡고 있다.' '친구들이 손을 잡고 있다.'<br>2. '우리 식구가 식탁에서 밥을 먹는다.' '친구들과 식탁에서 밥을 먹는다.'<br>3. '안방에서 가족 / 치료사 / 친구들이 텔레비전을 본다.'<br>4. '치료실에서 치료사들과 철이가 밥을 먹는다.'<br>5. 유치원 / 학교 / 운동장 / 설날 / 병원 문병 상황<br>6. 버스를 탐 / 비오는 날 / 축구 상황 |

### (2) 정서 안정을 위한 개별 미술치료 프로그램

〈표 14-3〉은 장애아동의 정서 안정을 위한 미술치료 프로그램이다. 1단계에서는 친밀감 형성 및 흥미 유발을 목표로 손쉽게 표현할 수 있는 활동을 중심으로 구성하고, 2단계에서는 욕구 표출 및 자기표현을 목표로 다양한 미술매체와 기법을 통해 감정을 자유롭게 표현할 수 있도록 다양하게 구성한다. 그리고 3단계에서는 정서 안정을 목표로 구체적인 구성물을 통해 자존감을 향상할 수 있도록 한다.

표 14-3 정서 안정을 위한 개별 미술치료 프로그램

| 단계별 목표 | 회기 | 활동 내용 및 기법 | 진행 방법 | 준비물 |
|---|---|---|---|---|
| 1단계 (친밀감 형성 및 흥미 유발) | 1 | 상호색채분할법/ 데칼코마니 | 서로 번갈아 가며 칸을 나누고 색칠한다. 물감을 활용하여 데칼코마니를 하고 제목을 붙인다. | 도화지, 크레파스, 물감 |
| | 2 | 콜라주 (내가 마음에 드는 것) | 내가 마음에 드는 것이나 좋아하는 것을 잡지에서 오려 붙인다. | 잡지, 도화지, 가위, 풀, 콜라주 상자(필요에 따라 사용) |
| | 3 | 난화 게임/ 데칼코마니 | 낙서 속에서 상징을 찾는다. 물감을 활용하여 데칼코마니를 하고 제목을 붙인다. | 도화지, 크레파스, 물감, 연필 |
| 2단계 (욕구 표출 및 자기표현) | 4 | 색습자지 찢기 | 색습자지를 활용하여 손으로 만져 보고 느껴 보고 구기기, 찢기를 한다. 찢은 색습자지를 화지에 붙이거나 만들기를 한다. | 색습자지(다양한 색), 풀, 도화지, 크레파스 |
| | 5 | 핑거페인팅 | 밀가루풀이나 물감을 이용하여 핑거페인팅을 한다. 자유롭게 그려 보고 마지막에는 제목을 붙여 본다. | 밀가루풀, 물감, 도화지, 쟁반 |
| | 6 | 스크래치 | 화지에 다양한 색을 갈겨 칠하고 검정색 크레파스로 덮은 후 뾰족한 것으로 스크래치를 자유롭게 한다. | 도화지, 크레파스, 이쑤시개, 나무젓가락, 신문지 |
| | 7 | 점토놀이 | 점토를 두드려 보고 만져 보는 등 다양하게 놀이한 후 만들기를 한다. | 점토 |
| | 8 | 난화 이야기 꾸미기 | 난화를 그린 후 상징을 찾고 이야기를 꾸민다. 이야기 후 연상되는 그림을 그린다. | 도화지, 크레파스, A4용지, 연필 |
| | 9 | 점토 만들기 | 점토로 다양한 놀이 후 만들고 꾸민다. | 점토, 도화지, 점토 도구 |
| 3단계 (자존감 향상 및 정서 안정) | 10 | 가면 만들기 | 가면틀을 활용하여 가면을 만들고 꾸민다. | 가면틀, 점토, 아크릴물감, 붓, 파스넷 |

| 3단계 (자존감 향상 및 정서 안정) | 11 | 손바닥 꾸미기 (장점 찾기) | 손바닥 양쪽을 그린 후 손가락에 잘하는 것들을 적고 손을 꾸민다. | 도화지, 크레파스, 사인펜, 연필, 스티커 |
|---|---|---|---|---|
| | 12 | 상장 꾸미기 | 잘하는 것을 함께 이야기 나누고, 받고 싶은 상을 함께 꾸민다. | 상장 용지, 사인펜, 스티커, 색연필 |

## 2) 소조 활동을 통한 미술치료 프로그램

다음은 장애아동에게 적용할 수 있는 점토를 활용한 미술 활동 프로그램이다.

점토를 좋아하는 아동에게는 다음의 프로그램을 활용한 뒤 점차 다양한 미술 활동 프로그램을 적용하는 것이 좋다. 반면, 손에 묻는 것을 두려워하거나 거부 반응이 있는 경우 손에 묻지 않는 점토를 통해 매체에 대한 적응을 시킨 후 점차 접근하는 것이 용이하다.

### (1) 구성력 향상을 위한 소조 활동 중심 미술치료 프로그램

〈표 14-4〉는 점토를 통해 표현력 및 인지력을 향상시키기 위한 미술치료 프로그램이다. 프로그램은 치료사가 아동에게 수행 과제를 제시하고 단위시간 목표에 따른 활동을 진행한다. 진행 시 아동의 장애특성 및 행동 특성을 고려해야 하며, 구성

표 14-4 소조 활동을 통한 미술치료 프로그램

| 단계별 목표 | 회기 | 활동 내용 및 기법 | 진행 방법 | 준비물 |
|---|---|---|---|---|
| 1단계 (기초 활동 및 사물 만들기) | 1 | 기초 활동, 공 | 다양한 사물을 보여 주고 점토를 활용하여 만들기를 하도록 한다. 만들지 못할 경우 치료사가 먼저 모델링을 보여 주고 만들 수 있도록 한다. | 점토 |
| | 2 | 과일 | | |
| | 3 | 그릇 | | |
| | 4 | 나무 | | |
| | 5 | 꽃 | | |
| | 6 | 집 | | |

| | | | | |
|---|---|---|---|---|
| 2단계<br>(사람 만들기) | 7 | 서 있는 모습 | 다양한 사람의 행동 모습을 보여 주고 점토를 활용하여 만들기를 하도록 한다. 만들지 못할 경우 치료사가 먼저 모델링을 해 주고 만들 수 있도록 한다. | 점토 |
| | 8 | 만세하는 모습 | | |
| | 9 | 달리는 모습 | | |
| | 10 | 밥 먹는 모습 | | |
| 3단계<br>(사람과<br>사물 만들기) | 11 | 사람, 그릇, 과일 | 사람과 다양한 사물을 보여 주고 점토를 활용하여 만들기를 하도록 한다. 만들지 못할 경우 치료사가 먼저 모델링을 보여 주고 만들 수 있도록 한다. | |
| | 12 | 사람, 나무, 꽃 | | |
| | 13 | 사람, 집 | | |
| 4단계<br>(주제에 맞는<br>작품 만들기) | 14 | 라면을 먹어요 | 다양한 장면을 보여 주고 점토를 활용하여 만들기를 하도록 한다. 만들지 못할 경우 치료사가 먼저 모델링을 해 주고 만들 수 있도록 한다. | |
| | 15 | 텔레비전을 보아요 | | |
| | 16 | 놀이터에서 놀아요 | | |

에 어려움이 있을 경우 모델링할 수 있도록 치료사가 먼저 모델을 보여 주고 점차 자극을 줄여 나간다.

### (2) 다양한 점토를 활용한 미술치료 프로그램

〈표 14-5〉는 다양한 점토를 활용한 미술치료 프로그램으로 무른 점토부터 딱딱한 점토까지 모두 사용할 수 있으며, 소근육 발달에 어려움이 있는 경우 점차 딱딱한 점토를 제공하여 근육 발달을 촉진시키는 데 활용할 수 있다. 정신지체아동인 경우 반복적으로 프로그램을 진행하여 발달을 촉진하는 것이 필요하다.

표 14-5 다양한 점토를 활용한 미술치료 프로그램

| 단계별 목표 | 회기 | 활동 내용 및 기법 | 진행 방법 | 준비물 |
|---|---|---|---|---|
| 1단계<br>(친밀감 형성) | 1 | 종이죽 놀이 | 무른 종이죽과 비눗물을 제공하여 만지고 주무르는 등의 놀이를 할 수 있도록 한다. | 종이죽, 쟁반, 비눗물 |
| | 2 | 종이죽 놀이 | 무른 종이죽과 비눗물을 제공하여 만들기를 하고 도화지 위에 꾸미게 한다. | 종이죽, 쟁반, 비눗물, 물감, 도화지 |
| | 3 | 묽은 흙점토<br>핑거페인팅1 | 묽은 흙점토를 제공하여 만지고 주무르는 등의 놀이를 할 수 있도록 한다. | 묽은 흙점토, 도화지, 쟁반 |
| 2단계<br>(소근육 발달 촉진) | 4 | 묽은 흙점토<br>핑거페인팅2 | 묽은 흙점토를 제공하여 다양한 그림을 그릴 수 있도록 한다. | 묽은 흙점토, 도화지, 쟁반 |
| | 5 | 밀가루점토<br>만들기1 | 밀가루를 제공하여 점토를 만들게 하고 만든 점토를 만지고 주무르는 등의 놀이를 할 수 있도록 한다. | 밀가루, 물, 물감, 식용유, 컵, 나무젓가락, 쟁반 |
| | 6 | 밀가루점토<br>만들기2 | 밀가루를 제공하여 점토를 만들게 하고 만든 점토를 이용하여 도구로 만들기를 한다. | 밀가루, 물, 물감, 식용유, 컵, 나무젓가락, 쟁반, 점토 도구 |
| | 7 | 컬러점토<br>만들기1 | 컬러점토를 두드리고 주무르고 길게 만들면서 놀이를 한다. | 컬러점토 |
| | 8 | 컬러점토<br>만들기2 | 컬러점토와 도구를 활용하여 만들기를 한다. | 컬러점토, 점토 도구 |
| | 9 | 흙점토<br>만들기1 | 흙점토를 두드리고 주무르고 길게 만들면서 놀이를 한다. | 흙점토 |
| 3단계<br>(표현력 향상) | 10 | 흙점토<br>만들기2 | 흙점토와 도구를 활용하여 만들기를 한다. | 흙점토, 점토 도구 |
| | 11 | 데코레이션점토<br>만들기1 | 데코레이션점토를 두드리고 주무르고 길게 만들면서 놀이를 한다. | 데코레이션점토 |
| | 12 | 데코레이션점토<br>만들기2 | 데코레이션점토와 도구를 활용하여 만들기를 한다. | 데코레이션점토, 점토 도구 |

### (3) 점토 적응을 위한 미술치료 프로그램

〈표 14-6〉은 손에 묻는 것을 두려워하여 거부 반응을 보이는 장애아동에게 잘 묻지 않는 점토부터 시작하여 점차 저항을 감소시켜 묻는 점토를 활용할 수 있도록 구성한 미술치료 프로그램이다.

표 14-6 점토 적응을 위한 미술치료 프로그램

| 단계별 목표 | 회기 | 활동 내용 및 기법 | 진행 방법 | 준비물 |
|---|---|---|---|---|
| 1단계 (친밀감 형성 및 흥미 유발) | 1 | 컬러점토 만들기1 | 컬러점토를 두드리고 주무르고 길게 만들면서 놀이를 한다. | 컬러점토 |
| | 2 | 컬러점토 만들기2 | 컬러점토를 두드리고 주무르고 길게 만들면서 놀이를 한 후 모양틀로 찍고 만들기를 한다. | 컬러점토, 모양틀, 점토 도구 |
| | 3 | 컬러점토 만들기3 | 컬러점토와 도구를 활용하여 만들기를 한다. | 컬러점토, 점토 도구 |
| 2단계 (욕구 표출 및 표현력 향상) | 4 | 천사점토 만들기1 | 천사점토를 두드리고 주무르고 길게 만들면서 놀이를 한다. | 천사점토 |
| | 5 | 천사점토 만들기2 | 천사점토를 두드리고 주무르고 길게 만들면서 놀이를 한 후 만들기를 한다. | 천사점토, 점토 도구 |
| | 6 | 천사점토 만들기3 | 천사점토와 도구를 활용하여 만들기를 한다. | 천사점토, 점토 도구 |
| | 7 | 밀가루점토 만들기1 | 밀가루를 제공하여 점토를 만들고, 만든 점토를 만지고 주무르는 등의 놀이를 한다. | 밀가루, 물, 물감, 식용유, 컵, 나무젓가락, 쟁반 |
| | 8 | 밀가루점토 만들기2 | 밀가루를 제공하여 점토를 만들고, 만든 점토를 만지고 주무르는 등의 놀이를 한 후 만들기를 한다. | 밀가루, 물, 물감, 식용유, 컵, 나무젓가락, 쟁반 |
| | 9 | 밀가루점토 만들기3 | 밀가루를 제공하여 점토를 만들고, 만든 점토를 이용하여 도구로 만들기를 한다. | 밀가루, 물, 물감, 식용유, 컵, 나무젓가락, 쟁반, 점토 도구 |

| | | | | |
|---|---|---|---|---|
| 3단계<br>(자존감<br>향상 및 정서<br>안정) | 10 | 데코레이션점토<br>만들기1 | 데코레이션점토를 두드리고 주무르고, 길게 만들면서 놀이를 한다. | 데코레이션점토 |
| | 11 | 데코레이션점토<br>만들기2 | 데코레이션점토를 두드리고 주무르고, 길게 만들면서 놀이를 한 후 만들기를 한다. | 데코레이션점토 |
| | 12 | 데코레이션점토<br>만들기3 | 데코레이션점토와 도구를 활용하여 만들기를 한다. | 데코레이션점토,<br>점토 도구 |

### 3) 집단 미술치료 프로그램

다음은 다양한 특성별 집단에 활용할 수 있는 집단 미술치료 프로그램이다. 장애아동은 장애특성에 따라 또래관계에 어려움이 있거나 사회성이 부족한 경우가 많다. 집단 참여에 어려움이 있거나 정서적 문제가 있는 아동은 개별 미술치료를 통해 문제행동을 감소시키고 정서 안정을 도모한 후 집단에 참여하도록 한다. 집단 미술치료 실시 절차로는 장애아동의 경우 프로그램 특성에 따라 회기마다 도입, 활동, 발표, 피드백 등의 진행 절차를 구조적으로 구성하는 것이 필요하다. 하지만 집단 특성에 따라 반구조적 · 비구조적으로도 실시할 수 있다. 부정적인 피드백은 피하고 긍정적인 피드백을 표현하도록 촉진하고, 표현을 잘 하지 못하는 아동은 모델링을 하여 보여 준다. 또한 참여를 어려워하는 아동은 촉진하고 보조하여 참여할 수 있도록 하고, 보조자가 필요한 경우도 고려하여 배치한다.

#### (1) 또래관계 개선을 위한 집단 미술치료 프로그램

〈표 14-7〉은 또래관계 개선을 위한 집단 미술치료 프로그램이다. 1단계에서는 자신을 소개하고 표현하는 작업을 중심으로 친밀감을 형성한 후 자신에 대해 인식하고 표현하는 것을 목표로 구성한다. 그리고 2단계에서는 개별로 활동한 후 협동작품으로 표현함으로써 또래관계를 형성하는 것을 목표로, 3단계에서는 서로 긍정적인 표현을 하는 작업을 함으로써 또래관계를 개선하는 것을 목표로 프로그램을 구성한다.

표 14-7 또래관계 개선 집단 미술치료 프로그램

| 단계별 목표 | 회기 | 활동 내용 및 기법 | 진행 방법 | 준비물 |
|---|---|---|---|---|
| 1단계<br>(친밀감<br>형성 및 흥미<br>유발) | 1 | 오리엔테이션,<br>나는요<br>(명함 만들기) | 앞으로 진행할 프로그램을 소개하고, 지켜야 할 약속을 함께 정한다.<br>도화지에 자신을 소개할 수 있는 명함을 각자 구성하고 소개한다. | 도화지, 크레파스,<br>사인펜 |
| | 2 | 내가 좋아하는 것<br>(콜라주) | 다양한 사진을 이용하여 각자 자신이 좋아하는 것들을 붙이고 소개한다. | 잡지, 도화지, 풀,<br>가위 |
| | 3 | 내가 잘하는 것<br>(나의 장점 찾기) | 손바닥을 서로 그려 주고 손가락에 각자 자신이 잘하는 것들을 적은 후 발표한다. | 도화지, 사인펜,<br>색연필, 크레파스 |
| 2단계<br>(또래관계<br>형성) | 4 | 사포 협동화 | 각자 선이 그려진 사포에 크레파스로 그림을 그려 본 후 퍼즐을 맞추어 어떤 그림인지 찾아보고, 함께 이야기를 나눈 후 발표한다. | 사포, 크레파스,<br>접착 테이프 |
| | 5 | 호일 협동화 | 각자 선이 그려진 호일과 OHP 필름에 매직펜으로 그림을 그려 본 후 퍼즐을 맞추어, 제목을 정하고 함께 이야기를 나눈 후 발표한다. | 호일, OHP 필름,<br>다양한 색매직,<br>접착 테이프 |
| | 6 | 종이 찢기,<br>협동작품 | 색습자지를 느껴 보고, 구겨 보고, 찢어서 활동해 본 후 찢어진 색습자지를 이용하여 함께 협동작품을 만든다. | 색습자지, 풀, 도화지,<br>크레파스 |
| | 7 | 점토 만들기,<br>협동작품 | 각자 점토로 다양한 활동을 한 후 함께 점토로 협동작품을 만든다. | 점토, 점토 도구 |
| | 8 | 협동화 그리기 | 함께 상의하여 전지에 협동화를 그리고 이야기를 꾸민다. | 전지, 크레파스,<br>채색도구 |
| | 9 | 협동작품 만들기<br>(다양한 매체) | 다양한 매체를 이용하여 상의를 통해 작품을 만들고 이야기를 꾸민다. | 전지, 채색 도구, 꾸미기 재료 등 다양한 매체 |
| 3단계<br>(또래관계<br>개선) | 10 | 소중한 나의 친구<br>(신체 본뜨기) | 한 명의 친구를 선정하여 신체를 본떠 주고 함께 꾸며 준다. | 전지, 매직펜,<br>크레파스, 색습자지,<br>꾸미기 매체, 접착제 |

| | | | | |
|---|---|---|---|---|
| 3단계<br>(또래관계<br>개선) | 11 | 칭찬열매 맺기<br>(칭찬나무<br>꾸며 주기) | 집단원 각자의 나무에 집단원을 칭찬하는 말을 적은 열매를 달아 주고, 함께 이야기를 나눈다. | 전지, 매직펜, 크레파스, 파스텔, 도화지, 색지, 사인펜, 연필 |
| | 12 | 주고 싶은 선물,<br>종결 파티 | 각 집단원에게 주고 싶은 선물을 사진이나 점토, 색종이 등을 이용하여 꾸미고 왜 주고 싶은지 설명한 후 해당 집단원에게 준다. 종결 파티를 하고 돌아가면서 앞으로의 계획 및 소망을 이야기한다. | 점토, 색종이, 잡지, 도화지 |

### (2) 사회성 향상을 위한 집단 미술치료 프로그램

〈표 14-8〉은 사회성 향상을 위한 집단 미술치료 프로그램이다. 장애아동의 경우 집단 미술치료가 사회성 향상에 효과적이라는 연구를 바탕으로 장애의 특성을 고려하여 단순하고 친밀한 미술 활동을 중심으로 구조화된 프로그램을 구성하였다. 작품을 구성한 후 그것에 대한 표현을 하도록 하여 지지와 수용을 해 주었으며, 작품을 만들 때 잘하지 못하는 경우 완성할 수 있도록 격려하여 성취감을 느낄 수 있도록 하였다. 1단계에서는 친밀감 형성 및 정서적 감정 파악을 목표로 구성하였으며, 2단계에서는 감정 표출 및 사회적 미성숙 극복을 목표로 구성하였다. 마지막으로 3단계에서는 다양한 완성도 있는 작품 활동을 통한 자존감 회복 및 사회성 향상을 목표로 구성하였다.

**표 14-8 사회성 향상 집단 미술치료 프로그램**

| 단계별 목표 | 회기 | 활동 내용 및 기법 | 진행 방법 | 준비물 |
|---|---|---|---|---|
| 1단계<br>(친밀감<br>형성 및 정서적<br>감정 파악) | 1 | 난화 색칠하기 | 도화지에 난화를 그린다. 그려진 난화를 색칠한다. | 도화지, 크레파스, 파스넷 |
| | 2 | 콜라주 | 다양한 사진을 이용하여 각자 자신이 좋아하는 것들을 붙이고 소개한다. | 잡지, 도화지, 풀, 가위 |
| | 3 | 컬러점토 놀이 | 컬러점토를 이용하여 주무르고 두드리는 등의 놀이를 한 후 모양틀로 찍거나 만들기를 한다. | 컬러점토, 모양틀 |
| 2단계<br>(억압된 감정<br>표출 및 사회적<br>미성숙 극복) | 4 | 도장 찍기 | 다양한 도장을 찍고 작품을 만든다. | 도화지, 각종 도장, 물감 |
| | 5 | 풍선에 그리기 | 다양한 마커를 활용하여 풍선을 꾸민다. | 풍선, 마커 |
| | 6 | 데칼코마니 | 도화지에 물감을 짠 후 반으로 접어 두드린 다음 펴 본다. 나온 작품에 제목을 붙인다. | 도화지, 물감 |
| | 7 | 조형 활동 | 다양한 점토로 자유롭게 만들기를 한다. | 지점토, 컬러점토 |
| | 8 | 자유화 | 도화지에 자유롭게 그리도록 한다. | 도화지, 크레파스 |
| | 9 | 사포 협동화 | 각자 선이 그려진 사포에 크레파스로 그림을 그려 본 후 퍼즐을 맞추어 어떤 그림인지 찾아보고, 함께 이야기를 나눈 후 발표한다. | 사포, 크레파스, 파스넷 |
| 3단계<br>(자존감 회복 및<br>사회성 향상) | 10 | 협동화 그리기 | 함께 상의하여 전지에 협동화를 그리고 이야기를 꾸민다. | 전지, 크레파스, 파스넷 |
| | 11 | 신체 본뜨기 | 한 명의 친구를 선정하여 신체를 본떠 주고 함께 꾸민다. | 색지, 도화지, 물감, 파스넷, 마커 |
| | 12 | 소망나무 꾸미기 | 집단원 각자의 나무에 달린 열매에 소원을 적어 달아 주고, 함께 이야기를 나눈다. | 전지, 매직펜, 크레파스, 파스텔, 도화지, 색지, 사인펜, 연필 |

## 3. 장애아동 미술치료 고려점

미술치료는 다양한 대상에 대한 접근이 용이한 장점이 있다. 하지만 다양한 문제행동, 특히 의자에 잠시도 앉아 있지 못하고 돌아다니는 과잉행동, 충동성, 공격성을 수반한 아동의 경우에는 부담을 갖게 된다. 또한 타인의 말을 들은 척도 않고 혼자 떠드는 아동, 이와는 반대로 함묵증 아동, 무기력한 아동, 위축된 아동의 경우에는 어떻게 관계를 해야 할지 참으로 조심스럽다. 미술치료가 아무리 훌륭한 심리치료라고 하더라도 아동과 상호작용이 되어야 하며 아동에게 적절한 미술치료 체제를 구성하지 않으면 전혀 효과를 내지 못한다. 따라서 미술치료를 실시하기 사전에 갖추어야 할 중요한 몇 가지 사항을 살펴보고자 한다.

### 1) 정확한 사정 실시

장애아동의 미술치료를 실시하기 전에 부모면접, 객관적 검사, 아동의 행동관찰 등을 통하여 아동의 문제행동에 대한 정확한 사정이 이루어져야 한다.

#### (1) 초기 면접

장애아동에 대한 정확한 진단평가의 하나로 아동 정보를 수집해야 한다. 성인이나 언어표현이 가능한 청소년의 경우에는 직접 면접이 가능하다. 그러나 전혀 언어표현을 하지 않는 아동이나 언어표현이 곤란한 아동의 경우에는 부모 또는 그 아동에게 책임이 있는 사람이 전문기관을 방문하여 조언을 받거나 지도를 받게 된다. 이때 전문가와 부모 사이에 처음으로 관계가 형성되게 된다. 즉, 상담하는 사람은 직접 방문, 전화 등의 방법으로 상담예약을 한 뒤 정해진 날짜에 상담을 받게 된다. 이 최초의 정식 상담을 초기 면접(intake)이라고 말한다. 이 초기 면접 시에 아동의 문제는 주로 부모나 양육자를 통해서 아동의 발달 상태를 평가하게 되는데 그 내용을 다음에 제시해 본다. 구체적인 면담 기록카드는 [그림 14-22]와 같다.

면담 기록카드

상담일: 년 월 일

| 성명 | | 생년월일 | | 연령 | | 성별 | | 연락처 | |
|---|---|---|---|---|---|---|---|---|---|
| 주소 | | | | | | | | | |
| 보호자 | 부 | | 연령 | | 직업 | | 학력 | | |
| | 모 | | | | | | | | |
| 주된 호소 | | | | | | | | | |
| 시기/이유 | | | | | | | | | |

• 생육사

| | | |
|---|---|---|
| 출생 전 | 약복용(유, 무)<br>건강상태<br>기타 | 질병(유, 무)<br>심리 · 정서상태 |
| 출생 시 | 분만유형(순산, 조산, 난산, 가사분만, 겸자분만, 제왕절개)<br>체중 kg<br>울기(강, 약)<br>산소호흡기 사용(유, 무) | 원하는 아이(예, 아니오)<br>인큐베이터 사용(유, 무)<br>기타 |
| 출생 후 | 고열: 유, 무(시기:<br>경기: 유, 무(시기:<br>젖 빠는 힘(강, 약) | , 체온: )<br>, 체온: ) |

• 발달사항

| | | |
|---|---|---|
| 섭식 및 수면 | 영양(모유, 우유, 혼합)<br>수면유형<br>수면장애(유, 무) | 영양 상태<br>수면 양<br>기타 |
| 신체발달 | 목가누기<br>배밀기<br>무릎서기<br>낯가리기 | 앉기<br>기기<br>걷기<br>미소 |
| 언어발달 | 옹알이<br>언어소실시기 | 초어<br>기타 |
| 신변처리 | 옷입기<br>식사하기<br>소변가리기 | 옷벗기<br>대변가리기<br>기타 |

• 건강상태 및 치료교육

| | | |
|---|---|---|
| 질환 | | 현재 상태 |
| 약복용 | | 기타 |
| 교육 여부 | | 기간 |

• 행동특징

| | |
|---|---|
| 외모 | |
| 시각, 청각 | |
| 근육운동 | |
| 신체적 장애 | |
| 신체활동 수준 | |
| 표현행동 | |
| 상호작용 | |
| 기타 | |

• 언어력 및 특징

| 언어력 | 특징 |
|---|---|
| 초어:<br>언어 상황:<br>소실 상태: 유 무<br>기타: | 무발어상태:<br>피성:<br>반향어:<br>억양:<br>이해정도:<br>표현: |

• 면담 중 특기사항

[그림 14-22] 면담 기록카드 예시

자료제공: (사)한국아동발달지원연구소

① 개인 정보

이 영역은 아동의 이름, 생년월일, 별명, 주소, 전화번호, 유치원(학교), 학년, 부모 이름, 부모 직업, 부모 교육수준 등을 포함한다.

② 의뢰 이유(방문 목적)

의뢰 이유나 방문 목적은 의뢰자나 보호자가 문제(problem)라고 지각한 것을 드러낸다는 점에서 중요하다. 실제적으로 그 아동의 환경에 대한 한 측면만이 문제상황으로 보여지기 쉽다. 그러므로 의뢰 이유가 평가결과와는 관련이 없다 하더라도 보고서에 직접 기재해야 한다.

③ 생육사(발달과정)

가능한 한 아동을 잘 이해하기 위해서는 아동 초기부터의 기본적이고 실제적인 정보를 얻어야 한다. 생육사는 임신부터 시작하여 폭넓은 영역을 포함하며, 평가과정의 필수적인 부분이다.

(2) 행동관찰

정보를 수집하는 과정에서 임상가가 부모와의 면접, 객관적인 평가 이외에 그 아동을 직접 접촉(contact)함으로써 보다 객관적이고 명확하게 문제를 파악하는 데 유용한 자료를 얻을 수 있다. 또한 아동이 행동할 때, 놀 때, 타인과 상호작용할 때 및 홀로 있을 때 등 특수행동을 관찰하는 기회는 평가의 검사결과와 전달과정에서 서로 관련시키는 데 도움을 준다. 관찰은 여러 장면에서 일어날 수 있으며 직접적이거나 간접적일 수 있다.

① 직접 관찰

임상가가 실시하는 가장 직접적인 관찰은 면접과 실제 검사 시 일어난다. 이때 아동은 구조화된 형식 혹은 비구조화된 형식으로 반응할 수 있다. 그런 반응과 행동을 관찰함으로써 아동의 현 기능을 잘 통합할 수 있다. 특히 외모, 특징, 걸음걸이, 자세, 버릇, 목소리, 단어사용 등 기타 영역에 주목해야 한다.

② 간접 관찰

대부분의 경우에 임상가가 면접과 검사상황 이외에는 직접 관찰할 수가 없다. 따라서 치료사, 타 전문가, 부모, 행정가 등에 의해 관찰이 이루어질 수 있다. 이러한 관찰은 체계적 관찰계획에 따라 잘 수행될 수 있다. 이러한 관찰계획은, 첫째, 외모와 감각양상, 둘째, 외현행동, 셋째, 환경과의 상호작용으로 구분된다.

(3) 객관적인 검사 실시

심리 및 교육 검사는 본질적으로 개인의 행동표집을 객관적이고 표준화된 방식으로 측정함으로써 개인 간 및 개인 내 차이를 파악하는 데 이용된다. 달리 말하면 심리 및 교육검사를 통해 개인의 다양한 심리적 속성(예, 지능, 지각, 발달, 적성, 성격, 학업성취도 등)을 측정하여 진단, 분류, 치료, 예후 등에 유용한 정보를 얻을 수 있다.

그러나 한 가지 검사만으로는 폭넓은 행동양상과 아동의 강점과 약점을 분명하게 파악할 수 없으며, 아동의 기능의 모든 측면을 정확하게 반영하는 결론을 유도할 수도 없다. 따라서 심리 및 교육 검사는 여러 유형의 검사들을 종합적으로 실시하여야만 한다. 임상가는 아동의 나이, 수준, 장애 유형에 따라 어떤 검사들을 사용할 것인가를 신중하게 결정해야 하며, 그 검사들에 대한 실시 및 채점, 해석기술 등 전문적인 지식을 가지고 있어야 한다.

일반적으로 아동을 위한 대부분의 심리, 교육, 진단평가는 다음과 같은 영역으로 나눌 수 있는데, 현재 국내에서 표준화되어 임상 현장에서 사용되고 있거나 표준화 개발 중에 있는 영역별 검사 및 척도들이 〈표 14-9〉에 제시되어 있다.

표 14-9 평가 영역에 따른 심리·교육·진단용 검사 및 척도

| 평가 영역 | 심리 · 진단용 검사 |
|---|---|
| 지능/인지 | 한국웩슬러지능검사(K-WPPSI/ K-WISC-IV), 그림지능검사(PTI), 카프만 인지검사(K-ABC), KISE-KIT(한국형 지능검사) |
| 지각/감각 | 벤더도형검사(BGT), 시지각 발달검사(K-DTVP-II), 지각-운동 발달진단검사(PMDT), 시각-운동통합검사(VMI), 한국판 오세레츠키 운동능력검사 |
| 성격/인성 | 한국아동인성검사(KPI-C), 인물화검사(DAP), 문장완성검사(SCT), 집-나무-사람(HTP)검사, 아동용 주제통각검사(CAT), 유아성격검사, 아동용 자아개념검사 |
| 발달 | 한국판-유아발달선별검사, 카이제 발달척도, 카이제-코스 정신 발달검사, 덴버 발달검사(K-DDST-II), 한국 아동발달검사(K-DIP), 한국 영유아발달검사(표준화중) |
| 적응행동 | 사회성숙도검사(SMS), 적응행동검사(K-ABS), 한국판-적응행동검사(K-ABI) |
| 학습 | 학습준비도검사(FGST), 기초학습기능검사, 읽기진단검사, 학습기술검사(LST), 기초학습기능 수행평가체제: 읽기검사 |
| 사회성 기술 | 한국 사회성기술 검사(K-SKRSP), 사회성 기능평가 척도, 사회적 상호작용척도, 아동용 사회성 불안 척도 |
| 언어 | 영유아 언어발달검사(SELSI), 한국 표준 어음검사, 언어이해 · 인지력검사, 그림어휘력검사, 문장이해력 검사, 한국 영유아언어발달검사(표준화 중), 취학전아동의 수용 및 표현언어발달척도(PRES), 한국노스웨스턴구문선별 검사 |
| 문제행동 | 벅스행동평정척도(BBRS), 아동-청소년행동평가척도(K-CBCL), 문제행동검사(ECBI) |
| 특정장애 진단 | 한국-주의력 결핍 · 과잉행동진단검사(K-ADHDDS), 한국-자폐증진단검사(K-ADS), 아동기 자폐증 평정척도(CARS), 이화-자폐범주성장애아동 행동발달(E-CLAC), 자폐범주성장애아동교육진단검사(K-ASIEP), 교육진단검사(PEP), 자폐아 행동검목표(ABC) |
| 그림 진단검사 | 인물화 검사(DAP), 집-나무-사람(HTP)검사, 동적 집-나무-사람(KHTP)검사, 통합적 집-나무-사람(S-HTP)검사, 동적 가족화(KFD)검사, 학교생활화(KSD)검사, 풍경구성법(LMT), 별 · 파도 그림검사(SWT), Wartegg 묘화검사, 바움(나무그림)검사 등 |

① 지능/인지

지능 및 인지 기능은 개인의 적응과정에서 아주 중요한 요소이며, 개인이 그 환경 속에서 지속적이고 안정된 균형상태를 유지하는 데 필요한 상호작용의 수단이 된다. 또한 개인의 성격과 장애를 이해하는 데 유용한 진단 자료를 제공해 준다.

② 지각/감각

눈과 귀 등의 감각기관과 손 등의 운동기관의 협응에 의해 이루어지는 표출 행동을 지각-운동 통합행동, 감각-운동 통합행동이라고 부른다. 지각 혹은 감각 운동 통합능력은 학습 및 기본적인 심리기능(주의, 감수, 사고, 기억 등)과 관련이 있고 대뇌병리증상을 알아보는 데 유용하다.

③ 성격/인성

성격은 우리말로 인성이라고 불리는데, 행동을 정의적(affective) 또는 비지적인(nonintellectual) 측면을 측정하는 것으로 개인의 정서상태, 대인관계, 동기, 흥미, 태도 등이 이에 해당되며 현재의 심리적 상태를 이해하는 중요한 요소다.

④ 발달

신체, 인지, 언어, 정서, 사회 등 여러 발달 영역은 서로 밀접한 관계를 지니고 있다. 아동 발달의 개인차를 고려하더라도 연령 단계에 따라 정상적인가, 어느 연령 수준에 도달하고 있는가 등을 알아보는 것은 장애아동의 치료 및 교육 등 중재 계획을 세우는 데 아주 중요하다.

⑤ 적응행동

적응행동이란 개인이 환경의 요구에 적응하도록 하는 사회, 성숙, 자조 및 의사소통 등 나이와 상황에 적절하게 개인의 독립성과 사회적 책임을 이행하는 능력을 말한다. 교육 및 재활의 초점은 독립심과 적응을 극대화시키는 일이라 할 수 있다. 따라서 자기가 처한 환경 속에서 제기능을 발휘하고 만족스런 삶을 영위하고 있는지

를 알아보는 것이 중요하다.

⑥ 학습

아동의 학업수행 준비능력과 학습성취도는 그들의 진로(학교)를 결정하는 중요한 요소다. 초등학교에 들어갈 수 있는 학습준비가 되어 있는지 그리고 학습 교과영역에서 교육과정의 효과가 어느 정도인지 측정하는 것은 진단, 예측, 교육적 조치를 내릴 수 있는 정보를 제공해 준다.

⑦ 사회성 기술

아동의 사회적 유능감, 교우관계, 사회적 상호작용 등 사회성 기술은 아동이 학교생활에 적응하는 중요한 요인이다. 다른 사람 앞에서 매우 수줍어하며 늘 혼자서 노는지, 늘 싸움을 거는지, 사회적으로 위축되어 있는지, 사회적 불안을 느끼는지, 사회적 외로움을 느끼고 있는지 등은 사회적 행동 문제를 야기할 수 있는 요인이 될 수 있다.

⑧ 언어

언어는 인간이 동물과 구별되며 인간다운 생활을 영위하는 데 필수적인 요소로, 자신의 생각, 느낌 및 의사를 다른 사람에게 전달하고 이해시키는 주된 기능을 가지고 있다. 언어는 수용과 표현언어로 구분되며, 어휘력과 관계가 깊다. 언어문제가 순수한 언어발달지체에서 기인한 것인지, 정신지체, 자폐 등 다른 장애와 수반한 것인지를 파악하는 것이 교육 및 치료 프로그램을 제공하는 기초 자료가 된다.

⑨ 문제행동

행동평가의 일차 목적은 아동에게 어떤 심리적 혹은 정서적·행동적 측면의 부적응 양상이 나타나는지에 대한 정확한 정보를 수집하는 데 있다. 적응행동과 학습의 효과를 극대화하기 위해서는 아동의 문제행동이 무엇인지, 어떤 상황에서 발생하는지, 학습경과 아동의 문제행동 간에는 어떤 관련이 있는지 등을 파악해야 한다.

⑩ 특정 장애 진단

아동의 장애를 정확하게 진단하는 일은 바람직한 교육과 치료 프로그램을 제공하기 위한 필수적인 요소다. 아동의 문제가 주의력결핍 과잉행동장애, 학습장애, 자폐장애 등으로 인해 나타나는 것인지를 결정하기 위해서는 각종 준거와 정의에 따른 진단이 선행되어야 한다.

⑪ 그림진단검사

아동의 심리상태를 파악할 수 있는 투사법의 일종으로 인물화에 의한 지능검사나 가족의 역동성, 학교생활 등의 심리 및 성격진단을 할 수 있다. 일반 심리검사처럼 타당도와 신뢰도가 충분히 검증되지 않았으나 임상현장에서 많이 활용하고 있으며 많은 연구가 이루어지고 있다. 과제화법과 자유화법이 등이 있다.

### 2) 행동분석

효율적인 미술치료를 위하여 장애아동의 문제행동 감소를 위해 다음과 같은 행동분석절차를 통하여 명확히 한다.

첫째, 면담 시기에 어떤 증상이 있는지를 환경요인과 함께 분석한다.

둘째, 그다음 증상이 언제부터 발생되었는지 증상발생기를 분석한다.

셋째, 증상이 지속되고 변화되는 데에 어떤 요인이 작용하는지를 분석한다.

넷째, 왜 많은 문제행동 중 그 증상을 선택했는지를 분석하며 아동 개인차를 고려한다.

### 3) 치료모델 결정

장애아동의 정확한 사정을 통하여 미술치료의 목적을 명확히 한다. 즉, 발달촉진을 위한 미술치료인지, 문제행동 감소를 위한 미술치료인지 등을 계획하여 결정한다. 초심자의 경우에는 기존의 연구 중 성공적인 사례연구를 잘 탐색하여 자신의 아

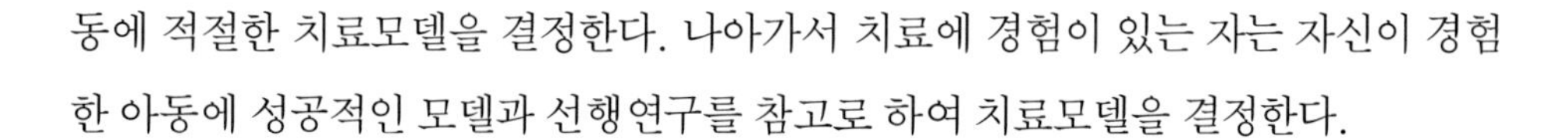

동에 적절한 치료모델을 결정한다. 나아가서 치료에 경험이 있는 자는 자신이 경험한 아동에 성공적인 모델과 선행연구를 참고로 하여 치료모델을 결정한다.

## 4) 미술치료 유형

미술치료에서는 대상의 구성에 따라 개별 및 집단, 가족 미술치료로 나누어 실시할 수 있다. 즉, 아동의 증상, 요구, 아동의 환경, 특히 가족관계의 영향, 치료사의 판단 등에 따라 개별, 집단, 가족 등 어떤 유형이 효과적인가를 고려하여 접근방법을 달리 실시할 필요가 있다.

### (1) 개별 미술치료

일반적으로 병리증상이 심하거나 대인관계에 두려움이 있는 아동이나 다루기 힘든 장애아동은 집단으로 진행하기 보다는 개별 미술치료를 실시하는 것이 효과적이다. 문제행동이 심한 정서 · 행동장애아동이나 정신지체 및 자폐성을 포함한 발달장애아동뿐만 아니라 다루기 용이하지 않은 문제행동을 나타내는 아동들은 개별 미술치료로 진행하는 것이 효과적이다.

가능한 초기에는 개별 미술치료를 통하여 치료사와의 라포 형성이 충분히 되고 아동도 어느 정도 정서적으로 안정되어 대인관계에 대한 두려움이 어느 정도 해소된 경우에 집단 미술치료에 참여하게 하는 것이 좋다. 예를 들어, 또래 부적응을 나타내는 아동의 경우 또래에 대한 두려움이 다소 해소된 후 또래관계 개선을 위한 집단 미술치료 참여의 필요성을 느끼고 수락할 때까지 개별 미술치료를 실시하는 것이 바람직하다.

### (2) 집단 미술치료

장애아동의 경우 집단 미술치료는 집단 활동을 통해 정서적 유대감과 소속감을 경험하고 의사소통 기술 및 사회적 기술 등을 배울 수 있다.

집단 미술치료에 있어서 집단의 크기는 집단 구성원의 특성과 치료목표에 따라 달라질 수 있다. 장애아동의 경우에는 4명 정도가 적절하다고 집단원을 구성한 연구도 있다(김수향, 이근매, 2002).

(3) 가족 미술치료

가족 미술치료는 장애아동의 문제가 아동 자신의 문제이기보다는 전 가족의 문제라는 전제하에 전 가족을 대상으로 실시하는 것이다. 가족 미술치료는 개인이나 집단의 형태보다 가족이 치료 장면에 오게 되면 더 빠른 변화효과를 가져올 수 있고 변화의 지속시간이 길다는 전제하에서 실시하게 된다. 전 가족이 참여하는 경우도 있지만, 한부모가정 어머니와 아동, 또는 형제, 부자가정 아버지와 아동, 형제 등 부분으로 참여하는 경우도 있다. 특히, 애착문제가 있는 아동의 경우에는 부모가 함께 참여하는 가족 미술치료가 효과적이다.

## 5) 미술치료 실시 절차

상담 및 심리치료와 마찬가지로 미술치료에 있어서도 아동의 당면한 문제를 도와줄 수 있는 적절한 치료목표의 설정과 아울러 프로그램 구성은 치료의 효과를 결정하는 중요한 영역이다. 아울러 미술치료에 있어 모든 미술매체가 미술치료의 기법으로 활용될 수 있다. 하지만 아동의 상태, 증상, 연령 및 선호도 등 각 아동의 특성에 맞는 미술매체 및 기법의 활용이 무엇보다도 중요하므로 미술매체 및 기법의

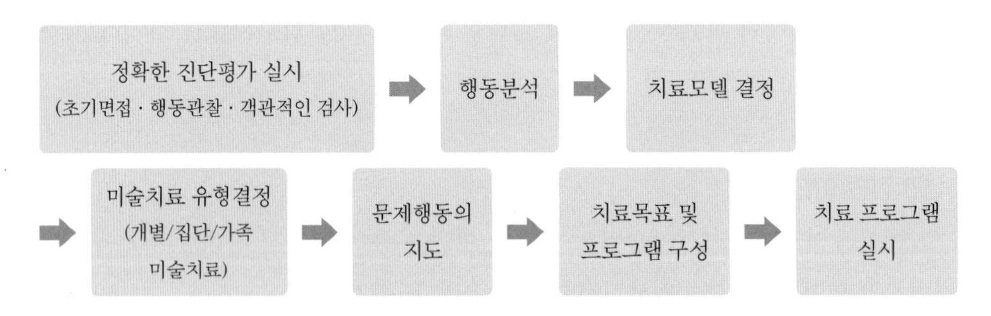


[그림 14-23] 미술치료의 도입 및 실시 절차

선정에 신경을 써야 한다. 특히 초기의 적절한 미술매체의 활용은 치료효과의 성과를 좌우한다고 말할 수 있다.

미술치료 프로그램은 장애아동이 원하는 매체를 선택해서 실시하는 비구조적 미술치료와 사전에 치료회기와 아동에게 적절한 미술매체로 미술치료 프로그램을 구성하는 구조적 미술치료 프로그램이 있다.

연령, 증상, 환경, 가족관계의 영향 또한 개별로 진행할 것인지, 집단 또는 가족단위로 진행할 것인지에 따라 프로그램의 구성은 달라진다. 미술치료의 실시는 미술치료사가 지향하는 상담 및 심리치료의 이론을 배경으로 실시한다.

부록

# 장애아동 선별검사 문항[1]

## 1. 정신지체 평정척도 문항

**초기 발달지체**

1. 말을 배우는 것이 늦었다.
2. 운동능력(걷기, 앉기)이 지체되었다.
3. 대소변 가리는 것이 늦었다.

**많은 도움의 요구**

4. 개인위생에서 많은 도움이 필요하다.
5. 정리정돈이나 준비성에서 성인의 지도가 많이 필요하다.
6. 침대 정리와 같은 기본적인 일에서 성인의 감독이 많이 필요하다.
7. 안전에 대해 성인의 감독이 많이 필요하다.
8. 용돈 관리에 대해 성인의 감독이 많이 필요하다.
9. 성적인 행동에 대해 성인의 지도가 많이 필요하다.

1) 조용태, 이근매(2008). 특수교육대상자선별검사 11종. 서울: 마인드프레스.

**사회적 문제**

10. 또래친구를 사귀는 데 어려움을 보인다.
11. 자주 약자를 괴롭히거나 못살게 한다.
12. 사회적으로 고지식하다.
13. 타인을 너무 믿고 잘 속는다.
14. 타인의 말에 쉽게 마음이 흔들린다.
15. 중요할 때 제지가 되지 않는다.
16. 적절하지 않은 친구를 사귄다.
17. 안면이 있는 사람은 누구든 친구로 생각한다.
18. 산타, 요정 등의 존재를 또래들보다 더 많이 믿고 있다.

**미성숙한 놀이와 여가 활동**

19. 자기보다 어린 사람들과 자주 논다.
20. 자기보다 어린 사람들에게 적합한 책, 장난감, TV 프로그램을 좋아한다.
21. 자기 나이에 적절한 장난감이나 게임을 잘 가지고 놀지 못한다.
22. 규칙이 있는 게임에서는 신체적으로 난폭하거나 바보처럼 군다.

**심리진단에서 낮은 결과**

23. 지능지수가 70 이하다.
24. 지능검사에서 평균보다 2표준편차 이하의 점수를 보인다.

**부가적인 어려움이나 장애**

25. 말과 언어가 또래보다 발달이 뒤떨어진다.
26. 신체적으로 서툴다.
27. 청각이나 시각에 손상이 있다.

**교실 문제**

28. 집단 활동을 할 때 침착하지 못하고 집중을 하지 못한다.
29. 학교에서의 활동을 피한다.
30. 다른 사람에게 매우 많이 의존한다.
31. 치료사의 관심을 많이 요구한다.
32. 과제가 주어지면 걱정을 하고 협력을 하지 못한다.
33. 잘못했을 때 도움을 요청하지 못한다.

**학습 문제**

34. 또래들과 비교했을 때 학업 성취가 매우 느리다.
35. 모든 교과영역에서 의미 있게 낮은 기준에 해당한다.
36. 학습을 작은 단위로 나누는 것이 필요하다.
37. 새로운 학습에서는 많은 반복이 필요하다.
38. 구체적이고 직접적인 학습 경험이 필요하다.
39. 명백한 지도가 필요하다.
40. 정확함이 있음에도 읽기 이해가 떨어진다.
41. 추상적 개념 획득에 어려움을 보인다.
42. 그림 그리기와 책을 이용한 활동이 미성숙하다.
43. 아주 많은 노력에도 기대한 결과가 나타나지 않는다.
44. 현재 상태로는 앞으로 학습 능력이 더 떨어질 수 있다.

**가족사**

45. 형제자매나 다른 가족이 함께 살고 있다.

정신지체 평정척도의 하위영역 가운데 '사회적 문제' 영역에서 평정되는 빈도가 높고, '심리진단에서 낮은 결과' 가운데 하나에 해당하면 정신지체일 가능성이 매우 높다.

## 2. 불안장애 평정척도 문항

**수면장애**

1. 어둠에 불안을 느끼거나 소음을 듣는 등 수면이 어렵다.
2. 밤에 혼자 있는 것을 두려워한다.
3. 악몽을 꾸거나 밤에 공포(야경증)를 느낀다.

**새로운 경험에 대한 두려움**

4. 새로운 무엇인가를 하고 싶어 하지만 결국 공포를 느끼지 않는다.
5. 새로운 것을 하기 전에 지나치게 걱정한다.
6. 불안 때문에 새로운 것을 시도하지 못한다.
7. 새로운 경험을 강요당할 때 두려움을 느낀다.
8. 새 수업, 새 학기, 새 학년을 시작하기 전에 대단히 불안해한다.
9. 새로운 경험을 하기 전에 많은 준비를 필요로 한다.
10. 불안을 일으키는 상황을 피하기 위해 숨는다.

**불안의 신체적 증상**

11. 강박적으로 눈을 깜빡이거나 경련을 일으키며, 특정한 자아도취적 증상이 있다.
12. 안절부절못하는 상황에 마비가 되거나 불평한다.
13. 불안할 때 손바닥에 땀이 난다.
14. 압박이 있을 때 창백해진다.
15. 긴장된 상황에서는 구역질을 한다(또는 지겹다고 느낀다).
16. 불안할 때 숨 쉬기 어렵고 답답함을 느낀다.
17. 불안에 의해 공황발작을 일으키거나 심하게 압도당한다.
18. 불평이 증가하거나 심장 박동수가 불규칙적이다.
19. 놀라거나 불안할 때 짜증을 내거나 집착한다.

20. 불안할 때 몸이 얼어붙고 움직이거나 말하지 못한다.
21. 죽거나 미치게 될 것 같아 두려워한다.

**특정 공포증**

22. 동물에 대해 극심한 공포를 느낀다.
23. 광대나 특정한 연예인을 무서워한다.
24. 또래에 적합한 만화를 무서워하며 시청하지 못한다.
25. 병원이나 치과 진료에 대해 지나치게 걱정하고 치료를 거부하며 겁을 먹는다.
26. 특정한 장소로 가는 것을 매우 두려워한다.
27. 폭풍, 천둥, 물 등 일상적인 위험에 대해 지나치게 불안해한다.
28. 폐쇄된 공간에서 매우 불편해한다.
29. 세균이나 사고, 죽음, 그리고 질병에 대해 지나치게 불안해한다.

**강박관념이나 강박현상**

30. 강박적인 행동으로 두려운 상황을 피하려 한다.
31. 생각, 상상 또는 떨치지 못할 것이라는 일시적 감정으로 괴로워한다.

**비극적인 상황에 유별나게 흥분함**

32. 재앙이나 테러 등을 다룬 신문기사에 극도로 불안해한다.
33. 가능한 한 정신적 충격을 피하기 위해 도피하거나 보호 방법을 계획한다.
34. 일어났거나 일어날 것 같은 대참사에 대해 지나치게 얘기한다.
35. 가능성이 있는 대참사로부터 안심하기 위해 계속해서 질문한다.
36. 자신이 경험했던 정신적 외상에 대해 오랫동안 격심한 반응을 보인다.

**사회적 불안**

37. 친숙하지 않은 사람과 있으면 지나치게 부끄러워한다.
38. 또래와의 집단 활동에 참여하는 것을 아주 달가워하지 않는다.
39. 매우 민감하게 의식하며, 아주 쉽게 창피해하거나 무안해한다.
40. 일상적인 활동(식사나 놀이 등)에서도 주목받는 것을 싫어한다.
41. 집단에서 매우 부끄러워하며 활동하는 것을 내켜 하지 않는다.

**가족사**

42. 다른 가족 구성원들 중 불안장애(또는 병력)를 가진 사람이 있다.

불안장애는 공황발작, 광장공포증, 공황장애, 특정공포증, 사회공포증, 강박장애, 외상 후 스트레스 장애, 급성 스트레스 장애, 범불안장애, 물질로 유발된 불안장애 등으로 구분할 수 있다. 특히 아동의 경우 분리불안장애가 포함된다. 따라서 평정척도의 어떠한 하위영역이라도 해당되면 불안장애로 볼 수 있다.

## 3. 선택적 함묵장애 평정척도 문항

**말하기를 꺼려함**

1. 가족 외의 사람들과 말하는 것을 꺼린다.
2. 가정을 방문한 사람과 말하는 것을 꺼린다.
3. 가족 중 특별한 누군가와만 이야기한다.
4. 가족 외의 사람들 중 아이들과는 말하지만 어른과는 말하지 않는다.
5. 낯선 사람이 있으면 친한 사람과도 말하기를 꺼린다.

**적절한 언어발달**

6. 친한 사람들과 적절한 의사소통을 한다.

**미묘한 언어장애**

7. 말하는 것을 배우는 시기가 평균보다 늦다.
8. 사람들이 쉽게 알아차리지 못하는 미묘한 언어 문제를 갖고 있다.

**비언어적 의사소통의 사용**

9. 의사소통을 할 때 제스처를 사용한다.
10. 말을 걸었을 때 적절히 고개를 젓거나 끄덕인다.
11. 어른의 손을 잡고 가리키는 등의 신체적 의사소통을 한다.
12. 단어 대신 짧고 단조로운 끙끙거리는 소리를 사용한다.
13. 여러 사람이 함께 노래할 때는 자신도 노래를 부르지만 사람들이 자기를 쳐다보면 그만둔다.
14. 말을 걸었을 때 멍하게 응시한다.
15. 눈 맞춤을 피한다.

**한 달 이상 지속된 문제**

16. 적어도 한 달 정도 특정한 사람과 이야기하는 것을 꺼린다.
17. 적어도 한 달 정도 특정한 공간에서 이야기하는 것을 꺼린다.

**압박해도 반응하지 않는 문제**

18. 말해 보라고 회유해도 하지 않는다.
19. 벌을 주거나 위협을 해도 반응하지 않는다.

이유 없이 말하지 않는 행동

20. 징시적으로 혼란해한다.
21. 큰 충격을 받은 적이 있다.
22. 자폐성을 갖고 있다.
23. 지능장애 혹은 정신지체를 갖고 있다.
24. 수용언어나 표현언어에 장애가 있다.
25. 심각하게 병을 앓고 있다.

**적절하게 말할 기회**

26. 다른 사람이 말하는 것처럼 말한다.
27. 충분히 들을 수 있다.
28. 정상적인 사회적 관계를 갖고 있다.

**신중한 성격**

29. 만성적으로 수줍어한다.
30. 어떤 종류의 위험도 받아들이고 싶어 하지 않는다.
31. 새로운 상황에서 자신감을 갖는 것이 느리다.

**융통성이 없음**

32. 사소한 일에 자주 고집을 부린다.
33. 대소변 훈련에 느리게 반응하거나 저항한다.
34. 음식이나 옷 등을 선택할 때 까다롭게 군다.
35. 가질 수 없는 것에 대해서 자주 짜증을 낸다.
36. 일상생활 패턴을 고집한다.
37. 변화를 좋아하지 않는다.
38. 때때로 강박관념에 사로잡히거나 지나치게 단정해지려고 하고 까다롭다.
39. 특이한 촉감이나 맛 또는 신체적 감각을 좋아하지 않는다.

**가족사**

40. 가족 구성원 중 누군가가 어린 시절에 자신과 비슷했다.
41. 언어장애의 가족력이 있다.
42. 적어도 부모 중 한 명이 조용하거나 은둔적인 생활을 한다.

DSM-IV에서는 선택적 함묵장애를 선택적 함구증이라 한다. 하위영역 가운데 '말하기를 꺼림'과 '적절한 언어발달' 하위영역에서 평정되는 빈도가 높으면 여기에 해당할 가능성이 높다.

## 4. 아동 · 청소년 우울장애 평정척도 문항

**부정적 분위기**

1. 대부분의 일에 대해 부정적이다.
2. 싫증을 느끼는 것에 대해 불평한다.
3. 지루한 것에 대해 불평한다.
4. 자주 슬퍼 보인다.
5. 감성이 메말라 보이고 쌀쌀맞아 보인다.
6. 자주 화가 나 있고 기분이 나쁜 것처럼 보인다.
7. 잘 운다.
8. 자극에 민감하고 쉽게 흥분한다.

**재미나 흥미의 상실**

9. 예전에 좋아했던 일에 흥미를 잃었다.
10. 적합한 활동을 제안해도 흥미를 느끼지 않는다.
11. 유머 감각이 없다.
12. 대부분의 것에 무관심하고 게을러 보인다.
13. 학교생활, 스포츠 등의 활동에서 승부욕이 없다.
14. 기쁨을 나타내는 것이 어렵다.
15. 일을 할 때 요점이 없다고 말한다.
16. 불평이 많다.

**사회적 고립**

17. 뿌루퉁하고 비의사소통적이다(특히 어른들에게 있어서).
18. 가족이나 또래집단 활동에 참여하는 것을 꺼린다.
19. 오랜 시간 자신의 방에서 혼자 있는다.
20. 음악 감상, 컴퓨터 게임, 만화영화, 만화책 등에 열중한다.

21. 학교에서 친구들과 접촉하지 않는다.
22. 사람들이 고의로 자신을 귀찮게 하거나 당황하게 만든다고 생각한다.
23. 학교 가는 것을 꺼린다.
24. 무엇을 물어볼 때 잘못된 것이 없다고 말한다.

**또래집단 의존성**

25. 또래들과 위험한 장난을 한다.
26. 또래들과는 잘 지내는 듯 보이나 어른들과는 대화를 하지 않고 뿌루퉁한 모습을 보인다.
27. 행동에 대한 어른들의 제지를 따르지 않는다.
28. 지나치게 친구를 필요로 한다.
29. 학교에서 무엇인가 열심히 찾거나 방해하려 한다.

**에너지 수준의 변화**

30. 항상 피곤해 보인다.
31. 반응이 느리고 자주 무기력하다.
32. 자주 격하게 반응하거나 들떠 있다.

**섭식장애, 수면장애**

33. 잠이 들거나 수면을 유지하기가 어렵다.
34. 지나치게 잠을 많이 자거나 평소와 다른 시간에 수면을 취한다.
35. 평소보다 음식을 아주 적게 먹거나 음식에 관심을 보이지 않는다.
36. 닥치는 대로 지나치게 많은 양을 먹는다.
37. 술이나 약물을 과용한다.

**정신집중력의 결핍**

38. 결단력이 부족한 모습이 자주 보인다.

39. 자주 건망증이 있는 것처럼 보인다.
40. 조직화 능력이 부족한 모습이 자주 보인다.
41. 자주 멍해 있고 태만하게 보인다.

**낮은 자아존중감**

42. 성공에 대한 기대가 없어 보인다.
43. 자신이 바보 같고 벙어리 같다고 말한다.
44. 비판을 받아들이기 힘들어한다.
45. 칭찬이나 애정을 받아들이기 힘들어한다.
46. 자신은 죽어 버리는 편이 낫다고 말한다.
47. 부모님이 다른 형제(자매)를 더 좋아한다고 말한다.
48. 치료사가 학급에서 다른 아이를 더 좋아한다고 말한다.
49. 사소한 문제로 지나치게 미안해하거나 죄의식을 갖는다.

**부정적 · 폭력적이거나 병적인 생각에 대한 선입견**

50. 부정적 · 폭력적이거나 병적인 주제에 대해 쓰거나 그린다.
51. 자살에 대해 말한다(일반적인 내용, 혹은 자신과 결부시켜서).
52. 폭력이나 죽음에 대한 노래, 뉴스기사 또는 영화에 대해 지나치게 관심을 갖는다.
53. 자살할 수 있는 위험이 있다.

**가족사**

54. 우울증이나 정신질환이 있는 가족력이 있다.

'부정적 분위기' '재미나 흥미의 상실' '사회적 고립' '에너지 수준의 변화' 하위영역에서 평정되는 빈도가 높으면 우울장애의 가능성이 높다.

# 5. 품행장애 평정척도 문항

**사회적으로 부적합한 행동**

1. 타인에 대한 관심과 동정심이 거의 없다.
2. 누군가를 협박하거나 위협한다.
3. 반사회적 청소년들과 어울린다.
4. 소수 집단(장애아동, 다문화 가정 아동 등)에 대한 아량이 없다.
5. 너무 거리낌 없이 말하고 버릇이 없다.
6. 다른 사람의 권리를 존중하지 않는다.
7. 다른 사람에 대한 판단이 서툴고, 그들을 적대시하거나 위협하는 잘못된 생각을 한다.
8. 성적으로 난잡한 행동을 한다.
9. 그릇된 행동에 대한 후회나 죄의식이 거의 없는 것처럼 보인다.

**해를 끼치는 행동**

10. 고의로 누군가의 소유물을 파손하거나 망가뜨린다.
11. 심각한 손해가 있을 것을 알면서 고의로 불을 지른다.
12. 공공 기물을 파손한다(벽에 낙서하기, 유리컵 던지기 등).

**어른의 권위에 대한 도전**

13. 부모가 정한 규칙이나 요구를 무시한다.
14. 학교 규칙을 무시한다.
15. 법을 어긴다.
16. 가출한다.
17. 학교에 무단결석한다.
18. 처벌에 응하지 않는다.

19. 학교에서 정학이나 퇴학을 자주 당한다.
20. 권위 있는 사람의 요구를 무시한다(예: 버스기사, 교통관리인 등).
21. 권위 있는 어른을 (공공연한 형태로) 비웃는다.

**신체적 공격이나 잔인함**

22. 싸움을 자주 한다.
23. 상대방을 겁주기 위해 무기나 신체적 힘을 사용한다.
24. 약이 오르거나 화가 나면 신체적으로 공격한다.
25. 동물에게 잔혹한 행동을 한다.
26. 자신보다 약하거나 어린 사람에게 잔혹한 행동을 한다.
27. 잔혹하거나 가학적이고 폭력적인 영화 및 게임을 즐긴다.
28. 공격적이거나 위협적인 폭력에 대해 얘기한다.
29. 공격적이거나 위험한 방법을 사용한다.

**기만과 부정직**

30. 어른에게 거짓말을 한다.
31. 친구들에게 거짓말을 한다.
32. 자신이나 다른 사람에 대한 이야기를 만들어 내거나 확대시켜 말한다.
33. 약속을 어긴다.
34. 가족이나 친구들의 물건을 훔친다.
35. 가게, 학교 또는 다른 단체에서 물건을 훔친다.
36. 차를 훔치고 무모하게 운전을 한다.
37. 규칙을 어기고 물건을 훔치고 공공 용품을 파괴한다.
38. 부모의 서명을 흉내 내어 사용한다.
39. 자신과 관계가 있는 문서를 손상시킨다(예: 가정통신문).
40. 타인을 비난하고 책임감을 받아들이지 않는다.
41. 자신의 이익을 위해 누군가에게 죄를 뒤집어씌우고 그릇된 고발을 한다.

42. 누군가가 진실을 물어보면 모르는 척한다.
43. 부적절하게 행동하는 친구를 덮어 준다.

**약물이나 알코올 남용**

44. 불법적인 약물을 사용한다.
45. 불법적인 약물을 취급한다.
46. 미성년일 때 음주나 흡연을 한다.
47. 과도한 음주를 한다.

**집에서의 어려움**

48. 자주 화를 내며 비협조적이다.
49. 비밀스럽게 자주 집을 비운다.
50. 특정한 사람에게 특별히 공격적이다(예: 엄마, 어린 형제).
51. 꼭 원하는 것이 있을 때 요구하거나 협박한다.
52. 긍정적으로 의사소통하지 않는다.
53. 책임을 완수하지 않는다.
54. 가족 구성원에 대한 따듯한 마음이나 동정심이 결여되어 있다.
55. 정서적으로 미숙하거나 행동이 거칠다.

**가족사**

56. 가족 구성원 중 누군가가 행동이나 정신적인 문제를 갖고 있다.

'사회적으로 부적합한 행동' '해를 끼치는 행동' '신체적 공격이나 잔인함'에서 평정되는 빈도가 높으면 품행장애의 가능성이 높다.

## 6. 반항성장애 평정척도 문항

**규율 문제**

1. 합리적인 요구에 응하는 것을 거부한다.
2. 고의로 규칙을 위반한다.
3. 규칙을 빠져나갈 구멍을 찾는다.
4. 특권이나 선호하는 것을 없앤다면 전혀 관심을 보이지 않는다.
5. 처벌받은 것이 폭로되는 것을 좋아하지 않는다.
6. 누군가 보상으로 기뻐하는 모습을 보는 것을 싫어한다.
7. 비판이나 처벌을 받았을 때 반항적이고 복종하지 않는다.
8. 비판이나 처벌을 받았을 때 공격적이고 폭력적이다.
9. 어른이 자신에게 훈육하는 것을 막기 위해 위협한다.
10. 누군가의 과오에 대해 비난한다.
11. 비난받았을 때 자신의 결백함을 강하게 주장한다.
12. 무시당하면 매우 저항하여 어른이 반응할 때까지 더 심하게 행동한다.
13. 규율을 말하거나 요청하여 행동을 정당화하는 것이 합리적이지 않다.

**기뻐하는 데 어려움을 느낌**

14. 선물이나 소풍에 대해 기쁨을 나타내지 않는다.
15. 계속적인 불평으로 가족여행을 망친다.
16. 원하는 것을 말하기를 꺼려 한다.
17. 원하는 것을 얻지 못하면 다른 것을 원한다.
18. 보살핌을 주려는 어른들의 마음을 거절한다.
19. 선호하는 것이 바뀐다(무엇인가 요청한 후 그것이 주어지면 그것에 대해 바로 거절한다).

**어른에게 대항함**

20. 종종 어른들이 말하는 것에 반대한다.
21. 명백히 틀렸을 때도 끊임없이 대항한다.
22. 어른들이 자신의 과오를 보게 만들도록 애쓴다.
23. 무엇인가를 말하거나 행동하고 그것을 부정한다.

**어른에 대한 공경심의 부재**

24. 어른들을 무시하는 표정이나 몸짓을 사용한다.
25. 어른이 말할 때 비웃는다.
26. 무례한 방법으로 어른들에 관해 말한다.
27. 어른의 권위를 받아들이지 않는다.
28. 누군가에게 대항해 어른에게 창피를 준다.
29. 어른들에게 자신의 요청을 받아들이도록 강력하게 요구한다.
30. 어른의 명분을 손상시키기 위해 다른 사람들을 교묘하게 조정한다.

**종종 고의로 사람들을 화나게 함**

31. 고의로 형제나 친구들을 화나게 한다.
32. 어른이 보고 있을 때 고의로 규칙을 무시한다.
33. 종종 사람들의 한계를 시험해 본다.

**쉽게 화를 냄**

34. 매우 과민하고 쉽게 화를 낸다.
35. 사소한 문제들을 고의적인 도발로 본다.
36. 형제나 친구들이 자신의 분노에 대해 보복하면 매우 화를 낸다.
37. 어떤 일이 적절히 되지 않으면 쉽게 짜증을 낸다.
38. 굉장히 민감하다(예: 형제가 코를 킁킁거리는 소리 같은 일상적 소음도 싫어한다).

**화를 내거나 분개함**

39. 사소한 문제에도 쉽게 기분이 상해 한다.
40. 일반적인 비판을 아주 사적으로 받아들인다.
41. 의도성이 없는 사사로운 비난을 사적으로 받아들인다.
42. 오랜 시간 시샘하고 불평한다.
43. 화를 낸 후에도 오랜 시간 뿌루퉁해 있다.

**짓궂거나 보복적임**

44. 고의로 다른 사람의 즐거움을 망친다.
45. 짓궂거나 악의적인 방법으로 누군가에게 보복한다.
46. 다른 사람의 인기나 성공을 조롱한다.
47. 비밀이나 뜻밖의 일을 망친다.

**관련 증상**

48. ADHD 증상을 갖고 있다.
49. 학습장애를 갖고 있다.
50. 언어장애를 갖고 있다.

**가족사**

51. 가족 구성원 중 누군가가 반항성 장애력을 가지고 있다.
52. 가족 구성원 중 누군가가 행동이나 정신 건강에 문제가 있다.

'어른에게 대항함' '어른에 대한 공경심의 부재' '쉽게 화를 냄' '화를 내거나 분개함' 하위영역에서 평정되는 빈도가 높으면 반항성장애의 가능성이 높다.

## 7. 의사소통장애 평정척도 문항

**말 학습 문제**

1. 말 배우기가 늦다.
2. 말 또는 언어치료(speech therapy)가 필요하다.
3. 정확한 문법을 사용하는 것이 일반 아동보다 느리다.

**언어 계열의 문제**

4. 차례대로 이야기를 말하는 데 어려움이 있다.
5. 동요, 일정표, 날짜, 알파벳을 암송하는 데 어려움이 있다.
6. 수세기 학습과 알파벳 암송이 느리다.
7. 문장 가운데서 헤맨다.

**단어 찾기 문제**

8. 필요한 단어를 찾으려고 애쓰는 경우가 자주 있다.
9. 단어를 대치하여 사용한다.
10. 친숙한 이름이나 단어를 망각한다.
11. 교실에서 질문이 주어졌을 때 손을 들지만 답을 기억할 수 없다.
12. 색깔의 이름을 학습하는 것이 느리다.
13. 글자나 숫자의 이름을 학습하는 데 어려움이 있다.
14. 보면서 단어를 읽는 데 어려움이 있다.
15. 읽기에서 유창성이 부족하고 딱딱하다.

**자신만만한 화자(話者)가 아님**

16. 친숙하지 않은 사람과 말할 때 마지못해 한다.
17. 교실에서 자발적으로 말하지 않는다.
18. 전화로 말하는 것을 좋아하지 않는다.

**표현언어 문제**

19. 혼란스러운 단어를 사용한다(예: '오늘'과 '내일'을 혼동한다).
20. 단어를 뒤섞어서 사용한다(예: '아버지가 방에 들어간다.'를 '아버지 가방에 들어간다.'라고 말함).
21. 의미를 말하는 것에 어려움이 있다.
22. 설명하려는 것을 포기한다. 그래서 '나는 문제가 없다.'고 말한다.
23. 다른 아동보다 몸짓, 표정, 마임 등을 더 많이 사용한다.

**수용언어 문제**

24. 청력이 좋은데도 듣는 데 문제가 있는 것처럼 보인다.
25. 경청할 때 종종 다른 사람의 입장을 잘못 안다.
26. 이야기 듣는 것을 좋아하지 않고, 그림이나 행위를 선호한다.
27. 일련의 지시를 잊어버린다.
28. 오랜 시간 자신의 세계에 빠져 있는 것처럼 보인다.
29. 지시를 했을 때 자주 일을 그릇되게 한다.
30. 학교에서 어떤 활동을 할 때 단서를 얻기 위해 다른 사람을 본다.
31. 반복적이거나 명확한 지시를 자주 치료사에게 요구한다.
32. 오랜 시간 경청해야 하면 피로해하고 화자에게 신경쓰지 않는다.

**음운적 문제**

33. 초기 조음에 어려움이 있다.
34. 압운단어를 산출하는 것이 서투르다.
35. 두운을 산출하는 것이 서투르다.
36. 소리 내어 읽는 것에 어려움을 보인다.
37. 소리 내면서 철자하는 데 어려움을 보인다.
38. 유사한 음을 가진 단어를 혼동한다.

**사회적 언어의 문제**

39. 사회적 문제를 해결하는 데 언어를 사용하지 못한다. 대신에 물리적 힘을 사용한다.
40. 목소리의 음질(tone)을 이해하지 못하는 것처럼 보인다.
41. 농담이나 익살 등을 이해하지 못하고 글자 그대로 받아들인다.
42. 표정이나 눈 맞추기를 적절하게 사용하지 못한다.
43. 대화에서 주고받기를 잘 하지 못한다.
44. 청자의 요구를 고려하는 것이 서투르다.
45. 매우 크거나 매우 작게, 또는 매우 빠르게 말한다.
46. 자기가 이해하지 못할 때 좌절하고 당황해한다.
47. 당황스럽거나 난처하면 무엇이 잘못되었는지 설명할 수 없다.
48. 보편적인 예의와 인사를 사용하지 못한다.

**청각적 처리의 문제**

49. 배경 소리를 듣는 데 어려움이 있다.
50. 시끄러운 큰 소리에 매우 민감하다.
51. 소리에 쉽게 주의가 산만해진다.

의사소통장애는 표현성 언어장애, 혼재수용-표현성 언어장애, 음성학적 장애, 말더듬기, 기타 언어장애로 구분된다. '표현언어 문제' '수용언어 문제' '음운적 문제' '사회적 언어의 문제' 하위영역에서 평정되는 빈도가 높으면 의사소통장애의 가능성이 높다.

## 8. 학습장애 평정척도 문항

**미성취**

1. 읽기 · 철자하기 · 쓰기 학습에 어려움이 있다.
2. 자신의 능력보다 학교 활동의 결과가 떨어진다.
3. 치료사들은 "보다 잘할 수 있다."고 말한다.
4. 치료사들은 아동이 잘 수행하지 못한다고 생각한다.
5. 노력에 비해 결과가 좋지 않다.
6. 우수한 교육을 받는데도 향상의 정도가 매우 적다.

**기억 문제**

7. 지시를 생각해 내는 것이 어렵다.
8. 기초 학습(예: 글자와 그 소리)에 어려움이 있다.
9. 한 페이지에서 다음 페이지까지 단어를 생각하는 데 문제가 있다.
10. 구구단과 같은 계열을 학습하는 데 문제가 있다.
11. 검사를 위해 철자를 학습할 수 있지만 아주 빨리 단어를 망각한다.
12. 문자나 숫자의 순서(예: '13'과 '31', '아'와 '어')를 잘 알지 못한다.
13. 산수에 어려움이 있어서 손가락을 이용해 세기를 한다.
14. 특정한 것을 정확하게 따라 그리지 못한다.
15. 같은 실수를 몇 번이고 되풀이하여 한다.

**말 · 음운 · 언어 문제**

16. 말을 할 때 적절한 단어를 찾는 데 문제가 있다.
17. 긴 단어를 발음하는 데 문제가 있다.
18. 단어를 끊어 읽는 데 문제가 있다.
19. 음을 조화시키는 데 문제가 있다.

20. 음운을 인식하거나 산출하는 데 문제가 있다.
21. 발음 학습에 문제가 있다.
22. 말하는 것을 배우는 것이 평균보다 늦다.
23. 초기에 귀가 질병에 감염된 적이 있다.
24. 문어를 구성하는 것이 서투르다.

**구어와 문어 결합 문제**

25. 음과 글자의 연결을 학습하는 것이 느리다.
26. 단어를 말로는 하지만 쓰지는 못한다.
27. 자신의 생각을 종이에 옮기는 것이 어렵다.
28. 문어에서 단어를 생략하거나 첨가한다.
29. 문장에 없는 단어를 읽는다.
30. 읽기에서 유창성과 속도가 부족하다.

**시각 운동 문제**

31. 쓰기 방법을 학습하는 것이 느리다.
32. 도서를 이용한 활동이 어수선하고 느려서 서투르다.
33. 대문자와 소문자를 섞어 사용한다.
34. 다른 아동들과 마찬가지로 빨리 활동하는 데 문제가 있다.
35. 눈-손 협응이 세련되지 못하고 서투르다.
36. 책을 읽을 때 행간을 찾지 못해서 손가락으로 짚어 가며 읽는다.
37. 유아들처럼 퍼즐과 그림 그리기를 싫어한다.
38. 아주 빨리 지치기 때문에 쓰기를 지속하는 데 문제가 있다.
39. 활동을 할 때 책상에 기대거나 마루에 불안하게 앉아 있는 등 자세가 좋지 않다.

**정신집중 문제**

40. 백일몽을 꾸는 등 집중하지 못한다.
41. 주의가 쉽게 산만해진다.
42. 주의집중장애로 진단되었다.
43. 자주 안절부절못하고 침착하지 못하다.
44. 신중하지 못하고 충동적이며, 교실에서 고함을 지른다.
45. 부주의한 실수를 많이 한다.
46. 장시간 읽을 수 없다.
47. 책이나 자료를 자주 망각하는 등 준비성이 부족하나.

**사회적 · 정서적 문제**

48. 학교 활동에 자긍심이 부족하다.
49. 학습과제를 피한다. 책을 잃어버린다. 시간을 낭비한다. 숙제를 잊는다.
50. 성공에 대한 기대가 없고, 그래서 노력을 하지 않는다.
51. 노력을 해도 좋은 결과를 얻지 못할 때 좌절과 당혹감을 갖는다.
52. 도움을 마지못해 받아들이고, 다른 것을 좋아하지 않는다.
53. 매우 열심히 활동할 때조차 더 열심히 노력한다고 말한다.

**가족사**

54. 가족 가운데 난독증 또는 유사한 학습 문제를 가진 사람이 있다.

학습장애는 읽기장애, 산술장애, 쓰기장애로 구분된다. 그리고 학습부진 또는 학습지진도 이 범주에서 선별해야 한다. '기억 문제' '말 · 음운 · 언어 문제' '구어와 문어 결합 문제' 하위영역에서 평정되는 빈도가 높으면 학습장애로 볼 수 있다. 기타 다른 하위영역에서 평정되는 빈도가 높으면 학습부진이나 학습지진에 해당할 수 있다.

# 9. 자폐성장애 평정척도 문항

**비언어적 의사소통 문제**

1. 타인과 눈을 맞추면서 감정을 표현하는 경우가 드물다.
2. 타인과의 눈 맞춤을 이해하거나 그것에 대한 반응이 부족하다.
3. 자신의 감정이나 자신이 원하는 것을 표현하는 데 있어서 신체 접촉이나 동작을 사용하는 것이 어렵다.
4. 타인의 신체적 접촉 또는 몸짓을 이해하지 못하는 것처럼 보인다.
5. 표정이 다양하지 못하다.
6. 타인의 표정을 잘 읽지 못한다.
7. 쉽사리 사회적 웃음(social smile)을 짓지 못한다.
8. 흔히 스킨십을 좋아하지 않는다(예: 포옹, 간지럼).
9. 사회적 거리에 대한 판단이 부족하다(너무 가깝게 있거나 너무 멀리 떨어져 있다).

**사회적 · 정서적 공감 문제**

10. 타인의 감정을 이해하거나 감정 교류를 잘 하지 못하는 것처럼 보인다.
11. 흔히 타인이 보기에 좋아 보이는 물건을 가리키거나 갖지 못한다.
12. 가족은 물론 타인과 친밀한 관계를 맺지 못한다.
13. 단지 한두 명의 가족과 친밀한 관계를 맺는다.
14. 감정 표현이 많지 않다.
15. 역할모델로부터 적절한 행동을 쉽게 배우지 못한다.
16. 흔히 '친절하다'와 같은 추상적인 사회적 개념을 이해하지 못한다.
17. 다른 사람의 행동과 감정을 오해한다.

**우정 문제**

18. 타인의 존재를 알지 못하는 것처럼 보인다.

19. 타인과 사귀는 것을 시도하지 않는다.
20. 노력하지만 또래와의 관계를 향상시키지 못한다.
21. 놀이나 게임 등에 참여하지 않는다.
22. 낯선 사람을 매우 경계한다.
23. 낯선 사람과 친밀해지는 것을 어려워한다.
24. 감정 교류가 미숙하다.
25. 차례 개념을 이해하지 못한다.

**사회적으로 적절한 행동 이해의 곤란**

26. 사회적으로 부적절한 행동이나 말을 한다.
27. 사회적 실수를 창피해하지 않는다.
28. "내가 너무 낄낄거려요?"와 같은 노골적인 피드백을 요구한다.

**의사소통의 곤란**

29. 말을 하지 않는다.
30. 말이 현저하게 지체되어 있다.
31. 다른 사람이 방금 말한 것을 반복한다.
32. 자신이 한 말을 몇 번이고 반복한다.
33. 이상하고 의미 없는 단어들 혹은 구(句)들을 반복적으로 사용한다.
34. 그대로 듣고는 있지만 적절하게 반응하지 않는다.
35. 대화의 차례를 지키는 것에 상당한 어려움이 있다.
36. 같은 대화의 패턴을 몇 번이고 반복한다.
37. 무언의 몸짓을 이해하거나 사용하는 것이 상당히 어렵다.
38. 말이나 행동을 따라하는 데 상당한 어려움이 있다.
39. 창의적으로 놀 줄 모른다.
40. 사물을 이해하지 못하고 문자 그대로 받아들인다.

**보기 드문 신체적 특징**

41. 반복적인 동작을 한다(예: 손뼉치기 혹은 몸 흔들기).
42. 얼굴 가까이에서 자신의 손가락을 흔들거나 그것들을 골똘히 지켜본다.
43. 신체적으로 협응이 잘 되지 않는다.
44. 뻣뻣하게 혹은 발끝으로 걸으며, 걸을 때 독특한 팔 동작을 한다.
45. 특정한 냄새나 감촉, 말에 민감하게 반응한다.
46. 고통을 느끼는 범위나 체온이 비정상적으로 아주 높거나 낮다.
47. 물고, 잡아 뜯고, 머리를 쾅 부딪히는 자해행동을 한다.

**융통성 없는 관심사와 일상적인 것에 대한 집착**

48. 특별한 사물 또는 주제에 몰입한다(예: 열쇠, 불, 앰뷸런스).
49. 일상적인 작은 변화를 거부한다.
50. 불필요하고 무의미한 일상적인 일에 집착한다.
51. 사물의 부분에 몰두한다.
52. 물건을 돌리거나 치는 것에 마음을 빼앗긴다.
53. 장난감을 일정한 순서대로 나열하는 것과 같은 활동을 반복한다.

**예외적인 기억 혹은 기능**

54. 어떤 특별한 정보를 비범하게 기억한다(예: 기차 시간표).
55. 뛰어난 기교(예: 음악에 있어서)를 갖고 있지만 창조적인 표현력은 부족하다.

자폐성장애는 DSM-IV에서는 광범위성 발달장애의 하위범주다. 광범위성 발달장애에는 자폐성장애, 레트장애, 아스퍼거장애, 소아기 붕괴성장애 등이 포함된다. '비언어적 의사소통 문제' '사회적 · 정서적 공감 문제' '보기 드문 신체적 특징' 하위영역에서 평정되는 빈도가 높으면 자폐성장애일 가능성이 있다.

## 10. 주의력결핍 과잉행동장애 평정척도 문항

**부주의함**

1. 자주 자신만의 세계에 빠져 있는 것처럼 보인다.
2. 가끔 관련이 없는 뜻밖의 일을 말한다.
3. 시작한 일을 끝내기 전에 자주 산만해진다.
4. 부주의한 잘못을 자주 저지른다.
5. 때때로 듣기에 문제가 있는 것 같은 의구심이 든다.
6. 옷을 입거나 밥을 먹는 것과 같은 일상적인 일에 너무 많은 시간이 걸린다.
7. 말을 했을 때 듣지 않는 것처럼 보인다.
8. 흥분하거나 주의가 산만한 것처럼 보인다.

**조직화 문제**

9. 과제나 활동에 필요한 것을 자주 잊는다.
10. 학교 과제를 어디서 시작해야 할지 모르고 그것을 조직화하지 못한다.
11. 미리 계획을 세우지 않고 기한 전까지 하지 못한 채 남겨 둔다.
12. 책상, 사물함, 책가방 등이 언제나 어지럽혀져 있다.
13. 항상 어수선하게 보인다.

**성급함**

14. 기다리는 것을 어려워한다.
15. 거의 항상 서두른다.
16. 끈기가 필요한 활동이나 게임을 할 때 쉽게 좌절한다.
17. 시간 관념이 부족하다. 생각하는 데 너무 많은 시간이 걸린다.

**충동적임**

18. 흔히 물어보지 않고 특정한 물건들을 만진다.

19. 생각하기 전에 행동하거나 말한다.
20. 같은 실수를 몇 번이고 되풀이한다.
21. 수업시간에 듣거나 말하기를 요청하기 전까지 기다리지 못하고 소리를 지른다.
22. 매우 빠르게 행동하거나 어이없는 실수를 한다.
23. 다른 사람이 말할 때 방해한다.
24. 잘못 행동한 것에 대해 미안해하는 것처럼 보이지만 몇 분 후에 같은 행동을 또 한다.

**홍분을 잘함**

25. 일상생활에서 벗어났을 때 흔히 지나치게 홍분하고 지각 없이 행동한다.
26. 멈추라고 했을 때 인식하지 못한다(예: 농담 또는 싸움).
27. 피곤할 때 홍분을 잘한다.
28. 쉽게 통제력을 잃어버린다(예: 작은 충격에도 지나치게 발끈한다).

**쉽게 산만함**

29. 오래 집중하는 것에 어려움을 느낀다.
30. 주제에서 일탈하기 쉽다.
31. 시작한 일을 끝내지 못한다.

**육체적으로 쉬지 못함**

32. 거의 항상 바쁘게 끊임없이 활동한다. 다른 사람들보다 훨씬 더 많은 에너지를 갖고 있는 것처럼 보인다.
33. 종종 목적 없이 작은 물체들을 만지작거린다.
34. 가만히 있는 것을 힘들어한다(이동하거나 만지는 것, 이야기하는 것에서).
35. 때때로 학교에서 시끄럽고 난폭하다. 때때로 수업을 방해한다.
36. 긴장을 풀고 잠자는 것을 힘들어한다.
37. 눈치가 없고 협동하는 데 서툴다.

**사회적 어려움**

38. 아동의 활동적인 행동 때문에 부모의 친구들과 친척들이 만남을 꺼린다.
39. 보모가 아동을 다루는 데 매우 힘들어한다.
40. 난폭하고 충동적인 행동 때문에 다른 아동들이 조심한다.
41. 아동을 통제하는 것에 대한 어려움 때문에 부모는 쇼핑을 꺼린다.
42. 협동 작업에 서툴다. 차례를 기다리지 못한다. 반드시 이겨야만 한다. 쉽게 화를 낸다.

**결핍된 기억능력**

43. 지시나 가르침을 잊어버린다.
44. 기계적으로 암기하는 학습에 어려움을 느낀다(예: 시간표).

**특정 학습장애**

45. 읽기나 철자에 어려움을 느낀다.
46. 작문을 하거나 또박또박 글을 쓰는 것에 어려움을 느낀다.
47. 학교에서 노력한 만큼 성적을 받지 못한다.

**초기 발달**

48. 어린 아동으로서 침착하지 못하거나 과잉 활동을 보인다.

**가족사**

49. 가족 중 어른 또는 형제・자매가 비슷한 특성을 갖고 있다.

DSM-IV에서는 주의력-결함 및 과잉행동장애라고 부른다. '부주의함' '성급함' '충동적임' '육체적으로 쉬지 못함' 하위영역에서 평정되는 빈도가 높으면 주의력결핍 과잉행동장애의 가능성이 높다.

# 11. 발달지체 평정척도 문항

**놀이와 여가활동**

1. 자기보다 어린 아동과 노는 것을 좋아한다.
2. 일반적으로 어린 아동이 즐기는 장난감과 활동을 좋아한다.
3. 아주 어렸을 때 좋아했던 이야기나 TV 프로그램을 아직도 즐긴다.
4. 보통 어린 아동이 즐기는 익살을 즐긴다.
5. 아주 오랫동안 상상놀이를 계속한다.
6. 같은 연령의 대다수 다른 아동들보다 더 쉽게 영화나 이야기를 두려워한다.

**사회적 미성숙**

7. 자신과 같은 연령의 또래들과 우정 관계를 맺지 못한다.
8. 같은 연령의 아동이나 나이가 많은 아동에게 쉽게 위협을 느낀다.
9. 자신과 연령이 같은 또래들과 놀이를 하지 못한다.
10. 요청하거나 권할 때까지는 또래와의 활동에 참여하지 않는다.
11. 또래와의 작은 혼란을 정리하기 위해 성인의 도움을 요청한다.
12. 나이보다 어리고 천진난만하다.
13. 사람을 잘 믿고 쉽게 앞장선다.
14. 사회적 문제에 직면하면 쉽게 울어 버린다.
15. 말이나 하는 일이 나이에 비해 풋내기처럼 부적절하다.
16. 산타와 같은 것을 믿지 않게 되는 것은 평균보다 더 나이가 든 이후다.
17. 낯선 사람과 있으면 수줍어한다.
18. 같은 연령의 다른 아동들보다 현재의 일을 잘 알지 못한다.
19. 대부분의 자기 연령 또래보다 돈에 대한 지혜가 부족하다.

**의존성**

20. 부모와 떨어지는 것에 대해 걱정한다.

21. 독립적으로 일하려는 의지가 없다(예: 가게에서 혼자 물건 사기).
22. 학교에서 한두 명의 특별한 친구에게 매우 의존한다.
23. 학습을 할 때 치료사에게 많은 위로를 요구한다.
24. 학교에서 여가 시간에 성인들과 매우 친하다.
25. 가족 외의 성인들과 매우 친하다.
26. 부모와 자발적으로 함께 있으려 하지 않는다.
27. 친한 친구나 친척과 집 밖에서 자는 것을 억지로 한다.
28. 부모가 없이 학교나 캠프에 가는 것을 억지로 한다.
29. 성인이나 다른 아동이 원하는 간단한 결정도 억지로 한다.
30. 자신의 의지와 관계없이 집단을 따른다.
31. 새로운 일은 열심히 하려 하지 않는다.
32. 연령에 적절한 책임을 지도록 하는 것을 좋아하지 않는다.

**주의집중**

33. 같은 연령의 대다수 아동보다 주의집중 능력이 떨어진다.
34. 같은 연령의 대다수 아동보다 놀기를 좋아하고, 일에 전념하는 능력이 떨어진다.
35. 같은 연령의 대다수 아동보다 학교에서 신체적으로 침착하지 못하다.
36. 같은 연령의 대다수 아동보다 손으로 다루는 능력이 떨어진다.

**학문적 미성숙**

37. 읽기 · 쓰기 능력이 연령 기준에 도달하지 못한다.
38. 수세기 능력이 연령 기준에 도달하지 못한다.
39. 학습에 대해 성인의 많은 지원이 필요하다.
40. 필요할 때 도움을 요청하지 못한다.
41. 손으로 쓰거나 도서를 이용해야 하는 활동이 서투르다.
42. 학교 활동에서 미성숙한 조직력을 보인다.
43. 학습에서 주도권을 갖지 못한다.

**언어적 미성숙**

44. 말의 사용이 미성숙하다.
45. 가끔 자기보다 어린 유아처럼 말을 한다.
46. 자기 연령보다 제한된 일반적 지식이나 어휘를 갖고 있다.
47. 말하는 것을 배우는 시기가 평균보다 늦다.

**미성숙한 습관**

48. 손가락 빨기를 멈추는 시기가 늦다.
49. 아기용 베개나 푹신한 장난감을 포기하는 시기가 늦다.

**신체적 미성숙**

50. 같은 연령의 다른 아동들보다 신체적 원기가 떨어진다.
51. 대근육 운동 기능이 떨어진다.
52. 소근육 운동 기능이 떨어진다.
53. 같은 연령의 대다수 아동보다 신체적으로 작다.
54. 같은 연령의 대다수 아동보다 잠을 더 많이 자야 한다.
55. 첫 번째 이가 나는 시기가 평균보다 느리다.
56. 다른 아동들보다 대소변 훈련 시기가 늦다.
57. 밤에 소변을 가리는 시기가 늦다.
58. 사춘기가 나타나는 시기가 늦다.
59. 대부분의 아동보다 더 피곤해하고 잘 울고 변덕스럽다.

발달지체는 발달장애가 될 위험이 있는 상태를 말하는 것이다. 그리고 발달지체는 특정 장애 유형으로 구분하기 어려운 행동적·심리적 특징을 가진 유아의 경우에 주로 부여하는 명칭이다. DSM-IV에서 말하는 광범위성 발달장애와는 전혀 다른 범주다. 학교에 들어가기 전의 유아는 '사회적 미성숙' '의존성' '신체적 미성숙' 하위영역을 중심으로 평정하고, 학령기 아동의 경우는 '학문적 미성숙'을 첨가하여 판단한다.

## 12. 시각장애의 단서

1. 속눈썹이 있는 눈꺼풀이 딱딱하다.
2. 계속 다래끼가 생기고 부어 있다.
3. 눈물이 많거나 눈곱이 자주 낀다.
4. 빛에 지나치게 민감하다.
5. 눈을 자주 문지른다.
6. 눈을 가까이 대고 하는 작업 후 어지러움이나 두통 혹은 메스꺼움을 느낀다.
7. 먼 거리에 있는 사물을 볼 때 신체적으로 긴장하고 머리를 앞으로 내밀며, 눈을 지나치게 가늘게 뜨고 보거나 표정을 찡그린다.
8. 계속해서 눈을 깜박거린다.
9. 얼굴을 지나치게 책 가까이 또는 멀리 대고 본다.
10. 머리를 한쪽으로 기울이고 책을 본다.
11. 책에서 읽던 부분을 잃어버린다.
12. 한쪽 눈을 감거나 뜨고 있고, 머리를 경사지게 하거나 앞으로 뺀다.
13. 읽기에 어려움이 있거나 아주 가까이에서 책을 본다.
14. 낯선 환경에서는 걸어다니는 것이 자연스럽지 않다.
15. 사람이나 사물과 자주 부딪친다.
16. 눈과 손의 협응이 요구되는 과제 수행이 빈약하다.
17. 다른 곳을 응시하면서 이야기한다.
18. 눈이 항상 충혈되거나 눈꺼풀이 부어 있다.
19. 눈이 아프고 따끔따끔하다.
20. 사물이 희미하거나 2개로 보인다.

## 13. 청각장애의 단서

1. 불러도 돌아보지 않는다.
2. 주변에서 큰 소리가 나도 놀라지 않는다.
3. 말이 또래의 다른 아이들보다 늦다.
4. 사람들의 말을 잘 이해하지 못한다.
5. TV를 앞에 가서 보려고 한다.
6. '뭐라고요?' 등의 되묻는 질문을 많이 한다.
7. 말하는 사람의 얼굴이나 입술에 특별히 주의한다.
8. 언어장애를 보인다.
9. 어휘 능력이 제한되어 있거나 언어발달이 미숙하다.
10. 주의집중을 못한다.
11. 지시를 잘 따르지 못한다.
12. 부산스럽게 움직인다.
13. 게으른 것 같이 보인다.
14. 동료들과 잘 어울리지 못한다.
15. 이어폰을 끼고 하는 활동을 다른 것보다 더 잘한다.
16. 귀와 관련된 신체적 문제를 나타낸다.
17. 조음을 잘하지 못하며, 특히 자음의 생략현상이 있다.
18. 라디오, TV 등을 들을 때 보통 사람들이 불평할 만큼 큰 소리로 듣는다.
19. 좀 더 잘 듣기 위해서 머리를 치켜 올리거나 말하는 사람 쪽으로 머리를 돌린다.
20. 다시 말하라고 자주 요구한다.
21. 대화할 때 이상하거나 적절치 못한 대답을 한다.
22. 보통의 말소리에 반응을 보이지 않거나 주의를 기울이지 않는다.
23. 말하는 활동에 참여하지 않으려고 한다.
24. 귀에서 액체가 분비된다.
25. 균형을 잡는 데 어려움이 있다.

# • 참고문헌 •

강위영, 이상복, 이근매(2003). **발달장애 아동을 위한 언어 · 행동치료의 실제**. 서울: 교육과학사.

김계열, 이근매(2012). 만다라 미술치료가 지적장애 청소년의 자기표현에 미치는 효과. **임상미술심리연구**, 2(1), 1-20.

김나현, 이근매, 박영균(2009). 적절한 행동 차별강화에 의한 미술치료 프로그램이 지적장애 아동의 상동행동 감소에 미치는 효과. **미술치료연구**, 16(4), 569-585.

김성민(2008). 발달장애(자폐아동)를 대상으로 한 점토교육 치료 프로그램 개발 연구. **한국조형디자인학회**, 11(2), 1-18.

김수향(2004). 차별강화에 의한 미술치료 프로그램이 정신지체아동의 부적응행동에 미치는 효과. **미술치료연구**, 11(3), 319-341.

김수향, 이근매(2002). 특수학교에 재학 중인 장애학생의 대인행동 향상을 위한 집단 미술치료 사례연구. **정서 · 학습장애연구**, 17(3), 239-255.

김승국, 김옥기(2002). **사회성숙도검사**. 서울: 중앙적성출판사.

김재은, 김동극, 여광응(1997). **인물화에 의한 간편 지능검사**. 서울: 교육과학사.

김정미(1999). 찰흙활동 프로그램이 자폐아동의 주의집중 행동과 학습준비 기능에 미치는 효과. 대구대학교 대학원 석사학위 논문.

김혜진(2005). 차별강화와 과잉교정 중재가 시각중복장애아동의 상동행동 감소에 미치는 효과. 성신여자대학교 대학원 석사학위 논문.

박계신(2004). 장애아동을 위한 미술교육방안. **정서 · 행동장애연구**, 9(4), 135-156.

박은혜, 김미선, 김수진, 강혜경, 김은숙, 김정연, 이명희(2004). **장애아동을 위한 미술교육**. 서울: 학지사.

박자영(2008). 노인 도예프로그램의 개발 및 효과 검증-노인의 우울정서와 생활 만족도에 미치는 영향을 중심으로. 대구가톨릭대학교 대학원 박사학위 논문.

박주연, 이병인(2007). 기능평가를 통한 선호 재료선택 미술활동이 자폐아동의 물건 던지기 행동에 미치는 효과. 미술치료연구, 14(1). 65-82.

박주영, 여광응(2004). 만다라 기법을 통한 경도 정신지체아동의 미술 및 언어적 자기표현. 발달장애연구, 8(1), 23-36.

심은지, 이정숙(2009). 자폐장애 아동의 사회적 행동과 자기표현을 위한 비지시적 미술치료 단일사례연구. 한국아동심리치료학회지, 4(1), 25-49.

안병환, 조용태, 한현민(1995). 초기 아동기 검사와 측정. 서울: 특수교육.

안이환(2012). 그림검사 도구의 문제점과 전망. 미술치료연구, 19(1), 157-175.

안혜숙(2012). 자폐성향 유아의 미술치료 효과에 대한 사례연구. 총신대학교 교육대학원 석사학위 논문.

양경희(1998). 열린교육을 위한 창의적인 작업활동. 서울: 학지사.

영남대학교 미술치료연구회(2011). 미술치료학개론. 서울: 학지사

오가영(2011). 자폐아동의 사회성 향상을 위한 미술치료 사례 연구. 문화예술교육연구, 6(3), 123-144.

유현정, 이근매(2012). 장애아동 미술치료 효과에 대한 메타분석. 미술치료연구, 19(3), 461-484.

윤정원, 윤치연, 이근매(2005). 비지시적 미술치료 프로그램이 자폐 아동의 발달에 미치는 효과. 미술치료연구, 21(2), 159-178.

이경원(2007). 자폐장애유아를 위한 미술치료교육 프로그램 연구. 조형교육, 29, 355-378.

이근매(2007). 가족지원 미술치료 프로그램이 장애청소년의 사회성 향상에 미치는 효과. 특수아동교육연구, 9(3), 223-252.

이근매(2007). 가족지원 미술치료 프로그램이 장애청소년의 사회성 향상에 미치는 효과. 특수아동교육연구. 9(3), 223-252.

이근매(2008). 미술치료 이론과 실제. 파주: 양서원.

이근매(2013). 韓國の自閉兒に對する美術治療の現狀と適用?果に關する研究. *The Japanese Journal of Autistic Spectrum, 11*(1), 13-21.

이근매, 박주연(1997). 미술치료프로그램이 다운증후군 아동의 부적응행동 및 대인관계 개선에 미치는 효과. 미술치료연구, 4(1), 107-124.

이근매, 권명옥(2004). 미술치료가 자폐성 아동의 대인관계 및 표현활동에 미치는 영향. 정서 · 행동장애연구, 20(4), 377-392.

이근매, 김소영(2004). 발달지체아동의 전반적인 발달 및 문제행동개선을 위한 미술치료프로그램의 구안 및 적용효과. 발달장애연구, 8(1), 147-159.

이근매, 김향지, 조진숙(2003). 미술치료가 경도정신지체 학생의 부적응 행동에 미치는 효과. 정신지체연구, 5, 135-149.

이근매, 김혜영(2002). 다양한 미술매체를 통한 미술치료가 발달지체아동의 불안 위축행동에 미치는 영향. 발달장애연구, 6(2), 73-86.

이근매, 이선임, 정옥남(2005). 소조활동 중심의 개인미술치료가 자폐아동의 부적응행동 개선에 미치는 효과. 미술치료연구, 12(1), 73-84.

이근매, 최외선(2003). 유 · 아동의 발달을 돕는 미술치료의 실제. 서울: 교육과학사.

이근매, 최인혁(2008). 매체경험을 통한 미술치료의 실제. 서울: 시그마프레스.

이남식(2006). 전정-고유수용감각훈련이 발달장애아의 상동행동에 미치는 효과. 대구대학교 대학원 박사학위 논문.

이병주(2013). 미술치료가 자폐장애 청소년의 자기표현에 미치는 영향. 건국대학교 디자인대학원 석사학위 논문.

이임순, 이은영, 임선아 공역(2003). 행동수정[*Behavior modification: What it is and how to do it*]. G. Martin & J. Pear 공저. 서울: 학지사. (원저는 2002년에 출판).

이정숙 역(2009). 아동미술치료-아동 성장의 이해와 돕기[Child Art Therapy]. J. A. Rubin 저. 서울: 하나의학사. (원저는 2005년에 출판).

이현이(2003). 차별강화와 과잉교정이 자폐성 장애아동의 상동행동 감소에 미치는 효과. 단국대학교 특수교육대학원 석사학위 논문.

임창재(2000). 유아심리측정. 서울: 학문사.

임호찬 역(2012). 미술치료 입문[*Handbook of Art Therapy* (2nd ed.)]. C. A. Malchiodi 저. 서울: 학지사. (원저는 2011년에 출판).

임호찬, 최중길(2006). 치료적 미술교육이 자폐아동의 인지기능 향상에 미치는 효과. 발달장애연구, 10(2), 27-42.

장선철, 이경순(2011). 동적 가족화에 관한 국내 연구동향 분석. 미술치료연구, 18(1), 173-193.

전순영(2011). 미술치료의 치유요인과 매체. 서울: 하나의학사.

정여주(2007). 만다라 그림과 난화기 원의 치료적 의미에 대한 관계 고찰. 미술치료연구, 14(1), 1-18.

조용태, 이근매(2006). 특수교육대상자선별검사 11종. 서울: 마인드프레스.

조용태, 최외선, 이근매 공역(2007). 세 가지 그림심리검사[*The Three Art Assessments*]. R. Silver 저. 서울: 시그마프레스. (원저는 2002년에 출판).

최영주, 김동연(2003). 만다라 미술치료가 시설수용 뇌졸중 노인의 우울과 자기표현에 미치는 효과. **재활심리연구**, 9(1), 79-102.

최영희(2002). **소조활동을 통한 집단미술치료가 청소년 스트레스에 미치는 효과**. 대구대학교 재활과학대학원 석사학위 논문.

한기정(1997). **아동미술과 특수아동미술**. 서울: 교육과학사.

Anastasi, A., & Urbina, S. (1997). *Psychological testing* (7th ed.). Upper Saddle River, NJ: Prentice-Hall.

Buck, J. N. (1948). The H-T-P. *Journal of Clinical Child Psychology, 4*, 151-159.

Buck, J. N., & Hammer, E. F. (1969). Advances in the House-Tree-Person technique: Variationa and applications. *Western Psychology, 28*, 259-264.

Burns, R. C., & Kaufman, S. H. (1970). *Kinetic family drawing: an introduction to understanding children through kinetic family drawing*. New York: Brunner/mazel.

Burton, C., Hains, A., Hanline, M., McLean, M., & McCormick, K. (1992). Early childhood intervention and education: The urgency of professional unification. *Topics in Early Childhood Special Education, 11*, 53-69.

Carr, E. G. (1977). The motivation of self-injurious behavior: A review of some hypotheses. *Psychological Bulletin, 84*, 800-816.

Churchill, G. A. (1991). *Marketing Research Methodological Foundations* (5th ed.). Chicago, IL: Dryden.

Cronbach, L. J. (1990). *Essentials of Psychological Testing* (5th ed.). New York: Harper Collins.

Duckworth, J. C. (1990). The counseling approach to the use of testing. *The Counseling Psychologist, 18*, 198-204.

Fredman, N., & Sherman, R. (1987). *Handbook of Measurements for Marriage and Family Therapy*. New York: Brunner/Mazel.

Gantt, L., & Tabone, C. (2001). Measuring clinical changes using art. Paper presented at the meeting of the American Art Therapy Association, Alburquerque, NM.

Gast, D. L., & Wolery, M. (1987). Severe maladaptive behaviors. In M. Snell (Ed.), *Systematic Instruction of Persons with Severe Handicaps* (3rd ed., pp. 300-332). Columbus, OH: Charles Merrill.

Hammer, E. (1967). *Use of Interpretation in Treatment: Technique and art*. New York: Grune & Stratton.

Heppner, P. P., & Claiborn, C. D. (1989). Social influence research in counseling: A review and critique. *Journal of Counseling Psychology, 36*, 365-387.

Herberholz, B., & Hanson, L. C. (1995). *Early Childhood Art*. New York: McGraw-Hill Humanities.

Hood, A. B., & Johnson, R. W. (2002). *Assessment in Counseling: A guide to the use of psychological assessment procedures* (3rd ed.). Alexandria, VA: American Counseling Association.

Kassarjian, H. H. (1974). *Handbook of Marketing Research*. New York. McGraw-Hill

Landgarten, H. B. (1987). *Family Art Psychotherapy: A clinical guide and casebook*. New York: Routledge.

Lopez, S. J., Snyder, C. R., & Rasmussen, H. N. (2003). Striking a vital balance: Developing a complementary focus on human weakness and strength through positive psychological assessment. In S. J. Lopez & C. R. Snyder (Eds.), *Positive Psychological Assessment: A handbook of models and measures* (pp. 3-20). Washington, DC: American Psychological Association.

Loudon, D. L., & Della Bitta, A. J. (1993). *Consumer Behaviour: Concepts and applications* (4th ed.). Auckland: McGraw Hill.

Machover, K. (1949). *Personality Projection in the Drawing of the Human Figure*. Springfield, IL: Charles C. Thomas.

Malchiodi, C. A. (2003). *Handbook of Art Therapy*. New York: Guilford.

Mohr, D. C. (1995). Negative outcome in psychotherapy: A critical review. *Clinical Psychology: Science and practice, 2*, 1-27.

Moreland, K. L., Eyde, L. D., Robertson, G. J., Primoff, E. S., & Most, R. B. (1995). Assessment of test user qualifications: A research-based measurement procedure. *American Psychologist, 50*, 14-23.

Piaget, J. (1970). *Genetic Epistemology*. New York: W. W. Norton & Company.

Prout, H. T., & Phillips P. D. (1974). A clinical note: The kinetic school drawing. *Psychology in the Schools, 12*, 304-308.

Sampson, P. (1986). Qualitative research and motivation research. In R. M. Worcester

& J. Downham (Eds.), *Consumer Market Research Handbook* (3rd ed.). Amsterdam: Elsevier.

Solomon, M. R. (1994). *Consumer Behaviour: Buying having and being* (2nd ed.). Boston, MA: Allyn & Bacon.

Turner, S. M., DeMers, S. T., Fox, H. R., & Reed, G. (2001). APA's guidelines for test user qualifications: An executive summary. *American Psychologist, 56*, 1099-1113.

Whiston, S. C. (2005). *Principles and applications of assessment in counseling*. Belmont, CA: Thomson Brooks/Cole.

Wright, B. A., & Lopez, S. J. (2001). Widening the diagnostic focus: A case for including human strengths and environmental resources. In C. R. Snyder & S. J. Lopez (Eds.), *Handbook of Positive Psychology* (pp. 26-44). New York: Oxford University Press.

Ysseldyke, J., & Algozzine, B. (2006). *Effective Assessment for Students with Special Needs: A practical guide for every teacher*. Thousand Oaks, CA: Corwin.

# • 찾아보기 •

# 저자 소개

**이근매**(Lee Geun-mae)
대구대학교 대학원 특수교육학과 문학박사
현 평택대학교 상담대학원 미술치료학과 교수

〈주요 저서〉
아동 미술치료기법(학지사, 2019)
그림과 미술작품의 이해를 돕는 상징사전(공저, 학지사, 2017) 외 다수

**조용태**(Cho Yong-tae)
대구대학교 대학원 특수교육학과 문학박사
현 중원대학교 평생학습대학원 미술치료학과 교수

〈주요 역서〉
예술심리치료 전문가를 위한 표현예술활동(공역, 시그마프레스, 2012)
노인미술치료(공역, 시그마프레스, 2009) 외 다수

장애아동 미술재활

Art Therapy for Children with Disabilities

2023년 3월 20일 1판 1쇄 발행
2023년 11월 20일 1판 2쇄 발행

지은이 • 이근매 · 조용태

펴낸이 • 김 진 환

펴낸곳 • (주) 학지사

04031 서울특별시 마포구 양화로 15길 20 마인드월드빌딩 5층

대표전화 • 02) 330-5114 팩스 • 02) 324-2345

등록번호 • 제313-2006-000265호

홈페이지 • http://www.hakjisa.co.kr
인스타그램 • https://www.instagram.com/hakjisabook

ISBN 978-89-997-2876-1 93180

정가 22,000원

저자와의 협약으로 인지는 생략합니다.
파본은 구입처에서 교환하여 드립니다.

**이 책을 무단으로 전재하거나 복제할 경우 저작권법에 따라 처벌을 받게 됩니다.**

출판미디어기업 **학지사**

간호보건의학출판 **학지사메디컬** www.hakjisamd.co.kr
심리검사연구소 **인싸이트** www.inpsyt.co.kr
학술논문서비스 **뉴논문** www.newnonmun.com
원격교육연수원 **카운피아** www.counpia.com